陈洪绶的艺术

翁万戈　著

上海书画出版社

总策划　王立翔

策　划　王　剑

丛书总序

　　人类创造了灿烂辉煌的文明，艺术是其中不可或缺的一个门类。如何保存、记录以及再现曾有或正在诞生的伟大艺术，描绘、阐释卓越艺术家的成就，历代都有人为此做出了巨大努力。因此，记录、描述艺术的历史，便成为人们愈来愈重要的工作。近二百多年来，西方艺术史，经由多位大家的不断推进，已经与历史、考古、哲学等诸种学科一样，发展为社会科学的重要一支。而现代学科意义上的中国艺术史的研究，则起步要晚很多。这其中最重要的缘由固然是因中国现代化进程迟滞所致，另一个原因，无疑是该研究领域需要一个自身认识、接受进而突破的过程，这是学科发展的规律所致。

　　中国拥有五千年文明史，艺术成就之璀璨，是被认同为世界最重要文明古国的证据之一。20世纪上半叶是西方人再次惊愕进而痴迷中国艺术的转捩时期，中华文物大量流失海外，在填饱一些探险家、古董商贪婪的肚囊之时，客观上也增强了西方对中华艺术成就的认识，认为中国是最具艺术气质的国度之一，足以与古希腊、古罗马相媲美；许多重要博物馆收罗并展出中国艺术品，多次掀起了世界范围内的中国热潮。这使得一批欧美的汉学家和艺术史学者关注并介入中国艺术史的研究中，进而影响了国人尝试以西方理论或视线对中国艺术（主要是绘画）进行新的分析探索。无论后人如何评价当时的中国艺术史研究之得失，其历史意义今人都给予了积极的肯定。

　　在此之后，艺术史学界幸运地迎来了一位自幼浸淫于中国文化的华人学者方闻先生，他以西方的结构风格分析法和中国传统鉴定法相结合，全新描述了中国文化视线下的中国绘画史，同时修改和扩大了那些起源于西方艺术史的方法论，深刻影响了一批同时及其后的学者。此间数十年，多位西方和华裔艺术史学者，都对中国艺术史展开了卓有成就的学术研究。而上世纪90年代以后，随着与国际交往的深入，国内艺术史学者也开始加入这场全球视野下的中国艺术史的大讨论中。

上海书画出版社正是在这样的背景下，很早成为这场具有历史意义讨论的参与者和见证者。自1989年起，上海书画出版社连续举办了六次之多、各种主题的中国书画国际学术讨论会，并最早引进出版了美国高居翰先生的《山外山》《气势撼人》和方闻先生的《心印》中文译本。正是在海内外学界的共同推动下，广大读者对中国艺术史的关注和论著的阅读兴趣，逐渐得以积聚。此后，从读者、学界的需求和专业出版的格局出发，上海书画出版社决心在艺术史研究出版领域有更新更大的作为。经过多年准备，2017年前后，我社率先推出"方闻中国艺术史著作全编"和"傅申中国书画鉴定论著全编"两大系列。今年起，我社将以"艺术史界"为名，陆续推出更多当代海内外中国艺术史学者的重要论著，贡献给倾心于中国艺术史的读者。

近百年来，西方艺术史研究的多种成果和方法，极大地启迪了中外学者对中国艺术史新路径的研究，借助现代意义的历史学、考古学、人类学、社会学、民族学、宗教学、文学和美学等学科的支援，中国艺术史的内涵和外延得到了巨大的丰富。不过在这些方法的实践中，因中西方艺术发生母体和发展背景存在重大差异，而使对材料的取舍分析和得出的结论并不能够完全令人信服。然而，学者们尽力将多元的方法与中国艺术自身的视觉语言相结合，即使有套用、拼凑之痕，也仍然给读者带来了新的视线和思考。许多取得卓越成就的艺术史家，更是努力沉潜于中国历史文化，以求获得解决他们在研究中遭遇问题的方法。因此，这些视中国艺术史研究为理想而不懈努力的学者，是尤其令人钦佩的。

现代学科意义的艺术史之提出，为中国艺术史研究带来新的生机，这是不争的事实。今天读者都明白艺术史的讨论对象，并不能仅仅局限于艺术品本身，这就是这一学科研究教育带来的重要影响。但作为学科意义的中国艺术史之建设还是任重道远。它所面临的一系列问题，无论是来自中国艺术自身，还是放置于世界，都无法回避其本体的探究。在跨学科的范式下，艺术史研究的边界何在？艺术史研究的起点为何？艺术史是否一定需要仰仗其他学科准则才能确立起自身学科存在的价值？是坚持建构艺术史的整体，还是具体而微地深入问题内部？是"以图证史"，还是"史境求证"？对于中国艺术史是回到自己封闭的语境中去，还是借鉴国际艺术史研究的发展动态，而获得交流的更大空间？这些都有待更多学者的认真回应。数十年来，有一批勤奋的中外学者聚焦中国艺术史，他们不断探索，成果卓著。我们也坚信，随着中国文化与世界交流的日益深入，未来会有更多的学人以不断接近历史本真的努力，为读者展示出一个更为丰富而魅力无穷的中国艺术史世界。从这点出发，我社的"艺术史界"丛书不仅致力汇集当今中国艺术史研究的重要著作集中出版，更愿意以自己的坚持，为中外学者提供一个更为开阔的可以切磋交流的平台。

王立翔

2019年3月

目　录

自 序

翁万戈

一

"余幼时得见悔迟《三友图》，读其题诗，凄历动魄，因笃好之……"这是我高祖翁同龢（松禅老人）约在1890年题跋草稿开头的几句。这卷画（即陈洪绶1651年所作的《三处士图》卷）是松禅老人之父翁心存（卒谥文端）在1849年得之于故乡常熟沈氏，"喜诵其诗，常以自随"（松禅跋中语），卒后传给长子翁同书（卒谥文勤），后来由兄及弟，传到松禅老人手中。1890年，他在画后长跋里，有步陈章侯韵的五言诗，其中数句显出他对陈氏艺术的笃好及认识："我于近人画，颇爱陈章侯；衣绦带风色，士女多长头。铁面眼有棱，俨似河朔酋；次者写花鸟，不以院体求；愈拙愈简古，逸气真旁流……"

这《三处士图》卷传到我，已历六世，几一百五十年。高祖一生又收集了一些悔迟名迹，也都使我能朝夕观赏，所以我研究陈洪绶并非是偶然的。实际上，观赏与研究是两回事，观赏是愉快而轻松的活动，研究是辛苦而系统的工作。几十年来，有缘在欧美及亚洲各处见到不少陈氏的作品，但开始作研究，却由于朋友的怂恿和鼓励。

第一位是亦师亦友的历史学家房兆楹教授。他在哥伦比亚大学主持一班中国历史研究生讨论会的时候，请我去讲一个中国美术史的题目，我就选了"陈洪绶"。那是1965年前后，我开始搜集资料，看参考书，仔细把家藏的几件册页摩挲摄影，准备讲演。这时我初次阅读了陈氏的诗文集《宝纶堂集》及黄涌泉先生的《陈洪绶年谱》。我的讲题是："悔迟"，一位文学艺术的天才，生逢天翻地覆之变，愧悔无救国之力，徒以书画成名；但明亡之后，反而能集中精力，创作出炉火纯青的艺术传世。这篇讲稿很短，毫无发明，只是向未闻此公大名的异邦学者作了粗线条的介绍，然而却引起那时主持哥伦比亚大学东亚研究的狄伯瑞教授（原名是 Wm. Theodore de

Bary）的兴趣。狄伯瑞教授说如果我写成专书，他愿帮助出版。可惜我那时正在编写和摄制一系列讲中国历史的教育影片，无法分出时间，这个机会就错过了。

第二位是甲骨文学者及古籍出版企业家严一萍先生。他在很成功地影印了我家藏的宋刊《施顾注苏诗》之后，看中了松禅老人题了六次的《陈章侯画博古牌刻本》；在1976年影印的时候，嘱我写一篇序。可巧我刚完成了那套中国历史教育影片，于是借此下了一番功夫。在这篇长序中，先写"一、关于陈洪绶"，把他一生分为初、早、中、晚四期，略述其生活与作品的关系，作为了解陈洪绶于1651年制《博古牌》的背景知识；再写"二、关于博古牌"，把四十八幅的人物故实一一考证，及释出陈氏在每幅上的题词。这虽然只是一件作品，但研究时的工作量相当可观，的确是编写本书的试航，也可以说为本书打了一个小型的基础。惭愧的是，这一点研究做完之后，我就计划迁出纽约，奔跑于美国西岸南角寻栖身之处，最终决定到东北一小镇，在一块小溪流经丛林的半山之地开荒造屋；由自己设计、画图、督工，创出了"莱溪居"，具备了研究工作者的环境。可是为了美国朋友顾洛阜（John M. Crawford, Jr）写一本收藏目录兼自己摄影（宋元明清书画精品，一般摄影师不知道怎样小心地动手及减少光热），及一些其他的杂事，转眼就过了几年。1979年中美恢复邦交，使我可以重返故国，与阔别了三十一年的亲友见面，并可畅游常在梦寐中的名胜古迹。到了杭州，先不雇游船在西子湖中飘荡，直去浙江省博物馆，要求会见黄涌泉先生。那时国内还没有完全开放，我这个要求并不是很容易获准。由于我的坚持与耐心终于达到成功，与黄涌泉先生见面后长谈如故友。我不揣冒昧，将《陈章侯画博古牌刻本》的序文向他请教。承他不弃，在第二天再会的时候，观看馆藏的陈洪绶《龟蛇图》，使我眼界扩展到陈氏最早的画；同时对我粗浅的研究工作鼓励有加，使我增强了进一步探求的信心。不料此后得到机会与故宫博物院副院长杨伯达先生合作，编制出版一厚册英文版《故宫博物院》。此书图文并重，全面描述故宫建筑及院藏陶瓷、青铜器、书画、雕塑、玉器、工艺品和珍宝，整整用了两年的时间。继以遭逢纽约华美协进社的危机，感到她对我早年的帮助，不得不全力以赴，从挽救到整顿到复兴，足足苦干四年半，才达到欢祝该社成立六十周年的盛典，允许我退休还乡（即纽约北五百公里的莱溪居）。好不容易再拾起僻地困学的生涯，转眼就几经寒暑，从得识第三位鼓励我研究陈洪绶的黄涌泉先生那时算起，这工作已经搁置了十年！

第四位是前辽宁省博物院院长杨仁恺先生。1989年秋，欣逢辽宁省博物院建馆四十周年的纪念，他邀我参加，并嘱我讲一篇论文。自然我选了"陈洪绶"这个题目。于是重整旗鼓，在旧底子上再加新佐料，讲陈氏作画"亦真亦奇"的特点。想不到讲完之后，受到杨先生的赞许；而且参加盛会的上海人民美术出版社总编辑龚继先先生挺身而出，提议我把这题目写成专书，上海人民美术出版社愿意出版。龚先生从辽宁返沪后，他的提议得到了谢稚柳先生的支持。于是1990年春，我开始积极准备，做比较有系统的编写计划。这就是本书的起点。

二

工作的开始是搜集资料。一部美术史著作必须有真实性、概括性及中肯性。真实要基于确切可靠的资料，概括要基于众多周密的资料，中肯要基于适当利用质、量兼备的资料。资料大别分三种：一、实物——即书画，二、诗文——陈氏的诗文，三、记述——著录、传记、评论等等他人所写的文字。很幸运的是，陈氏的诗文，绝大多数已收入了《宝纶堂集》；记述方面，已由黄涌泉先生在他1960年出版的《陈洪绶年谱》中搜罗殆尽，而且按年引用，大大便利了后来的学者。再者，我由老友王世襄兄的介绍，得识黄苗子先生，他听说我要编写陈洪绶，就把他早年抄录的陈洪绶资料卡片全部借给我用，其中有些他见过的抄本，目前已不容易找出（那时他计划编写陈的年谱，后来放弃了），这真是我意想不到的一笔"横财"！

在前三种资料之外，我为了写这位大师的生平，要吸收一些风土的气息，在1991年五月曾游访他一生大半时间生活及工作的三角地带：杭州及萧山在北，绍兴在东，诸暨在南。先从杭州到萧山长河镇，瞻仰洪绶第一位岳父来斯行弟来宗道的故居（其子来咨诹娶洪绶之妹胥宛）。他是陈氏最阔的近亲：万历进士、累官太子太保，兼内阁大学士、预机务，所以他的"光裕堂"虽已破烂不堪，但规模宽阔，大门犹在，后来到田间抽水棚处看到倒斜的来宗道碑，已经断缺。然后从萧山到绍兴城南的南池乡，在其东偏南的横棚岭官山墺，拜谒了"明翰林陈章侯公暨德配来氏宜人韩氏宜人合墓"。墓的背景左为香炉峰，右为秦望山，都是画家旧游之地。回到绍兴，去访徐渭故居青藤书屋，甲申之变时，陈氏借居，房舍及小园还维持得颇为幽静，有藤有竹，虽非明末时物，依稀想见当日风光。隔日从绍兴南行到陈氏故乡诸暨县东北的枫桥镇陈家村。传为他曾祖陈鸣鹤的"光裕堂"，尚存大房数间，内部残损。他祖父陈性学的故居"宝纶堂"，今已圮废。至于他个人的故居，早已不存，遗址上只有后来盖的破房数间，一口传为他家用过的水井而已。最后到县城南陶朱山脚的西竺庵遗址，又是几间破房，看不出什么年月。洪绶幼时，曾随父亲陈于朝在这里读书。此地旧称苎萝村，今名浣纱村，纪念绝世美人西施微时在此浣纱，从庵前下望青山小湖，犹可意味其人、其时、其境。次日回到杭州，由黄涌泉先生领着追踪陈氏游憩之处：今日的西山马路，即昔日他感吟"外六桥头杨柳尽，里六桥头树亦稀"的杨公堤——里六桥。现在"花港观鱼"入口的定香桥，数见于他画上的款题；太子湾公园，就是他"太子湾识"一文中，自惭明亡后"每经前朝读书处，则不忠不孝之心发"的感触地点；而吴山则是他在己丑（1649年）正月来杭州住的地方。两年多以后，他在吴山火德庙的西爽阁自写诗序，说"坐吴山望西湖，坐西湖望吴山"。创作离不开时代，也离不开地域。虽然陈氏的晚明时代早成过去，其活动的地域也面目更易，但基本的地形地貌及乡土风情，得以身临心感，使我自然地对他的诗文书画，有更深一层的认识。

三

最重要的资料——陈洪绶真迹，散见亚、美、欧三大洲，而集中于几个大博物馆：上海博物馆、故宫博物院、台北故宫博物院；在海外则推纽约大都会艺术博物馆与克利夫兰艺术博物馆。其他所藏较少而有特殊作品或精品者，则有浙江省博物馆、南京博物院、苏州博物馆等；而海外有檀香山美术学院、伦敦大英博物馆及苏黎世利特伯格博物馆（以上并不分等次，亦不包括私人收藏）。这些收藏我都亲自去观赏研究过，而且主要的地方去了不只一次。研究方法很简单：以有年款及可确定年月的作品为标范，个别的探讨其特征，集体的观察其演变，而且建立显示这书画家年岁及发展阶段的实物系统，用来鉴定其他作品的真伪及推测无年款作品的大约年月。当然，去伪存真后，资料是"韩信点兵，多多益善"；除亲眼看到的原迹以外，凡有第一流照片的作品也可以有相当把握地鉴定真伪及推测年月而收入编年表。其未见照片或照片不够清晰的，甚至仅见著录而莫卜存亡的则列入附表作个参考。至于见过原品，识其伪造，则除在鉴定一章用为讨论项目者外，一概不录。至于少数不易决定真伪者，归入存疑。在这简单的研究方法下，工作量却很大：第一步是到各公私收藏请求观赏原迹，第二步是请求真迹的照片，第三步是利用记忆、笔记、照片及书籍作仔细的探讨，第四步才是编写。幸而我自1941年开始与博物馆界、学界及收藏家们接触，半个多世纪来沧桑变幻，一直同老友、新交保持联系，所以这次已经得到不少方便。然而世界各地的机构都有规程，人事都有变化，收藏都有聚散，而新的发现需要新的关系去探求。对书画工作者有莫大帮助的，是中国古代书画鉴定组编的《中国古代书画目录》及其姊妹出版物《中国古代书画图目》；其中记载的陈洪绶作品及其收藏单位，使我可以按图索骥，开发新资源。可惜限于时间、精力、物力，我不能追踪线索到全国的各省市，但已获益良多，尽可能敲开了前此并不知有相当珍藏的新门户。在这一方面，我念及两位老友的帮助：一是杨伯达先生，蒙他的安排，由故宫博物院的徐乃湘小友陪我到中央工艺美术学院、中国历史博物馆、北京市文物商店及徐悲鸿纪念馆等处看到好些不常见到的陈氏作品；一是刘庚寅先生（中国人民对外友好协会副会长），为我联系在南京的江苏省对外友协张鹤贤秘书长及苏州市对外友协的诸能喜副秘书长，使我便利到南京博物院及苏州博物馆两处去观赏他们的宝藏，而且又亲自陪我到首都博物馆，看到两件陈氏晚年的书画。还有一位老友王世襄先生的慨助，不可不提：前面述及黄苗子先生的研究陈洪绶资料卡片，就是王老亲自陪我到黄家找到取出来的，因为那时黄氏夫妇正在海外。而且苗子先生珍藏陈老莲自书诗册二十四页，书法似张瑞图，是一件关键性的真迹，也是由王老代我请摄影师全部拍摄的。为了搜寻使陈老莲遭受不白之冤的小说《生绡剪》，王老又陪我到北京图书馆，后来找到了该书的铅印本，就立刻寄下！说到北京图书馆，就想起陈洪绶的插图刻本，在那里得到冀淑英先生的帮助，看到几种；然后在上海图书馆，不但见到了《九歌图》及李告辰本《北西厢》，而且古籍组的任光亮组长及陈先行先生找出来陈老莲自书诗卷、文稿及词稿册，真是意外的眼福；在浙江图书馆，余子安先生飨以陈氏早年的手稿《箓仪象解》；可见博物馆之外，图书馆里仍有相当数量的资源等待开采。现在到了谈谈私人收藏的时候：在纽约的老友王己千（季迁）先生、加州柏克莱的景元斋主人高居翰（James Cahill）教授及上海的程十发先生，都是慷慨宽宏，愿与同好互相切磋的收藏家，使我得机研究及摄影；在香港，要念及中文大学文物馆高美庆馆长在百忙中抽暇带我去访至乐楼主人何耀光先生，见到两件陈氏真迹，并介绍我与承训堂主人莫华钊先生相会，又见到两件——而后来又托高馆长寄给我这些藏品的照片；也念及香港艺术馆朱锦鸾馆长，使我在馆中看到虚白斋（主人刘作筹先生）珍藏的两件老莲精品后，也得到照片。

四

　　观赏真迹的重要性，无疑占首位；但无论记忆力多么强，没有照片就不能做更深刻、更持久及比较性的研究；而且在编写及制版印刷时，对照片质量的要求，尤其严格。搜集照片用了我很多的时间及精力。因此在这方面，除上文提到的数事，有必要再扩大地叙述一下。几十年来，我从事于编写及摄制关于中国美术及历史的教育电影，曾在北美、欧洲、日本及中国台湾各富于中国美术藏品的博物馆及私人收藏中照了不少影片及透明彩色片。文物出版社在负责出版一部分《中国美术全集》的时候，曾借用不少我的照片，这次由该社杨瑾社长及张囤生先生的合作，以交换方式借来相当数量的陈洪绥书画照片；采取同样的方法，我也得到杭州西泠印社朱春秋先生的帮助，借到另外一批。近年来纽约的佳士得拍卖行经手的老莲作品，颇为可观，其中国书画组的黎翰墨（Elizabeth Hammer）女士，不厌其烦地搜出旧存的及新拍的照片多幅寄赠。真是有"影"自远方来，不亦乐乎。伦敦大学的韦陀（Roderick Whitfield）教授寄我两幅大英博物馆所藏陈画的照片；潜心中国古籍的艾思仁先生自日本京都大学搜来的四幅木刻插图复印张（别处都不见这插图了）；曾著《陈洪绥试论》一文的古原宏伸教授自奈良大学寄来一幅不常见的人物照片；澳洲维多利亚国立美术馆的潘关美恩博士寄来行书诗轴照片……这都是汗滴黄土时使眼睛一亮的白云。当然，我要提及故宫博物院主持摄影的胡锤小友，热诚地给我很多帮助；上海人民美术出版社的周卫明先生，除了编辑以外，他也是拍摄文物照片的专家，帮助我到南京、苏州、上海图书馆及程十发先生处照了不少书画的藏品。回想这几年中搜集照片得到目前的成绩，怎能不念及这些朋友慷慨的支持和援助。

五

前述的陈洪绶真迹集中点，都给了我研究的便利，在此要特别陈述。在故宫博物院，得到杨新副院长的照应，办公室方国锦主任的安排，保管部各位朋友的辛勤，使我能多次到紫禁城里看到好像总看不完的珍藏。故宫是世界各国贵宾、学者及国内专家到首都后必来拜访的头号名胜，院方真是应接不暇，展观文物的地点又缺，而能给我这么许多机会，极为可感。记得有一次安排在漱芳斋，杨副院长刚陪一组日本贵客观赏后，就过来与我畅谈，共同欣赏老莲妙迹，这也是在百忙中，把紧张与舒散相间的一法吧。上海博物馆是江南收藏荟萃的中心，其中陈氏书画既精且富。马承源馆长极为爽快，使我能有整日的时间在馆里观赏及研究，达到最高的效率。这当然也要仗着书画研究部钟银兰副主任的热心帮助及保管部各位女士的辛苦提取文物。事后我请求照片时，马馆长及钟副主任商谈后，非常慷慨痛快地答应，不久就由馆中摄影师完成，寄给我相当数量的第一流彩片。因为件数很多，我在1991年、1992年两次看过后，今年春天又到上海，那时才知道上海博物馆已迁出旧建筑，正在修建新馆，所以办公处分置市内各临时地点。不料我同马馆长通电话后，他仍然允许我去打扰，安排馆方的单国霖先生接我到上海市档案馆，安安静静地又看了一整天的老莲名迹，而且包括新收的十条《人物通景屏》，这件有年款的晚年"大作"，可以说是海内外唯一的陈氏通景屏！台北故宫博物院也是陈洪绶遗迹的收藏重点。我认识秦孝仪院长多年，书画组林柏亭组长是新交，几位副院长及摄影等部门的负责人都是熟人。这次得到秦院长的特许，一次可以看到不少件，麻烦了老朋友胡赛兰女士自库房取出，一一精读。大半藏品是旧友重逢，但这次看到了从前看不到也想不到的要点，得益良多。海外的陈氏书画收藏，以美国为最，而纽约大都会艺术博物馆，在亚洲部分负责人方闻教授的领导下，所藏中国书画已为"世界级"，其中陈洪绶作品尤长于早期，在编年表中可以见到。致力于中国书画的何慕文（Maxwell Hearn）主任对于陈洪绶的艺术也极有兴趣，提供了很多资料，并时常互相切磋。而亚洲美术部的业务部主任史文慧（Judith Smith）女士，帮我获得极好的大型彩色照片，既便于研究，又为图版增光。至于克利夫兰艺术博物馆，在李雪曼（Sherman E. Lee）馆长及何惠鉴主任主持的时候，所收陈氏作品虽只有三件，但件件俱精，其中一部册页有二十幅，数量也不算少。檀香山美术学院也只有四件，以《陶渊明故事图》卷的重要性而闻名。从前在院中任职的曾幼荷（佑和）教授曾写过专文，是在海外研究陈洪绶的先驱。实际上，在文化机构方面，不论中外，我应表彰以示感谢的不能尽述，但必须提及天津市艺术博物馆的云希正馆长、浙江省博物馆的杨陆建副馆长、南京博物院的徐湖平副院长及苏州博物馆的钱公麟副馆长。有的博物馆为摄影需要适当文件时，国家文物局外事处王立梅副处长立刻发出准许函，也谨此致谢。

六

亲睹真迹，收集照片，整理笔记，阅读参考书籍杂文后，探讨、分析及编写的工作上了舞台中心，于是学问中的"问"字大大增加了重要性。幸而几十年来，我一直在学术界的边缘漫游，交结了不少饱学之士，除了以前提到的各位以外，我在上海请教过顾廷龙先生、谢稚柳先生；在北京请教过启功先生、傅熹年先生；在典故方面，请教过天津图书馆的丛书专家刘尚恒先生；在佛像方面，请教过旧金山亚洲美术馆研究印度及喜马拉雅美术的谢瑞华（Terese Tse Bartholomew）主任；在花卉方面，请教过纽约植物园的巴内比（Rupert Barneby）博士。私人收藏家高居翰教授，在柏克莱加州大学办公室收集的书籍、照片、计算机记录的明人画单等一概供我参考，并介绍我去利用该大学东亚图书馆的大量图册杂志，其与同好共享学术知识的雅量及热诚，不可不志。还有研究陈洪绶的一大困难，是释出他写的草书及古体字。这一方面，我请教过纽约的八大山人专家王方宇教授，及在耶鲁大学正在写以傅山为题的博士论文的白谦慎小友。白先生精于篆刻书法之学，可巧对晚明书家在聚精会神地钻研，不惜挪出时间为我查考——利用传真及电话，解决不少问题；而且碰到疑难之处，有时为我向张充和先生请教，可感！总之，从这篇自序的开始一直写到此，凡我提到的良师益友，我愿诚恳地表示衷心的感谢。当然我对一定会有的错误完全负责，但如能做出些微的贡献，不能不归功于这么多朋友慷慨的助力。

最后，我还有一段故事：今年春天，我把初稿五章寄给黄涌泉先生，请他教正；不料那时黄先生进了医院，幸而后来治疗的经过良好。到了五月下旬，事先探知他仍在家中养病，但可以见我，所以我从上海到杭州，专诚去拜访。更不料他在病榻上居然仔细看过拙稿，而且写出值得商榷及应该修正的意见，使我避免了不少错误！我回到莱溪居后，不久就收到了他为本书写的序，表现他的学者胸襟，对有共同兴趣的工作者，尽量地鼓励及帮助，真是不胜感激。

再者，有了文稿和图片，并不能成书，必须经过编辑及设计师的大量工作和辛苦经营，才能与读者见面。因此，我衷心感谢出版社的各位朋友，尤其是龚继先、周卫明两先生。又按照古代"内举不失亲"之义，我愿在此向下述几位亲戚致谢：天津长兄翁开庆、北京五弟翁永庆及表弟吴空、杭州表妹陶沛，我多次麻烦他们，帮我在国内联系有关方面，完成各项事务。没有他们的慨助，我会在太平洋上疲于奔命，而本书的完成要延搁数年！

秋深叶落，遍山满谷，池面布锦，草上铺褥。岁月催人，日落灯明，1994年写于美国东北之莱溪居。

第一章

陈洪绶的生平

一、生　卒

明万历二十六年戊戌，陈洪绶生于浙江诸暨枫桥镇北三里长阜乡的长道地。[1]《宣统辛亥重修宅埠陈氏宗谱》第三十八卷记他的生日为十二月二十七日，可能不确。[2]但如果他生在戊戌十二月四日以后，即公元1599年。在未得生日的确证以前，其生年以公元论，暂作"1598年或1599年"。他卒于清顺治九年壬辰，约在深秋或初冬，时为公元1652年。葬于绍兴城南十余里香炉、秦望两山间。[3]以中国的传统方式计算，戊戌为一岁，壬辰为五十五岁。实际上他的一生，就相当于17世纪的前半叶。

二、家　世

陈洪绶一名胥岸，字章侯。幼名莲子，号老莲，又号小净名。明亡以后，自号僧悔、悔僧、云门僧、九品莲台主者、悔迟、老迟、弗迟等。他生于一个源远流长的世家，可以追溯到汉代太邱长陈寔（洪绶为其五十四世）。远祖寿官翰林学士，在北宋末年扈从南渡，全家才迁到浙江。曾祖陈鸣鹤曾任扬州经历。祖父陈性学是万历丁丑（1577年）进士，做过广东、陕西布政使，父亲陈于朝却没有出仕。母王氏生了二子一女：长胥鉟（字洪绪、亢侯），次洪绶，两人相差五岁。[4]女胥宛，嫁给萧山来宗道之子咨诹，而洪绶的初娶就是来宗道兄斯行的女儿。来家是萧山望族：宗道是万历进士，官做到太子太保，兼内阁大学士、预机务。[5]斯行字道之，号马湖，一号槎庵，是位饱学的文士，生性狂放，著作甚丰，对陈洪绶大概有相当的影响。[6]

三、地　域

诸暨县是个有相当历史的地方：秦已置县，越王允常在此住过，境内有诸山暨浦，因此得名。五代初改名暨阳，不久恢复原名。明清皆属绍兴府。[7]枫桥镇在县城的东北，离开绍兴的城区不过二十四五公里（地图上的直线距离——下同此）。向西北约四十公里，就是萧山。再渡钱塘江，就到了杭州。陈洪绶除了两次或三次北上到北京之外，一生都在这三角地带里度过：诸暨在南，绍兴在东，杭州、萧山在北。他的童年及早期多半在诸暨、萧山，有时去绍兴及杭州，二十六岁到二十七岁时初次北上，在途中及北京约十五个月；中年到甲申国变，则多半在诸暨与杭州，可能在三十五岁时又北上一年；四十三岁到四十六岁时离家最久，在旅途及北京花了三年又三四个月；晚年自明亡到去世，先是在绍兴五年（包括在其附近山中云门、薄坞，落发避难九个月），然后在杭州四年；在去世的那一年里，又回到了绍兴。以地域文化而论，自古以钱塘江为界，把浙江划为东、西。春秋战国之时，浙西属吴地，浙东则为越国。唐代置浙江东、西两道，宋代置浙江东、西两路。浙西有杭州、嘉兴、湖州三府；浙东有宁波、绍兴、台州、金华等八府。[8]陈洪绶是浙东人，其根在浙东的诸暨、绍兴、萧山，可是他一生有很多时间在杭州，尤其是去世前的几年。所以他兼吴、越的地域文化传统，正像他在1651年《隐居十六观图册》上题的诗句："老莲无一可移情，越水吴山染不轻。"先看"越水"——浙东的文化传统，第一是大禹治水的传说，而其中心点在绍兴（旧会稽），至今还有禹庙、禹陵，纪念这位神话人物。而历史人物则有公元前5世纪的越王勾践，其兵败降吴后能卧薪尝胆，休养生息，在二十一年后灭吴称霸的故事，长存在中华民族的记忆中。这又连带到历代首推一指的美人西施，她生在诸暨南部苎萝山下的苎萝村；在勾践兵败会稽的时候，他的大臣范蠡把西施献给吴王夫差。吴亡，西施复归范蠡，从游五湖；而范蠡又是既有超人之能又有过人之智的豪杰：他助勾践灭吴后，称上将军，可是看透了勾践只可共患难，难与同安乐，浮海到齐国，治产数千万，后散财去陶，又累资巨万，这就是变成了传说的陶朱公。[9]当然，对陈氏更有影响的是号称书圣的东晋书法家王羲之，他在永和九年（353）三月三日，与朋友宴集山阴（绍兴）兰亭，写了不朽的《兰亭序》；他爱鹅且以书法换鹅的故事，是陈氏画题之一。当然从那时起到明末，绍兴的历史人物难以尽述。再看那西北角的萧山，唐置县后，明清两代皆属绍兴府；洪绶第一位夫人来氏的家，在县西部的长河镇，北濒钱塘江，与杭州隔水相望。[10]他四岁时已就塾妇翁家，十七岁侍妇翁几杖，那时想已结婚，所以这里等于是他童年、少年时第二个家，而去杭州的时候可能经过此地。提起杭州——中国六大古都之一：唐末到五代十国时期（10世纪初），这是钱镠所建吴越国的首府，开始筑城修堤，奠定杭州的规模；他又大兴佛教，寺院多达三百六十处，塔幢遍及城内外；吴越国历五主，共八十六年，使杭州成为两浙地区的政治、经济、文化中心。陈氏诗中的雷峰塔，就是当时兴建的。到了1138年，南宋正式在杭州定都后，这座临安府急遽地扩展成为当时"世界级"的大都市：城郭开拓到南跨吴山，北抵武林门，东接钱塘江，西临西子湖的伟势。[11] 南宋亡后，虽然杭州不再是京都，其气派与繁华仍能使元朝时的意大利旅行家马可·波罗赞之为"天城"，因为它是"世界上最宏伟华丽的城市"。[12] 讲杭州更不能忘了西湖，而西湖与中国的文学美术，有不解之缘。唐代大诗人白居易在长庆二年（822）作杭州刺史，任内曾修筑湖堤，蓄水灌田，他喜爱的白沙堤，从断桥起，过锦带桥，到平湖秋月为止，后人念之，称为白堤。北宋诗文书画天才苏轼在元祐四年（1089）出知杭州，任内开浚西湖，取泥草修筑贯通湖南北的苏堤，列入了南宋时已有的"西湖十景"之一——即"苏堤春晓"。陈氏在杭州时，不知在舟中、桥畔画了多少画，写了多少诗。为了功名，陈氏一生北上两三次，出发点就是杭州，因为这是直通北京的大运河的终点。总之，陈氏的生活区域是风光佳丽、文史深厚、陶冶文学家、美术家的理想环境，加以现代文豪鲁迅所称的浙东精神："其民复存大禹卓苦勤劳之风，同勾践坚确慷慨之志"[13]，使得晚年作遗民的陈洪绶在诗、书、画中，贯注了遒劲不屈的特性。

四、时　代

要了解陈洪绶的一生，必须先纵观一下他所处的时代。他出生的那年，万历二十六年戊戌，正是中国帮助朝鲜阻止日本侵略作战七年后，把敌人驱逐出境的一年。虽然失地全部收复，可是明朝丧师十余万，糜饷数百万，辎重损失极重，元气大伤。[14] 本来神宗是一位奢侈的君主，好兴土木，挥霍无度，国用拮据，就谋利增税；矿使税使，四处扰民。[15] 而且他荒怠已极，久不视朝，造成朝臣结党争斗，内廷阉宦夺权的形势。廷臣中有见识及骨气的，敢于进言及抗争，他们同在野的学者们，互通声气，晚明的激烈党争，因此展开。企图挽救颓势的一支主要力量，是东林党，而陈洪绶出生的一年，也正是东林党首脑人物顾宪成与南浙诸同人开始讲学论政的一年，他想形成在野派的政治势力，影响朝政。六年后（1604年），他与高攀龙等党人在无锡建立东林书院。[16]"往往讽议朝政，裁量人物，朝士慕其风，多遥相应和，由是东林名大著，而忌者亦多。"[17]这时朝臣中也分立党派，由他们首领的籍贯而命名的，有昆宣党（昆山、宣城）、齐党（山东）、楚党（湖北）、浙党（浙江），他们联合起来，攻击东林。到了神宗末年（1619年），朝廷上的东林党人，被他们差不多都排斥掉。[18]光宗继位，只做了一个月皇帝就死了，熹宗于是登基。在这个时机，东林党又抬头了，在天启初年（1621年），他们的主要人物赵南星、高攀龙、左光斗等都位居要津，并不知道那大风暴的将临。

熹宗又是一个荒怠的皇帝，尽情游嬉，把朝事扔给他的乳母客氏跟宦官魏忠贤。一个已经垂危的王朝现在进入了最后最黑暗的阶段。客氏同魏忠贤勾结，加上反东林党的政客，羽翼既成，在天启五年（1625年），魏阉就利用矫诏、诬告种种手段，把东林党人退职、削籍、搜捕、残杀。虽然引起各地士民的抗议和暴动，冤狱仍在扩大，酷刑惨死的忠烈，前有左光斗等六君子，后有高攀龙等七君子。[19]魏阉又榜示未杀的东林党人姓名，永禁他们活动，而且毁尽书院，斩草除根。魏党布满了内阁六部及四方督抚，浙江巡抚在西湖之麓建极其宏伟的忠贤生祠，各地仿行。[20]幸而熹宗早死，到了天启七年（1627年），魏阉的罪行就由继位的思宗果断地处理，客氏同魏忠贤被除。崇祯初年（1628年），东林党人再起，[21]但入阁不久就退出了，已成尾声。崇祯二年（1629年），复社在苏州南部的吴江成立，由张溥、张采领导，联络四方士子，要兴复古学，致君泽民，自认东林的后继；社员先后有两千多人，声势浩大。[22]同时，结束明室的两大致命伤已经双管齐下：一是外患——东北的满族崛起，危及京师；一是内乱——不能谋生的流民聚而为寇，蔓延各地。

满族的努尔哈赤在万历四十四年（1616年）自立为汗，国号金，史称后金。于万历四十六年（1618年）率大军下抚顺，陷清河堡，朝野震动。神宗诏集的防军反攻时，在万历四十七年（1619年）三月大败。天启元年（1621年）后金兵连陷沈阳、辽阳，势力继续扩大。同时明廷没有一定的边防政策，熹宗在位七年中，屡易边帅，无法巩固防卫。思宗登位后，虽然除去魏阉，但不能挽回大局。崇祯二年（1629年）冬，后金皇太极敢于进军到北京德胜门，然后班师回辽。同时，明廷自坏长城，先囚后杀了督师袁崇焕。[23]皇太极却养精蓄锐，静候时机。1636年后金改国号为清。

这时机也在崇祯元年（1628年）开始酝酿。陕西的农民在那年冬天起义，北京正在应付后金兵入侵，诏各镇兵救援，应接不暇，于是李自成、张献忠等率众攻掠，逐渐强大。李自成在崇祯四年（1631年）投靠闯王高迎祥做闯将，转战十四年。到崇祯十七年（1644年），甲申正月初一日，他在西安称王，国号大顺。三月十九日攻入北京，登皇极殿。同日，思宗自缢于万岁山（煤山），在历史上结束了明朝。这是陈洪绶离开北京回家的九个月后，所听到的"天翻地覆"的消息。[24] 这时防阻清兵的宁远总兵吴三桂，率兵来救，知李自成已进据京都，他退驻山海关。李自成亲自东征，吴三桂自知不敌，向清兵求援，在二十二日的大战中，李自成军败溃。他逃到北京匆匆即帝位后，在三十日撤出北京，向陕西转移。五月二日，清国辅政多尔衮率军入北京；九月，清顺治帝（年仅七岁）也到了；十月一日，定都北京，建立清朝。清军追击李自成，从潼关到武昌，在顺治二年（1645年）五月，在湖北省东南的通山县九宫山上，李自成被乡兵袭击丧命。[25] 他的部队继续抗清。

其实，追击大顺军的一部分清军，在二月间已经开始南侵，要扫除明室的残余武力。那时，图谋复明在南京称帝的福王，已经坐了九个月的小朝廷，但将士内江，廷官倾轧，只能苟延残喘。四月时清兵攻扬州，督师史可法率军民苦战七昼夜，城破被俘，不屈而死；清兵洗城，杀掠极惨，史称"扬州十日"。五月清军入南京，掳福王于芜湖。权臣马士英拥宗室潞王到杭州，清兵追击，在六月就占领了杭州，潞王投降。同时江阴与嘉定两城，给清兵以坚强的抵抗，江阴守了三个月，城破后也遭屠杀惨祸，而嘉定败后复抗二次，受到三次杀掠，史称"嘉定三屠"。浙东和福建在福王、潞王被俘后，又有明宗室鲁王、唐王建立南明政权，抵御外侮，而且得到从前反明的大顺各军及张献忠大西军的响应。六月里鲁王被迎至绍兴，号称监国。闰六月，福州唐王建号称帝。九月间，大学士黄道周自己招兵北伐，十二月兵败被俘，解到南京，后不降被杀。同一年的冬天，南明湖广总督何腾蛟联合了大顺军的部队，在湖北发起攻势，在湖南、江西等地展开战斗。可是在顺治三年（1646年）五月，清兵破鲁王军，鲁王脱身逃到厦门，浙东就受了清朝统治。[26] 唐王在去赣州督战的时候，八月到了福建汀州，被清军袭杀。[27] 进攻泉州、福州的清兵胜利后，基本上吞并了江、浙、闽。十一月，在成都抵抗清军的大西国皇帝张献忠中箭身亡，又暂时平定了四川。

差不多同时南明桂王在广东肇庆登位称帝。清军与明军在湖广江西各地展开战争，在1647年到1648年间，清军并不顺利，不能控制长江以南湖广之地。顺治六年（1649年）初，南明大将何腾蛟被俘处死，大顺诸军败的败，散的散。顺治七年（1650年）十一月，清军破桂林，大臣瞿式耜被俘受戮。桂王逃奔南宁。后来辗转到了贵州，受到大西军的庇护，而且在顺治九年（1652年）三月，出师北伐，要灭清复明。这就到了陈洪绶去世的一年。[28]

再回看离开陈洪绶较近地域的抗清活动：鲁王逃到福建后，受到郑家兄弟的支持（泉州总兵官郑芝龙降清后，他的子侄继续抗清），及将领张名振、张煌言等的拥护。尤其是芝龙子成功，不断攻袭闽粤沿海州县。他同二张合力，反攻长江两岸。1652年春，郑成功攻海澄，围漳州。浙江、福建的清军，常受打击。而且自1650年，他就同桂王通声息，设法彼此相应。所以在陈洪绶与世长辞以前，南明仍然是生气勃勃的抗清力量。[29]

五、一生事迹

从陈洪绶所处的时代、家境及自身的发展，他的一生可以自然的分成四期，可称之为少、早、中、晚。这四个时期是：到十八岁时为第一期，即少期；十九岁到三十三岁为第二期，即早期；三十四岁到四十七岁为第三期，即中期；而四十八岁到五十五岁去世为第四期，即晚期。

（一）少期

为了与传记及自述诗文所载年岁一致，本书全用中国传统的计算方法：那就是一个人生下来就算一岁，每过一次旧历年就加一岁。所以陈洪绶在万历戊戌（1598年——如系戊戌十二月四日以后生，则为1599年）是一岁，到万历乙卯（1615年）是十八岁。在这"少期"的十七年中，他已经显出特殊的艺术才能，且形成了师古而不泥古的创作态度。

陈氏的才艺，使他很早就有名气，在他活着的时日，就已经成为传说人物。因此为他写传记轶事的朋友，如周亮工（1612—1672）、毛牲（1623—1716）、孟远（生卒年不详）及朱彝尊（1629—1709），都不免有绘影绘声的文笔。例如孟远《陈洪绶传》中云：

> 有道人鹑衣鹤发，手一莲子，授于朝日：食此得宁馨儿，当如此莲。而绶于是生，故幼名莲子。

陈洪绶出生的时候，祖父性学健在，而且达到相当的功名，"田园资财亦甚裕"。[30]父亲于朝就无成了，屡试不中，便"隐居不仕，读书苎萝山下，惟事撰述……学道"。[31]陈洪绶在很小的时候，就到过他岳父来斯行家（萧山长河镇）就学。且看朱彝尊《陈洪绶传》这段传说式的描写：

> 年四岁，就塾妇翁家。翁家方治室，以粉垩壁。既出，诫童子曰："毋污我壁。"洪绶入视良久，绐童了曰："若不往晨食乎？"童子去，累案登其上，画汉前将军关侯像，长十尺余，拱而立。童子至，惶惧号哭，闻于翁。翁见侯像，惊下拜，遂以室奉侯。

即使这是夸大的故事，无疑他也很早就开始写文、学书及作画，而且进步很快。孟远所记的下面一段，是可信的：

> 十岁时，即濡笔作画。老画家孙杕、蓝瑛辈，见而奇之曰："使斯人画成，道子、子昂均当北面，吾辈尚敢措一笔乎！"

这时洪绶从萧山长河镇过钱塘江，就可以到杭州去请教当时浙派大画师蓝瑛（1585—1664年尚在）。毛奇龄（即毛甡）《陈老莲别传》载：

> 初法传染：时钱唐蓝瑛工写生，莲请瑛法传染。已而轻瑛，瑛亦自以不逮莲，终其身不写生——曰：此天授也。

看来蓝瑛画师赏叹这位神童是极可能的，但这神童轻视老师却不合乎事实。在现存的陈氏真迹中，有多幅显出蓝瑛的影响；而且陈氏的诗集《宝纶堂集》里，有《寄蓝田叔》诗三首，表现交谊很深，全无轻蔑的气息。毛的《陈老莲别传》中又说陈氏"数岁，见李公麟画孔门弟子勒本，能指其误处"。倒是周亮工《读画录》写的一段，令人相信：

> 章侯儿时学画，便不规规形似。渡江拓杭州府学龙眠七十二贤石刻，闭户

摹十日，尽得之，出示人曰："何若?"曰："似矣。"则喜。又摹十日，出示人
曰："何若?"曰："勿似也。"则更喜。盖数摹而变其法，易圆以方，易整以散，
人勿得辨也。

实际上，陈氏并不只求其变，从他的存世作品中，可以看出来他从变到创新的痕迹。

现知有陈氏自题年款的画，最早的是葛金烺（1837—1890）《爱日吟庐书画续
录》所载的《芙蕖鸂鶒图》轴，款题："老莲洪绶画，时己酉三月。"此图现不知在
何处，但想非真迹。一、葛氏注云："此幅画极精而款不甚确，盖老莲花卉凌厉简净，
别有一种矜贵气象，与此不同道。"二、己酉时，陈氏仅十二岁，而自称"老莲"，
与现存真迹编年后画家署名的习惯不合。很幸运的是，黄涌泉在1953年调查诸暨枫
桥镇时，发现一幅钤有"莲子""洪绶"两印的纸本《龟蛇图》轴，水墨淡彩，结
构谨严，显然是用古画或石刻拓本作底本而参以己意的作品。他利用宣纸在上矾后
可以不洇的特性，以秀劲的线条作画在上矾处，而在不上矾处以浑然的水墨渲染烟
云，表现出匠心独运的风格和技巧。以比较幼稚的笔力看来，这幅可能是他十几岁
时的作品，而且应该是他存世作品最早的一幅，证明毛奇龄《陈老莲别传》中所说
"十四岁，悬其画市中，立致金钱"是合乎事实的。又有一幅见著录而不见原画的
是《爱菊图》，载《陶风楼藏书画目》，款题："壬子夏日写，老莲洪绶。"其时陈氏
是十五岁，不会自称"老莲"，想非真迹。那一年的冬天，他的社兄胡锦石与其弟机
石为母亲五十四岁寿辰，请他作寿图、寿言。寿图可惜不见了，"寿胡母文"却保存
在《宝纶堂集》卷三。行文情辞并茂，完全不像一位只十五岁的童子所书。但像他
这样的神童，在历史上不乏记述。他的挚友张岱（1597—约1684）在《快园道古》
第五卷"凤慧部"，专记明代的神童，从正德进士第一舒芬到张岱自己，不下二十余
人。四岁能作大字的，就有洪钟、李东阳。解缙六岁能作诗，张岱六岁能属对。[32]
陈洪绶的另一挚友周亮工，十二岁已有诗名。所以从记载同实物两方面观察，陈洪
绶的确是一位从童年就开始文艺创作的天才。现存有一幅"乙卯秋"款的《无极长
生图》，是他十八岁时的作品；又有手书《筮仪象解》四册，很可能是同一年写的。
看来在少期的结尾，他已经学佛读易。

陈洪绶是否有一个快乐的童年生活，从记载方面得不到结论。在功名上不得意
的父亲于朝，三十五岁就去世了，那时洪绶只有九岁。祖父性学想来比较严格，不

能望子成名，必会寄希冀于孙子；他在洪绶十六岁时去世，大概减少了对这天才横溢的青年硬要追求考取功名的压力。洪绶十七岁时，到萧山来家居住。他娶来斯行的女儿，多半在这时节。《宝纶堂集》卷一"樗庵先生传"云："洪绶十七岁，即侍先生几杖。"文中描写他的岳丈"为人和厚简易，虽卑贱之人，可得以情告之者；而高情远举，俗自不可以得错处，以故少年有恃才狂士之称。每自喜志大遇迟，当老其材。数与市中小儿攫饮食。醉后辄披发长啸。读书务实用……先生见儒学与佛氏，且吾作一家言，通二宗旨……乃作一舟，放之白马湘湖间；丝竹陶写，改读书室为伽蓝，饭一老僧，卧起与俱"。看来这位女婿很钦敬他的岳父，而且在性格方面也很接近。至于他同哥哥洪绪的关系，可能复杂。据孟远《陈洪绶传》，那位长兄的面目很狰狞：

> 当父殁时，绶方九岁，累世家资，悉兄绪操管钥；恐弟分所有，谋所以戕害之者无不至，时时奋老拳，而绶执弟道弥谨。念兄之意，以区区赀财产业耳！男儿当自立——万一祖父无尺寸遗，其谁与争？余何忍恋恋于此，使吾兄有不友之名。乃悉让所有，徒步走山阴道上，税一廛僦居焉。

这段似说自从洪绶九岁丧父后，就受兄的虐待，最后被迫离开家园，到绍兴去租个房子住。可是《宝纶堂集》卷二"涉园记"里，洪绶说："忆予十岁，兄十五岁时，读书园之前搴霞阁中……予愿从兄坐此园也。"又在该集卷四有诗，题目说："亢侯虽兄也，而友。夜雨以酒命书，书必予诗。诗不能得佳，工书差可慰也。赋志之。"然后诗云：

> 雨夜得好友，酒与独有余。醉后墨数斗，不顾工拙书。诗亦何必善，终当归空虚。所求工者意，难慰好友俱。好友能夺性，令我不自如。

集中卷九有《怀兄》一诗，想系指搴霞阁共读之乐：

> 落日寒阴败蒋鸣，疏寮病客最心惊。思君十二年前事，夜雨修篁长枕情。

此外还有不少篇章，表现兄弟之情的，可见孟氏之说未必可靠。前面提到陈洪绶在十七岁时到来家去住，再过一年，即他十八岁时，母王氏去世，享年仅四十一岁。一个合理的推测是他在母亲下葬后，离乡去绍兴求学，当时一代大儒刘宗周在该地解吟轩讲授，陈洪绶得机拜这位蕺山先生为师。[33]

家中同他自幼就很亲近的，是一位叔祖（他有几位叔祖，不知是哪一位），比他大十二岁。《宝纶堂集》卷一《奉觞叔祖大人五十寿序》说：

> 某忆四五岁时，为鸠车、竹马之戏，叔祖便欣然身先之。十八九岁时，知声能歌曲，叔祖便与击鼓按拍……某不事礼仪，酒酣或与叔祖争坐，叔祖且乐为狎。叔祖抚某殆朋友者然……

这么看来，陈洪绶一生的第一期——自出世到十八岁，环境是相当优裕的。在这期的末尾，他是个父母双亡、成家而未立业、性好文艺而志在功名的青年，准备步入一个政局黑暗、国势颓危的现实世界。

（二）早期

从万历四十四年丙辰（1616年）到崇祯三年庚午（1630年），即陈氏十九岁到三十三岁的十五年，是他一生的第二期。他的个性充分发展了：嗜酒、好色、娱情山水。他继续在写诗文、作书画各方面加深了造诣。可是主要目的及努力方向是谋取功名。

十九岁时，在八月画了一幅设色人物在金笺扇面上，寄给岳父来斯行拜寿。不久以后，他就到了萧山来府。现存一册《水浒叶子》白描人物三十六张，自题作于槎庵，是为朋友徐也赤画的，想即到后所作。在冬天，住来风季家，同长他二十岁的主人一齐读屈原的《离骚》，仿李贺的诗体写长短歌行，一直到夜，烧灯相咏。风季常常取琴作激楚声，而洪绶觉得"四目莹莹然，耳畔有寥天孤鹤之感"。[34]在这种氛围中，陈氏用两天画了十二幅白描人物：自"东皇太一"到"礼魂"共十一幅，外加"屈子行吟"一图，造出令人不忘的伟大诗人"形容枯槁，颜色憔悴"的艰苦幽怨形象。这就是可确定年月的不朽名作《九歌图》。现存的虽是1638年的木刻本，但刀艺极精，保留了原画的风神，是固定陈洪绶在中国画史上地位的第一部作品。

在这个时候，他的求知欲很强，求进心很浓，这可以从他"子新弟初度，诗以励之"（《宝纶堂集》卷八）的诗句中看出来：

> 招酒祝君十九岁，思侬十九那年时。五行过目俱成诵，数载埋头转盼遗……

除了一般士子必读的四书、五经、《楚辞》《史记》《汉书》、晋唐宋诗选等以外，他还研究佛经。据《宝纶堂集》卷四《理华严经》一诗自述："二十翻此经，亦曾废寝食。"他作画时，常用佛教题材。杜瑞联（19世纪中叶）《古芬阁书画记》有陈老莲十八罗汉册一项，款云："丁巳（1617年）三月望日佛弟子陈洪绶敬写于大悲堂中。"此画不知下落，难明真伪。那时陈氏二十岁。现存有他二十一岁时画的一小幅《枯木松石》，水墨淡彩，自题："戊午夏，洪绶。"笔墨已经很苍劲。这一年，他交结了诗友吕吉士，曾为之写诗序（《宝纶堂集》卷一），说他比吕大十几天，所以受到做哥哥的待遇，可以品评指导。序中提到"中郎"，可见那时公安派中心人物袁宏道（字中郎）的诗文，他已相当熟习。对于陈洪绶，这是当代文学的前进队伍，其抒性灵、去格套的主张，与天真清隽、全然本色的诗文，必影响敏感性很强的青年。[35]

陈洪绶虽然多才，在仕进方面却不擅长。二十一岁了，只是个"诸生"。这见于《宝纶堂集》卷七《寿诸东柱》诗："戊午与君为诸生。""诸生"即俗称的"秀才"。无疑的，他的天性倾向浪漫的生活，文艺的创作，就如他的自白："二十岁外，嗜酒，学诗，喜草书，工画。"（见《奉觞叔祖大人五十寿序》中）

万历己未（1619年），陈氏二十二岁。春天画一小幅白描，状一火中神人，又一幅罗汉及护法神，接着是一幅枯木竹石；秋日加一幅老松下高士立在丛石间，这都在同一册中。同年他作了十二开水墨《摹古册》，有人物、山水、花鸟等。这时他用笔工细而秀劲，构思巧妙而古雅，继续发展《九歌图》的技巧与作风。见于著录有一幅勾勒白竹，赠沈允范（又作胤范，康熙丁未进士），自题："万历己未翻经法华山（杭州）中，作竹有几种，种种貌其形似。"上有李流芳（1575—1629）题，并为之作歌。毛奇龄后来见到此画，也"咨嗟为歌"。[36]陈氏一生喜作双钩竹，至迟到这一年已经开始。

万历庚申（1620年），陈氏二十三岁。正月作《准提佛母法像》。[37]他用白描手法，浓淡两种墨色分明；而造型的简洁轮廓中，饰以细节——这种人物技法，他终身使用。

庚申三月，发生他永远不忘的美事：

桃花马上董飞仙，自裹生绡乞画莲。好事日多常记得，庚申三月岳坟前。

这首诗不但收入《宝纶堂集》卷九，而且被毛奇龄、朱彝尊传诵，[38]恐怕他所有的诗中，以此为最著。可惜为飞仙画的莲花今已不存。后来在北京时（不知是哪一次），他有《梦故妓董香绡》诗（《宝纶堂集》卷九）：

长安梦见董香绡，依旧桃花马上娇。醉后彩云千万里，应随月到定香桥。

这真是缠绵悱恻，无尽风流！

庚申在杭州时，他曾住在灵鹫寺。这是他四十八岁时在《杂画册》自题一首五言绝句及注中说的。灵鹫寺在北山，吴越王建，宋改兴圣寺，元末已毁。[39]此处陈氏大概指灵隐寺，因其前面的飞来峰，一称灵鹫峰，而寺中有冷泉亭，那五言诗中有"冷泉写黄鸟"之句。现存庚申秋日的一幅《奇峰孤城》册页，用钉头小斧劈皴，有宋人画册的精练。

天启辛酉（1621年），陈氏二十四岁。他在《奇峰孤城》册页的同一册中，添了《双木三鸟》《月下捣衣》《待渡图》数页，试验各种技法，用心求进，而处处在古雅的绳墨之内。但是奔走功名，仍无所成；不得意时饮酒，时常拿不出酒钱。[40]

天启壬戌（1622年），陈氏二十五岁。夏天他在前述的画册里，添了一页《双蝶采花》；秋天，添了一页《铜瓶插荷》。蝴蝶、莲花、铜瓶与双钩竹一样，都是他一生爱好的题材。这年除夕，陈氏写了一首七绝，见《宝纶堂集》卷九：

廿五年来名不成，题诗除夕莫伤情。世间多少真男子，白发俱从此夜生。

他的画名、文名早就成了，只有功名，仍然求之不得。

天启癸亥（1623年），陈氏二十六岁。春间，妻来氏病故。[41]这时家境贫寒，贤妻良母的来氏，"嘱以旧服殓及殓简衣"，他挥涕作七绝一首（见《宝纶堂集》卷九）：

翠袖红绡满箧藏，缕丝折叠怨俱长。当时妆束为侬饰，今日披将归北邙。

他同来氏生一女道蕴，后来也以书画擅名，[42]丧母时顶多八岁。大约在丧事后，陈洪绶自萧山归，见女心酸，作七律一首（《宝纶堂集》卷八）：

入门迎我无娘女，躞蹀前来鼻自酸。多病定垂兄嫂泪，不驯应失侍儿欢。新裁绵服虽无冷，旧日慈心犹虑寒。且逐小姑斗草去，那堪含泪把伊看！

陈氏"连年不得意，饮酒空山中"，又逢丧妻之痛，加以"亲戚不兼容"，[43]所以决计离乡，到北京去找出路。启程在暮春。[44]初次长途旅行，不胜怅惘，且看这首《舟次德州，寄答潘十三通判》诗（《宝纶堂集》卷九）：

此去神京八百里，明朝千里路漫漫。须知尺素当疏阔，乞把来书反覆看。

他经过天津，逗留了一些时候，得诗数百首，只留了十之二三。[45]到了北京后，没有得到进展。不过在贫困中，仍然是位风流倜傥的名士。不见那收入《宝纶堂集》卷九的《癸亥长安》诗：

千里春风醉客心，红楼窅窅复相寻。阿琼只解留人住，两向灯前拨素琴。

该年秋，他为三叔画《寿胜南山图》大轴，并题："癸亥清秋之九日，莲子洪绶顿首拜贺，并画寿胜南山图于卧龙山房，为三叔得第三弟。"[46]到了除夕，同三叔在客中吃年夜饭，有《京邸除夕书示三老叔》一首（见《宝纶堂集》卷九）：

黄鸡碧酒拥寒炉，湖海相逢度岁除。但愿明年吉祥事，各人多读数行书。

天启甲子（1624年），陈氏二十七岁，在《寿胜南山图》上再题：

> 客中值初度，酒禁大宜开。可庆材当十，□遂建侲来。春风将就半，梅蕊
> 已□胎。以此新生意，为君寿一杯！甲子春日书此作，以寿三叔。绶。

这幅画仅见著录，现不知存否。就在这时，他大概已在病中，因为后来在诗中自述："囊中无一钱，走马燕市东，得病五六月，药石皆无功。"当时有《病中寄家信》一首：

> 门外车音杂马嘶，床头送客数行啼。只书病症三分去，也把平安二字题。

他一心思归，在《送楼浴玄南归》诗中说得很清楚：

> 喜君先我归家去，为我亲朋俱说知。愁病半除归念急，回舟只在暮春诗。
> （两诗皆在《宝纶堂集》卷九）

他南下时要到六月底，回到诸暨已入秋季。前引的五言古诗（见注40、注43）中自述：

> ……况当上策时，弹指季夏终……归来拜亲罢，裹足飞来峰……

那就是他同张岱在杭州岣嵝山房中读书的时候。[47]秋八月，为锦城社长兄画扇。[48]九月二十五日，游诸暨苎萝山赏红叶，得七绝十首。诗中透露他嗜酒成病，但不能戒，其五有"恼我频年酒病侵，经旬不饮作书淫"之句，但其六就说"喜得醉归酒未了，明朝剩有几株红"。他亦喜欢高歌，其七云："老渴今年二十七，未有当筵不唱歌。"酒、歌、山水，全是为了舒展他的潦倒情怀。且看这最后的一首：

> 起来清气寒心骨，烂醉寒风带叶吹。拾得叶归无好句，写将画里寄相思。

全诗见《宝纶堂集》卷九。就在这一段时间，他同周亮工开始了友谊。周的父亲在诸暨作官，亮工才十三岁，已经有诗名，同陈氏数游五泄山。[49] 现存的《五泄山图》大轴，有"洪绶"两个小字款，茂树、高岩、群瀑填满了整个画面，气势磅礴，想系本年的作品。秋冬间，陈氏到杭州，同张岱兄弟（即宗子与平子）、赵介臣、颜叙伯、卓珂月在灵隐韬光山下岣嵝山房一起读书。这是一个泉声山色，清净绝俗的好地方。[50] 陈氏有《坐岣嵝山房》一首形容幽胜诗（《宝纶堂集》卷五）：

> 山里坐深秋，寻居得最幽。老枫团曲径，修竹隐高楼。有句有人和，无诗无妙讴。六桥诸画舫，数日出夷犹。

张岱在年轻时是富有、好客且多才的花花公子，相当任性，因为他恨元代杨琏真伽被世祖任为江南释教总统时发掘钱塘及绍兴的宋陵及大臣冢墓，就去锤毁真伽在飞来峰的造像。陈氏写五言古诗《呼猿洞》一首，提到"痛恨遇真伽，斧斤残怪石……余欲锤碎之，白猿当自出"。[51] 他是否参加了破坏的队伍，无考。

他自北京返家后，在家庭方面安排了一件大事，即娶了杭州卫指挥同知韩君的女儿为续弦。结婚不是在甲子的秋冬间，就是在次年乙丑（1625年）的春天。[52] 在创作方面，大概在这一段时间里，他画了一幅水浒图卷，选了四十人。卷已不存，详细的描述见于孔尚任（1648—1708）《享金簿》，说："非五才子书及酒牌所传旧稿。"卷首有赵宧光（1625年卒）草篆"英武神威"四字，后有陈继儒（1558—1639）及王铎（1592—1652）跋，又有邵弥（约1592—1642）题七言绝句一首，还有檇李陈万言跋，称"此卷向藏云间莫氏，今为吾友陆明世所购"，可惜今已不见。陈氏一生画水浒人物，不止一件，详见本书第二章及附录二。

天启乙丑陈氏二十八岁，春间萧山来风季过访，在《宝纶堂集》卷九的《寄梅与风季》诗，有"乙丑花时君过我，坐君花下和君诗"之句。到了年终——十二月三十日，他得了长子义桢，幼名豹尾。

天启丙寅（1626年），陈氏二十九岁，他大概在这年二月初，到萧山回拜来风季，住了半个多月，有《寄来季》五言古诗记之（见《宝纶堂集》卷四）。他受到来氏的劝导，努力读书，勉强戒酒，避免声色之娱，深感岁不我与："昨夜梦醒时，悲叹年非稚。三旬倏忽来，四旬如鞭箠。"并约在秋天再聚："连床半月归，秋天复可迟。我如不得来，君来慰我志。"暮春，画《听蝶图》，自题："为传消息到王孙，固知蝶语更妙天下也。丙寅暮春老莲写听蝶图一噱。"[53] 此画不知下落，真伪莫定。夏秋间，曾画佛像（《宝纶堂集》卷一《潘无声杂诗叙》），那时潘无声由单继之的介绍，去看陈氏谈论诗词。八月二十六日，陈氏为岳父来斯行六十大寿，特奉《寿槎翁先生六秩序》（《宝纶堂集》卷一），称先生有道——"无私财，归之先君子，以给养兄弟"，有学——"著书有论语颂、拈古颂、大小乘、史乘、家乘诸篇"，有绩——"当山东盗起时，先生数月悉平之"。可见立德、立言、立功的人生最高目的，支配着陈氏的思想，而并不看重自己在文艺方面的成就。

天启丁卯（1627年），陈氏三十岁。这一年的春日，是他准备考试，作最后努力的阶段。他在诸暨牛首山永枫庵用功，其情景见《宝纶堂集》卷二《游永枫庵记》中：

> 正月终，妄想进取，读书东廊。山色朝暮，竹树声色，鸟语溪声，梵呗钟鼓，意之所会，耳目之所得，神情之所畅适，不能尽领略。步林下不过数百步便还，与诸僧语不过数十语便止。早闻钟鼓辄起读，晚闻之则罢饮。清况虽甚多，而流连飞舞之致，十不存一。凡五日，便以访社中入城，遂留试。六月乃归，归便渡江……

他渡钱塘江到了杭州。

秋，他代岳父来斯行写了一篇《寿太母范夫人七十序》，表彰一位二十一岁时守寡、保孤，抉目以止父母诱夺其志的节妇（《宝纶堂集》卷一）。九月，《邀孟子塞》诗（《宝纶堂集》卷五）中，有"不能常痛饮，每想数同行。今到西湖上，何为游不成"之句，可见他在杭州留到九月，才回到诸暨。十一月八日，他同叔眈生、宸铭去游永枫庵，去访大先和尚，未遇；徒弟寰和尚出来伺候茶栗。当时作《游永枫庵记》（前引记中回忆正月在庵中苦读情景）。这时他也许知道了考试的失败，所以记中末段这样写出：

> 今日之游，有酒有纸笔，可为文字饮。风日清谈，心无系恋！山水、竹木、禽声、梵音，觉愈于正月时。岂愈于正月时哉，功名之念系之也！夫天授人以功

名富贵，则客人游盘之乐；得全者不多得。莲子虽不能进取，游览之兴，未尝以疾病、亲友母望之祸、鄙陋之心辄止。兴至则来，阑即去，天之厚莲子多矣。

此后不久，他又回到杭州。现存一幅扇面，秋木两株，石一座，自题"丁卯仲冬，携此步西陵桥"。这桥一名西泠桥，在西湖白堤的尽头。[54]

这一年，他感到年满三十的压力。他有《久留》一诗（《宝纶堂集》卷四），自叹"不可常傲物，我亦爱傲人。三旬不成事，诗酒江南春"。又有《寄三叔祖》一首（《宝纶堂集》卷四），自认"羞我年三十，为文未成篇。酒味颇有得，功名罔计焉"。在他胸中，诗酒与功名仍在战斗。

大概在这一年，他写《吕吉士诗序》（见诗文章）。

崇祯戊辰（1628年），陈氏三十一岁。他为了正月十八日次子峙桢出世，[55] 喜作《得象儿》诗，以陶渊明自况（《宝纶堂集》卷四）：

> 吾今得两儿，可慰老年醉……过此十余年，此子能伏侍。便学五柳翁，篮舆可随意。

季夏作人物山水册，赠豫庵先生，有题：

> 戊辰季夏，豫庵先生归来五河，与洪绶饮于溪山，谓洪绶曰："不得山林中饮者，五年许矣！"洪绶曰："先生官也。为官而日为饮酒林泉之乐，何取乎？吾辈可以于读书之暇，饮酒林泉，寄情笔墨而喜。鹿鹿于车马官府中，视此山林若无者，良可叹也。"爰作页子十二幅以遗先生。[56]

这见于著录的纸本画册，着色九开、水墨三开，惜未知存亡。

冬，《宝纶堂集》卷九有《戊辰冬看山归舟饮于村居》七绝两首：

> 冷落萧条塞上关，征夫更苦贺兰山。平生有志封侯事，铁骑劳劳肯不闲。

> 辛劳幸不涉江关，小小舟行快看山。莫道催诗酒太急，笔尖忙处极为闲。

这受边塞诗影响的诗句，在陈氏是不常写的，而且描写江南，似乎不恰。因此引起了殷登国的怀疑，他认为陈氏可能在戊辰初秋二次北上，在十一月河川冰封以前，在北方舟行看山。[57] 殷氏说他匆匆去北京谋取功名，动因可能受豫庵先生的怂恿，而且在次年（崇祯二年己巳，1629年）暮春抵家。但在明末的交通情况下，八九个月里这般来去匆匆，在崇祯皇帝刚即位的转变时期去凑热闹，并不是太合理的设想。同时还要放弃一件现存的画迹，那就是《水仙湖石图》轴，自题作于戊辰雪夜。看来他还是在诸暨，舟行看山，想起为了封侯会有边役之苦，口占二绝，自幸"不涉江关"，也是在情理之内的。

可能在这一年，他写《理华严经》一诗（《宝纶堂集》卷四）：

> 吾十五六时，陌上见美色。于今十五年，眉目犹能忆。横逆之所加，历年不去臆。二十翻此经，亦曾废寝食。不敢妄自明，胡跪请大德。今日开卷看，奇字多不识。途径虽可寻，贯通终难得。乃知佛缘悭，六贼不能克。

陈氏一生好色，这是自白。学儒不成，功名无着；学佛不成，六根难净！

崇祯己巳（1629年），陈氏三十二岁。春天，在亡妻来氏忌辰的时候，他写了《怀亡室》二首（《宝纶堂集》卷九）：

> 谁求暗海潜英石，琢个春容续断弦。明知方士今难得，如此痴情已六年。
> 衰兰摧蕙护昭陵，一望驱车便远行。遥忆忌辰谁上食，苍头小婢莫葵羹。

由此看出他虽有韩氏，但仍念念不忘来氏；而来氏大概葬在娘家萧山，所以自己及女儿在忌辰不能去祭奠，心里深感凄凉。

在秋暮，他与朱士服、吕吉士、孟子塞等十三位朋友水嬉二日，醉后为朱士服录旧作二十四首。

暮冬作《墨竹》一幅，颇自鸣得意。

崇祯庚午（1630年），陈氏三十三岁。三月二十一日，得第三子楚桢，小名狮子。[58] 这年他又去考试，结果仍然不利。他写了一首七言古风《寿诸东柱》，有虽败犹雄之意（《宝纶堂集》卷七）：

> 戊午与君为诸生，不觉于今十年矣。……今年君不入场屋，我入场屋私自
> 喜。文理粗通字不讹，当今平淡实称旨。或得脱颖差慰君，兼可为君办薪水。
> 奈何命运皆不齐，主司喷唾作故纸！……功名何必在少年，古人四十称强仕。
> 莫伤老大不尽欢，三十三岁故足耻。我虽不才气亦雄，酒酣起舞歌商征。莫作
> 强为言笑观，胸中有韡真可恃。……

实际上，这次考试失败，对他的打击比较严重。他有诗三首，记兄洪绪在秋天安慰
他的事（《宝纶堂集》卷五）：

> 予见摈，兄亢侯为予买酒买舟游南屏，邀十三叔公十叔、
> 侄翰郎、客单继之相宽。大醉后书之。
> 雨中最寂寞，今夜独欢然。我恨貂裘敝，人怜毛羽鲜。一尊频换烛，七尺
> 可縢天。不信通经术，深山老此毡。

> 兄以绶见摈，以酒船宽大于湖上，醉后赋此。
> 阿兄备酒馔，买舫为吾宽。立命唯鸩酒，知书慎得官。沉沦前世事，诗画
> 此生欢。若言名位遇，非易亦非难。

> 湖上饮亢兄酒
> 吾道无忧喜，此中强自平。譬如不识字，何念及功名。秋思深林步，诗情
> 夜雨生。阿兄呼酒至，举火断桥行。

功名方面的挫折，并不影响他在文艺方面的努力。在庚午清秋，他为李廷谟（告辰）
订正的《北西厢》画莺莺像插图，并题词及写短跋。此顷他同单继之友情甚笃，见
《宝纶堂集》卷五言律：

> 予数不遇，唯继之数与游；酒中感赋，继之吾知友也。单子真吾友，萧条
> 日伴吾。不将书画扰，每欲酒船沽。妻病留能住，时穷便不图。雨窗今夜醉，
> 仔细认狂夫。

他为单氏作绢本山水一幅，自题：

> 张雨诗云："曳杖烟林中，放脚云山里。"一时称其缥缈幽深之致。何如吾
> 为继之写之尺素乎？写之无其缥缈幽深之致，吾亦不肯为继之写也。洪绶画于
> 醉华亭，时庚午暮秋。[59]

这时他已由杭州回到了诸暨。冬天他画了一幅人物，贺张平子住进新居，款云："洪绶写贺平子社兄卜居。庚午冬日。"[60]

十二月他作《岁寒三友图》赠季方，款云："庚午暮冬为季方社弟写于玉树轩。洪绶。"[61]

是年，洪绪在家中涉园扩建，请弟弟作记（《宝纶堂集》卷二）：

> 涉园者，予兄己未（1619年）筋槎庵来先生请名之者也。庚午构堂一、亭
> 一、穿池二，予乐记之。予忆先生名时，众以为仅取日涉成趣之义也已。予能
> 广其意，当不是乎止也……

他接着描写历来怎样布置花木，规划楼阁，要"数十改易，务与其树之相宜而始定"。凿池则东、西、开、塞，"变田成溪者十余度，务与其地与树之相宜而后成。"他转到本题，说"作园末技也，不日涉则弗能为良"，所以求学更须日涉："故日涉经史，涉古今，予愿从兄坐此园也。"得涉之意义后，要细察其效，达到"种德乐善，文章用世"，像治园一样的"精择迁改，动与时宜之为善也"。这是自励励兄，要保持儒家"独乐不如众乐"的精神，同时也流露出视艺术为末技的态度。

纵观陈氏自十九岁步入大家庭外的现实世界，一直到屡试屡败，深感"足耻"的三十三岁，是他一生中个性充分发展，艺术上声名斐然，而功名一无成就的时期。在自己的小家庭里，变化很大：二十六岁时妻来氏卒，毅然北上去找出路，隔年财穷身病而归。归后不久娶继室韩氏，到三十三岁时已得三子。在老兄买船买酒宽慰他榜发不中的时候，曾有"诗画此生欢""何念及功名"的念头，但酒醒后的世界，仍然呼唤他再接再厉。

（三）中期

从崇祯四年辛未（1631年）到崇祯十七年甲申（1644年），即陈氏三十四岁到四十七岁的十四年，是他一生的第三期。在这一段年月里，他大概放弃了考取功名的途径，另想办法；他大半活动还是在诸暨、绍兴、萧山、杭州这些区域之内，最后作了他一生离家最长的远游——那就是四十三岁时再到北京，谋求出路，作客三年有余，在明室灭亡的前夕，无所建树，抱着伤时忧国的情绪还乡。

辛未二月三日，他的宗兄陈庚卿为了赡养老母，卖田入国子学，将行，洪绶写《赠陈庚卿入国子学序》（《宝纶堂集》卷一），也表示出他对求进取而不得意的共鸣。他说："古今士大夫，贪功名者，以谄媚进，以货财进……一日事败，身罹宪刑，削夺及其亲……"他又引用庚卿的话："吾宁卖田入国子学，幸而得第，不幸则笔耕舌织，或得上纳为一县丞、簿州、判官，使老母饱官饭一盂，愿足矣！"明朝有这种以捐纳可以买个监生头衔的制度，使具备这资格的人，可以同秀才一样去应乡试，开了另一条猎取功名之径。[62]

夏天，他借宗甫叔赠葡萄为因，引杜甫诗"野人送朱樱"的典故，写了两首七绝（《宝纶堂集》卷九）。他羡慕杜甫诗名的不朽，也慨叹不遇的悲怆。野人赠杜甫以西蜀的红樱桃，使诗人想起四月一日宫内把荐过寝庙的樱桃颁赐臣下的盛况，而自伤境遇，有"金盘玉箸无消息，此日尝新任转篷"之句。[63]这时陈氏想起本身有流落如篷、随风转徙的境遇，可是"何事依吾身后名？"在一年前，园中已经添了一座醉花亭，可是忙于考试，没有时间天天坐在里面赏景，这年季夏，有感赋诗（《宝纶堂集》卷八）：

> 吾爱山亭竹树幽，构成奔走未曾留。
>
> 半年也逐功名事，五月聊为儿女谋。
>
> 俗务每从无意得，好怀不是有心求。
>
> 连朝饱坐工书画，感想忙时绝梦游。

陈氏岳父来斯行的侄来咨隆，在这时请陈氏画先父先母来鲁直及其夫人的小像。辛未霜降后五日，来斯行因为病臂，不能作书，所以命陈氏执笔录题。那幅《来鲁直夫人行乐图》，要等到六年后，才得到来斯行弟宗道的题赞。同时，陈氏在丙寅（1626年）开始画的一幅《岁朝清供图》，到这一年才完成。可见坐在醉花亭中，他并没有闲暇来赏心悦目，而是忙于应付书画债及儿女债。他的"上虞诗"（《宝纶堂集》卷四）述其关怀之深：

> 祖泽日告竭，吾亦当知耕。行年三十四，强仕学无成。
>
> 受养小人力，又无君子名。天岂独私我，而无相夺情！
>
> 诸子倘不学，宁不堕家声？农事当习观，庶几能治生。

实际上，陈氏并没有从事农桑，这只是表现一种愿望，指出功名不成的另外出路。这时他也写了一首五言古诗"勉侄"（《宝纶堂集》卷四），谆谆鼓励他哥哥的儿子"显亲而继祖，致君而泽民"，说"况汝年二十，不必事樵薪"，务必"贵显固满望，儒雅世所珍，二者若兼得，汝则大我陈！"自己做不到的，希望下一辈去努力了。

殷登国在他的《陈洪绶研究》中，提出辛未冬陈氏又启程北上，壬申（1632年）在北京居留一年，在癸酉（1633年）初春南返故居的可能性。他说："大约崇祯四年冬，他接到封他为舍人，入京临历代帝王图像的诏令而动身北上，崇祯五年居京临画并纵观内府藏画，到了崇祯六年初春，他才南返故居。"[64]这说法没有充分的证据。只是有几首诗，不合于天启四年（1624年）自北京六月启程南下之时，因为那时他的妻来氏已故，续弦未娶，也不合于崇祯十六年（1643年）七月启程南下之时，因为诗中提到"暮春"。所以如果有这次北行，归来时经过山东境内的南旺，倒是相合的。兹录《宝纶堂集》卷九的"南旺寄内"七绝五首中的三、四两首：

> 客中万事皆伤感，每到雨中最断肠。
>
> 只恐归来暮春月，梨花夜雨暗钱塘。
>
> 饥来驱我上京华，莫道狂夫不忆家。
>
> 曾记旧年幽事否？酒香梅小话窗纱。

虽然不能确定是否有这次北行，而陈氏对他夫人的深情，却可以从这些诗句里感觉到。

崇祯壬申（1632年），陈氏三十五岁。著录上有一件作品："赠澹归用高房山笔山水。"[65] 澹归即他的好友金道隐，崇祯进士，后为僧，祝发桂林，卒于1682年。[66]

崇祯癸酉（1633年），陈氏三十六岁。春，他请老友赵公简（也是刘宗周的学生）从绍兴到诸暨家中住了差不多一年。暮春，他画了十开花鸟昆虫的工笔册页，署名有"溪山洪绶""溪亭洪绶""溪山老莲洪绶"及"洪绶"等，而作画的地方有"柳浪馆""桐枫馆""若耶书屋"及"借园"，看来都是诸暨家中。四月中，他的岳父来斯行去世，享年六十七岁。[67] 中秋，他作一花卉轴：墨笔湖石，设色蜀葵凤仙，署"溪山洪绶"款。[68] 十月，作《长松高逸图》，款云："癸酉孟冬，溪山洪绶画赠赵介臣老社兄。"[69] 赵在1624年曾与陈氏读书于杭州岣嵝山房，在1629年秋暮与陈氏及诸友水嬉二日。十一月，在起馥楼作山水人物轴。岁终，赵公简回绍兴，陈氏写五言古诗赠行，以"癸酉暮冬送赵子公简还"为题（《宝纶堂集》卷四）。诗的前半述事如下：

> 与子为兄弟，所赖经相畲。壮年事盘乐，经荒不相锄。
>
> 是以携子来，溪上就小庐。朝时攻子文，日暮读我书。
>
> 研幽复义解，此来当不虚。悠忽一年尽，子又还故间。

诗句反映出来陈氏仍致力攻读，希望在功名上还有出头的日子。

大概在这一年，他作《水浒叶子》四十幅付刻。对这些英雄个性的描写深刻，形象丰富，在中国版画史有划时代的意义。

崇祯甲戌（1634年），陈氏三十七岁。三月，他为朱季方社弟画一幅仕女图，款云："溪山洪绶写似朱季方社弟，时甲戌暮春痛饮深柳读书堂。"（画虽可疑，但应有原本）[70] 五月初一，他得第四子儒桢，幼名鹿头。更名"字"，字"无名"，号小莲。他后来继承父亲的衣钵，以书画名世。有一篇字体及文笔都似洪绶的"静香书屋记"（当系摹本），称赞其友伯宗，虽然进取不得意，但能浩然归隐，安于义命。[71] 这种心情和境况，还非陈氏所能达到，言下不胜钦慕。署款在甲戌夏五月。

九月，在借园作金笺扇面《林壑泉声图》。

十月，陈洪绶在杭州，有一天到定香桥时，可巧张岱在一只有廊有台的大画舫"不系园"上请客，于是他也参加；这场盛会，在张岱笔下活现出来：

> 甲戌十月，携楚生住不系园看红叶。至定香桥，客不期而至者八人：南京曾波臣，东阳赵纯卿，金坛彭天锡，诸暨陈章侯，杭州杨与民、陆九、罗三，女伶陈素芝。余留饮。章侯携缣素为纯卿画古佛，波臣为纯卿写照，杨与民弹三弦子，罗三唱曲，陆九吹箫。与民复出寸许界尺，据小梧，用北调说《金瓶梅》一剧，使人绝倒。是夜，彭天锡与罗三、与民串本腔戏，妙绝；与楚生、素芝串调腔戏，又复妙绝。章侯唱村落小歌，余取琴和之，牙牙如语。纯卿笑曰："恨弟无一长以侑兄辈酒。"余曰："唐裴将军旻居丧，请吴道子画天宫壁度亡母。道子曰：'将军为我舞剑一回，庶因猛厉以通幽冥。'旻脱缞衣缠结，上马驰骤，挥剑入云，高十数丈，若电光下射，执绡承之，剑透室而入，观者惊栗。道子奋袂如风，画壁立就。章侯为纯卿画佛，而纯卿舞剑，正今日事也。"纯卿跳身起，取竹节鞭，重三十斤，作胡旋舞数缠，大噱而去。[72]

崇祯乙亥（1635年），陈氏三十八岁。二月十七日，是一位蕙翁伯七十大寿，老先生请他作序，报以饮于溪山。他描写当时的排场（《蕙翁先生七十序》，《宝纶堂集》卷一）：

> 二十四日黄昏，命先生之女弟子粹祯温酒，童子犬子义桢捧砚，峙桢执烛，楚桢伸纸，书于退居。

那时三子楚桢，只有六岁，也参加书画活动了。

四月有"赠赵公简初度"五言诗十二句，冠以长序（《宝纶堂集》卷四），描写那一天的欢饮：

> 乙亥四月七日，为公简初度。伯蕙翁，叔绣夫、子先、不庸、子方，兄亢老，亦公，桑老，洪绶弟子师，侄伯翰，邀山阴赵钦子，武林关子书，表弟楼

祁生，合钱觞于枫溪。公简曰："马齿加长，何烦杯斝！"洪绶叹古人发燥，即有事天下；公简少时，便当有愧于此，乃至壮时，始有是侘傺耶？且洪绶长公简一年，乃安焉醉饱，岂不可叹！公简且引满，洪绶歌诗；诸君或起舞，或驰马，或卧石，或牛饮，毋使公简与绶，酒后不平。然诸君亦皆非少年也，人事天命，可相宽大！

陈氏的岳父来斯行去世，到四月已经两年。来的长子彭禧，请他作《槎庵先生传》（《宝纶堂集》卷一）。

四月二十六日，他写《奉觞 叔祖大人五十寿序》（《宝纶堂集》卷一）。

五月，他作《潘无声杂诗叙》（《宝纶堂集》卷一）。这是一篇悔过的文章：

予轻诺寡信，每不能缓急朋友。潘无声与予非深交：丙寅（1626年）夏秋间，予写佛湖南，无声因单继之过予，商略风雅。八九年来，不得一握手，声音聊寄于继之往来间。去年予寓断桥，无声数过予，索予诵湖上诸诗，予第示其一律。去复邀予入两山，予以救饥，故辞去。今年孟春，关子卓过余枫溪，寄无声秋树诗三刻，并无声书见索予序者。予病目两月，不即序。子卓弟尔康来，道无声三月间化去，予叹惜悔恨，负此良友！

因为陈氏一向重友谊、重言诺，所以有这么一件无意中疏忽的事，心中异常难受。同时也看出他的名气招来不少书画文字债，难免有耽搁拖延的时候。

五月十六日，他得第五子芝桢，幼名羔羊。[73]

十一月一日，他为庆贺开翁老伯八旬大寿，画《冰壶秋色图》轴，有长题记载与诸友采菊、赋诗、祝寿、痛饮的雅人韵事。

崇祯丙子（1636年），陈氏三十九岁。四月，作行草书自书诗卷于借居。

陈氏同祁豸佳、祁彪佳兄弟过从很近。这年九月十一日，祁彪佳《祁忠敏公日记》有一条是：邀朱仲含叔起同陈章侯来举酌，演《拜月记》，席半，出游寓山，及暮乃别。

崇祯丁丑（1637年），陈氏四十岁。五月二十日，得第六子道桢，幼名虎贲。[74]韩氏在六子之外，还生了二女。

崇祯戊寅（1638年），陈氏四十一岁。正月底他写了一篇《录果报小引》，说他与人缠讼，搅扰他一年多的时光。但是谁这样折磨他？这个谜无法猜破。争点为何？是财是色？是政治纠纷？真是一大谜！全文见下（《宝纶堂集》卷三）：

> 吾年来凤业纠缠，甘受之不能，远避之不得；彼人亦凤业纠缠，飞语之不已，党恶之不足，何时已乎！吾乃俾其大慰其心，大满其志；恶口者纵横，片辞莫辨，彼得肆其蜂虿，所望虽奢，不稍慰乎！鹰犬者当道，俾罔闻知，彼喜穷其狙诈，所愿虽广，不稍满乎！而孰知吾之受报者在斯，彼之种毒者亦在斯矣，哀哉！吾受报之终，彼种毒之始，非乎？然吾何敢作如是观也。当知彼所种之毒，非其一身因果：皆鬼神所谴责于吾而借手于彼者，吾则真可大慰其心，大满其志矣。万一彼果种毒，吾既不能相从于莲池之侧，复以吾业招訾毁累吾眷属，因浮沉苦海中，又增一重公案，将奈之何！故取子先叔所索书"杀生果报"一帙，书数十条矣！曾记古德云："杀莫大于人；人之受杀，多不以身。刃莫利于心；心之用杀，不畏鬼神。"故书以心术语言，用杀者数条于心。彼人见之，更视仇切齿，又增一重公案，将奈之何！语云："心病心药，提婆达多；生生世世，将奈之何。"戊寅孟春惊蛰，悔斋书于随缘古德之馆。

自称"悔斋"，可见在明亡之前，陈氏已将"悔"字浮出他心中烦恼之海，而变成他晚年的旗帜。

四月，他为周臣社弟画《秋山图》扇。

八月，他作《宣文君授经图》工笔人物大轴，先用篆书画题，然后述前秦韦逞母宣文君立讲堂授业故事，再题"崇祯戊寅八月二日为绥姑六旬之辰……敬写此图……犹子洪绶九顿首"。这是一幅精心竭力的人物画代表作。

这个月里，他同张岱去看潮。张氏在《陶庵梦忆》中"白洋潮"一则形容尽致：

> 戊寅八月，吊朱恒岳少帅，至白洋，陈章侯、祁世培同席。海塘上呼看潮，余遄往，章侯、世培踵至。立塘上，见潮头一线，从海宁而来，直奔塘上。稍近，则隐隐露白，如驱千百群小鹅擘翼惊飞。渐近，喷沫溅花，蹴起如

百万雪狮蔽江而下，怒雷鞭之，万首镞镞，无敢后先。再近，则飓风逼之，势
欲拍岸而上，看者辟易，走避塘下。潮到塘，尽力一礴，水击射，溅起数丈，
著面皆湿。旋卷而右，龟山一挡，轰怒非常，炮碎龙湫，半空雪舞。看之惊
眩，坐半日，颜始定……

可惜张氏这段记忆中，年月及人物都有问题。原作"庚辰"，由校注者改为"戊
寅"，然祁世培（即彪佳）在他日记中说到白洋吊朱恒岳那一天，并未与张、陈同
席及去看潮。这节文字非常生动，出于身历目击，陈氏曾参加而祁氏未到，也很
可能。[75]

十二月，他为来钦之《楚辞述注》付刻，用他十九岁画的《九歌图》为插图且写
了一篇序。他回想当日与来风季一同学《离骚》的情景，无限感伤，序的后半如下：

呜呼！时洪绶年十九，风季未四十，以为文章事业，前途于迈；岂知风季
羁魂未招，洪绶破壁夜泣，天不可问，对此宁能作顾、陆画师之赏哉！第有车
过腹痛之惨耳。一生须幸而翁不入昭陵，欲写吾两人骚淫情事于人间，刻之松
石居，且以其余作镫火赀，复成一段净缘。当取一本，焚之风季墓前，灵必嘉
与，亦不免有存亡殊向之痛矣！戊寅暮冬，诸暨陈洪绶率书于善法寺。

崇祯己卯（1639年），陈氏四十二岁。著录有《桃子图》轴，上题有七言古
十六句咏桃，不见《宝纶堂集》。款云："己卯之春老迟洪绶制。"[76]存世真迹在甲
申明亡后始见"迟"署名，所以此画很特出，未见不能定真伪，但可疑。

张岱《陶庵梦忆》记陈章侯一段，是这一年的趣事：

崇祯己卯八月十三，侍南华老人饮湖舫，先月早归。章侯怅怅向余曰："如
此好月，拥被卧耶？"余敕苍头携家酿斗许，呼一小划船再到断桥，章侯独饮，
不觉沾醉。过玉莲亭，丁叔潜呼舟北岸，出塘栖蜜橘相饷，畅啖之。章侯方卧
船上嚎器。岸上有女郎，命童子致意云："相公船肯载我女郎至一桥否？"余许
之。女郎欣然下，轻纨淡弱，婉嫕可人。章侯被酒，挑之曰："女郎侠如张一
妹，能同虬髯客饮否？"女郎欣然就饮。移舟至一桥，漏二下矣，竟倾家酿而

去。问其住处，笑而不答。章侯欲蹑之，见其过岳王坟，不能追也。[77]

九月，陈氏作人物轴，自题《陈洪绶摹李伯时乞士图》。

十二月，陈洪绶为好友孟称舜著的《节义鸳鸯冢娇红记》写评，画插图，题签，并作一篇长序。序中的重点是"盖性情者，理义之根柢也"。而孟氏的《节义鸳鸯冢娇红记》形容主角娇与申生"能于儿女婉变中立节义之标范"，其劝善的效果远胜于道学先生聚徒讲学、庄言立论之训世。[78]

同一个月中，他为《张深之先生正北西厢秘本》画插图六幅，并代书马权奇序，序后列名参订词友有三十二人，其中包括陈氏及会稽孟称舜子塞。刻图的好手项南洲，就是刻《娇红记》插图的。这本的绘图与《水浒叶子》迥然不同，背景富丽，仕女美妙，也是中国版画中的杰作。

崇祯庚辰（1640年），陈氏四十三岁。大约在四月间，他启程北上，这是他在进取功名上的最后一次尝试。[79]行前有《题画别九一叔》一首（《宝纶堂集》卷九）：

> 津头芳草放乌骡，画幅斜阳霜叶柯。不道相思无寄处，知人情绪此间多。

眼前芳草，画里霜柯，自然流出别时惆怅。又有《别子新弟》一首（《宝纶堂集》卷九）：

> 新柳阴阴新燕飞，对君重挂旧征衣。眼看处处皆新好，何似征夫依旧归。
>
> （两首都无年月，情景与此际合，姑置于此）

五月，他到了公浦（江苏境内淮水长江间），在那里曾题一幅朋友的画，[80]说出他对唐人画法的重视。

《宝纶堂集》中有不少旅中诗篇，按地域及情景，可以安置在这次沿运河北上的一段时间里：

> 江边（卷六——大概是丹徒附近的长江边）
> 江边欲散步，满目尽归桡。久立看帆没，披图计路遥。

淮上寄兄（卷五）

行路无千里，时时旅况殊。风霜虽未历，客念实难驱。安稳过平望，忧危渡太湖；怀君今夜泪，不觉胜姑苏。

淮上寄内（卷五）

少小为征妇，那堪多病身。家书愁未到，苓术自艰辛。服药难疗疾，忘情可益神。田园须料理，休忆远行人。

寄予安长，时舟次淮上（卷九）

新诗寄与王公子，一路相思无奈何。西子湖头应计日，不知犹未渡黄河。

强饮（卷六）

山东山极少，况复障黄尘。多买他乡酒，如逢故国人。

大约在这年的七八月间，他到了北京。

崇祯辛巳（1641年），陈氏四十四岁。正月里写了一篇《买书记》（《宝纶堂集》卷二），节录如下：

> 绶，秀才也，敢读中秘书乎？即黄金散尽，礼不当僭收皇帝所藏之书。辛巳上元之灯市，见《吴草庐先生外集》一本，上有文渊阁图书，为小儿所售，爱之而不敢市，谋之张弘之，弘之曰："此书魏珰时所盗出者千万本，市之不为罪。"……

他左思右想，他买了是为"愿学良臣，学良士，学良民"，而他不买，则"小儿持以易果饧，而为收退纸者所恳，或妇女剪作袜材"，大不如秀才收之宝藏学用！

二月，作《萱花芝石图》轴。

三月，作《刘进士文稿序》，是赠刘永侯盟兄的（《宝纶堂集》卷一）。其中称"永侯为圣贤性命之文，龙兴虎视吾党者十年"，可是"今有民社之责，吾党不复以圣贤性命之文求之永侯"，而自叹何年自己也飞黄腾达，不必再作这种文章呢？末署

"辛巳暮春盟弟陈洪绶书于长安萧寺"。又著录有人物一轴，题陶渊明五言古二十四句及此"文稿序"，但有误漏，不知此画之真伪。[81]

以前陈氏曾被"召入为舍人，使临历代帝王图像，因得纵观大内画"。[82]但他只做了三个月就辞官了；因为明朝中书（即中书舍人）一官，三条路中有一条是"两殿中书，盖文华武英也，专从大内书画之役；援纳有定例，朝上资而夕即拜官。其取径甚捷，但与中涓（即皇帝亲近的侍从官）为伍，故士流耻为之"。[83]有了这种经验，所以此顷"帝命供奉，不拜"。[84]

五月里他作真佛轴，纪念亡友钱受益，款云："大明崇祯十四年五月，山阴佛弟子少詹学士朱兆柏，属诸暨白衣陈洪绶敬为山阴佛弟子少詹学士钱受益薰沐写。"并题五言古一百一十句的长诗，说在三月中钱、朱两学士来看他，请他画无量寿佛、观音、关帝、文昌星等，他觉得释、老要分开的，很难在一幅里安置，所以心许而朝眠夜醉，没有动笔。不料钱学士溘然长逝，朱宰官持绢前来，请他践诺。于是他"死友不忍欺，生君敢有愧"，画佛以报。此画见于著录，不知存否。[85]

九月，他作山水一幅，自题："辛巳暮秋写于京师选佛场中。老莲洪绶。"[86]

这一年中，周亮工同他在北京聚首，《读画录》有这一则：

辛巳余谒选，再见于都门，同金道隐、伍铁山诸君子结诗社，章侯谬好余诗，遂成莫逆交。余方赴潍，章侯遽作归去图相赠，可识其旷怀矣。

崇祯壬午（1642年），陈氏四十五岁。他在北京连得家中的报丧消息：四月十一日，兄洪绪殁，年五十；六月二十九日，侄世桢殁，年三十一。在这一年中，他"入赀为国子监生"。[87]大概这时也参加政治活动，在他《上总宪刘先生书》中反映出来（《宝纶堂集》卷三，刘先生即业师刘宗周）。书的前半讲宋朝诸君，无培植太学生者，而得到太学生忧虑国事上书陈辞的忠告，明朝不然：

……我祖宗今上培植太学生，不远过曩代乎？若边防之警，若权相□□（之摧）善类，若大司马之起复，若私议抚，独涂从吉一人上书，白黄石斋先生冤，空谷足音矣！然所见有纷纷上书者，身谋而不及国，洪绶之名亦与焉，沮之又不能得，深悔当时何不弃去。半年怀负国之惭；今则弃去矣，前失难追矣，太学生何负我祖宗及今上哉！三百年间，乃仅得一涂从吉，吾师乎！涂从吉故足悔矣，而有悔言之集，悔言小引。刘夫子为天子所注意，上封事者皆导君毋苟且之治术。群小谤之为迂远，而不宜于时；时者，权也，圣贤不得已而用之；治术者，经也，不得以运之升降，道之污隆，而变之者也。使遇中主趋时焉，尚不为臣之正路，矧逢今上神圣而劳悴之主，宁忍以末运之冶辅之耶！若夫子者，真责难于君之纯臣也！甚矣群小之当杀也！

这是几乎对朝政绝望的呼声，边防吃紧，权相摧残忠善，黄石斋老师被冤，刘老师能不受害？

陈氏有一件有趣的事，也发生在壬午，这就是他得狗、失狗、寻而复得的经历，后来他写入《失狗记》（《宝纶堂集》卷二）。这里先录首段：

悔公（明亡后自称）壬午在京师得一狮奴狗，生才弥月，抱而俱卧起，饭亦置之几案间。半月为老胥窃去，不令出卧内，无可踪迹。又半月，与吴客偶坐其门外，大声谭笑；狗识悔公声，大吠逸出，胥家群掩之不得，乃裹归。病中则卧床下。

他同狗的感情日深，其结果在三年后可以知道。

崇祯癸未（1643年），陈氏四十六岁。他有五通诗书致祝渊，两通有元旦日款而无年，以内容来看，应该是癸未。这时国事日非，明室的丧钟，已经愈来愈响，他的老师刘宗周，在去年因直言犯帝怒，革职。祝渊已是举人，来京会试，虽然不识宗周，但景慕其人，就抗疏论救，所以陈氏深受感动，引为同道。刘师在京受帝诘责，无法久居，二月十三日南下，祝渊同舟。[88] 陈氏作《夫子受谴去国小诗赋别》（《宝纶堂集》卷八）：

圣君求治思朝夕，夫子孤忠在责难。大运违吾坚所好，横流非我孰安澜。青鞋布袜嗟行矣，苹鸟糜庭良可叹。诵道稽山瞻北阙，浮云不许老臣观！

孟远《陈洪绶传》说他那时"名满长安，一时公卿识面为荣；然其所重者，亦书耳，画耳"。而陈氏却对大厦将倾，忧心如焚，但一介书生，无能为力，其苦痛可知。

这时归意已浓。《春风如秋声寄陶文孙》想系此顷的作品（《宝纶堂集》卷九）：

> 花信风吹落叶声，客中春思变秋情。归期已听恹恹病，转眼江皋木叶鸣。

朋友们也有的走了，包括黄仲霖。[89] 黄即黄澍，号樗栎道人，也是周亮工的好友。[90] 陈洪绶在北京体验了将近三年的政治现实，知道没有出路，决定回家。这时，有《留别》三首（《宝纶堂集》卷九）：

> 一
>
> 接得家书出帝畿，难将别意与君知。长亭若唱阳关曲，能使归心不自持。

> 二
>
> 眼波如水锁归舟，眉黛如山遮马头。没把负心期陌路，且将幽恨望牵牛。

> 三
>
> 不知何日是归年，博尽花魁娘子怜。今日别人凄惋处，偏逢送酒艳阳天。

又有《别诸尹鹄》一首（《宝纶堂集》卷九）：

> 长安对饮度三春，忘却天涯沦落人。明日东门真秣马，黯然客况一时新。

又有《寄别倪鸿宝太史》（《宝纶堂集》卷九）：

> 晓月棱棱照别离，相从却在别离时。不须长夜烧灯语，如此离情各自知。

倪元璐报以次韵七绝五首，题《送陈章侯南返暨阳》，而且自注："章侯为余画蕉石志别。"[91] 兹录其诗如下：

一

不堪春雨话长离，凄绝蕉风夜动时。此意自难将作赋，江淹多是未曾知。

二

有我君何轻别离，酒浓诗酿夜深时。可当一片韩陵石，归去逢人尽说知。

三

玉案在手眼迷离，是写芭蕉怪石时。供作丹徒书院谱，世间惟有米颠知。

四

春明门外草离离，却好王孙跃马时。归去浣纱人定喜，玉京璚饮莫教知。

无多日子痛别离，转眼钱塘送客时。看到马忙花闹处，新郎君是旧相知。

这五首之一有"春雨话长离"点出别时季节，其四又称"却好王孙跃马时"，而陈氏《留别》三首之三也有"今日别人凄惋处，偏逢送酒艳阳天"之句，可见是春末离京。但到了七月才在天津西面的杨柳青舟中作画（见后），其间四、五、六三个月是否在拜别朋友后仍滞留北京，还是又到天津小住？因为在1623年夏秋间陈氏曾游天津，得诗数百首，可能旧地重游，但此事尚未能确定。

稍后，陈氏为了"倪鸿宝太史以五绝句赠别，内有嘲予隐事者，至河西务关上，复寄五绝句"（《宝纶堂集》卷九，仅存一绝）：

两袖清风归去时，家人应有铺糜词。不知饮尽红楼酒，又得先生送别诗。

七月过杨柳青时，画了一幅《饮酒读书图》，自题："老莲洪绶写于杨柳青舟中，时癸未孟秋。"这就是后来翁方纲题的"痛饮读骚"。到了山东武城，有《武城晓发》一首（《宝纶堂集》卷九，无年月，可能在此行中）：

莎鸡泣月征夫泪，瘦马嘶风宿雾中。志在看花游帝里，如何乞食下山东！

在济宁西北的南旺，有《夜泊》一诗（《宝论堂集》卷九，无年月）：

> 一江明月一孤舟，百日时光千里流。南旺已过乡梦近，却如泊在浣溪头。

过了山东界，在江苏的夏镇，听到南粤事，感赋"过夏镇"五言古八十句（《宝纶堂集》卷四），说"耆老从东来，自言南粤客"，本来地方富庶，"安堵数百年，卒然遭盗贼。红巾起南山，白挺乱山北……大车载糗粮，小车载金帛。壮者逼其降，不从即遭磔。妇女与老弱，肝脑涂矛戟。斩掠无孑遗，举火裂居宅……"他描写贼去后的惨状，极为深刻。无疑的，他已感觉到明亡前夕席卷全国的动乱。

到宿迁，他同陆九万话别，有诗（《宝纶堂集》卷九）：

> 龙华会上路茫然，误结浮生华酒缘。别去虽听座上语，夕阳西下听啼鹃。

不久就到了桃源，有《桃源见归舟》五绝二首（《宝纶堂集》卷六，无年月，可能在此时）：

> 一
>
> 客棹初去淮，归舟已去鲁。启口问乡人，决眦隔一浦。

> 二
>
> 归舟络绎来，日日近乡土。且看舟中人，喜气盈眉宇。

又有《桃源见露忆内》七绝二首（《宝纶堂集》卷九，无年月）：

> 一
>
> 清霜晶晶结寒烟，客泪莹莹浸大川。故园亦有啼霜泪，滴在三株哀柳边。

> 二
>
> 霜林手揽客衣单，回首乡关玉露溥。今宵飞上鸳鸯瓦，能使鸳鸯被亦寒。

没有多少路，就是清江浦，有《夜读清江浦》一诗（《宝纶堂集》卷六，无年月）：

> 读书当漏断，自喜神气清。客念偶不起，便能闻雁声。

八月廿一日过公浦，在他后来写给"良卿足下"的短札里，他说："廿一日癸未秋仲，过公浦，妙劝完白先生酒……"[92]到了扬州北面的邵伯湖，他有《邵伯湖中口占》（《宝纶堂集》卷九）：

> 白苹红蓼数鸥眠，碧浪黄芦两小船。此景若非离故土，好将书酒卜长年。

在扬州他住了一些时日，而且娶了胡净鬟为妾。李斗《扬州画舫录》说："铁佛寺……远近多红叶，诸暨陈洪绶字章侯，尝携妾净鬟往来看红叶，命写一枝悬帐中，指相示曰：'此扬州精华也。'"陈氏的《桥头曲》九首（《宝纶堂集》卷六）的其四是：

> 闻欢下扬州，扬州女儿好。如侬者几人，一一向侬道。

其八是：

> 桥头多荡子，愿欢不交游。但看侬出时，许多望桥头。

想系当时戏作的情诗。

从扬州南下过长江时，有《归来》一首（《宝纶堂集》卷四）：

> 风雨长江归，都无好情绪。乃读伯敬诗，数篇便彻去。酒来不喜饮，人问不欲语。忧乐随境生，处之易得所。冒雨开篷观，红树满江墅。觅蟹得十螯，痛饮廿里许。

过了苏州，到吴江，作《晓发吴江》二首（《宝纶堂集》卷九）：

一

烛换酒寒无好怀，呼童略把相思语。雨水嘈嘈鸡未啼，打鼓发船烟里去。

二

今日谁能作远游，离情少慰是扬州。花酦酒酽忘归日，顾忆双亲又白头。

陈氏在京得的狮奴狗，"癸未携之归，日伏处舟中，不敢一步登岸。夜乃警过，长年不安发一声。同舟者见之，亦有感于人。"（见《失狗记》）

离家近了，不胜欣喜，作《菩萨蛮》一阕，自注"归途"（《宝纶堂集》卷十）：

冷落关河常悒怏，雪珠撒得篷儿响。归去酒肠宽，看人行路难。　　苍头意不恶，分与鸬鹚杓。问我喜欢生，明朝见友朋。

看来回到诸暨家中，已经是冬天。虽然事业上并无所成，但书画上则名满长安，而且又得到了一位善画解禅的侍姬。

《宣统诸暨县志》说"重修陈氏家庙碑"及"祔庙碑"是癸未立的，[93]而两碑记都是陈洪绶写的（《宝纶堂集》卷二）。大概家庙及祔庙都已工程完毕或接近完工，等候他回来撰碑文。在《祔庙碑记》中，他指出"情之所至，礼亦宜之"。同时说："春秋二享，此生人而致情于死者也；若生人而致情于生人，岂无大过焉者!"借建庙以规劝族人，真是苦口婆心，无限感慨。

崇祯甲申（1644年），陈氏四十七岁。他自京归来，在家没有几个月，就迁居绍兴，借住徐渭的故宅青藤书屋。徐渭，字文长（1521—1593），是洪绶父亲的忘年交，[94]书、诗、文、画都有创新的特殊成就，对于陈氏，这所老房子有多重的意义。搬入的时候，有《扫除青藤书屋有感》记之（《宝纶堂集》卷九）：

野鼠枯藤尽扫除，借人几案借人书。五行未下潸然泪，二祖园林说废墟。

全祖望（1705—1755）有咏《明陈待诏老莲画》一首，注中说老莲在卷首题曰："丁君梅孙以酒资为予致妓乞画，予即令以资改葬文长先生，而画此贻之。"[95]全氏接着说："其画为枯木，附以水仙。呜呼！老莲好色之徒，然其实有大节。试观此卷，古人哉！"

也许是在这时，陈氏写了一篇《识感》（《宝纶堂集》卷二），讲他与长子义桢（时已二十岁）间的父子之情：

> 大儿豹尾，误入少年场，产业与居业都废；老莲恨不扑杀之！今年顿有三害之愧，拔步少年场，为老莲收拾诗文，手足相劳者两月；老莲便有舐犊之爱矣。使先君子在时，前见老莲老大无长进，不能自教儿子，当亦有扑杀之心；今见老莲耕田种树矣，宁无查梨之赏乎？幸哉豹尾，乃得身受之矣；痛哉老莲，何得之梦想而已矣。晦日书于青藤书屋。

不知三月十九日闯王入京、思宗自缢的消息何时传到绍兴，但知它对陈氏的打击如电射雷劈。孟远《陈洪绶传》说：

> 甲申之难作，栖迟吴越；时而吞声哭泣，时而纵酒狂呼，时而与游侠少年，椎牛埋狗，见者咸指为狂士，绶亦自以为狂士焉。

他的挚友戴茂齐，也有相同的记载：

> 既遭亡国之痛，辄痛哭，逢人不作一语。姬人前问好，绶径执姬人手，踞地，复大哭。[96]

这时不但外围的战乱对他威胁，内心的冲突更难以平定。像好友倪元璐在北京城破时，整衣冠拜阙，取帛自缢的消息，[97] 一定使他震撼。虽然他身非重臣大吏，没有殉国的义务，但不免有道义上的惭愧，引死念浮上心头。他有《南山》诗三首（或系削发为僧后作）可以看出那时的情绪（《宝纶堂集》卷四），兹录其一：

> 南山多大木，十存一二焉。木乎吾与尔，值此鼎革年。陵树闻已尽，墓木安得全！日日望解甲，旄头正当天。不如同木尽，免我心忧煎！此身勿浪死，湖山尚依然。小债偿未了，楮素满酒船。

甲申五月，福王在南京即位，权臣马士英当国。九月，王紫眉、王素中劝陈氏到南京出仕，作诗答之（《宝纶堂集》卷九），题为"友人劝予南京科举，时甲申菊月"：

> 二王莫劝我为官，我若为官官必瘵。几点落梅浮绿酒，一双醉眼看青山。腐儒无可报君仇，药草簪巾醉暮秋。此已生而不若死，尚思帝里看花游？借得青藤挂席门，父书一束暴朝暾。二王若说为官事，捉鼻休辞老瓦盆。[98]

到了除夕，作《即事》一首（《宝纶堂集》卷九）：

> 明朝四十八年人，三月曾为簪笔臣。今日薙头蒙笠子，偷生不知作何因。

清军令人民依满族风俗薙发，那时想尚未在南方雷厉风行。[99]陈氏是否索性薙头作僧装，以免被迫从制，不得而知。目前存世作品中，不见有甲申年款者。周亮工《读画录》记黄仲霖语："予以癸未别章侯于燕。明年（即甲申）从金道隐邮筒得章侯书，并书画扇，意存谆戒，惟此老自无雷同语耳。"[100]"谆戒"是否讽劝朋友，不要降清？

　　清代明是中国历史上的大事，也结束了陈氏一生的中期——自三十四岁到四十七岁。在家庭方面，三十六岁时岳父来斯行去世，四十五岁时兄洪绪及侄世桢去世，可是他自己的"小家庭"里已经有六个儿子，四十六岁时又添了侍姬。在艺术方面，在北京看到了内府收藏，大大增进了他的眼界及修养。在中期末尾，他不但绝了功名之念，内心既要同偷生的惭愧挣扎，又要为身家性命的安全忧虑——使这年近半百的大师，遭逢了平生内外交攻的最大危机。他有《偶题》五首（《宝纶堂集》卷九），道出他的内在矛盾：

一

> 红蓼丹枫拥白头，老人亡国易知秋。只凭邻舍三家酒，梦上南湖百尺楼。

二

> 少时读史感孤臣，不谓今朝及老身。想到蒙羞忍死处，后人真不若前人。

三

始觉人无忠义志，不须去读古人书。山河举目非无感，诗酒当前又自如。

四

故山已筑髑髅城，梦去犹然打马行。行到枫桥杨墅里，白头兄弟笑来迎。

五

人言足病宜禁酒，禁酒通身病亦多。最是国亡家破恨，青天白日上心窝。

（四）晚期

从顺治二年乙酉（1645年）到顺治九年壬辰（1652年），即陈氏四十八岁到五十五岁的七年多，是他一生的第四期——最后一期。先是应付明室残余势力的权贵，拒绝卷入覆巢时的黑暗政治，后是避免兵荒马乱的危险逃入山中为僧，等到大局稍定后又回到城市中卖画谋生。虽然仍不能脱开社会上恶势力的纠缠，他至少在余年里创作了一些杰作，使他在中国画史上，确定了重要的地位。

顺治乙酉（1645年），陈氏四十八岁。是年天时不正，初一热如暮春，初二、初三雨，初四日始下雪。[101]大概在这时他作《春雪六首》，并自注（《宝纶堂集》卷五）：

> 乙酉春雪作如此诗：每年岂无春雪，岂无诗歌，变声至此，何可言哉！绶从今废投于水滨耳！命虽永，惭负以之。皮骨即脱，愤懑无穷，我真愚人也哉！不过老生耳！老生顾乃痛君父无终耶？吾侄子训，以为何如？

其 一

流血天心见，不惟春雪多。凶丰无两事，南北莫谁何。酒劝长星酒，河防泄洛河。牡丹镫月下，箫鼓尽悲歌。

其 二

忠义乾坤绝，奸雄良不多。复仇谁与计，和议奈他何。半壁窥游骑，三军畏渡河。酒徒忧社稷，宁去听儿歌。

其　三

春雪卧不稳，夜冠为盗多。皇天非好杀，劫运至如何。大帅难当贼，奸臣导渡河。须眉效巾帼，漆室倚闾歌。

其　四

此地军声大，山东义士多。旌旗父老望，饿虎甲兵何。天子弹丸地，长城衣带河。栖霞被木叶，山鬼听吾歌。

其　五

赤心民不少，白发我无多。志力都无用，今诗将奈何。好花明越水，杀气遍淮河。日日愁离别，惊心鸟莫歌。

其　六

忠义军难起，痴顽老子多。可怜先帝恨，乃属竖儒何。痛哭书空上，神昏呼渡河。逢人示诗句，谁与我行歌。

二月，他在绍兴龙山官署作杂画册十页，书五页。一页画上提到朋友张燕客说他画鸟似宋徽宗，很以为然。燕客是张岱亲属。张岱字宗子，其弟字平子，与陈氏过从甚密的还有张登子、名子，大概都是一家人。[102]

三月，他为王素中画《秋江泛艇》金笺扇。

五月五日为柳塘王盟兄画钟馗图于青藤书屋。同月十五日到祁彪佳宅谈时事。《祁忠敏公日记》乙酉五月记：

> 入内宅晤赵伯章、陈章侯，乃知虏过江之信，从京口竟走丹阳，薄南都矣。文载弟驾舟至山，以蔬酌延两兄于薄暮。至彤园，邀两兄携酌舟中，以抵家再候季父，时因南都之信，甚为止祥兄（豸佳）忧耳。[103]

这就是清军入南京，然后在芜湖掳福王的时候。马士英拥潞王到杭州，清兵追击，那时四子儒桢（即小莲）在杭州，有《鹿头在杭州拟避乱余杭》两首（《宝纶堂集》

卷五），不胜关怀：

其 一

聪明小儿子，寄食老经生。逃命应山谷，无闻泣弟兄。书曾拈数次，猿叫第三声。病母休想问，为余满此觥。

其 二

父子双贫士，兵荒走腐儒。在家柴易缺，避地酒难沽。黄卷分儿辈，青毡卧老夫。东山草木浅，何不过吾庐。

在六月，杭州陷，潞王降。王毓蓍知道后，一日遍召故交欢饮，伶人奏乐，酒罢，投柳桥下死。[104]陈氏写五言排律四十八句"挽王正义先生"（《宝纶堂集》卷五），有"亡国难存活，天王想作宾。溪边留节义，睫下忽君臣……事比朝班烈，名非两胁伸。众称存圣学，自悔未顽民……"等语，而结以"羞我宵无梦，怀乡日在亲。阴阳原不间，声息复难泯"。虽不明说，但自己不死，还有深意。

在这多事的六月里，陈氏遭受另一打击：对他极为忠心的北京狮奴狗，他带到绍兴，听说郑履公家多畜雄者，所以发生下列的事（见前引《失狗记》，《宝纶堂集》卷二）：

乙酉六月携至其家借种，即失去。悔公日则望其归，夜必梦其至。履公亦悬重赏者，两月而绝望，悔公为之忘食事而归，诸因缘有决定焉已矣！同学者则见悔公之为狗而忘食事也，因问得狗之见爱于主人者之情事；又熟闻悔公之宗党亲朋相吠者之丑状，益有感于人……

看来陈氏的宗党亲朋中，有不少对他狂吠的。

六月二十七日，鲁王在绍兴监国。陈氏与鲁王相见的情况，在张岱笔下活现出来：

福王南渡，鲁王播迁至越，以先父相鲁先王，幸旧臣第；岱接驾，无所考仪注，以意为之。踏脚四扇，氍毹借之，高厅事尺，设御座，席七重，备山海之供。鲁王至，冠翼善，玄色蟒袍，玉带，朱玉绶，观者杂沓，前后左右用梯、用台、用凳，环立看之，几不能步，剩御前数武而已……二鼓转席，临不二斋、梅花书屋，坐木犹龙，卧岱书榻，剧谈移时，出登席，设二席于御坐旁，命岱与陈洪绶侍饮，谐谑欢笑如平交。睿量宏，已进酒半斗矣，大犀觥一气尽；陈洪绶不胜饮，呕哕御座旁。寻设一小几，命洪绶书箑，醉捉笔不起，止之……[105]

据孟远《陈洪绶传》：

> ……明年（乙酉）江干兵起，鲁国据东浙，隆武拥闽、粤，素闻绶名，争征召：或授以翰林，或授以御史。绶笑曰："此固烂羊头尉也。余所以混迹人间世者，以世无桃源耳。即王侯将相，钟鸣鼎列，古人犹比之郊牺者，而谓余为此乎！"时拥兵江干，有向所同游少年，取财饷军，恣行拷掠，见先生则慑然敛息；让以正义，亦屏气从之。故时时为排难解纷，多所拯救，人比之鲁仲连焉。逋臣马士英，以缥帛玉斝，卑礼求一见；闭门拒之。挽绶好友乞一纸，终不可得。有老军出尊酒索诗画，酒尽而挥洒成……

六月杭州失守，祁彪佳就绝食，到了闰六月四日，他给家人先寝，端坐池中而死，年四十四岁。[106]过了两天，祝渊投缳而卒，年三十五岁。[107]陈氏的老师刘宗周，在同月八日，绝食月余后去世，年六十八岁。[108]这些噩耗，无疑给陈氏以深沉的苦痛。

秋天可能曾去杭州，因为著录有《雷峰西照小景》，是他在一条名称"宛在"的船中画的，款云："乙酉秋日洪绶作于宛在，时泊长桥。"[109]

他在《宝纶堂集》卷八有《幽事》一首，无年月，似是这一年写的：

> 但寻幽事我优为，瓶插鲜花冒墨池。寄赠偶然捉白扇，作书还得比红儿。双头痹就扞茄本，百舌高攀学画眉。四十八年醒梦半，功名弃早坐禅迟。

七年前（1638年），他已自号"悔斋"，现在这诗中最后一字，就要入他晚年的署名了。

顺治丙戌（1646年），陈氏四十九岁。在上半年中，作品有以下几幅见于著录：《花鸟屏》六帧之一，款云："丙戌上元洪绶画于定香桥畔。"[110]

《葛洪移家图》，自题："丙戌春尽时，写葛洪移家图赠有道者。"[111]

《山水轴》，淡设色，自题："丙戌四月，画于钱塘舟中，似全叔盟长兄清鉴。"[112]

《弥勒佛像》（龙王侍），自题："丙戌仲夏，弟子发僧陈洪绶敬写，愿生弥勒菩萨前者。"画上端又题"无尽意菩萨赞观世音菩萨偈"五言百句。[113]

这时清兵移向浙东，陈氏送子去逃难，有《愧送豹尾、师子、羔羊、虎贲避乱》诗（《宝纶堂集》）卷九）：

> 风摧木叶叫鸺鹠，万历年间老楚囚。国破犹存妻子念，晓风残月送孤舟。

按陈氏六子，诗题述长、三、五、六，不包括二子峙桢（象儿）及四子儒桢（鹿头）。鹿头想在余杭，大概象儿还随侍父母。

五月里，清兵破鲁王军。六月，破绍兴，鲁王走舟山。就在这个时候，陈氏被擒。毛奇龄《陈老莲别传》说：

> ……王师下浙东，大将军抚军固山，从围城中搜得莲，大喜，急令画，不画；刃迫之，不画；以酒与妇人诱之，画。久之，请汇所为画署名，且有粉本，渲染已，大饮。夜抱画寝，及伺之，遁矣……

绍兴待不住了，他逃到绍兴城南三十里云门山上云门寺为僧。题丁亥（1647年）一诗云（《宝纶堂集》卷四）：

> 丙戌夏，悔逃命山谷多猿鸟处，便薙发披缁。岂能为僧，借僧活命而已……

他有《云门书壁》诗（《宝纶堂集》卷九）：

> 昨日邻家今日亲，皮囊何事累亲邻。越人不及陈和尚，自把头颅递与人。

孟远《陈洪绶传》对他为僧的情况，描写如下：

……大兵渡江东，即披剃为僧，更名悔迟：既悔碌碌尘寰致身之不早，而又悔才艺誉名之滋累；即忠孝之思，匡济之怀，交友话言，昔日之皆非也。遂专攻西竺氏之教，往来洞霄、天竺间。顾以宿望，即改名易服，履屐所至，一时公卿绅士，无不踪迹而得；要路扳门，得一见颜色为重。归命侯田雄，建牙浙中，势焰赫奕，冠盖慞慞，而拥彗郊迎，则一憔悴布衲；田执礼愈恭，绶辞气益脱率，櫜鞬环侍者，莫不动色骇愕，而雄则喜若登仙焉！馈以金帛则不受。督学使者李际期，中州奇特士，知绶家窭困，强委三百金以周之；反之不得，绶喟然曰："余既为僧，已无家矣，为僧而复与士大夫交，而以利往，是僧以为家也。庚生素知我，而奈何出此！"乃列其乡里平昔交友之穷困者，计其缓急，以为厚薄，瞬息散遗尽；家骆骆待举火，不顾也……自披剃后，即不甚书画；不得已，应人求乞，辄画观音大士诸佛像。有称其必传不朽者，则曰："是故余之所悔也。"杖履琴书，迺然自适，向之怨尤、悲愤、颓唐、豪放之气，悉归无有……

在云门寺，有《学佛》一首（《宝纶堂集》卷五）：

深竹长松下，经行读佛书。福知何日积，我得久山居。野老为邻友，僧寮作敝庐。兵戈非不幸，反得讲真如。

这时，他也作些农事，有《种菜》一首（《宝纶堂集》"拾遗"）：

行年四十九，今日理园头。玄德非吾事，云卿切己谋。寒身能乞食，稚子岂从游。培植精详日，生平一大猷。

山中多暇，到了回顾的时候。他四子儒桢（小莲）搜得陈洪绶诗稿，集为《宝纶堂集》，附信给诸暨王予安：

悔迟雅不以诗鸣。儿子鹿头，私将生平所作编次成帙，展阅一过，可删者十七；山中无可消遣，即将鹿头所编次者删录呈政，知予老见之，必有教正。

呵呵。[114]

今日流传的《宝纶堂集》，是大大增补的本子，在陈氏殁后三十余年，小莲才抄汇成帙（见康熙三十年辛未八月罗坤《陈章侯先生诗文遗集序》）。

大约也在这时候，陈氏作《约王予安同入云门为终老之计》一诗寄去（《宝纶堂集》卷四）：

> 王老卧草间，才子为朋友。才子不得留，霜林泣老叟。父母之长情，愿子得长寿。乱世之生人，安用期长久！君担经几函，我负米数斗。云门六寺间，可以老死否？请观五月间，千人断其首！太史得善终，文名又不朽。抱腰连手行，慎弗谋诸妇。

诗中提及才子，实际上，在该时可能已有"云门十才子"之号，即陈洪绶、王予安、祁豸佳、董玚、王雨谦、王作霖、鲁集、罗坤、赵甸及张逊庵。[115]

祁豸佳之侄奕远寄诗招陈氏入化山，有诗记之（《宝纶堂集》卷五）：

> 菊水佛堂绕，竹云客舍回。我来养痴骨，君勉掩奇才。秋色凭君看，春醪待我开。此间山颇妙，意欲暂徘徊。

可是不久他改了主意。中秋入山寻地，感赋《入云门、化山之间觅结茅地，不得》四首（《宝纶堂集》拾遗）：

> 吾笑买山而隐事，吾寻山隐亦堪哀。必求白石清泉处，还望香茅银杏栽。遍地道场居破冢，终身行脚见如来。古人遗趾犹难步，欲觅文殊非五台。

前　题

> 椒红桂白觥秋半，半百临身始自哀。世寿几何僧腊促，霜钟深省我奴材。买山钱少求人耻，卖画途多遇乱来。昨梦太平归故土，翻经台有读书台。

前　题

居士堂中超法电，耳聋污出乃知哀。当头一棒吾根钝，舂碓三年老废材。
生死大因寻胜地，人天小果画如来。未修□（想系"释"字）氏尊前福，修福
先从九品台。

前　题

国破家亡身不死，此身不死不胜哀。偷生始学无生法，畔教终非传教材。
柴屋大都随分去，莲宗小乘种因来。定来金界和银界，永去歌台与舞台。

九月，清兵入泉州，郑芝龙叛明降清，子成功忠于明室，去之，后来起兵南
澳，仍用隆武年号。[116]陈氏有《闻闽中失守，君臣入海，又闻卫公城守，有怀》
二首（《宝纶堂集》"拾遗"，卫公即金堡，又名道隐）：

械械庭柯翦暮云，茫茫怀汝梦秋坟。闽传主相争航海，金子江城战嚼龈。
素愤偷生与死等，甚明忍死寄生云。定全节义文章节，善报君臣水鱼君。

前　题

闽地忽惊图籍纳，金公不惜首身分。臣心臣面言强谏，吾戴吾头独入军。
殉节鹭涛当取节，阵云鲸浪接停云。得生佳信终难信，传死风闻最喜闻。

此顷，他的生活情绪，在《重□院驻足》一首及其他《无题》四首中有充分的
抒写（《宝纶堂集》卷八）：

少想山居老遂心，可怜避乱借禅林。僧虽酒肉忘名利，寺阅兵戈历古今。
亡国泪干随画佛，首丘念绝望遥岑。为人君父都违教，也似霜臣泽畔吟。

无　题

惭负君亲老博士，且逃山麓课诸儿。教其忠孝而可矣，念及功名则已之！
梦里难忘三世禄，忧深那禁一篇诗。余生日是偷生日，唱叹时交感叹时。

无 题

心肝呕血作诗文，半百雕虫道莫闻。儒者不能殉社稷，学禅那得伏魔军。无过宿世为辞客，敢望空山礼白云。品行如斯言岂重，又何超出死生云。

无 题

白头难得比于人，奚取功名置病身。不死如何销岁月，聊生况复减青春。先朝养士斯为报，孝子忘君敢自陈。持此无欺求恕我，锦囊驴背了孤臣。

无 题

何必人生定有邻，青波红树更相因。严城画角驱寒日，孤馆茶香留野云。老去故人伤聚散，将来笔墨亦沉沦。酒酣技痒难收拾，又对秋林写我真。

陈氏虽僻处云门，同老友仍不断往来。其一为朱集庵。下录各诗，写出喜得友书，知将来访、来后卧病、赋诗等苦中作乐的情景（前三诗见《宝纶堂集》"拾遗"，后三诗见卷八）：

得朱集庵书，喜当即至，却寄

老友高山病，苍头细字书。日来无恐惧，月内好同居。蟹鲊为君制，忧心赖道除。还应携酒至，知我没钱余。

闻朱集庵将就予山居，时无钱买酒，却感

好为长夜饮，福过却灾生。米缺忘名酒，钱来理折铛。高人闻即至，寒月渐圆明。樽拟湛而满，囊空志不平。

九日与朱集庵卧病云门，命骛子劝酒，却书

重阳风雨妙高台，戎服登临问劫灰。故老怕逢佳节至，菊花又傍战场开。吴山立马民离久，朱氏无君雁不来。稚子劝卿添一饯，明年今日孰能猜！

云门寺九日

九日僧房酒满壶，与人听雨说江湖。客来禁道兴亡事，自悔曾为世俗儒。枫树感怀宜伏枕，田园废尽免追呼。孤云野鹤终黎老，古佛山癯托病夫。

草木撩人梅绕屋，作花作实秃翁羞。须留原觉人惊眼，刀冷迟于夏剃头。运内君臣轻社稷，画中甲子自春秋。遗黎只有莲宗愿，壮不如人老合休。

九日与朱集庵坐云门，赋二诗，复属和少陵秋兴八首韵一律，
随叙癸未离京至今日行藏

铁马联镳潞水斜，书生挥泪出京华。便同仕隐投兰若，再买渔蓑荡钓槎。西子湖波三习战，越王城下一吹笳。老夫怀抱当重九，写纸渊明采菊花。

后来朱集庵将行，他作《送朱集庵暂还禹陵》赠之（《宝纶堂集》卷九）：

老济寒山访老莲，半床松月赠君眠。出山急作还山计，松月无多雪满天。

一首《无钱》很像同时作的，押韵、口气都一样（《宝纶堂集》卷九）：

无钱山馆难酤饮，蕉叶分尝当百川。幸得病余酒量减，松根时学醉龙眠。

他戒酒之方，只有生病和无钱。

他在云门、化山间寻地不成，后来托人到薄坞去找，有诗述其失望之怀——《薄坞觅结茅地不得，先责而后望之》二首（《宝纶堂集》卷八）：

一

养成半世住山心，添个痴心功德林。欲买清凉修自业，岂烦勾漏点黄金。病非吾病众生病，深在心深觉路深。胜地证明为住色，不如依旧酒楼吟。

二

搜奇探胜以为心，即遇双林非道林。便得有山如意瑶，那寻无主等身金。
植松慕彼嗟年老，入竹憎渠避客深。长者谁当舍松竹，听人载酒与之吟。

又有《觅结茅地不得有感》(《宝纶堂集》卷九)，失望渐成绝望：

一

老大千岩万壑中，袈裟隙地不兼容。莫提生死因缘话，泉石因缘也不逢。

二

受命烟霞老秃翁，东林北岭费扶筇。翁心易足难如愿，竹石梅溪与涧松。

不久，好消息来到——"老媪舍一地结茅，计较诸事，不觉悲喜交至"，赋五律两首
(《宝纶堂集》"拾遗")：

金尽继之血，终其身以之。假年寒贱骨，作福乱离时。脱腕三杯酒，得心
一首诗。道场欢喜地，苦行不曾知。

前　题

苦行衰年罢，曾修安住因。果培写佛日，成熟噢梅春。咸水漂僧舍，嫚山
住道人，何当不退转，笔底见金身。

有地还需盖房移家之资，幸而有好友慨助，见《卜居薄坞，去祖茔三四里许；感祁
季超、奕远叔侄赠资》诗(《宝纶堂集》卷五)：

生途何处问，大略问山头。有意苦才拙，无心任运游。移家仗亲友，守墓
近松楸。不幸中之幸，两贤何处求。

他还有别的朋友，给他不同的帮助，见《寄谢祁季超赠移家之资；复致书吴期生，

为余卖画地，时余留其山庄两月余》诗（《宝纶堂集》卷五）：

> 翠羽脱机至，相留两月余。时时闻佛法，事事教山居。赠以移家费，由通前路书。一人三致意，自处欲何如。

他又另写一诗谢奕远——《奕远赠予移家之资，却赠即书扇上》（《宝纶堂集》卷五）：

> 连年衣食子，兵乱尚分金。劫掠无余际，相怜复尔深。难空亡国念，幸断丧家心。浩唱千峰月，偕君老石林。

搬家到薄坞，已到"啼霜白雁至"的季节。他有《且止》八首述感（《宝纶堂集》卷五）：

其　一

> 朝出先朝雉，暮归后暮鸦。庶几彼山水，遗得此身家。五十明年至，千秋今日嗟。强为宽大语，佛法眼前花。

其　二

> 五十看亡国，百年不若殇。人伦心早死，农圃力非强。避地完经济，听松盖法堂。吾生草草尽，两鬓点星霜。

其　三

> 啼霜白雁至，秋草命将邻。自分为儒者，谁知作罪人。千山投佛国，一画活吾身。身贵今堪贱，随他绥日贫。

其　四

> 净土开生路，名山收废人。可怜从圣教，竟不识君臣。沉醉胡无耻，丹青枉有神。埋忧买岩石，樵牧喜高邻。

其　五

> 老媪高邻最，殷勤舍小山。就人竹万个，结我屋三间。泥水粗能蔽，芰荙

好往还。吾生几两屐，何不且偷闲。

其 六

贫婆离女相，喜舍给孤园。傍竹安禅榻，依松开小门。栋梁皆骱骸，檀越出荒村。规度都从简，人工不惮烦。

其 七

茅堂虽结构，绣佛杳无期。俱胝旃檀相，乌波斯索施。高昌流像法，质子著神奇。欲报唯作画，修持无已时。

其 八

观象才匀笔，如登兜率天。居心先净室，乃敢学参禅。岂望今生会，将图来世便。儒门收不了，释氏得安焉。

这一年里，恐怕他作画的时间不多。著录有《桃源图》一幅，素笺着色，自题："洪绶避兵薄坞，偶读桃花源记，写此以志时况。"[117] 传世有杂画册八幅，可疑。其首尾两幅有题，或系摹自原本：一、弄阮——"山居卧病，北生闻之，冒雨过问，且为摘阮遣愁，写之以志感也。绶。" 八、老梅——"丙戌冬日，寄居萧寺，法华光长老，云门僧悔。"[118]

在薄坞时，他有宁静之感。《山居》诗道之（《宝纶堂集》卷五）：

> 岩阿君避地，卜宅我为家。溪女能留饮，山僧远送茶。学仙堆药草，供佛种莲花。清福难消受，团瓢不用赊。

陈氏静中思动，不久即有入城之念，有《留别鲁仲集、季栗兄弟还秦望，即约新春入城卖画》诗（《宝纶堂集》卷五）：

> 乱后难留客，客留亦甚难。绸缪忘日夕，饕餮复多餐。鸡犬声犹寂，人家还未安。老僧书一束，归坐石盘盘。

他怀念朋友，喜欢时相过从。岁暮他去秦望，而且他曾回绍兴，有《再访朱集庵于禹陵》一诗为证（《宝纶堂集》"拾遗"）：

> 久病难行远，重为老友过。霜林当习惯，风水亦吟哦。年暮常完聚，时光能几何！石交无道德，来往亦宜多。

大约也在这时候，他寄出《柬登子》一诗（《宝纶堂集》卷九）：

> 不过张生丘壑久，胸中丘壑竟无多。老莲半百期将至，柴米之余便一过。

《除夕》一诗，下注"元旦立春"（《宝纶堂集》"拾遗"）：

> 冬天肃杀今朝去，春气融和明早来。草木因时知畅茂，黎民属运致疑猜。赠遗有愧何年已，自食无期尽日哀。哀愧旧年今日大，鲁王拜将筑层台。

又有《除夕醉后》诗（《宝纶堂集》卷五），可能是这年作：

> 岁时聊一奠，柴米积三朝。山馆觞除夕，儿童说旧朝。寒浆烧竹叶，冻鹊啄梅条。多谢邻翁子，醉归扶过桥。

这一年，在他《避乱诗自叙》里总结得很好（《宝纶堂集》"拾遗"）：

> 弗迟自五月之后，逃命至鹫峰寺，从鹫峰至云门，结茅薄坞，患难中犹不失故吾。毫墨洒落，得诗一百五十三首，残落者强半。陶去病、祁奕远、奕庆颇惜之，属朱子谷儿子鸳子集之；原不成声，因无工拙，人忘憎喜，有何去留。帙成，除夕自酌而歌曰：五月六月间，其知得生者欤？五月至十二月间，其知死而复生者欤？知携手高士老僧，晨夕相倡酬者欤？此一百五十三首，非嵇中散视日影之琴声者欤？过此以往，知有今日者欤？知无今日者欤？丙戌除夕，书于秦望之竹楼。

《避乱诗》，在光绪戊子（1888年）董金鉴重刊《宝纶堂集》时，将其不见于集中的四十余首，编为"拾遗"，置之最后。其中有长诗四篇：五言古《作饭行有叙》，七言古《官军行》《搜牢行》《幕下客》。这都是描写现实苦痛的深刻作品。先看《作饭行》的叙：

> 山中日波波三顿，罍图画之指腕为痛焉！儿子犹悲思一顿饭，悲声时出户庭，予闻之凄然，若为不闻也者。商绅思闻之，以米见饷，此毋望之福也，犹不与儿子共享毋望之福哉！乃作一顿饭，儿子便欢喜踊跃，歌声亦时出户庭。今小民若官兵淫杀有日矣，犹不感半古之事功否？感赋。

诗中称逃生后而吃饭困难，祁君帮他卖画，但是他疮遍体，寒疾不支，又不肯苟且作画，欺人钱财。不得不仗着向人家借米及得到朋友的周济。因此念及战乱中一般人民的患难更深：

> 冬尽春初际，米将尽公私，贫人食妻子，富人亦横尸……
>
> 鲁国越官吏，江上逍遥师，避敌甚馁虎，篦民若养狸……

《官军行》写官军淫掠，而率领官军的人更恶："卿饰微功蒙上赏，官军肝脑涂草莽……卿今冒饷欲未充，驾言输饷缚富翁。卿先士卒抄村落，分明教我亦淫掠！"在《搜牢行》诗中，描绘两凶汉抢掠一老翁，口中挂着"将军征兵食"的牌子，手中拿着利刃，对老翁说："越城非我存半年，汝之所有贼尽得！室中所有皆我存，我今欲之汝奚啬！"于是"此翁出金未满怀，二凶怒其有所匿。仙人献果鞭棰施，妇女泣拜心不测。或有穴地觅窖金，或有露刃略弱息。捆载金珠及鸡豚，观者唧唧复唧唧"。而《幕下客》一诗，却描写一个狐假虎威，穷凶极恶的幕客："君侯生杀权，我能口舌悬；君侯用舍柄，我能如律令；君侯杀，我能拔；君侯生，我能兵；君侯收田宅，我能广田园；君侯金窖室，我能金穴门；君侯贵亲戚，我能长子孙；君侯雪大愤，我能报小冤；君侯得志有其一，我能得志有其七……军中岂复有君侯，我之鼻息君侯愁。咄哉竖儒来逼人，我敕伍伯断若头，生拔其舌投江流！"这诗一定是针对一个真实的恶毒小人而作。

顺治丁亥（1647年），陈氏五十岁。正月初七，他访祁奕远，有诗题云："丁亥人日至奕远蒋氏山庄，示予新诗索和。"（《宝纶堂集》卷四）其中"示予新春诗，君亲泪扑簌：或有赏景光，或有悦草木，或伤人间世，或伤时运促，或用大声抒，或用吞声哭"等句，概括了明遗民的心情。

大概在这一年的春天他写了《人秦望》（诗见本书"书法"一章）。这时也去过云门，有《云门寺还》一首（《宝纶堂集》卷九）：

> 昨日云门闻晓钟，今朝秦望坐高峰。尽多挂得芒鞋处，需听机缘守老松。

他有一系列的怀友诗，很可能是此顷之作。都是七言古（《宝纶堂集》卷七）：《怀朱集老》《怀道迁》（刘道迁）、《怀仲集》《怀季栗》（鲁仲集、季栗兄弟）及《怀开祖》（赵开祖）。《怀仲集》结句是："酒病贫病年五十，春风日落愁空山，吾怀此老斜阳立。"而《怀季栗》的结语是："吾怀此老五十矣，我同季老皆老耳！"此时入城之计已定，在《山谷》一诗中有坚定的表现（《宝纶堂集》卷四）：

> 山谷好读书，我已无书读。鲁生贻我书，将读于灌木。卖画当入城，行将远山谷。读书终无缘，我生太鹿鹿。侯王与将相，我固无此福。跌荡文字间，窃名得书麓。书麓名尚难，老景预可卜。

在暮春三月，他从薄坞移家绍兴。入城几日后，有诗述怀（《宝纶堂集》卷五）：

> 半载兵戈隔，一朝挥手难。山中人尽饿，我忍自加餐！糊口宜城市，何必修药栏。虽来数晨夕，知有几时安。

那时城里治安大有问题，他白日闭门，不敢在街上行走。回想薄坞，不胜眷恋。作《思薄坞》七古长篇（《宝纶堂集》卷七）：

> 薄坞去城廿里余，秦望之前天柱里。东有奉圣天衣寺，西有云门若耶水。渔樵钟磬悦耳目，松篁泉石供素纸。长枪米贾隔三家，草桥酒店远二里。将家自

全于其中，种菜曳柴命儿子。秃翁无书便好游，索句草鞋随意指。有时入寺僧作饭，有时游山客留止。酒钱少而米钱稀，然亦未曾饥渴死。出于故人远寄将，答之诗画颇欢喜。老媪舍我几亩山，结个茅庵晨夕启。留我念佛写佛经，坞中男女祈福祉。去冬总管欲识面，亲朋劝我无去理。破衲光头难拗违，亲朋又劝出山是。总管为我惨淡谋，卖画养生必城市。今年三月故移家，将军令严夜禁始。昨闻斩木自外来，今见揭竿从中起。斩头陷胸如不胜，白日闭门避蛇豕。露刃讥察满穷巷，僧家俗家难依倚。每思山中雪夜好，又思山中月夕美。山中雨窗访道人，山中晴川掇香芷。只今不敢当街行，唯恐触之多凶否。夕阳在山便缚人，抱头鼠窜眠屋底。摩云鸾鹤垂天飞，投入罗网待笞矢。薄坞薄坞何时还？秃翁清福薄如此！

三月三十日，他写了一首五言律诗，谢名子赠米，现在装成《行书三开册》；此际常要断炊，只好《借米》（《宝纶堂集》卷九）：

> 家家借米拙言辞，深感家家屡借之！升合凑来皆各种，桃花点缀雪翻匙。

四月，他补成了去年开始的《花鸟屏》六帧。据著录，一帧"花类紫荆，鸟类凫鹥，一鸟飞翔，尤斑斓可爱"。款右上："丁亥清和画于山阴讲堂。洪绶。"其中另有两帧，想系同时所作：一为"柏树一株，下缀翠竹幽兰，一鹰立树干，一鹰在上反瞰"。一为"高松蟠曲，二鹤集其上；根生芝草二本，松钗细密，鹤羽蹁跹"。[119]这一组画，不知今在何所。

城中生活大不易，有《鸡鸣》五言古诗三首（《宝纶堂集》卷四），慨叹"长夜何时旦，旷年之所忧……"自恨"难为隐君子，生活在市城，市城为生活，岂免见刀兵……"只望有时梦见太平：

> 顶切云之冠，为修禊之行，携桃叶之女，弹凤凰之声，胜事仍绮丽，良友仍菁英，山川仍开涤，花鸟仍鲜明。

可恨鸡鸣破梦，自思"少壮太平时，身为酒色制，老惫兵戈时，始为死生计，我闻一古德，至晚必垂涕，日又过一日，斯言吾当励。吾即百岁寿，今已五十岁，鸡鸣非恶声，声闻毋泄泄"。可见陈氏在患难中，基本的精神是积极的，维持他求生的意志、创作的力量。

在这年夏季，他可能回过故乡，有《诸暨道中》一诗（《宝纶堂集》卷九）：

竹篱茅舍也遭兵，五十衰翁挥泪行。我有竹篱茅舍在，可能免得此伤情。

九月中，故乡诸暨，官逼民反。官方的记载是："山寇入城，烧毁县堂，典史郝朝宝、教谕方杰俱被害，知县刘士瑄请兵剿之。"[120] 这事震惊陈氏，以痛忿之情，作《盗贼》四首（《宝纶堂集》卷五）：

其　一

不得为君子，可怜就小人，县官敲骨髓，将帅没周亲，聊缓须臾死，宁知终丧身。金鸡何日下？相率复良民！

其　二

县官既逼民乱，即潜移家人，苟苴城外，请兵剿灭数千家，俘妇女亦数千人，复尽藉县中居民、商贾犹不足，藉及乡民至数十万，古今史籍所未闻也。淳邑新为盗，使君故食人，处心图县令，借口号顽民。白刃既如意，黄金复等身。绣衣今按法，怨气颇为伸。

其　三

官下司狱司，胥吏缚去至百数人，亦大快也！皇天怜暨邑，御史出长安；代作生民主，先囚酷县官。银铛囊首恶，缧绁贯群奸；盗贼应知悉，投戈或不难。

其　四

秦公御史也。（秦名世桢[121]）明朝瓦解处，盗国贼民多。虽或犹天意，其如人事何！满庭蓝面鬼，作镇白逾婆。若有秦公在，先清表里痾。

从心为盗贼而身为官吏的人太多，他看出明亡的基本原因之一。回忆乙酉（1645年）夏杭州失陷，丙戌（1646年）夏绍兴城破，他已在战乱环绕中过了两年多，这首《十月二十三日遣怀》，很可能作于此年（《宝纶堂集》卷九）：

> 兵戈之地两年过，暂庆余生金叵罗。莫说苏堤春晓处，竹枝歌和柳枝歌。

身在绍兴，大概有时心在杭州。

《书青藤书屋》两首（《宝纶堂集》卷九），可能是同时写的：

> 枞榔庵与浣花溪，野老龟鱼留品题。何似青藤书屋侧，不闻铁骑夕阳嘶。

> 青藤书屋少株梅，倍忆家山是处开。若得兵销农器日，荷锄移彼数株栽。

家乡大乱后，恐怕一时不能归去，但抑不住无尽的怀恋。

十二月十八日，陈洪绶次子峋桢生了一子名昭，陈氏做了祖父。[122]

现存他的《五十自寿诗卷》，是从原来的条幅割切拼凑而成。首句是"五十逢丧乱"，末句是"教子孝为先"。款云："洪绶书于张寅子读书堂。"五十年是一生的大里程碑，陈氏在丁亥的诗中，常提到行年五十，例如《青藤书屋示诸子》（《宝纶堂集》卷四）：

> 竹匝我书屋，藤蟠我佛屋。无酒索人饮，无书借人读。乱世无德人，无可邀天福。天或诱小喜，大灾从而速。老人微惧焉，前途得无促？佛法路茫茫，儒行身陆陆。酣身五十年，今日始知哭。

同时他也感觉到岁月催人，写《悭》诗自警（《宝纶堂集》卷九）：

> 行年五十始知悭，柴米经营不得闲。筋力也悭须用了，少停笔砚听绵蛮。

他在这年见到王予安，非常高兴。丙戌夏他逃入云门为僧时，"闻我予安道兄，能为僧于秀峰，猿鸟路穷处，寻之不可得。丁亥见于商道安珠园，书以识怀"（《宝纶堂集》卷四）。诗中有"剃落亦无颜，偷生事未了，幸吾五十人，急景可送老……"之句。去年陈氏入山避乱，很希望好友同去，曾约远林，有《同远林卜居山中》一诗（《宝纶堂集》卷四）：

> 远林非入山，不足以娱老。此山非远林，山灵亦不好。远林非我来，安得少烦恼。为我山之中，多结一龟草。推车两小儿，负书一媪老。笔札以资生，就君学幽讨。所喜老得朋，岂谓身可保。避乱辽海东，此言何足道。

到了今年，大家都在城里，陈氏很欣喜地奉上《为远林尊公七十》一首（《宝纶堂集》卷七）：

> 吾年九岁失先子，先子三十五岁人。每见以介眉寿者，繄我独无伤其神。远林五十而寿父，父年却登七十春。人间至乐过此否？白头翁寿白头亲！闻翁至德复风雅，有子有才能食贫。松叶酿酒甘且美，荡游驴背忘苦辛。先子至德亦风雅，视我太翁几由旬。我与远林同年生，视我远林敢等伦！

这真是寿友人之翁七十，寿友人五十，而且自寿！

顺治戊子（1648年），陈氏五十一岁。著录有《枯木竹石图》是正月八日画的，[123] 上题："身如喜舍寺檀香，画得仪容百尺疆。莫向老僧饶舌去，法流堂北自商量。戊子谷日，写于张墨妙之高寄轩。洪绶。"诗不见《宝纶堂集》。

四月，山寇陈瑞劫枫桥陈家，毁了他祖父陈性学的居室。[124] 此后他的故乡，已是无家可归。

夏日作《红叶小禽》，见著录。[125] 款云："戊子夏日写于青藤书屋。老莲洪绶。"此幅及《枯木竹石》，皆张大千旧藏，应尚在人间。

有《贺性之大弟五十寿》一首（《宝纶堂集》卷九），想系是年作：

> 我已昏昏过五十，为君五十赋新诗。耳边战鼓休悲叹，且说鸠车竹马时。

毛奇龄在他为姜绮季搜集的老莲诗稿中写跋，曾说"惜予与老莲交晚，见老莲五年，而老莲死"。[126] 所以，大约在这年，他认识了陈氏。

顺治己丑（1649 年），陈氏五十二岁。春正月，至杭州吴山。这是他在卒年还乡前最后一次迁居。在《太子湾识》一文中（《宝论堂集》卷二），写出又回杭州之感：

> 己丑春正月至吴山，乃山水都会声色总持；当吾乐忘死时，想吾生虽乏聪明，亦少迟钝；五车不足，百字有余；书即不工，颇成描画；画即不精，颇远工匠；文即不奇，颇亦〔想系"不"字〕蹈袭；诗即不妙，颇无艾气；履非正路，人伦不亏；遇非功勋，醉乡老死。无丝发之德，而蒙上帝之宠眷隆渥，殆过于积德之人。

迁居后，作《抱琴采梅图》扇。约在这时候，他作《西湖垂柳图》，见记载，[127] 画不知存否。上题《独步》诗（《宝纶堂集》卷九），感伤西湖垂柳受到剪伐的灾难：

> 外六桥头杨柳尽，里六桥头树亦稀。真实湖山今始见，老夫行过更依依。

六月，他为戴茂才四十寿辰作《饮酒祝寿人物图》。

九月，为玄鉴作《吟梅图》。同一月中，他应马白生的请求，为其友所著通俗小说《生绡剪》封面题字。[128] 这个书名，多半是基于陈氏名句"桃花马上董飞仙，自剪生绡乞画莲"，所以他乐于从命，却料不到会把他卷入一场大风波——其事见后。

十一月，为南生鲁作《生鲁居士四乐图》卷。陈氏与南生鲁为至交，为他画过多幅。黄仲霖曾告诉周亮工："己丑过虎林（即杭州），从南生鲁署，见章侯为作写生图数十种，雄奇凸凹。予谓吾党当为老迟惜此腕，不令复作；若令复作者，恐遭龙雷鬼物收摄……"[129]

是岁陈氏去萧山探亲，见《寄来髯》诗二首（《宝纶堂集》卷九）之二：

> 萧山想绝旧亲情，还想湘湖雉尾莼。明岁有期今岁往，老莲五十二年人。

自念年岁已长，明年不可知，所以今年就来了。有一篇《好义人传》，记歌者梁小碧，髫年为王毓蓍（玄趾）赏音，日夜与之饮酒交谈，人皆讥为两痴绝人。相交十五六年，到乙酉（1645年）夏南京失守后，王毓蓍殉节，小碧在家中设位，朔望上供，令、节、讳日就割鸡洒酒，邀王氏的伯仲遗孤与至友饮于读书处，不是泪雨雪面，就是强为言笑，于是大家称这两痴人为两义士。陈洪绶不禁感叹地说：

> 烈皇先帝，宠眷群臣，或官爵崇显，心腹未孚，然其名义所属，如子之事父，岂从慈爱有差等，而子职亦有差等哉！甲申至己丑，几六年所，不闻有一草莽孤臣，于清明寒食，以一盂麦饭，望北风而浇之者。

顺治庚寅（1650年），陈氏五十三岁。这一年他同林仲青过从甚密，在林家优裕的环境里，画了不少杰作。从留下的文字中，看到开端的盛会——《送春并序》（《宝纶堂集》卷九）：

> 庚寅四月三日，林仲老书邀老迟云："明日邀次升、元方、老莲弟、尔暨郎君儒行过我眉舞轩；已约尹文老、萧数青为酒录事，有顾烟筠篴弦索，汪抑仙胡琴箫鼓，秦公卓笙管，王苏州璇老文唱流水，以送春归。时节因缘，都不惮怊，必戴星褰裳，伧父屡将及乎寝门之外矣。即以书示尔暨六郎。"如此高会，若不多读两句书，写得数个字而赴之，不唯有愧残春，兼之惭负贤主。我亦作大士一躯，咏贫士传数则而去。乃示此诗："送春邀我两红裙，急管繁弦争暮云。书画课程当早尽，老夫聊此致殷勤。"

可见到了顺治七年，杭州及浙东已恢复太平景象了。

五月，作《秋林晚泊图》扇。同一月中，周亮工从福建北上，在西湖相会，求他画，不允。他对周的降清，仍然不能原谅。可是到六月，老友的热情压倒了严正的道义观念：他用意存劝诫的题材，在林仲青家，为周作一精彩的《陶渊明故事图卷》。全卷分十一段，题曰：采菊、寄力、种秫、归去、无酒、解印、贳酒、赞扇、却馈、行乞、灌酒。除两字的标题外，每段并题箴铭一般的寥寥数语，亦赞亦警，显然以陶渊明的高风亮节，向老友示范。画成后四五个月才寄，是否心中斟酌了好久？

七月，他与胡秋观游净慈寺，有记（《宝纶堂集》卷二），借此概述一生：

> 老悔一生感慨，多在山水间；何则，既脱胎为好山水人矣，每逢得意处，辄思携妻子，栖性命骨肉归于此，魂气则与云影、水声、山光、花色同生灭，吾愿足矣。所以不如愿者，有志气，尤时运，想功名，恋声色，为造化小儿玩弄三十余年。至天地反覆时，乃心灰冷，老死山水之志始坚，而买山钱不能办矣。虽蒯落入云门、秦望间，山中人喜为结草团瓢，约日供薪米，而白幢白伞又逐之投城市矣。谋还枫溪，则刀兵聚处，不第娱老，岩穴不可得，即耽玩泉石，亦不可得矣。乃知有志者事竟成，徒虚语尔。复为造化小儿玩弄五六年，良可悯叹。庚寅七月，与胡秋观游净慈寺，访老僧般舟者，与老莲有斋戒之因，同曲蘗之好，将商略挈榼提壶，从烟霞石屋入玲珑庵，登南高峰，写佛菩萨，乃还看盂兰盆会。般舟素不出门，今忽入城市，不亦为造化小儿玩弄一日乎？

盂兰盆会在七月十五中元节，僧尼诵经施食，故此游在七月半以前数日始。净慈寺坐落于南屏山麓，为杭州四大丛林之一。[130] 大概此游后不久，又同胡秋观游高丽寺，作《游高丽寺记》（《宝纶堂集》卷二）。他见到寺中苏东坡像不蔽风雨，所以"将以笔墨之资，号召诸友，别构屋一间安之，植梧桐、芭蕉，樵苏所不及；岁时祀以香灯酒果，遇有好诗文，焚一二篇就正之，即不当长公意，此一种羹墙痴想，料长公必失笑，引满以答我辈之卑田乞儿也……"可是他既叹读书学道人与贤士大夫少，可能凑不出这三四十金修建费，又叹即使修成，在兵荒马乱中，能持久五六十年否。后来居然成功了，在《从六通至法相还饮于高丽》两首五言古的其二中（《宝纶堂集》卷四），描写新景况如下：

> 余与张明谋，草率结一庵，金钱无半百，栋宇不过三。修竹在直北，古松在直南，直西树蕉梧，直东树香楠。将其高丽诗，镂石为之函。

这年秋天所画，存世有《折梅仕女图》《李白宴桃李园图》，都在林仲青家中作。又有《斗草仕女图》及《秋游图》扇。

《秘殿珠林续编》载《赵孟頫东土第一祖像图》卷，后有陈氏长跋，自署："庚寅十月二日，老迟白衣洪绶书于仗友书堂。"此跋赞赵文敏"其神静思深，此公从学佛中来；其笔闲墨远，此公从唐人中来，觉龙眠带有画苑气，虽无丝发形似韩晋公，然当嗣其后"。最有意思的是，此跋的后半，他借题发挥对于杭州那时僧徒的看法：

> 昨有达官问余，今杭之名僧为谁，余答曰：不曾见。复问之不已，余曰：当求之深山。如有破冢为居，纴纸为屋，群鸟听法，二空为徒者，则叩之。如执拂上堂，金钱布地，贩竖护法，男女同单，北峰呵祖，南屏骂佛者，吾实不识。君若真求之深山，恐亦不可得。佛法陵夷，种子凋落矣。祖乎祖乎，其有灵乎！

后又有祁豸佳在静者轩跋，称"老莲慧眼拈出"此画之优异，亦在庚寅年。

十月中，陈氏画水仙于金笺扇上，似即席挥毫之作。

这年里他作《王叔明画记》，沉痛地吐出愤慨及失望（《宝纶堂集》卷二）：

> 老迟幸而不享世俗富贵之福，庶几与画家游；见古人文，发古人品，示现于笔楮间者，师其意思自辟乾坤。诸公多感其谬，爱余之能贫，辄喜示余属题叙；余为半生享贫贱之福，得以傲彼富贵人矣。岂知有三十余年老友，所货有王叔明画，癸未（1643年）秋余未赤贫时，反得一看；至今年庚寅，室庐销亡于戎马，浮家捺抹于湖山，索一看之，其跋履之劳，笔札之请，几两年所，不轻一示之。余有门生，偶适一富翁家，则高悬之矣。呜呼！故交之不如新好，贫士之不如富翁，腹笥之不如囊钱，乃天渊哉！贫贱之福，亦如此其终难享哉！富贵之人，亦如此其终难傲哉！然余平生于交游，每以古人期之矣，愚哉！今而后，当以今人期之者，请自老友始。虽然，余亦不能复以古人自期矣。悲哉！

更不幸的是为了一个朋友的转求而题了一部通俗小说的书名三个字："生绡剪。"那是己丑的事。不料事隔一年，当地权贵卢子由，认为这书的故事里有影射他的地方，而且陈洪绶是实际的作者，不仅题字而已，于是找他算账，闹个不休。陈氏请挚友戴茂齐说情无效，不得不在辛卯（1651年）春，自书《辩揭》，解释实情，并哀求作者出来招认，救他一命，以免使他"含冤负屈""粉骨碎身"！[131] 这篇《辩揭》是用当时白话写的，在陈氏遗文中，别开生面，兹全录如下：

具辩僧人僧悔族姓陈名洪绶谨告

己丑秋暮，马白生居士来向悔说，有一友欲刻一书，唤做《生绡剪》，要封面。我曾将三字临去把他。他说，合来失款，章老为我写之。悔此时也不问是甚么书，见是马白生拿来便写去，谁知道是小说。还有玄鉴、诸子侄、与沐、孔仪、纪南、仲辰居士同见"不问缘由，提笔便写"这番光景。庚寅秋，卢子由老爷有书下问悔借小说一观，悔并不曾闻得这书内有触犯卢老爷一回，心里想道他见封面是我写的，就疑心是我做的，便老实说是马白生拿来写的。奉答蒙卢老爷又回书说，既不出悔手笔，需自出辩揭。悔即作书与戴茂齐，将老爷原书，都与他看。随即走到茂老家说：卢老爷、悔的老兄弟、好朋友，并无一言两语，有何仇恨；并不曾晓得履历根由，不知何人所做。我恨不合为马白生写了这几个字去，把我老相处这等周折。况我生平不会捏造辞话、小说等项，又不忍坏了心术，折了寿算。况这一二个老兄弟且又无些儿参商。若果如此，必遭天谴。即要出揭，如何措辞，就央茂老去替我一辩。茂老说我即去辩，子翁他是明白的人。秋平也在那里，便说也不须辩，难道看你手笔不出。便别散。路逢马白生便埋怨说，是你要我写了三个字，惹得卢老爷仇恨。白生说，我也不曾见此书。与秋平三人吃醉散去。悔因有周折，不问此书如何长、如何短，丢过一边。后日去问茂老曾去辩否？茂老说，彼知你无此心肠，也不像你手笔。已后平风静浪过了五个月。今年春来数来攻击，想来恨悔不出得辩揭的缘故。悔今不得不哀鸣一语。近来悔要守佛门规矩，不得与人争是非，受人欺悔，都是功夫。但见卢老爷平生护法，若把嗔作佛事，太多了。悔一粥饭老子，只得将前后因由一一告诉。若有一句一字瞒心昧己，不但鬼神在上，诸居士们也吃他笑了。稽首哀告缙绅老爷，春元相公、秀才相公、老爹大爷、阿太、阿爹、阿伯：诸位发出慈悲心来，招认一声"生绡剪是我做的"，或者怜悔含冤负屈，免我粉骨碎身也未见得。正是救人一命，胜造七级浮图。悔临告不胜惶仄之至。

顺治辛卯，陈氏五十四岁。春，著录有人物轴，状道者持扇，侍者捧瓶，一童子亦捧瓶，内插芝草。款云："辛卯春日枫溪洪绶画于定香桥畔。"[132]四月与姜廷幹游吴山及西湖，见"姜绮季自录陈诗，老莲自叙"（《宝纶堂集》卷一）。这是七月十五写的，见后。不久，姜去扬州，临行陈氏赠以《三处士图》卷，并题五言古诗一首。这三处士是水仙、梅、菊，引赵子固、林逋、陶渊明自况。

四五月间，为林仲青画《溪山清夏图》卷，见著录。[133]祁豸佳题："溪山清夏，社弟豸佳为苍夫盟兄书。"陈氏自题："洪绶为仲青道人作。"然后有长题，基本上就是《宝纶堂集》卷二的"画论"（详见本书"陈洪绶的绘画"一章），结以"若此卷虽有许者，必有唾者，要之唾者少尔。老莲书于眉仙书亭，时与苍夫坐梅雨中"。又附诗两首：

一

林屋张公不得过，神随笔往上浮螺。别风淮雨时舒卷，弦子三声一匝罗。

二

梅子黄时时正长，读书之暇便焚香。老夫享福惟余此，一个茅堂赛玉堂。
醉后率书示苍弟。

此卷不知今在何处。现存有陈氏为林仲青作摹古两册，每册十页，有山水、人物、花鸟、竹石。以书法及画风观之，这两册应是本年在林家作客时精制的。

七月十五日，作《姜绮季手录陈诗，老莲自叙》，提到了许多当时的好友及问题：

绮弟以老莲诗送愁，不知老莲与绮弟，四月间坐吴山望西湖，坐西湖望吴山，笔墨半作佛事。绮弟消老莲躁气，老莲增绮弟画学。僧不必高，不拈公案，吾得一无又。道不必仙，不谈龙虎，吾得一善良。客不必才，子（应作不）逐名航，吾得一茂齐。虽刀槊声时一入耳，步虚声、梵呗声、韵语声映而去矣，何愁哉！所愁者，沈石逃将复走吴村，老莲不能周其老母病儿；兄阿琳以盗贼枳道，不能与我共文酒；朱仲轶眷恋曲池，又强回笔端，作选体诗以换酒食，招呼之未必肯来；孙竹痴孤儿寡妇，朱讱庵、金卫公孤儿幼女，未必能周恤；然见绮弟便济之。今赠弟"无愁道人"，弟拜之否？辛卯中元书于西爽阁。

此顷姜绮季大概已经从扬州回来。西爽阁在吴山火德庙，陈氏卖画曾居该处。[134]

八月，他作《辛夷花图》轴，见著录。[135]题云："时辛卯仲秋写于眉舞轩，洪绶。"八月十五日，他在西湖上过中秋佳节，醉后为沈颢作《隐居十六观图册》。除画之外，加题七绝两首，五绝一首，词一阕，及作画时的盛况。

九月，他以白描作《博古叶子》四十八页，为了付刻销售，十月即赠给戴茂齐；这是他创作生涯将近终点的一部巨制。

十月，陈氏因向茂齐乞米，茂齐赠他一金，作《春风蛱蝶图》卷酬之。他曾为戴之先人立传（《宝纶堂集》卷一，《新安戴龙峰先生传》），称其"有意智而好朴厚，爱人而用直言，能散财而不为无益之费，缓急州里，而耻有德色"，茂齐是其幼子，"二十年兄事洪绶"。著录有《戴茂齐像赞》，为陈手书，[136]赞云："深入物理，流转人情，非道不动，无韵不生。此大作手而示人以能与不能。吾经营名航中三十余载，不意天壤之间乃有戴卿。传卿神者，无如老莲之酒兴。"可见陈氏与茂齐过从之密，交情之厚。有稿本《茂齐日记》传世，惜今不知在何所。[137]

十月中，陈氏为从叔作《陈治庵老人卖药缘起》（《宝纶堂集》卷三），说："老人感庸医之杀人也，以术；名医之杀人也，举趾高，不轻赴人之急；良医之杀人也，勇于自信，人言不能入，皆以心也……乃攻苦方书，将自活以活人……精思深心，以当病者。贫窭之夫，不惜药草；富贵之子，分其酒资。洪绶赞成之，即属作缘起，兼为作黄帝素问图一幅，神农尝药图一幅，晨夕拜礼之，不敢自恃其术之神……辛卯孟冬，书于菜根书馆。"

这一年，周亮工从北方回福建的时候，再访陈氏，又求画，收获极丰。周在《题陈章侯画寄林铁崖》中说：

章侯与予交二十年。十五年前，只在都门为予作归去图一幅，再索之，舌

蔽颖秃，弗应也。庚寅北上，与此君晤于湖上，其坚不落笔如昔。明年予复入
闽，再晤于定香桥。君欣然曰：此予为子作画时矣。急命绢素；或拈黄叶菜佐
绍兴深黑酿，或令萧数青倚槛歌，然不数声辄令止；或以一手爬头垢，或以双
指搔脚爪，或瞪目不语，或手持不聿，口戏顽童，率无半刻定静。自定香桥移
予寓，自予寓移湖干，移道观，移舫，移昭庆，迫祖予津亭，独携笔墨凡十又
一日，计为予作大小横直幅四十有二。其急急为余落笔之意，客疑之，予亦疑
之。岂意予入闽后，君遂作古人哉……[138]

此画即今称《高士雅筵图》卷，曾自上海流入日本。[139] 以照片观之，疑非真迹，
但必有所本。画上款云："老迟洪绶画于吴山道观。"周题款云："丙申（1656年）孟
夏，大梁周亮工记。"周又赠另一陈氏画与王竹庵，题云：

> 予与竹庵性情嗜好无不同，数年以来，交游亦无少异者。予长竹庵十有
> 八岁；予得交老莲，竹庵不及见老莲耳。竹庵将返里，予出老莲此幅相赠。据
> 琴人酷肖老莲，疑是此老自图其貌。竹庵收展之余，应仿佛与老莲遇也。老莲
> 生平以不登二华为憾；竹庵云开立马时，其悬此幅于莲萼峰下，使此老一慰
> 生平。[140]

陈周湖上之会，有诗记之（《宝纶堂集》卷五，《喜周元亮至湖上》二首，录其一）：

> 独脱烽烟地，同寻菡萏居。半年两握手，十载几封书。人壮吾新老，兵销
> 会不疏。此来难久住，一笑一欷歔。

喜中带悲之情，跃然纸上。周离后，陈氏还有画寄给他，因为周氏《赖古堂集》卷
八有《陈章侯绘磨兜坚见寄，感其意，赋此答之》七律一首。[141] 由周氏的介绍，
杨犹龙得识章侯，他说："予辛卯于役八闽，定交栎园，酒阑灯灺，抵掌天下人物，
未尝不首推章侯也。归而索晤于钱塘，握手欢然，不似初相识者。为余作画数幅，
高古奇骇，俱非耳目近玩……"他见到的陈章侯，那时可能已有归念。下面一首无
题七绝，虽无年月，很像临别的情怀（《宝纶堂集》卷九）：

一生有何得意处，名字湖山之内闻。锦带桥边照白发，定香桥畔忆红裙。

辛卯暮冬，已入1652年，陈氏有《人物通景屏》十条存世，这是有年款的作品中最晚的。款云"画于静者居"，那时仍在杭州。全景包括众多的神仙人物，齐聚祝寿，包括世俗通识的老寿星及八仙，环以乔松巨石。这多半是为了卖画或应酬而作，其中似有不少门人帮忙的地方，但布局宏阔，气势壮伟，显出大师擘画的魄力。画上并无上款，受画人必非陈氏之友。

顺治壬辰（1652年），陈氏五十五岁。新春二日，他就坐船返绍兴。有词一阕记之（《宝纶堂集》卷十，《南柯子·新春二日舟行》）：

春载耶溪棹，老夫得意秋。思量书画放中流，切莫说吾三载恋杭州。红袖来磨墨，白人同倚楼。老年羞作少年游；掉头撒手，心想也都休。

正月初七，他为叔翔书壁，作七绝《壬辰人日过曲池，叔翔属书壁》一首（《宝纶堂集》卷九，《曲池在绍兴罗坟陈鹤故居》）：

城中无处无山水，兼有修篁与老梅。无始因缘曾结得，曲池七日第三回。[142]

春天，有《闲行》一首（《宝纶堂集》卷九），回首三年：

不耐婆娑世界人，耐人吴越两三春。吴山留得三年返，旧日山川今日新。

在故里半年，有《骑驴还山》诗（《宝纶堂集》卷八），提起记忆中的诸暨、杭州、北京：

柳烟酷爱褒吟鞭，自出春明不复然。灵鹫三秋樵牧迹，若耶半载载花船。绝无趿蹬长安志，愿永婆娑坟典年。故里□塘梅与好，雪精买得便盘旋。

下面一首无年月的五言律诗，题名《故山》（《宝纶堂集》卷五），很像是他快要去世前的哀鸣：

> 故山秋最好，今日断相思。但有丹枫处，无非白骨支。难忘长生地，痴想太平时。万年俱灰冷，一归梦未衰。

可能在秋深时节，丹枫落叶归根时，陈洪绶溘然长逝，享年五十五岁。[143] 孟远《陈洪绶传》说："岁壬辰忽归故里，日与昔时交友，流连不忍去。一日趺坐床箦，瞑目欲逝，子妇环哭，急戒无哭，恐动吾塞碍心，喃喃念佛号而卒……"这是一般大家接受的记载。朱彝尊《崔子忠陈洪绶合传》也说陈氏"以疾卒"。只有丁耀亢（1599—1670），《丁野鹤集》的著者，有《哀浙士陈章侯》一首，注云"时有黄祖之祸"：

> 到处看君图画游，每从兰社问陈侯。西湖未隐林逋鹤，北海难同郭泰舟。鼓就三挝仍作赋，名高百尺莫登楼。惊看溺影山鸡舞，始信才多不自谋。[144]

诗见《陆舫诗草》卷四。丁氏与陈氏同时，又为友人，而他听到陈氏被害的消息，倒不可以不加以注意。因尚无旁证，只好列为一谜，待考。

在陈氏最后一年（壬辰），并没有带年款的书画传世。施闰章（1618—1683）作《书陈章侯白描罗汉后》[145] 记他收的一卷画：

> 章侯吾不及见矣。游山阴，购其画，人皆固靳。最后得白描阿罗汉于陆氏，易以八缣，其徒陆薪山子见之，惊曰：嗟乎！此吾师绝笔也。师作人物，设色缀染，薪具能从事，惟振笔白描无粉本，自顶至踵，衣褶盘旋，常数丈一笔勾成，不稍停属，有游鹓独运，乘风万里之势，他人莫能措手。其体貌巉古瑰玮，又不待言。方之顾虎头、李龙眠，又一变也。作此卷不数月，即长逝矣……

比此卷更近他死时的作品，可能是他未完成即寄出的《西园雅集图》卷。卷后有他手札，说自己病重，目眩手战，无法继续，但不愿欺笔墨之约，所以随函寄上，留作纪念。札上最后一行是："八月廿九日。"字句凄惋，读之令人落泪；而字画均一笔不苟，不失艺人本色。以时日衡之，此当为绝笔；则陈氏在深秋病卒，应该离事实不远。七十三年后（雍正乙巳，1725年），华嵒应藏家秋声馆主人之请，补成全图，他跋中说："有陈老莲《西园雅集图》一卷，方构至孤松盘郁处，时老莲已疾笃，不克写完其图矣，惜哉……"

陈洪绶墓在绍兴城南十余里香炉、秦望两山间，谢墅、官山墺横棚岭下。[146]碑文是："乾隆六十年（1795年）八月裔孙允绅立，明翰林陈章侯公暨德配来氏宜人韩氏宜人合墓，光绪辛丑（1901年）花朝裔孙司事重修。"现列为浙江省级重点文物保护单位。陈氏不葬于故乡诸暨而葬于绍兴，可见周亮工说陈氏"卒于山阴"是有据，诸暨故宅已毁而绍兴在陈氏心目中已成"故里"。[147]

自满族1644年入主中原到1652年深秋的这八年多时间中，陈氏过的是遗民生活。在精神上痛苦，在物质上拮据；但在创作上，是他一生的黄金时代，产生了立他于中国美术史上高层地位的杰作。精神上，可以说他始终不能消除自疚的情结，这在《宝纶堂集》中数见不鲜：

自丙戌（1646年）夏五月晦始，每经前朝读书处，则不忠不孝之心发，而面赤耳热；视其身至舞象孙供奉之不若矣！（《太子湾识》，卷二，节录）

半偈难明指月，满床也撒雪珠。不死不忠不孝，非仙非佛非儒。（《绝句三首》之三，卷六）

废人莫若我，绮老敢雁行；不为君父死，一敢废伦常；乱后未扫墓，二敢废爷娘；薙发披裟裟，三则废冠裳；有儿不教学，四则废义方；藏书被盗尽，五则废青箱；典文既残落，六则废书堂；军令不得归，七则废故乡；贫不耕未耜，八则废田庄；钳口谈治乱，九则废疏狂；毋与人间事，十则废行藏；佛事亦作报，十一废道场；不知老将至，十二废景光……（《姜绮季赴天章、子山、二陶子废社，诗寄陶水师去病暨二陶子》，卷四，节录。废社为诗社，陈氏借其废字自责。）

总之，在1645年夏南京陷落后，他虽然决定活下去，但不能宁息那"国破家亡身不死，此身不死不胜哀"的悲痛与矛盾。[148]这自疚之痛延伸到梦中，如《梦见先帝泣赋》（《宝纶堂集》卷九，约1646年作）：

> 衣钵多时寄病身，也宜忘却是孤臣；禅心梦里身难管，白玉墀头拜圣人。
> 老僧幸得觐先皇，八彩重瞳永不忘；梦里天颜犹咫尺，余年犹敢离禅床。半夜
> 钟声觉草堂，老僧正梦见前皇；嵩呼顿唤弥陀号，泪滴袈裟荷叶裳。

在物质方面，他始终不能自给自足，处处要靠朋友帮忙，这在《宝纶堂集》里
也是常常看到：

> 也具丈夫相，饥寒颇累人。友朋情已尽，岁事又相因。名画谁能买，知音
> 多食贫。晨炊尚有米，三盏且酣春。（《还山》，卷五）
>
> 安受同人惠，报惟笔墨谋。此君常见笑，令我不能酬。米贵遥分饷，佛图
> 聊尔投。贫儿原感易，兵燹更相周。（《寄商绸思饷米，兼答画观音》，卷五）
>
> 野炉然败箨，饱饭接新春。山谷多贫士，如何赠老人。（《陶去病赠米烛，
> 书谢》，卷六）
>
> 赠炭忧羌渴，寒灰拨竹炉。一瓢聊解冻，那得便倾壶。（《鲁季栗寄炭，却
> 答》，卷六）
>
> 自给且不暇，暇周朋友家。太平人不肯，离乱汝相加。货踊鱼蔬饷，时艰
> 道义奢。文心老子读，交谊古贤嘉。（《怀道迁，感其数数周我家人》，卷五）

"自给且不暇，暇周朋友家"两句也是夫子自道：因为他虽贫，一样的周人之急。前
面记述他与戴茂齐、丁秋平的往来，就是一个例子。其实他的名气很大，若肯卖画
给权贵、富室，则衣食不成问题；但他就是不肯阿谀，不受威迫利诱，前面谈及大
将军抚军固山，在绍兴搜到他逼画及归命侯田雄馈以金帛而不受的故事，只是两项
显著的实例。这里再加上他老友周亮工的记载：

> 章侯性诞僻，好游于酒。人所致金钱随手尽，尤喜为贫不得志人作画周其
> 乏；凡贫士借其生者，数十百家。若豪贵有势力者索之，虽千金不为搦笔也。
> 一龌龊显者，诱之入舟，云将鉴定宋元人笔墨。舟既发，乃出绢素强之画。章

侯科头裸体，漫骂不绝。显者不听，遂欲自沉于水。显者拂然，乃自先去，浼他人代求之，终一笔不施也……[149]

他这种骨气，至老年贫困，亦不消磨。他死后不到百年，全祖望的《子刘子（刘宗周）祠堂配享碑》云：

> 诸暨陈先生洪绶，字章侯，以画名，且以酒色自晦，而其中有卓然可传者，子刘子深知之。蕺山弟子，元趾（王毓蓍）与章侯，最为畸士，不肯怗怗就绳墨。元趾死，章侯不死。然其大节，则未尝有愧于元趾。故予定诸弟子中，其有负盛名而不得豫配享，而独于章侯有取焉。[150]

全祖望可称为陈氏的知己；在九泉之下，陈氏可以无悔。

注 释

［1］黄涌泉《陈洪绶》（《中国画家丛书》），上海人民美术出版社，1988年修订本，第3页。后简称"黄《陈传》"。

［2］黄涌泉《陈洪绶年谱》，人民美术出版社，1960年，第144页。后简称"黄《年谱》"。

［3］黄《年谱》，第130页。

［4］黄《年谱》，第1及145页。

［5］黄《年谱》，第139页，注4。又见《萧山长河镇志》，光明日报社，1989年，第356—357页。

［6］黄《年谱》，第7页。又见《萧山长河镇志》，第355—356页。

［7］臧励龢等编《中国古今地名大辞典》，上海商务印书馆，1930年，第1241页。蔚明《陈老莲故居》（1986年7月7日《人民日报海外版》）称陈氏故居在陈家村，枫桥镇数里外，仅存一井。

［8］陈方竞《鲁迅与浙东典籍文化》，《社会科学战线》1992年第2期，第280—286页。

［9］臧励龢等编《中国人名大辞典》，长沙商务印书馆，1938年，第282页（西施）及第716页（范蠡）。

［10］《萧山长河镇志》，第1页。

［11］《中国大百科全书·中国历史·Ⅲ》，中国大百科全书出版社，1992年，第1238—1239页，见"吴越"及"吴越王钱镠"两条。阎崇年主编《中国历代都城宫苑》，紫禁城出版社，1987年，第146—170页。《中国名胜辞典》，上海辞书出版社，1981年，第357页等，"杭州市"条目。

［12］《中国大百科全书·中国历史·Ⅱ》，第637—638页。

［13］鲁迅语，陈方竞文中所引，见注8。

［14］张廷玉等撰《明史》，中华书局，1974年，第280页，卷二一，本纪第二一，神宗二："二十六年……十二月，总兵官陈璘破倭于乙山，朝鲜平。"

［15］侯外庐主编《中国思想通史》，人民出版社，1960年；第四卷、下册，第1111页。

［16］侯外庐主编《中国思想通史》，第1100页。

［17］《明史》，第6029—6033页，卷二三一，列传第一一九，顾宪成传。

［18］黎杰《明史》，台北大新书局，1962年，第148—149页。

［19］黎杰《明史》，第152—153页。又见《中国思想通史》，第1104页，及王春瑜、杜婉言《明朝宦官》，紫禁城出版社，1989年，第218—232页（魏忠贤）。

［20］《明史》，第305页，卷二二，本纪第二二，熹宗。

［21］《明史》，第309页，卷二三，本纪第二三，庄烈帝一。又见《中国思想通史》，第1105页。

［22］《中国大百科全书·中国文学·Ⅰ》，第160页（复社）。

［23］《明史》，第310—312页，卷二三。

［24］《明史》，第313—321页，卷二三。又见郑天挺、孙钺等编《明末农民起义史料》，中华书局，1954年，第518页及第528页。

［25］蔡美彪、李燕光、杨余练、刘德鸿著《中国通史》第九册，人民出版社，1986年，第141—151页。

［26］蔡美彪、李燕光、杨余练、刘德鸿《中国通史》第九册，第165页。

［27］蔡美彪、李燕光、杨余练、刘德鸿《中国通史》第九册，第168页。

［28］蔡美彪、李燕光、杨余练、刘德鸿《中国通史》第九册，第171—178页。

［29］蔡美彪、李燕光、杨余练、刘德鸿《中国通史》第九册，第183—186页。

［30］孟远《陈洪绶传》，《宝纶堂集》，光绪戊子（1888年）会稽董氏取斯堂刊本。

［31］同前。又见来宗道《陈于朝墓志铭》，载于蒋鸿藻、陈遹声纂修《诸暨县志》，光绪二十九年（1903年）修，宣统三年（1911年）刊本。

［32］张岱《快园道古》，浙江古籍出版社，1986年，第65—70页。

［33］黄《年谱》，第15—16页；《宝纶堂集》"轶事"，第10页。

［34］《宝纶堂集》卷一，"题来风季离骚序"。

［35］郑振铎《插图本中国文学史》，香港商务印书馆，1961年，第四册，第945—947页。

［36］详见商盘评选《越风》卷二，黄《年谱》第19—20页全录。又见毛甡《西河文集》，上海商务印书馆，1937年，第十二册，第2681页，"画竹歌 有叙"一则。

［37］吴湖帆（1894—1968）在此画绫边上题云："老莲写释道佛像，宗法李龙眠天王送子笔意，洵有曹衣吴带之妙……"

［38］见毛奇龄《西河文集》，第一册，第146页，《报周栎园先生书》，及朱彝尊《静志居诗话》。顾嗣立《寒厅诗话》称此诗"竹垞先生极喜诵之"（台静农编《百种诗话类编》，台北艺文印书馆，1974年，第733页所引）。

［39］田汝成辑《西湖游览志》，上海中华书局，1965年，第134页。

［40］《宝纶堂集》卷四，《舟次丹阳送何实甫之金陵》五言古诗有"连年不得意，饮酒空山中"之句。诗为1624年自京返家时作。

［41］黄《年谱》，第22页及第146—147页。

［42］《宣统诸暨县志》："道蕴幼承闱训，又与父妾胡净鬘讲究六法，遂以书画擅名越中。"（黄《年谱》，第22页所引）

［43］见注40所引之诗中。

［44］黄《年谱》，第145—146页。又见殷登国《陈洪绶研究》，台北打字复印本，第141页等。

［45］《宝纶堂集》卷一，《日课自序》。

［46］《万福楼书画目》，抄本，黄苗子录。

［47］黄《年谱》，第26页及第145页。

［48］潘正炜《听帆楼续刻书画记》，《陈章侯便面书画册》第十二幅，款"甲子秋仲洪绶为锦城社兄画"。

［49］周亮工《读画录》，上海商务印书馆，1936年，第8页，"陈章侯"一则。

［50］张岱《西湖梦寻》及《峋嵝山房小记》（黄《年谱》，第26页所引）。

［51］亦见《西湖梦寻》（黄《年谱》，第27页所引）。

［52］黄《年谱》，第27页。

［53］程庭鹭《箬庵画麈》卷下，黄苗子录。

［54］《西湖游览志》，第20页。

［55］《宅埠陈氏宗谱》卷三九（黄《年谱》，第37页所引）。

［56］金应瑗《十百斋书画录》，抄本，黄苗子录。

［57］殷登国《陈洪绶研究》，第152—153页。

［58］《宅埠陈氏宗谱》卷三九（黄《年谱》，第40页所引）。

［59］黄《年谱》，第42页，此画为谢稚柳所见所记。

［60］黄《年谱》，第42页，亲见此画于上海。

［61］张大千《大风堂书画录》，成都自印本，1944年，第34页后半。

［62］张晋藩、邱远猷《中国科举制度史话》，香港神州图书公司，1975年，第30—31页。又"国子监"见《中国大百科全书·教育》，第118页。

［63］《分类集注杜工部诗》，《四部丛刊》初编缩本〇三六册，第185页，"野人送朱樱"七律。

［64］殷登国《陈洪绶研究》，第158页。

［65］朱鸿猷辑《书画跋校选》，引《放鹇亭集》，抄本，黄苗子录。

［66］《杭州府志》，一七一卷，第25页，《澹归传》。

［67］《民国萧山县志》来斯行传（黄《年谱》，第46页所引）。

［68］见《石渠宝笈三编》，台北故宫博物院影印本，1969年，第2112页。

［69］《大风堂名迹》第四集，京都便利堂，1956年，第三二项。

［70］《陈洪绶作品集》，西泠印社，1990年，第三〇图。

［71］黄《年谱》，第47—48页。

［72］张岱《陶庵梦忆》，弥松颐校注，杭州西湖书社，1982年，第42—43页。又见陆以湉《冷庐杂识》，卷六，第10页，谈"不系园"。

［73］《宅埠陈氏宗谱》卷三九（黄《年谱》，第51页所引）。

［74］《宅埠陈氏宗谱》卷三九（黄《年谱》，第53页所引）。

［75］《陶庵梦忆》，第32页。又见黄《年谱》，第148页。

［76］陆心源《穰梨馆过眼录》卷三二，第3页。

［77］《陶庵梦忆》，第40页。

［78］见本书第二章《陈洪绶的绘画》"版画"一节。

［79］此四月北上说，详见殷登国《陈洪绶研究》，第159—162页。

［80］黄《年谱》，第63页。

［81］陆心源《穰梨馆过眼录》卷一一，第13页。

［82］周亮工《读画录》，第9页。

［83］清云间茧庵曹家驹（千里）《说梦》卷一"王又玄之被祸"条。黄苗子录自《说库》第四七册，《说梦》，第13页。

［84］毛奇龄《陈老莲别传》，刊入《宝纶堂集》。

［85］《我川寓赏编》，《美术丛书》，江苏古籍出版社，1986年，第1423页。

［86］黄《年谱》，第67页，谢稚柳在上海曾见。

［87］朱彝尊《陈洪绶传》，刊入《宝纶堂集》。

［88］黄《年谱》，第72页，见《刘忠介公年谱》《海昌祝氏宗谱》及《宝纶堂集》卷八《夫子受谴去国小诗赋别》。

［89］周亮工《读画录》，第9页。

［90］黄湛对题陈洪绶赠周亮工山水册页，时为庚寅（1650年），伦敦英国博物馆藏。

［91］黄《年谱》，第74页，见《倪文贞公文集》。

［92］潘正炜《听帆楼书画记》卷三，《美术丛书》，第2557页。

［93］黄《年谱》，第77—78页。

［94］见来宗道《陈于朝墓志铭》。

[95] 全祖望《鲒埼亭诗集》卷三，第26—27页。《四部丛刊》初编缩本〇九五册。

[96] 黄《陈传》，第18页，引《戴茂齐日记》。

[97] 《明史》，第6841页，卷二六五。

[98] 黄《年谱》，第80页。余绍宋主编《金石书画》二九期影印"陈章侯诗册"两页，有七绝一首，款云："却答王紫眉、素中兄，洪绶。"紫眉为刘宗周婿，见《刘忠介公年谱》。

[99] 黎杰《明史》，第211页。

[100] 周亮工《读画录》，第9页。

[101] 黄《年谱》，第83页，引祁彪佳《祁忠敏公日记》乙酉正月条。

[102] 黄苗子研究陈洪绶资料卡片中，称张尔葆为张岱（宗子）仲叔，而燕客或即尔葆，或尔葆弟。

[103] 黄《年谱》，第84—85页，引《祁忠敏公日记》。

[104] 《明史》，第6591页，卷二五五，列传一四三。

[105] 《陶庵梦忆》，第111—112页。

[106] 《明史》，第7054页，卷二七五，列传一六三。

[107] 《明史》，第6591页，卷二五五，列传一四三。

[108] 《明史》，第6590页，卷二五五，列传一四三。

[109] 黄《年谱》，第88—89页，引丁午《湖船续录》注"宛在"。

[110] 邵松年《古缘萃录》卷一六。

[111] 李玉棻《瓯钵罗室书画过目考》。

[112] 邵松年《古缘萃录》。

[113] 《南画大成》，东京兴文社，1935年，第七卷，第77页左。

[114] 黄《年谱》，第92页，引《宣统诸暨县志》卷四九《经籍志》。

[115] 黄《年谱》，第93页及第140页，注23，引《宣统诸暨县志》卷四九，第25页。

[116] 翦伯赞《中外历史年表》，中华书局，1961年，第684页：丙戌（1646年）六月，清兵破绍兴；九月入泉州。

[117] 《石渠宝笈》卷十，台北影印本，第1133页。

[118] 《陈老莲山水册》，沈氏海日楼藏，影印本，1974年。

[119] 邵松年《古缘萃录》卷一六。

[120] 黄《年谱》，第104页，引《宣统诸暨县志》卷一五《兵备志》，本事纪。

[121] 黄《年谱》，第104页，楼志《浙江通志》。

[122] 黄《年谱》，第104页，引《宅埠陈氏宗谱》卷四一。

[123] 《大风堂书画录》，第35页前半。

[124] 黄《年谱》，第105页，引《宣统诸暨县志》卷一五《兵备志》。

[125] 《大风堂书画录》，第35页前半。

[126] 《宝纶堂集》"轶事"，第3页。

[127] 黄《年谱》，第107页，引陆次云《湖壖杂记》。

[128] 黄《陈传》，第54页。

[129] 周亮工《读画录》，第9页。

[130] 《西湖游览志》，第30—31页。又见黄《年谱》，第113页。

[131] 见《陈老莲法帖》，黄苗子藏抄本。此帖原为陈洪绶手迹，清绍兴沈复粲（字霞西）搜集，刻石沈氏园中者。拓本四册藏于上海图书馆，黄氏在1964年见之，后得抄本。作者近年曾数至上海图书馆搜寻未得，幸蒙黄氏借抄本传录此陈氏《辩揭》。

[132] 方濬颐《梦园书画录》卷一七。

[133] 陈焯《湘管斋寓赏篇》卷六，《美术丛书》，第2761页。

[134] 黄《年谱》，第120页，引朱彭《吴山遗事诗》，有"卖画曾居西爽楼"之句。

[135] 胡积堂《笔啸轩书画录》卷上。

[136] 张廷济《清仪阁题跋》。

[137] 黄《年谱》，第123页，称谢稚柳曾见《戴茂齐日记》。

[138] 周亮工《赖古堂书画跋》，《美术丛书》，第204—205页。

[139] 山本悌二郎《澄怀堂书画目录》，1932年。《中国名画》一一集，唐风楼藏"陈老莲人物长卷"，狄平子印行，系在流入日本前。

[140] 《赖古堂书画跋》，《美术丛书》，第206页。

[141] 周亮工《赖古堂集》，上海古籍出版社，1979年，第382页。

[142] 黄《陈传》，第55页。

[143] 殷登国《陈洪绶研究》，第25—26页。

[144] 邓之诚《清诗纪事初编》，上海中华书局，1965年，第683—684页。

[145] 《施愚山先生文集》，"康熙戊子九月棟亭梓行"木刻本，卷二六。

[146] 黄《年谱》，第130页。

[147] 周亮工《读画录》，第9页，称"年五十六，卒于山阴"。

[148] 《宝纶堂集》"拾遗"七言律《入云门化山之间觅结茅地不得》之四。

[149] 周亮工《读画录》，第9页。

[150] 全祖望《鲒埼亭诗集》卷二四，《四部丛刊》初编缩本〇九五册，第257页。

第二章

陈洪绶的绘画

一、现存作品分述

陈洪绶一生创作中，其造诣最高的是绘画。他很早就露出这方面的特殊才能，如四岁画关公像于壁，十岁濡笔作画使老画家孙杕、蓝瑛惊奇，十四岁可以悬画市中卖钱等等故事（见第一章），可能有些夸张，但大概离事实不远。他成年以后，画名远播，到后来甚至于传到海外。毛奇龄《陈老莲别传》说：

> 朝鲜、兀良哈（蒙古东部）、日本、撒马儿罕（新疆以西乌兹别克之城市）、乌思藏（西藏中部）购莲画，重其值，海内传模为生者数千家……

自明末到清末，各家对陈洪绶作品的赞语，反映出现代以前中国美术界的审美观念及批评重点：

> 老莲道友，布墨有法，世人往往怪之；彼方坐卧古人，岂顾余子好恶。（曹秋岳，公元17世纪）[1]
>
> 老莲人物，深得古法；不意山水亭榭，苍老润洁，亦复不让古人。（程翼苍，公元17世纪）[2]
>
> 北宋阎次平，南宋张敦礼、徐改之，专借荆关而入，自脱北伧躁气，然设境未能如老莲之高旷也。（方与三，公元17世纪）[3]
>
> 高古奇骇，俱非耳目近玩。（杨犹龙，公元17世纪）[4]
>
> 古心如铁，秀色如波，彼复有左右手，如兰枝蕙叶。（许宰，又名友。公元17世纪）[5]
>
> 章侯画妙绝一时；所作仕女图，风神衣袂，奕奕有仙气，尤出蹊径之外。（龚鼎孳，公元17—18世纪？）[6]
>
> 画人物，躯干伟岸，衣纹清圆细劲，有公麟、子昂之妙。设色学吴生法。其力量气局，超拔磊落，在仇、唐之上。盖三百年无此笔墨也。（张庚，1685—1760）[7]
>
> 老迟以篆籀法作画，古拙似魏晋人手笔；如遇古仙人，欲乞换骨丹也。（钱杜，1764—1845）[8]

花鸟人物，无不精妙，中年遂成一家。奇思巧构，变幻合宜，人所不能到也。（吴麒）[9]

以上引语，虽然数目不多，但已看出最常用的形容词是"古"字，其他则有"奇""高""仙"几个字。这个印象，包括陈氏的笔墨、画法及造型。也就是说他可以上与古人为伍，达到继承传统的最高功力，而又能创新出奇，格调高雅，超出世俗。要看他怎样发展他的技法、风格，修养他的学识，表现他的情感体验，以创出自成一家的"高古"而且"奇妙"的成果，必须把他现存的作品有系统地观察、体会，从具体达到概念。

第一部分是陈氏有年款的作品；第二部分是无年款，但从画本身、署款及画题等可以暂定其时期的作品。至于只见于著录，而目前不见照片亦不知下落的作品，也在适当的情况下，列为补充或参考。而且按本书对陈氏一生的分期来排列，以便于参看他的生平事迹、书法及诗文各章。到末了，再作总结性的分析和讨论。

（一）有年款的画

（一）少期：从生年（1598年或1599年）到十八岁（1615年）

这期只有一件：《无极长生图》，绢本设色，有1615年的款——"时万历乙卯秋，枫溪莲子陈洪绶敬写于广怀阁。"三行小字行楷书长题及此款，相当拘谨，解说画题。虽然没有上款，这可能是祝寿的礼物。以画论画，这不是一幅特出的作品；可注意的是，额顶突出的佛头及眼、鼻、口、耳等古拙的造型，已经可以看出陈氏日后成熟的人物开相的典型作风。笔墨比较循规蹈矩，衣纹用相当常用的而且容易的铁线描。设色颇淡雅，衣褶渲染及在边缘上留一白沿使人想到传为顾恺之《列女图卷》的烘染法。[10] 右手持扇上的斑点增加装饰趣味，这又是陈氏人物画的标志之一。（画上自书长题见本书"陈洪绶的书法"章）

（二）早期：从十九岁（1616年）到三十三岁（1630年）

这期可以看到他的人物、山水、花鸟和竹石，以及后来变成木刻的白描人物。

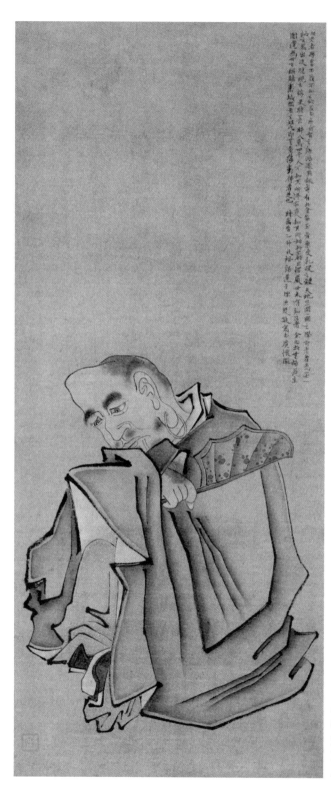

无极长生图
绢本设色
52.6厘米×22.2厘米
1615年
上海博物馆藏

人物图 金笺设色 16.5厘米×52.4厘米 1616年 故宫博物院藏

1616年画的《人物图》扇，金笺，工笔重彩，题"丙辰八月，子婿陈洪绶写寄槎庵翁岳父为寿"。一红衣道士在前，左手按剑把，右手捋须；一紫衣从者在后，右肩荷杖，上挂衣物及一张荷叶形的坐垫，左手捧桃。两人行色匆匆，似怕误了寿辰盛会。运笔自如，设色雅丽。红衣人大袖飞扬，富戏剧性，陈氏惯以细致的笔法描绘夸张的形象，这扇面不是例外。

同一年的秋冬间，他在萧山与来风季学《楚辞》于松石居，作《九歌图》十一幅，附《屈子行吟》一幅，全是白描。今见于1638年木刻本来钦之著《楚辞述注》中。最出名的《九歌图》，为宋李公麟作。世传的甲、乙二本，一繁一简。甲本繁，有背景人物衬托；乙本简，只画主神。其后的《九歌图》多从乙本脱出，如元张渥的几卷白描本。[11]陈氏可以说是沿着乙本的传统，但自创形象，无依无傍。用笔精谨，一丝不苟。各神的身长自五厘米至七厘米，但须眉毕露，服装、物件、云、火及蛟龙等都用心刻画，而且在纹饰中现出典雅的装饰趣味。衣纹描法有相当变化，自柳叶描、行云流水描到钉头鼠尾描都有，但还未出现他中、晚期常用的高古游丝描。十二幅中最成功的是屈原的造型——面容憔悴，头小身长，以夸张的手法写出忠贞的诗人，在日暮途穷的环境中保持高洁及庄严。

自1618年到1622年的五年中，陈氏画了十二幅册页（兹称《早年画册》），计白描人物二，山水四，木石二，鸟木一，景中人物一，花卉二。纸本，设色及水墨者各半。对开题字为后来加的，计自题六开，无年月，以字体揆之，当为1629年所

《九歌图》之《湘夫人》 木刻 上海图书馆藏　《九歌图》之《屈子行吟》 木刻 上海图书馆藏

作；又陈继儒题六开，是壬戌（1622年）题的，画家后补题其空白的几页。陈继儒
（1558—1639）是老前辈，对这位年轻的后起之秀，赞赏备至。

第一页《枯木松石》，淡彩。1618年作，"戊午夏，洪绶"款。画中树之枝干、
松针、细竹、蕉叶筋、纤草等皆用中锋；石则用侧锋，下折为方角，其皴法及造型，
都很特殊。全幅苍劲凄凉，一如晚明国危民困的情况。这幅的象征意义，在他约十
年后自题的"摧松老树残蕉，疏竹瘦石衰草，何等光景，大众知之乎！大众知之
乎！"大声疾呼中显示出来。

第二页《火中神像》，水墨白描。1619年作，"己未春，洪绶"款。神着高冠，
上有四短梁，中插笄，似缁冠，其正面有花形饰。项圈有凹形锁。右手持剑，剑端
绕气，下流发火，与座下熊熊烈火相连，而神之下半身皆在火中。左臂上坐一稚虎，
对上冲的焰头视若无睹。对页陈继儒题："见龙眠《九歌》，始知章侯画学。"这话很
有意思。洪绶所画《九歌图》中的"东皇太乙"，戴冠持剑，其右手中符玺发出火
焰，同这火中神很近似。又"云中君"一幅，下身没入云中，同此神下身没入火中
有同趣。不知陈继儒题此画时，曾见过未刻的《九歌图》原稿否？

《早年画册》之《枯木松石》　纸本设色
22.2厘米 ×9.2厘米　1618年　美国大都会艺术博物馆藏

《早年画册》之《罗汉与护法神》　纸本水墨
22.2厘米 ×9.2厘米　约1619年　美国大都会艺术博物馆藏

第三页《罗汉与护法神》，水墨白描。画上无款，似与前一页同年作。罗汉在前，侧面立，锦衣佩剑。神将在后，正面作前行状；戴一兽面头鍪，其双目一鼻罩前额；左肩负一长杆兽首大斧，杆下部握在左手中。此幅人形很小，身高不过五厘米，细节极富，如罗汉衣上云纹，神将盔甲，以至毛发须眉，笔笔有致。从神将的右手，可以看出作淡墨打稿的痕迹，及画家精益求精的努力。

第四页《枯木竹石》，水墨。1619年作，"己未春，洪绶"款。枯木两株，出石堆上；竹丛在树下，深墨双钩。石上地面覆以细草。帖枝多折角，石作弧形皴，似从土中涌出，与第一页完全不同。

第五页《松下独立》，水墨。1619年作，"己未秋，洪绶"款。老松一株，多半枯竭，有松针处，只有数枝。巨石环松，其间灌丛茂盛，叶皆双钩。松后石间细泉下注，成小瀑布，入石前清溪。松下立一老者，居画之中点，似一官吏，戴幞头，双翅略下垂，袍有披肩式的圆领，与一般山水画中高士不同，此中或有含意。全幅以勾描为主，几无渲染，是以人物的白描法来画山水。他日后在对开上自题："此为用笔、用格、用思之至也。若用墨之妙，在无墨处。解者当首肯。"在自鸣得意之中，说出落笔以前的构思——多用笔，少用墨，创出一定的风格。

第六页《奇峰孤城》，设色。1620年作，"庚申秋，洪绶"款。奇峰突起，穿入云中；峰顶有城楼，旗杆前立，楼后城墙一段，雉堞露云上。峰岩底部城墙环绕，墙外有路，路外即水。路上有推两轮车者，车上坐一妇人。对页陈继儒题："西粤靖江藩府中独秀峰，何日飞来到此！眉公。"独秀峰在今广西壮族自治区桂林城区中部桂林王城内。明洪武年间修筑靖江王府城墙时，取土挖成了山下的月牙池，为桂林四大名池之一。"独秀奇峰"是桂林续八景之一。[12] 此画是否即此峰，不得而知。皴法用小斧劈，岩石上阔下窄，有奇险的感觉。令人想起早于陈氏的晚明画家吴彬。吴氏生年不详，约在1568年左右，卒于1626年。[13] 他所画的峰峦奇伟，植地插天，洞崖诡妙，可望而不可即。陈氏作此页时，才二十三岁；吴氏已入晚年，早已驰名画坛，陈继儒曾在那年题他的《画楞严廿五圆通佛像册》，次年董其昌也加题。[14] 所以直接证据的缺乏，并不能消除吴彬曾影响陈洪绶的可能性。

第七页《双木三鸟》，设色。1621年作，"辛酉春，洪绶"款。两树一枯一荣，一鸟栖枯木上，两鸟在其前石上。对页有陈继儒题："张员外手握双管，顿时齐下：

《早年画册》之《奇峰孤城》 纸本设色
22.2厘米×9.2厘米 1620年 美国大都会艺术博物馆藏

《早年画册》之《乱山丛树》 纸本设色
22.2厘米×9.2厘米 1621年 美国大都会艺术博物馆藏

一为生枝，一为枯枝，气傲烟霞，势轰风雨。章侯此幅类之，皆唐人画法也。璪云：外师造化，中得心源。信夫！"张璪为唐人，一作藻，字文通，吴郡人，官检校祠部员外郎，故称张员外。[15] 手握双管的故事，见朱景玄《唐朝名画录》。[16] 他的名言，见张彦远《历代名画记》："初，毕庶子宏擅名于代，一见惊叹之。异其唯用秃毫，或以手摸绢素，因问璪所受。璪曰：'外师造化，中得心源。'毕宏于是阁笔。"[17] 陈洪绶此画以枯树为主，荣树及地面蓬勃的草丛为辅。看来其用意远出景色之外，并非只类似唐人画法。

第八页《乱山丛树》，设色。无款，想系1621年作，因在两幅辛酉款之间。画中山石共分四层：最近一层为石堆，中有流泉，上有双松及杂树；第二层为主岩，上有丛树；第三层在主岩后，略见山头，上又有丛树；第四层为远山。画法似王蒙而更奇，石作卷云形，皴为披麻及雨点的羼合。树的枝干曲折震颤，似风中起舞。王蒙《深林叠嶂图》轴（1344年作），就是"层峦苍莽，林木深秀……密皴稠点，淡笼重提"的典型巨制，[18] 陈洪绶很可能受了他这一流作品的启发。对页有陈继儒题："章侯同参洪谷子，非从黄鹤山樵入也。"他之上溯五代的荆浩，而不归功于王蒙，多半是极力赞美之意。今日认为可能是荆浩真迹的，只有《匡庐图》大轴，上有或为南宋高宗赵构的"荆浩真迹神品"题字。[19] 在明末，不知两位陈氏能看到多少荆浩。当然，王蒙的师承可以上溯五代，其成熟的皴法中有董源、巨然的短披麻皴，范宽的雨点皴和荆浩、关仝的卷云皴。[20] 陈氏此幅自可认为反映五代荆关的传统，但事实上恐怕还是从王蒙入手。

第九页《月下捣衣》，水墨。1621年作，"洪绶时辛酉夏"款。画中一少妇坐捣衣石旁，石上有两杵，衣帛一团。山崖在背后，双钩茂竹遮崖，一枝向上，余则下垂。崖端及稍下处露树叶两丛。高空明月出云，少妇抬首远望。一叶正落，四叶在地。陈氏自题五绝："流黄压秋韵，阿姊撮颦蛾，弹指交河土，征衣百辆过。"交河在那时是西方的边塞，唐时尝建安西都护府。[21] 今在新疆吐鲁番西，仍存故城的废墟。画中人物细致，面目含情；似望明月，又似看那飘零的落叶。对页陈继儒题得很恰当："李龙眠有《捣帛图》，皆肥姿憨态；独此幅肌肉廉削，明月光中，愁心万种，可怜也！眉公。"此画绝似写李白《子夜吴歌》的诗意："长安一片月，万户捣衣声。秋风吹不尽，总是玉关情。何日平胡虏，良人罢远征。"说不定这首名诗触发了画家的灵感。

《早年画册》之《月下捣衣》 纸本水墨
22.2厘米×9.2厘米 1621年 美国大都会艺术博物馆藏

《早年画册》之《铜瓶插荷》 纸本设色
22.2厘米×9.2厘米 1622年 美国大都会艺术博物馆藏

第十页《待渡》，设色。无款，当系1621年或1622年之作，因其夹于此两年画之间。近景滩上有村夫三人，携一小儿及驴，在等渡船。远景分三层：下层为丛树短滩，一船自其中划出，船头坐一结髻有须的士人（船夫在后被树叶遮住）；中层矮山坡突入河中，树木颇茂；上层远坡四重、疏林间寒鸦晚归。全幅构图分截然两段，中空处即表现河水，其章法似吴镇《渔父图》轴[22]：其上部远山与下部近岸间，隔以空白的河水。陈氏此图的一项特点是非常整齐的三角形山坡，用直劲的斜斧劈皴赋以实质及趣味，而避免了机械图案化的陷阱。把这幅同前数幅山水及竹石的岩石造型及皴法相比，就可以看出陈氏在早年锐意求变化、大胆尝试的精神及成就。

第十一页《双蝶采花》，水墨。1622年作，"壬戌夏，洪绶"款。折枝花一朵，三瓣，纹似叶筋。花下三叶，上一大蝶采花蕊，一小蝶插入争食，其翅、须、足可辨，但不显。乍观画时，似只有大蝶——这可见陈氏构思之巧。勾勒用笔苍劲，密中有疏；渲染用墨简洁，浓淡有韵。对页自题："予从李长蘅游岣嵝，见奈子花。长蘅曰：得章侯传其神，长蘅拜而观之，亦一佳事。长蘅长蘅，见此画不？"李流芳（长蘅）生于1575年，卒于1629年，长洪绶二十四岁。壬戌时陈氏仅二十五岁，从题中口气，已认识长蘅有年。李氏本安徽歙县人，侨居嘉定，与钱谦益为友，常往来常熟，为"画中九友"之一。[23]他常游杭州西湖，有《西湖卧游图题跋》，记载的岁月，自己亥（1599年）到己未（1619年）。[24]其后想仍去过杭州，但未入记。此书后有康熙三十七年（1698）丁文蔚一跋，称李与钱谦益"同举万历丙午（1606年）乡试后，益寄情山水……时来杭州，构南山小筑，起清晖阁，造恰受航……"如此看来，陈洪绶必以早熟的画名，得到了前辈的注意，在李氏游杭州时相识的。李氏画风，有陈淳意，也近似董其昌，对陈洪绶没有显著的影响。

第十二页《铜瓶插荷》，设色。1622年作，"壬戌秋，洪绶"款。一细高铜瓶，偏置左方。荷花一朵，荷叶一片插其中，托以竹叶。铜瓶上绿赭相间，如云雾分合，古趣盎然。瓶身轮廓用战笔，表现铜面积锈的斑驳不平，真是匠心独运。尤其值得注意的是他大胆的布局，把画面的右边空出来，在不平衡的结构中取姿势，是后日八大山人朱耷的前奏。对页陈继儒题："晁补之云：菩萨仿侯昱，云气仿吴道玄，天王松石仿关仝，草树仿郭忠恕，卧槎垂藤仿李成，崩崖瘦木仿许道宁，花鸟鱼虫仿易元吉、崔白。今章侯年甫二十五岁，具得其长，前身画师，宿世词客也。眉公。"

所引晁补之（1053—1110）所云，见宋邓椿《画继》，说晁氏增添莲社图样，作粉本示画家孟仲宁，令他传模，而且在各画类要仿各大师，"集彼众长，共成胜事。"[25]唐张彦远《历代名画记》说王维（701—761或699—759）自己写照："当世谬词客，前身应画师；不能舍余习，偶被时人知。"[26]所以长于陈洪绶四十一岁的老书画家陈继儒，对这年轻的奇才，有莫大的期望。

按，方濬颐《梦园书画录》卷十七载《陈章侯画册》十幅，与此册有同有异，今不知存否，无法对比，但此册极精，为真迹无疑。

在1619年，陈氏作《摹古册》纸本水墨十二幅。虽然仅最后一幅有"洪绶己未年画"款，而且纸张与前十一幅不同，但以每幅的画及款印与前一册中己未的画比较，看得出这应该是同时的作品。《摹古册》中第一及第七两幅所用"莲子"印，在1620年画的《准提佛母法像》上也用，还有其他可以互证之点（见后文）。

第一页《松竹梅盆景》，"洪绶"款，精致古雅。磁盆的裂纹及盆底边上花纹，都是中锋细毫，秀劲确切。第二页《山水》，"洪绶"款，完全写意，放开笔端，疏落有致，多用侧锋，随手点染。第三页《折枝残叶》，"洪绶"款。部分虫蚀，处处显示勾勒之美，尤其是形成叶梗的两笔，最见功夫。第四页《鬼雄》，"洪绶"款。上身涌出石堆，左手执单杆双旗，其一上有符文，含弓、鬼、雷等字；右手挟弓，身佩剑挂袋，顶一高冠，饰骷髅头，一箭插脑后。石上及石底生叶，鬼身旁也有数叶。石形方整，画法及造型近似前册中第一页《枯木松石》的石头。这一页令人想起《九歌图》，更可以比较前册的《火中神像》。第五页《蝴蝶秋扇》，"陈洪绶"款。扇面上画一枝菊花。一只蝴蝶，半出扇旁，半掩扇后，由浓淡墨示出薄绢的半透明性，从而看到全蝶。巧思妙笔，相得益彰。第六页《桐荫高士》，无款。两株梧桐，一撮奇石，几枝疏竹，高士持杖踟蹰，欲行又止。地上细草，用墨较浓，提醒了全幅冲淡的基调。树干和石头，都用渴笔，增加了秋凉凄苍的感觉。第七页《花与竹》，"洪绶"款。只用两种浓淡的墨色，构成黑与灰的交叉节奏。花朵用圆笔，竹叶用折笔，而花须的蜷曲及伸延，一如狂草的写法。这是充满了新意的墨戏。第八页《枯木低石》，"陈洪绶"款。略带倪瓒的气息。画法接近第六页，差不多全用渴笔，风致雅洁。第九页《铜盆洗月》，"陈洪绶写"款。在局限于盆水之中看见青空皓月，在极小的天地中现出大天地。盆边的波涛纹饰，包盆锦上的凤凰，及盆脚上的卷云，使单纯的物件蕴含无限的富丽。盆前几撮野草闲花，暗示这

《摹古册》之《松竹梅盆景》

《摹古册》之《山水》

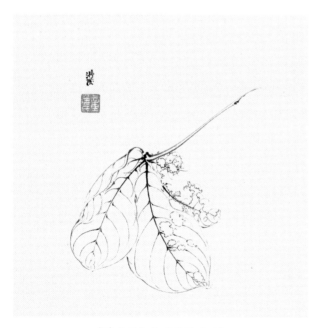

《摹古册》之《折枝残叶》

《摹古册》之《鬼雄》

《摹古册》（十二页） 纸本水墨 每页17.8厘米×17.8厘米 1619年 翁万戈藏

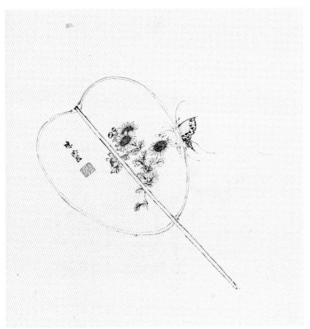

《摹古册》之《蝴蝶秋扇》

《摹古册》之《桐荫高士》

《摹古册》之《花与竹》

《摹古册》之《枯木低石》

《摹古册》之《铜盆洗月》

《摹古册》之《奇石小鸟》

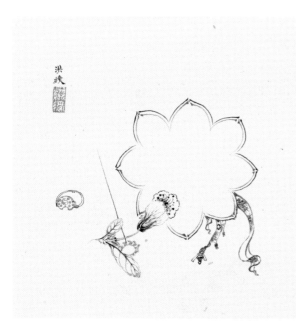

《摹古册》之《梳妆什物》

《摹古册》之《双松石坡》

周围是夜深人静的小院。第十页《奇石小鸟》，"洪绶"款。又回到了他喜欢的长方形石块——参看本册第四页和前册第一页。初看似石片，细观那些浓淡轻重不同的侧笔干皴，就体味出前前后后的空间韵律。那小鸟羽毛精细，正张着嘴，似乎令人隐闻鸣声。枯枝残叶，与石底小草相映，又是入秋景色。第十一页《梳妆什物》，"洪绶"款。一镜、一簪、一戒指。铜镜有八瓣边，唐代格式，簪上穿花一朵。镜背系带上的花、波、云纹，及戒指上一只玉兔，都是细致入微。全幅的构局，在那花形的空白镜面，和那纤长的一根簪针，而那一朵花，衬以四片小叶，给静物带来了生活的气息，似在等待那丽人的面影。第十二页《双松石坡》，"洪绶己未年画"款。是以没骨法画树干。浓墨勾松针、写荆棘，落石根的米点，突出在这张比较粗纹的旧纸上，大有元人疏狂的趣味。把此册同前册的头五幅一齐观赏，就可以看到陈氏到二十二岁的时候，就已经诸法俱备，而且新意屡出。

次年（1620年），他作了一幅不同寻常的佛像——《准提佛母法像》，纸本水墨。"准提"是梵语音译，意为清净，是密宗莲花部六观音之一。[27] 其像面有三目，有二臂、四臂、六臂……

准提佛母法像 纸本水墨
135厘米×48.6厘米 1620年
美国大都会艺术博物馆藏

八十四臂等，通常十八臂。[28]此画不知陈氏何所本，除三目四臂外，鼻戴环，头发左右两缕，交含口中。背后一臂持盾，饰以鬼首，一臂持杖，上系铜铃；前两臂则捧一符，书一梵文大字。同字也见于额下领带及腹下悬佩。服装也很特别，有披肩、围裙、天衣等，饰以绣边及云头。髻上、双耳、腰间、腹下、腿侧都有饰物。双足作丁字形站立，在裙下隐隐可辨。除发及杖外，不用烘染，全仗勾勒。墨色只有深浅两度，宛似《摹古册》中第七页的花竹。盾牌上的鬼首同《摹古册》第四页鬼雄冠上的骷髅头极似。最可注意的是，陈氏以相同的画法，可缩可放，小到数寸之间，大到几尺巨幅，他的笔墨都是指挥若定，保持舒展的气度和精微的装饰趣味（画上三行题见本书"陈洪绶的书法"章）。

壬戌（1622年），是《早年画册》中最后两页的创作年份，他有《桃花图》扇存世。设色，以老干为主，上抹云雾，下以彩带系一枝桃花及两节鞭状物。款为："壬戌春仲，陈洪绶写送沈相如先生出守武陵。"并且题七绝一首："风流太守玉骢骄，结辔桃源路不遥；遗我落英酬醉墨，一绡王迥遇周瑶。"王迥是钱塘人，丰仪秀朗，尝逢仙女周瑶英，同游芙蓉城，宋元丰初（1078年）三月，苏轼遇王迥，询及此事，因作《芙蓉城》诗。[29]这个引人入胜的神话，一定在杭州风传，给年轻的陈氏以深刻的印象。这扇面虽是应景之作，但用意和布局都不凡：桃源在云烟恍惚间，鞭带则象征策马探幽。可见他小品挥毫，并不率忽。

现存还有一轴带壬戌年款的《铸剑图》，绢本设色，大树下一浓须老人坐对一少女，注视地上一剑、一葫芦、一包书等物。自题："侠烈慧娘，而语兰陵；以肠铸剑，斩此有情。壬戌暮秋，写于松醪山馆。洪绶。"（四言古见《宝纶堂集》卷四）这是一幅比较有问题的作品，因为画及书法都不及上述的真迹。但可能是有来源的，所以在此记出。[30]

甲子（1624年），作《山水人物图》扇，洒金笺，设色。横坡自左伸入水内，坡上有台，一老者持杖孤立，其前古树一株，主干枯枝如爪，而下部则绿叶丰茂；台侧又有一树，叶已红黄。远望则烟波渺茫，天际青山一缕。用笔精致紧凑。在左侧角内，用小字书款："甲子冬仲为璧生长兄写，洪绶。"是早期风格。

在《陈悔迟无名父子奇迹》合册（简称《父子合册》）中，有一页《梅花小鸟》，是陈洪绶在1627年画的，自题七绝一首："高梧老桂暗天街，梅水烹茶有好怀；写与来君悬壁去，雪飞月冷坐空斋。丁卯清夏。洪绶。"绢本，用工笔重彩技法，点

《父子合册》之《梅花小鸟》

《父子合册》之《山水》

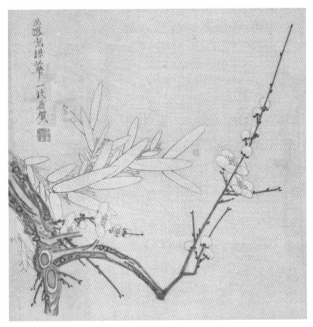

《父子合册》之《梅竹》

《父子合册》之《醉愁》

《父子合册》　绢本设色　每页22.2厘米×21.7厘米不等　翁万戈藏

古木当秋图　金笺设色　24.2厘米×53.8厘米　1627年　美国大都会艺术博物馆藏

苔在浓墨上加青绿，红梅鲜艳，小鸟羽毛丰盛，目光炯炯。全图最大的特点是老梅枝干古拙，节疤遍体，显出历经风霜，生活力不减。陈氏在后两期的作品中，喜画古木奇石，把自然界曲折、创伤、侵蚀的痕迹，日积月累、千锤百炼的造型采入画图，使其装饰之美由生长变化而来，无丝毫浮夸造作的伪态。存世的陈氏有年款作品中，明显的发挥这项画题特征的，此幅可能最早。

隔了几个月后，他画了《古木当秋图》扇面一幅。这是岳雪楼旧藏扇册十二面的第五面，主要水墨，略施淡赭。自题"洪绶坐清响斋作与杨阇生"。又题："丁卯仲冬，携此步西陵桥，偶忆张子厚诗云：古木当秋天，令人有幽思。复书此二语，如乞得子厚题也。莲子。"画中树两株，一株叶已尽脱，一株仍留残荣。树左一石，后有疏竹。简洁超逸，有元人风趣。

戊辰（1628年），有《水仙湖石图》轴存世。绢本，设色，款云："戊辰雪夜，取醉若耶。友人敦迫书画，十指几裂。得此篷于稍闲时，洪绶醉后画于读书处。"幅中湖石矗立，其后水仙两株，花垂叶折。这醉后之作，犹有寒意。用笔较松，结构仍然细密——像那水仙长叶的交叉，编织巧妙，还是有心之作。

差不多整过了一年，在己巳十二月（1630年），他画了一幅纸本《墨竹图》，而且颇自鸣得意。据记载，他在十一年前（1619年），二十二岁的时候，曾写竹数种于杭州法华山，[31]所以他注意画竹已经多时。这幅以墨竹一竿为主，左下单独一枝为辅，上面以大字行书题云："洪绶画竹以与可为第二义，然第二义亦不可多得。时

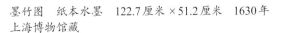

水仙湖石图　绢本设色　69.3厘米×26.5厘米　1628年　　墨竹图　纸本水墨　122.7厘米×51.2厘米　1630年

上海博物馆藏

己巳暮冬，醉后书于清泉草亭。"俨然自称仅下于宋朝墨竹大师文同（与可）。以书法看来，这就是自题早年画册的时候，而册中各题，自负之情，与此口气一致。此竹疏朗瘦削，是元人作风。陈氏很注意写生，但墨竹很仗笔墨，他对元李息斋的《竹谱》，必然熟悉。嘉靖间高松的《遁山竹谱》，[32] 可能亦见到过，这两部《竹谱》一脉相传，尊崇文湖州（即文与可），所以无论是否那时见过湖州真迹，总要推他为第一。很幸运的是，现存陈氏摹李息斋墨竹图一轴，绢本水墨，1630 年作。款云："庚午清夏摹息斋道人东书阁壁上画法，洪绶。"这一幅笔丰墨润，一枝独挺，左旁辅以散枝，下有奇石一座，似昂首观天。此画比前幅成熟，一似裱在绫边上余绍宋所题："此帧气息深厚，直追宋元，无明人写竹习气。"由此很明显地看出陈氏墨竹的渊源，也看出他在这一画种达到的成就。

同一年秋天，他为好友李廷谟（告辰）刻的《北西厢》写题词、短跋及作《莺莺像》插图，冠于卷首，那是手持纨扇的半身像。对页题："洪绶写于灵鹫峰。"

（三）中期：从三十四岁（1631 年）到四十七岁（1644 年）

这一期的发展，不似前一期的迅速。他仍然在人物、山水、花鸟、竹石各画种继续努力，同时在木刻方面有别开生面的创作，而且为了他辉煌的晚期，奠定了画风方面的一些基础。

辛未（1631 年），他完成了一幅 1626 年开始的《岁朝清供图》，绢本，设色，款云："洪绶画始于丙寅，成于辛未，向为豫安居士而作，今得之乃宗儒弟贤（？）之手，世间始终得失，不可知而如此耶！"一瓶插红茶、白梅、松及竹，瓶上以粉勾龙纹。又有青铜花盆，中承松、石。酬应之作，颇富装饰趣味。

同一年中，他为岳父来斯行弟来鲁直及其夫人画像，并代来斯行题赞。两幅皆绢本，设色。来斯行题的年月是"崇祯辛未霜降后五日"，而陈款为"陈洪绶敬图"。来鲁直夫人像由来斯行弟宗道题赞，其引说明"辛未岁侄咨隆恳章侯图鲁直十兄遗像，并为嫂氏作行乐小图"。画像（包括行乐图）是人物画中的一个专门品类，从想象的神佛仙道，到半想象的帝王将相，一直到针对有血有肉的当时人物，作惟妙惟肖的面容，都归入这一类。现在单从最狭义的肖像来说，陈氏一生画了相当的数量。[33] 正在那时，中国肖像画处在新的发展阶段，曾鲸开创的"波臣派"风行艺坛。曾鲸（1564—1647），字波臣，福建莆田人，活动在杭州、嘉兴、南京等地。精写照，如镜映影，妙得神情。其法重在墨骨，敷彩尤见独到，独辟蹊径，开宗立派，一时从者甚众，影响很大。陈洪绶是曾氏的朋友，崇祯七年（1634年）在杭州见过曾鲸为赵纯卿画像（事见本书"陈洪绶生平"章）。陈氏与其得意门生徐易数有交往，一定见过不少"波臣派"肖像画。[34]问题是：陈氏画面容吗？还只是补衣冠及景？按现存的几件陈氏肖像画看来，大概画面容另有专家，而他们大多时间是无名英雄。以后可以见到的《生鲁居士四乐图》卷，陈氏只题到"属门人严湛、儿子陈名儒设色"而未提谁"传写"；《何天章行乐图》卷，则称"陈洪绶补衣冠，严水子补图"，虽未写明传写之人，但显示有作者（画后周之恒题诗中言明李婉生画像）；到了《问道图》卷，他就写全了："陈虞胤传写，洪绶画衣冠泉石，严湛设色。"还有《授经图》及《楼月德像》两轴，他也写明徐易"写像"及"传写"，而他自己"画衣冠"及"画衣裳"。

　　癸酉（1633年）暮春，画《花鸟册》十页。这是绢本工笔

岁朝清供图　绢本设色　1631年　故宫博物院藏

《花鸟册》之《水仙》

《花鸟册》之《红果蚱蜢》

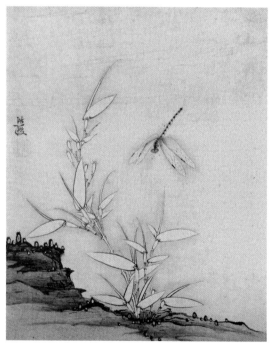

《花鸟册》之《幼竹蜻蜓》

《花鸟册》之《桃花白头》

花鸟册（十页） 绢本设色 每页25厘米×20.2厘米 1633年 上海博物馆藏

《花鸟册》之《铜瓶蔷薇》

《花鸟册》之《蓝菊蜘蛛》

《花鸟册》之《红花蝴蝶》

《花鸟册》之《铜瓶白菊》

《花鸟册》之《落花蛱蝶》 　　　　《花鸟册》之《虎耳草与蜂》

重彩，幅幅精致的作品；很像他早期风格，可是更接近写生。第一页《水仙》，"溪山洪绶"款；第二页《红果蚱蜢》，"溪亭洪绶"款；第三页《幼竹蜻蜓》，"洪绶"款；第四页《桃花白头》，"洪绶写于柳浪馆"款；第五页《铜瓶蔷薇》，"洪绶写于桐枫馆"款；第六页《蓝菊蜘蛛》，"洪绶"款；第七页《红花蝴蝶》，"洪绶"款；第八页《铜瓶白菊》，"洪绶写于若耶书屋"款；第九页《落花蛱蝶》，"时癸西暮春溪山老莲洪绶写"款；第十页《虎耳草与蜂》，"洪绶画于借园"款。这都是他在诸暨家中，安闲静谧时，聚精会神地自然观察。

在十一月里，他作一幅《山水人物图》轴，绢本青绿，用笔雄健，山石用勾勒不用皴擦，树叶双钩与点染并用，迥然另一种面目。横云两段，增加气氛；树干节疤，异常古拙。高士的衣纹，多用钉头笔，在折顿中见刚劲；而面部表情，有愤世嫉俗之概，令人想到他《水浒叶子》中林冲、张顺的画法及造型。款云："癸酉仲冬，溪山陈洪绶写于起馥楼。"那时他仍在诸暨。

甲戌（1634年），作水墨金笺扇《林壑泉声图》。林木泉石占满了全扇，仅余左上一角，露出远坡及水、天。淡墨润笔；皴石勾树，全用长短点子，似松实紧；颇

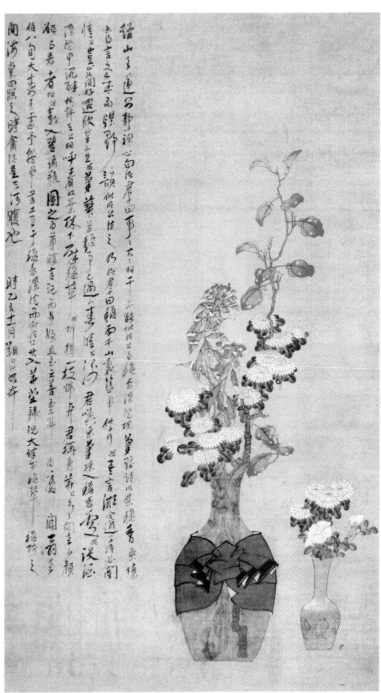

山水人物图　绢本设色
235.6厘米×77.8厘米　1633年
美国大都会艺术博物馆藏

冰壶秋色图　绢本设色　1635年　大英博物馆藏

有元代吴镇的气味。[35]款云："洪绶写于借园，时甲戌秋九月雨中。"

乙亥（1635年）作的设色画《冰壶秋色图》（一称《两瓶秋雨图》），立意新颖，构图不凡。整个画面分成垂直的三条。自左到右是：第一条字，顶天而离地；第二条是大瓶菊花，落地而不顶天；第三条是小瓶菊花，像高士旁的从者一样，恭敬侍立。这是祝寿画，也记诗会之盛。长题如下：

> 溪山老莲，安静神心，白诸君子曰："事事每每相干，不能偕诸公至秋香深院，采菊赋诗，以集秋香乐境，未得言文章而谋野韵；偕诸公往之。"乃诸君子曰："秋雨千山里，篮舆偕子行。"绶："吾言微合道，子语必关情。"公："岂止能闲好，还欣业不生。"绶："菊花芳艳事，已过小春晴。"公："谢君唤采菊，采入秋香处。"绶："设酒深院中，沉醉扶归去。"公："相呼看红叶，林下醉秋花。"绶："折得一枝归，与君称寿花。"公："亭间老少颜，愿与寿者相。"绶："载入碧璃瓶，图之为尊筋。"言既而景偅且至云："善玉三叔为庆开翁老伯八旬大寿索画。"予就草书工画于秋香深院，而偕诸公共人华堂拜祝，大醉于秋花秋树之间，海棠四照之时，饮酒是天河腹也。时乙亥十一月朔日洪绶顿首。

画中主角是碧璃瓶，瓶中的枝干同花梗都隔着瓶壁显露出来；而那小瓶上的人物及图案，刻画入微。瓶中所插，除菊花外，还有别的花、叶衬托，在清幽中含富丽之感。这真是大胆设想，细心从事，在宋人花卉写生的本领上加了晚明的风致，为后来扬州画派开了一扇门。

戊寅（1638年）四月，作《秋山图》扇，金笺，设色。以树干作柱的四角亭中坐一高士，俯观石板桥下的流泉；亭下众石环绕的坡径上，小童捧酒瓶前来。折笔多棱角的叠岩群树，似有陆治的余音。左上角款题七行："老人一瓶酒，溪亭受秋光；半生多负却，红楼双垂杨；行乐需及时，座上莫相忘。洪绶题赠周臣社弟清教，时戊寅孟夏。"（《宝纶堂集》卷六有《题画》五绝，与诗中前四句同，仅"老"作"道"，"瓶"作"壶"，"受"作"享"。）

同年八月二日，陈氏为姑母六旬大庆，画了工笔重彩的《宣文君授经图》。自书篆体六字画题，再题前秦时韦逞母宋氏，昼采樵，夜教子，子学成仕为太常，符坚就宋氏家立讲堂授业，号宋氏为宣文君的故事；最后题他受姑婿及姑季女、外孙

（局部）

宣文君授经图
绢本设色　172.8厘米×55.7厘米
1638年　美国克利夫兰艺术博物馆藏

等之属，写此颂祝，而署名时自称"犹子"。这是精心结构的巨制，场面宏大，人物众多，苍松白云，丛树石坡，功力处处俱到。尤其是篷帐、画屏及布置灵芝及琴书的横案，其装饰细节，精密典丽。有明一代的工笔人物大画家仇英有此本事，但高古不及洪绶，《宣文君授经图》可以为证。兹录全题如下：

> 宣文君者，韦逞母宋氏也。父授以周官音义，曰："吾家世学传（点去）周官，传业相继，此又周公所制；经纪典诰，百官品物，备于此矣，汝可受之。"君讽诵不辍。石帝徙山东，君乃推鹿车，背负父所授书到冀州。逞时年少，昼则采樵，夜则教逞，逞遂学成名立，仕苻坚为太常。坚常幸其太学，问博士经典，乃悯（点去）悯礼乐遗缺；时博士卢壶对曰："废学既久，书传零落，比年缀撰，正经粗集，惟周官礼经，未有其师。窃见太常韦逞母宋氏，世学家女，传其父业，得周官音义；今年八十，视听无阙。自非此母，无可以传习（点去）授后生。"于是就宋氏家立讲堂，置生员百二十人，隔绛纱缦而授业焉。拜宋氏爵，号为宣文君，赐侍婢十人。周官学复行于世。

> 崇祯戊寅八月二日为绶姑六旬之辰，绶弟自成为姑婿，偕姑季女骆密，外孙楹、楠、梗、檩、楞、楝，孙女惠，漉酒上寿，属绶图写所以颂祝者。绶思宋母当五胡之时，经籍属之妇人；今太平有象，而秉杖名义者，独绶姑尔。敬写此图，而厚望于弟绍焉。犹子洪绶九顿。

己卯（1639年）作《摹李公麟乞士图》轴，淡色，一侧面老者，捧钵持杖，风尘仆仆。画上自题"陈洪绶摹李伯时乞士图"，裱好之后，在绫边上又题："己卯秋杪作于云居。时闻筝笆声，不觉有飞仙意。洪绶。"裱边上有明末清初十六人题跋，其中毛奇龄说："此系老莲得意笔，盖中年画而晚年又题者，观其字画昭然也。"甚是。此画之长在简素：斗篷轮廓及衣纹并无几笔，仅帽、钵、靴三处用深墨，杖端枯枝略加细节而已。这样，观者自然注视老者面容，其微笑露出贫苦生涯安之若素的神情，这可能是陈氏得意之所在。

同一年中，他为《张深之先生正北西厢秘本》画插图六幅，并书其友马权奇的序。序末的署款是："己卯暮冬雪中马权奇题于定香桥。洪绶书。"陈氏画《西厢记》插图，现存的就有三种，即此本、《李告辰本西厢》及《李卓吾评本西厢》。[36]《李告辰本西厢》中只有莺莺半身像（1630年作，见前），《李卓吾评本西厢》图十一幅中，仅有陈氏两幅，但这组插图六幅是继《九歌图》《水浒叶子》后的杰作。第一幅《双文小像》，对页自题"溪山老莲洪绶写于定香桥畔"。其余五幅双面连式配全记的五本，抓着每本剧情的要点，提高读者的兴趣，创出具体的形象。"目成"是第一本"张君瑞闹道场"的大场面，包括主要人物：由两位持灯奏乐的和尚在前，跟着普救寺的法本长老、张君瑞，其后就是崔夫人郑氏、莺莺及持扇的红娘。以素白的背景，托出剧中角色的鲜明特征。"解围"是第二本"崔莺莺夜听琴"的戏剧性关节：第一折恶贼孙彪围普救寺，要携莺莺为妻，张君瑞出计，驰书求其同郡同学征西大元帅杜确发兵拯救，画中杜师左手持节，右手持钺，发号施令，而他的副将扬旗前指，立刻点五千人马，星夜赶去解围。事先崔夫人答应把女儿许给救命的恩人，因此张生以为可以得其所愿，不料老太太念及从前已许过娘家侄儿郑恒，现在事过毁约。张生隔墙弹琴高歌，仿司马相如劝文君故事。陈氏为增进插图间的变化和范围，所以第二幅取材于两员全副盔甲的武将，与下幅深闺的女郎成强烈的对比。"窥简"是第三本"张君瑞害相思"的意外转折点。莺莺遣红娘探病，张生希望又起，写了一简，请红娘带回。不料莺莺虽有情爱的心肠，却板起礼教的面孔，骂红娘传简行为不当。陈洪绶抓住莺莺读简而红娘偷看她反应的一刻，画出了一个正在作内心的斗争，另一个有紧张的期待之情节。一座四季花鸟的美丽屏风，隔开了她们两人理智与情感的世界。这既是完美的仕女画，又是杰出的故事图。"惊梦"是第四本"草桥店梦莺莺"的主题写照。几经波折，莺莺终于践约，同张生私下成婚，崔老夫人不得不顺水推那已成之舟。可是她立刻命令他"明日便上朝取应"；[37]张生与莺莺在十里长亭洒泪而别，当夜在草桥店落宿。忽闻女子敲门，开门一看，原来是莺莺赶到。不料一兵卒在后追随，将莺莺捉回去，张生惊醒，残月犹明。这醒前的一刹那，就是陈氏所取的镜头。现实异常简洁：倚案而卧的张生，织纹清晰的地席，锦绣包裹的瑶琴，案上洒温灯残而已。梦境却充满了景物：薄衣的弱女与武装的兵卒，对立在暮云四合的店前丛树中。这种对比，可是说梦幻更真实，而现实如梦幻？最末一幅"缄愁"是第五本"张君瑞庆团圞"的预幕。莺莺喜得琴童带来的张生喜报，赶快准备五件含义深永的东西，连回信一齐交给琴童带回去。图中莺莺注视手中的玉簪，同时另手抚着案上的瑶琴，而琴旁有一枝斑管。红娘在左侧捧着汗衫一领，大概那第五件——裹肚一条也在其中。她俩的四围，像画框一样，是茂

萱花芝石图
绢本设色
98厘米×49厘米
1641年
广东省博物馆藏

盛的梧桐，怒放的莲花，旁观的一只凰鸟，似问凤何日飞还？在凝眸无语的时刻，含有欢庆将临的预感。所以这幅画图，是个景物热闹的场面，正合《西厢记》结尾的气氛。

此顷他也为老友孟称舜所著《节义鸳鸯冢娇红记》作卷首插图四幅，加评写序。[38] 序中攻击当时的假道学先生为"读书知理义"而"行同于狗彘"，原因是没有"真情至性"。他说得好："盖性情者，理义之根柢也；苟夫性情无以相柢，则其于君臣、父子、兄弟、朋友、夫妇之间，殆亦泛泛乎若萍梗之相值于江湖中尔……"所以他认为一百个道学先生"聚徒讲学，庄言正论"而训世，不如一个伶人之"喜叹悲啼，使人性情顿易，善者无不劝，而不善者无不怒"。孟称舜在此记中描写申生、娇娘两人，"能于儿女婉娈中立节义之标范"，"立乎性情之至"。可见陈氏图绘的艺术，有其思想感情的推动：他站在提倡民间文学的立场，向招摇圣贤的腐儒挑战。这长序之末署款："崇祯己卯腊月诸暨陈洪绶题。"这四幅插图中最精的是娇娘像：佳人亭亭玉立，长裙曳地，彩扇下垂，婉丽动人。头略低前，肩略倾后，全身做"乙"字弧形，结以越放越宽的裙裾，由十几条重复而变化的游丝描，谱出无声的节奏。

辛巳（1641年），作《萱花芝石图》轴。浅设色，款云："辛巳仲春洪绶写。"灵芝两株，生于湖石上，石下萱草一棵，含苞未放。灵芝宜寿，萱草忘忧。这可用为祝寿的礼品，是不经意之作，仍然淡雅有致。这时他已在北京半年多了。

癸未（1643年），在从北京南归途中，作《饮酒读书图》轴（后来清人翁方纲题"痛饮读骚"四大字），设色，款曰："老莲洪绶写于杨柳青舟中，时癸未孟秋。"此幅颇富于历史性，画面题跋殆遍：孔尚任（1648—1708）四题——1691年、1693年、1699年、1708年；翁方纲（1733—1818）除四大字外，有1791年一题。《桃花扇传奇》作者孔尚任在他的《享金簿》中，也记及此画。[39] 翁方纲《复初斋诗集》有"陈章侯痛饮读骚图二首，孔东塘旧藏者"，又有"陈章侯饮酒读骚图为未谷题二首"。桂未谷即桂馥（1736—1805），他在另一幅老莲《饮酒读骚图》上题云："……老莲每一题，辄作数十本，各不相同，此是其本领。颜心齐亦有饮酒读骚一帧，与此迥异。予又见其索句图五六本，或住，或立，或行，或一人，或二人，各极其妙。"[40] 这段文字，有两点值得注意，即"一题辄作数十本"及"各不相同"，在后面"陈洪绶书画的鉴定"一章中当加以讨论。杨柳青舟中画的此幅笔墨不多，构图单纯，重点在饮而不在读，颜色则乌帽朱衣，白梅绿铜（花瓶及酒罐）；其妙处在高士的神情，似欲饮不饮，心有所忧。石板横斜，布局大胆，使人览之不忘。这也是现存有年款的陈氏画幅中，最后的一张明代作品，因之后就入清代了。

（四）晚期：从四十八岁（1645年）到五十五岁（1652年）

这一期中陈氏开始了遗民的生活，完全放弃了仕进的念头，在卖画谋生的迫切需要及甘为画师的心智专一下，产生了他一世最成熟精湛的作品，巩固了他在中国画坛上的地位。

乙酉（1645年）二月，作《杂画册》。画十幅，书五幅。第一幅《古观音像》，浅设色，以高士现形，有微须，头顶尖而耳长。衣纹用钉头鼠尾描，折顿自如。款云："洪绶敬写。"对幅题："古观音佛，游目大千；当头一杖，师子不前。问法举手，我法不然；苏噜苏噜，此心如莲。弟子莲沙弥拜书。"第二幅《古梅》，浅设色，以淡墨为主，略加浓点及暗枝。款"洪绶"。此幅不守成法：老干斜卧，似烂醉时仰跌，伸出一腿，又生一根，有不顾地心重力之势。下左角一笔成坡，坡下枯树，其大小与老梅不成比例。可能在开始时想画山水，在坡石枯树落笔后，改变主意，把老梅从坡上崛起，形成超现实的写意。花朵四围，烘以淡青，使人集思于寒春中洁馨的美感，忽视了空间的矛盾。对幅题："有人赠梅丛，无钱盖茅屋；何暇事风骚，盎中少旧谷。"第三幅《枯枝黄鸟》，水墨。款云："张燕客云：似道君。信然。洪绶。"黄鸟工笔，短喙大眼，神气十足。枯枝粗笔，用墨浓淡有韵。从款中看出自认为颇似宋徽宗之作。对幅题："萧寺闻寒鸟，冷泉写黄鸟。时年二十三，高怀甚了了。洪绶今年四十八矣，偶忆庚申坐灵鹫寺时书此。"第四幅《山水》，浅设色。款云："乙酉仲春，老莲洪绶。"近景石滩上略有残叶的小树三株，绕以枯槁的灌木数丛；远望则水面露石，如小岛星罗棋布，直到天际远山。高怀空旷，笔墨疏落。对幅题："但发道人愿，自有住山心；醉后弄笔墨，偶作香光林。洪绶。"第五幅《萱花立石》，浅设色。款"洪绶"。勾勒花、叶，中锋遒劲，若断若续。对幅题："萱草鸣络纬，深宫击钵诗；写此自怡悦，我将安所之。洪绶。"第六幅《仕女》，浅设色。款云："天寒翠袖薄，日暮倚修竹。乙酉仲春，画于龙山，洪绶。"第七幅《红杏》，浅设色。款云："乙酉仲春，作于龙山公署。洪绶。"枝干画法似第二幅，但悬空一枝，无根无叶。第八幅《芙蓉》，浅设色。款云："乙酉仲春，洪绶画于龙山官斋。"没骨画法，想系仿沈周，同下一幅。第九幅《菊石》，浅设色。款云："张燕客家有石田菊叶，颇仿之。洪绶。"花瓣勾出，叶则没骨画法。第十幅《竹石》，水墨，无款。竹极简，石似赵孟𫖯。蓝瑛尝作水墨《仿元人兰竹石卷》，有数本存世，[41]陈氏可能见过。以整册看来，其重要性有二：一在史实上确定了陈氏的生年，一在美术上立了陈氏写意作品淡雅古逸的标型。在鉴定陈氏书画及考虑无年款晚年作品时，这是不可缺的里程碑。

同年三月，作《秋江泛艇图》，金笺扇，设色。款云："乙酉暮春为素中盟兄画即请鉴。老莲洪绶。"用"陈生"椭圆朱文印，不见于别处。《宝纶堂集》卷九有《吉延生、徐士华、商绸思、王素中诸兄合钱买纸助予》七绝三首，又有《与王素中》七绝一首；存世还有无年款的《自书诗》金笺扇一面，款云"雨中读书似素中盟兄教我，弟洪绶"等（其他交往，见本书"陈洪绶的生平"章）。他们过从甚密。

同年五月五日，作《钟馗像》轴，纸本，设色。款云："乙酉端阳，老莲陈洪绶为柳塘王盟兄画于青藤书屋，劝蒲觞也。"钟馗侧面有须，乌帽，上簪白葵花一朵，衬以小白花及红榴花；衣有龙纹，腰有玉带；左手托铜爵，中盛蒲艾，右手持剑。面部勾勒，线条刚劲；衣纹秃笔浓墨，似枯柴描，简明有力。簪花、领锦、蒲艾，及衣上云龙则工细精妙。此画有数本，散见著录。[42]因民间过节应景，摹者很多，这幅当为祖本。

丙戌（1646年）三月，作《苏李泣别图》轴，绢本，设色。题云："爱画者，得画于丙戌之暮春；作画者，赠画于丙戌之暮春。为王晋卿集歌姬辞客，华堂高会以赏之，当不可；为盗贼携带战舰中以赏之，必可得也。武则天集晋人及王氏父子墨迹至数千百轴，而煨尽于黄巢之手；此物鹪鹩，不敢与李贼比，翻然丁劫运则同耳！丙戌暮春十六日夜，识于青藤书屋，与九弟为行笈之具。洪绶。"画中苏武右手持节，左手举至口；李陵侧身旁立，两袖掩面。背景荒凉；武后横石，上覆兽皮。两人前一羊，石后五羊，其一白毛黑点，小羊跪乳其下。人物颇工，题字狂放，如醉如痴。作此后不到两个半月，清兵就占据了浙东，他被掳险遭杀害，六月即避乱山中。大概作这幅画时，心情已经相当动荡。

可是在入山剃发为僧的前一个月中，他虔诚地画了一幅《龙王礼佛图》轴，原作不知在何处，从照片上看，字画俱精。造型庄严伟岸，衣纹雍容流畅。全幅上半用来抄录《无尽意菩萨赞观世音菩萨偈》五言一百零四句，下右沿幅边题款一行

抱琴采梅图　金笺设色　1649年　上海博物馆藏

曰："丙戌仲夏，弟子发僧陈洪绶敬写，愿生弥勒菩萨前者。"

己丑（1649年）春天，作《抱琴采梅图》，金笺扇，设色。款云："己丑春日为石友大辞宗清教。洪绶。"高士在前，左手持杖，右手握枝；从者在后，双手捧琴。可能春寒料峭，有战笔意。

同年六月，他的至友戴茂齐为他的哥哥茂才四十寿辰求画，陈氏作《饮酒祝寿图》轴，绢本，工笔设色。款云："茂才道盟兄于己丑季夏四旬初度，其弟茂齐索画寄寿。寿酒当俟太平时，与丁秋平为黄白之游索饮耳。老迟洪绶。"图中故事不详。一主人，美髯戴巾，坐藤椅上，左手抚石案，右手持勺，作挹酒状。身后三人侍立：左右各一盛装女郎，一捧壶，一抱琴；中一童，持龙首木杖，状极恭谨。案前老者坐蕉叶上，戴束发冠及长簪，举杯欲饮，其左手持一长麈拖地面。旁一陪客坐石上，正在玻璃盆中洗指。石案上在主人面前列陈两只缩口平底的扁酒尊，三足铜匜及高足铜杯。人面衣纹全用高古游丝描，衣褶用淡墨烘染，或间用粉勾。青、绿、朱红，略施于衣饰铜器等处，增加了富丽之感。最有意思的是侍童持杖遮鼻，两眼斗鸡，注视这根宝杖。这幅的人物造型，衣纹描法，景物点缀，构成陈氏最后几年的作风。

同年九月，作人物一轴，绢本，设色。自题："吟梅图，为玄鉴道盟兄仿唐人，洪绶，己丑秋暮。"高士坐床上，前有石案，笔、墨、纸、砚俱全，辅以笔架水盂，案边并饰以铜罍。案前才女坐湖石上，有木根作腿的小桌，其上也摆满了文具，与高士对吟。画下右角两侍者恭立：一女捧瓶，中插梅花及水仙，一童持杖。才女顾花寻句，高士合手胸前，十指互握，两目前视，皱眉作搜索枯肠状。画法与前述《饮酒祝寿图》同，亦用高古游丝描，流畅圆浑，到了炉火纯青的地步。器物上的纹饰，在在描绘入微；朱粉点染，都用得少而效果大。构图明快大胆：石案与床，横切画面，加上稳如泰山的高士，合成分量最大的一组；才女与湖石木桌，以不规则而玲珑的形状，成为装饰性的第二组；那挤在一隅的侍者，虽然次要，却压住了阵脚。非有陈大画师的本事，无法使这样简拙的布局，转为古拙的气象。

过了两个月光景，他为南生鲁作《四乐图》卷。绢本，设色，年款是"己丑仲冬"。图取白居易四乐图意（李公麟画、宋徽宗题"白老四乐"），故分四段。陈氏以小篆题每段之名，并以五绝一首解题。第一段《解妪》。诗云："苦吟费神思，且乏天真好。老僧善听琴，又逊此妪了。"生鲁居士坐石案后，右手持笔，左手按纸；纸右有砚、墨及笔洗，纸左有酒杯、佛首置盆，及青铜酒罐。一老妪扶杖立其前。白居易（772—846），字乐天，号香山居士、醉吟先生。这段取材于宋代僧人惠洪《冷斋夜话》所载白氏作诗平易通俗，能令老妪可解的传说。[43] 陈氏很服膺白居易提倡写诗要"辞质而径""言直而切""事核而实""体顺而肆"的原则，深喜这"解妪"的故事，用此为画题不止一次。第二段《醉吟》。诗云："庐山草堂就，不出堂外行。醉中喜浩唱，情理颇清明。"居士头簪菊花，肩披兽皮，手持一杖，踽踽独行。追慕白居易贬为江州司马后，在庐山建草堂，与僧朋道侣游息，过半仕半隐的岁月。这见于陈氏题诗《庐山草堂就》之句。第三段《讲音》。诗云："翠涛酒一杯，红窗影一响。知声活入神，秋老层台上。"居士坐奇石上，美女对坐，倚一条案，有琵琶在锦囊中。令人想起白居易到江州后的名作《琵琶行》，述一长安名妓沦落江湖，在舟中奏琵琶悲诉身世，打动诗人被贬失意的同感。这大概是收起琵琶细说衷怀的情景。第四段《逃禅》。诗云："人谓莲花气，我曰旃檀香。每逢无法时，乃理不住方。"居士安坐蕉叶上；背后奇石为横案，上有铜尊，插莲花两朵及荷叶一片，裂磁圆炉，中燃檀香一块，炉后小铜佛像一尊，及高碗插竹两枝。白居易晚年定居洛阳，得闲饮酒、弄琴、赋诗、忘情山水和栖心释氏。此幅是在莲气檀香中，体悟禅理的形象。全卷用晋唐人法，画人物而无背景。除第一段的石案用枯笔略事皴擦外，概用高古游丝描；设色淡雅。最后款云："李龙眠画白香山四图，道君题曰白老四乐。洪绶以香山曾官杭州，风雅恬淡，道气佛心，与人合体，千古神交，为生翁居士取其意写之。属门人严湛、儿子陈名儒设色。时己丑仲冬也。山民洪绶。"题中并没有说明谁

四乐图　绢本设色　30.8厘米×289.5厘米　1649年　苏黎世利特伯格博物馆藏

传写面容。卷中四像，除首尾两像是惯常的正脸外，第二略偏右，似与美人对话，第三略偏左，与全身方向一致。不能答复的问题是：陈氏自己动笔还是请专长的肖像画师作的？（见前《来鲁直像》及《来鲁直夫人像》）这一点待考。全卷前及卷中有陈氏友人唐九经题及和诗。[44]

庚寅（1650年）五月，作《秋林晚泊图》金笺扇，设色。款云："庚寅仲夏，为纪南盟长画。"近岸高树三株，树下一盖篷游艇，中有高士坐眺远山。坡石用短披麻皴，笔润墨浓，点染浑厚。极左边的石隙流泉，水纹用战笔，增加古趣。

这五月里，周亮工向他求画。不久以后，他在好友林仲青家作《陶渊明故事图》卷（或称《归去来图》卷）。其故事基于萧统（501—531）《陶渊明传》。[45]绢本，设色。分十一段，段首有两字题，再加数语述意。一、"采菊——黄花初开，白衣酒来，吾何求与人哉！"陶渊明坐石上，左手持菊嗅之，右手在袖中，抚无弦琴上。小石在前，上有酒罐及杯，旁置草履。这故事是："陶元亮九日无酒，宅边东篱下菊丛中摘盈把，坐其侧。未几，望见白衣人至，乃王弘送酒也。即便就酌，醉而后归。"[46]而无弦琴的典故是："性不解音，畜素琴一张，弦徽不具。每朋酒之会，则抚而叩之，曰：'但识琴中趣，何劳弦上声。'"[47]二、"寄力——人子役我子，我子役人子。不作子人观，谆谆付此纸。"渊明手中持一封书信，正在嘱咐立在他前面的仆人；这是他送给儿子的帮手。信中说："汝旦夕之费，自给为难，今遣此力，助汝薪水之劳。此亦人子也，可善遇之。"[48]三、"种秫——米桶中人，争食是力；枉药中人，何须得食。"渊明摇头举手，作不答应状，其妻旁立，以手指两竹筐（大概一筐盛秫，可以作酒的糯米，一筐盛粳，可以作饭的大米）。这是他作彭泽令的时候，"公田悉令吏种秫，曰：'吾常得醉于酒足矣！'妻子固请种粳。乃使二顷五十亩种秫，五十亩种粳（粳稻）"。[49]四、"归去——松景思余，余乃归欤。"渊明持杖而立，衣袖飞扬，是"风飘飘而吹衣"的写照。[50]五、"无酒——佛法甚远，米汁甚迩，吾不能去彼而就此。"渊明坐篮舆中，前一青年、后一壮年舁之。陈氏说他要在佛与酒之间选择，可能指江州刺史王弘想见渊明的故事。那时渊明在庐山，与高僧慧远交游，"弘命渊明故人庞通之赍酒具，于半道栗里之间邀之。渊明有脚疾，使一门生二儿舁篮舆；既至，欣然便共饮酌。俄顷弘至，亦无迕也"。[51]六、"解印——糊口而来，折腰则去，乱世之出处。"渊明仰首前瞻，右手将官印交出，一侍者在旁作接受状。这是非常著名的故事：他作彭泽令的时候，"岁终，会郡遣督邮至县，吏请曰：

陶渊明故事图　绢本设色　30.3厘米×308厘米　1650年　美国檀香山美术学院藏

陶渊明故事图

应束带见之。渊明叹曰：'我岂能为五斗米，折腰向乡里小儿！'即日解绶去职，赋《归去来》"。七、"贳酒——有钱不守，吾媚吾口。"渊明着豹皮披肩，持杖将行，僮仆肩负钱串累累，右手提壶，在前引路。故事是："先是颜延之为刘柳后军功曹，在浔阳与渊明情款，后为始安郡，经过浔阳，日造饮焉。每往，必酣饮致醉……延之临去，留二万钱与渊明，渊明悉遣送酒家，稍就取酒。"这是送钱到酒家的一景。

八、"赞扇——寄生晋、宋，携手商、周，松烟鹤管，以写我忧。"渊明坐蕉叶上，闭目拱手；前有石案，笔、墨、砚、水盂俱全。并有两扇：一画两人，一画牛车，御者挥枝使前。这是描写诗人正在深思索句，写四言韵语赞扬九位隐者，从与孔子同时的荷荼丈人、长沮、桀溺到东汉的薛孟尝、周阳珪。诗名《扇上画赞》。[52]

九、"却馈——乞食者却肉，吾竟不爱吾腹。"渊明病容消瘦，靠椅背而坐，一宦者捧猪首奉上，渊明挥手却之。这是他辞去江州祭酒后，被召任主簿不就，"躬耕自资，遂抱羸疾。江州刺史檀道济往候之，偃卧瘠馁有日矣。道济谓曰：'贤者处世，天下无道则隐，有道则至。今子生文明之世，奈何自苦如此？'对曰：'潜也何敢望圣贤，志不及也。'道济馈以粱肉，麾而去之。"十、"行乞——辞禄之臣，乞食之人。"渊明俯身前行，右臂扶儿，背后老妪相随。他曾作五言诗《乞食》一首，有"饥来驱我去，不知竟何之"句。这段想即画此诗意。渊明晚年穷困，有《咏贫士七首》，说自己"倾壶绝余沥，窥灶不见烟"。真是到了乞食的地步。十一、"灌酒——衣冠我累，曲蘖我醉。"渊明蹲在盆前，与一仆用头上葛巾漉酒，说是"漉毕，还复着之"。[53] 最后题："庚寅夏仲，周栎老见索。夏季林仲青所，萧数青理笔墨于定香桥下。冬仲却寄栎老，当示我许友老。老迟洪绶，名儒设色。"全卷画出陶渊明的性格：嗜酒、安贫、不阿权贵，从宁静得真趣。陈氏用简洁、古雅的笔墨及造型，很生动地描写了一位孤傲清高的诗人，在决心弃官归田过清苦生活的二十九年中，几幕特写的镜头。这不是李公麟创始的《归去来图》卷，依据渊明的《归去来兮辞》，从离开彭泽，立在舟上看到家园，僮仆欢迎，携幼入室，到矫首遐观，亲戚情话，抚孤松而盘桓，坐巾车，棹孤舟，与农夫一同从事春种的工作，最后坐观草木向荣，清泉始流。元何澄的《归庄图》卷，就是承继这个传统。[54]《陶渊明故事图》卷很可能也有传统，因周亮工说是"偶仿"之作。[55] 陈氏的个性很近似渊明：嗜酒、安贫，不阿权贵——而且在甲申国变以后，在愧悔自责的心情下，也渐能从宁静中得真趣。因为这种共鸣及对渊明无限的景仰，这卷作品的艺术性增加了深度，观之不但见到5世纪的陶渊明，也见到了17世纪的陈洪绶！

同年秋天，陈氏作《秋游图》金笺扇，设色。款云："庚寅秋老莲画于眠云法堂。"近景是流泉、高石、残叶无几的三株老树。树间可见一高士持杖，一僮相随，走向伸入水中的悬崖。一片白云遮远山，蜿蜒如游龙。近处的树石及云遮的远山用浓墨润笔，人物、坡道、悬崖、白云及流泉则用细线勾出，其粗细、疏密的对比使简单的丘壑得丰富的趣味。

在同季节中，作《斗草图》轴，绢本，设色。款云："庚寅秋老莲洪绶画于护兰书堂。"五位仕女，坐在高石松枝下，斗草为戏，她们有五种不同的座席，从蕉叶、兽皮到毡毯。一位正在掏怀中的藏花，一位已打开包巾，一位在拿包巾圈起的花草，一位已高举她的选择，而最后一位右手挥扇，一手摇着表示退出竞赛。这幅很似唐宋宫女行乐一类的图画，作者似回忆太平盛世的闲情雅趣。

此顷，他又画《折梅仕女图》轴，纸本，设色。款云："庚寅秋老莲洪绶画于眉舞轩。"那是在林仲青的宅中。一位夫人持扇前行，两侍女后随，一持折枝梅，一捧朱盘，有瓶梅及水盂。全无背景，婀娜的美人以累高的位置示出空间。在高古游丝描的轮廓及衣纹中，细腻的图案似一首艳诗的辞藻，吟咏出绮丽的氛围。设色素雅：仅用淡墨浅朱，却蕴含五色缤纷的感觉，正配梅花暗香浮动的韵味。

也在那个时候，那个地点，他作《李白宴桃李园图》轴。绢本，设色。款云："庚寅秋溪山洪绶画于眉舞书屋。"画中的主要人物是李白（701—762），坐在椅子上，左手伏膝，右手持笔蘸墨，面对大石案上的白纸。他的从弟一坐在石上，手握如意，好像在那里思索。一在石案前正欲吮笔，左手按纸，似即将写出诗句。另一位在移动椅子，可是注视下面四个僮仆：一坐在地上煽炉煮酒，三个各捧一件食品走来。除人物外，全画的特色是桃李两株，高插云霄。李树在前，枝干用干笔皴擦；桃树在后，枝干用浓淡墨勾勒。两树都是疤痕百结，饱历风霜，扭折入空，花叶荣茂。云纹用细笔套勾，似流泉的漩涡，迂回变幻。石案前后两座立地的铜烛台，莲花托，怪兽座，非常精致。这些富于自然及人工纹彩的细节，点缀那李白《春夜宴从弟桃花园序》（一作《桃李园》）中温煦的"烟景"，灿烂的"文章"。[56]陈氏晚年诸法俱备，风格鲜明，可以针对主题，恰当地配合各种笔墨的运用及构图的方式。这幅画是很好的例证。

这一年十月，他画《水仙》金笺扇，水墨。款云："庚寅孟冬与张展老、荆丝老

斗草图　绢本设色　134.3厘米×48厘米
1650年　辽宁省博物馆藏

李白宴桃李园图　绢本设色　155.8厘米×73厘米
1650年　翁万戈藏

适公治（两字似改过）道友天香邸中朋酒之会画此。兵戈中得此良少。洪绶。"粗笔写水仙、竹石，是即席挥毫之作。

辛卯（1651年）四月，作《三处士图》卷，绢本，浅设色。并写五言古风题画后。款曰："辛卯孟夏送绮季弟之扬州，迟。"先作墨梅一株，然后是菊花与水仙。菊以写意之笔勾花，略敷紫色，以没骨法用绿色绘叶。水仙全用细笔勾勒，淡墨烘染，花朵也由淡墨托出。自题长诗中说明这三种花代表三位他倾慕的古人——"梅妻鹤子"的北宋隐逸诗人林逋（967—1028），爱菊嗜酒的东晋田园诗人陶潜（渊明），及善画水仙的南宋高士赵孟坚（1199—?）：

> 君将苏州去，随风往扬州。我独还茅屋，岂曰无朋俦。情理颇可语，书画谁与谋。岂不能伴君？笔札作浪游。老友十数人，招我归故丘。饥饿分一饭，风雨蔽一庙。可不感其意，远去卧矶（点去）樊楼。元时赵子固，宋时先世侯。曾画二处士，雪夜悬床头。用以讥其弟，北面蒙古酋。人各自成立，何用相深求。我非赵子固，然爱其风流。画此三处士，与君相绸缪。渊明之好酒，一杯酹石头（两字点去）芳洲。林公之好鹤，鹤唳闻高秋。王孙之好画，泼墨观龙舟。君品最相似，中心又相伴，对此弟痛饮，思归解我忧。忧忧一老秃，学佛无咨诹。[57]

他的花木竹石，常赋以人格或象征性，发挥这种传统中，尤其喜欢梅、水仙、竹、菊、萱草、松树，但从不画兰。为什么？不可解。

这一年的中秋节，他为当时一位画友沈颢（1586—1661年尚在）[58] 作《隐居十六观》大册。纸本，白描淡着色。款云："辛卯八月十五夜，烂醉西子湖。时吴香扶磨墨，卞云装呗管授余，乐为朗翁书赠。洪绶。"朗翁即沈颢，字朗倩、石天；他与卞赛（云装、玉京）都是画家，而卞是一位女道士。画前有四页自题：一、标目："隐居十六观——（十六项见后，不赘）枫溪洪绶标记。"第二、三、四页有七言绝句二首，五言绝句一首，及小词一阕，前录款识就在小词之后。兹录诗词如下：

> 老莲无一可移情，越水吴山染不轻。来世不知何处去，佛天肯许再来生。
> 贫儿劣得买秋光，一片猪肝酌草堂。着意欲忘离乱事，重阳不见报重阳。

三处士图
绢本设色
23.2厘米×137.2厘米
1651年
翁万戈藏

《隐居十六观》之《缥香》

《隐居十六观》之《品梵》

隐居十六观（二十页）　纸本设色　每页21.4厘米×29.8厘米
1651年　台北故宫博物院藏

《隐居十六观》之《谱泉》

《隐居十六观》之《浣砚》

擘阮秋溪月，吾生自可为。难将一生事，料理水之湄。

山水缘，犹未断，朝暮定香桥畔。君去早来时，看得芙蓉一半。青盼青
盼，乞与老莲作伴。

第一幅《访庄》，款"老莲洪绶"，一高士坐地上读书，另一高士前立，俯身
与之谈，背后有绿酒尊。流泉在两人旁，潺潺不息。一说此为惠施访庄子，一说为
客访庄主，[59]都可释题，但不满意。全册以隐居为题，隐士是主角，每画是隐士
生活的一观。所以此幅立着的人是隐士，前来拜访一位临流坐读的朋友。如找不到
"庄"的含义，不必附会其为庄主或庄周。第二幅《酿桃》，款"洪绶"，隐士坐在岸
边老树弯干上，俯视扁酒尊，酒面浮桃花。隔水对面有山坡，近处有小石板桥，泉
流其下。葛洪《神仙传》有汉时仙人王方平饮余杭姥所酿百花酒的故事，而陈氏诗
中也有"吾家新熟百花尊"之句，可见这是既有典故又为自身写照之作。[60]（以花
酿酒是陈氏喜用的主题之一，见后。）第三幅《浇书》，款"悔老"，隐士坐枯木与
藤背构成的椅子上举荷叶杯饮酒，旁横大石案，上有扁酒尊及团扇。"浇书"指晨
饮。宋诗人陆游《春晚村居杂赋绝句》之五："浇书满把浮蛆瓮，摊饭横眠梦蝶床。"
自注："东坡先生谓晨饮为浇书。"宋赵与虤《娱书堂诗话》卷上："东坡谓晨饮为浇
书，李黄门谓午睡为摊饭。"[61]这幅隐士的服装及面貌似通常画苏轼（东坡）的形
象，想陈氏用此典故。第四幅《醒石》，款"老莲"，隐士倚横石而卧，右手扶石欲
起，是初醒的状态。唐朝勋臣李德裕留守洛阳，在平泉置别墅，采天下奇花异竹，
珍木怪石，尤其喜欢一块"醒酒石"，他醉即踞之。[62]李德裕是出入将相的头号权
贵，虽然归隐别墅中，不是陈氏心目中的高人隐士，所以这典故不一定恰当。简单
的解释这幅是酒后扶石而醒，也无不可。第五幅《喷墨》，款"老迟"，隐士右手持
杖，左手在袖中负在背后，小童在旁捧水盂。两人注视前面大石块上铺纸一幅，上
绘行云，升自波涛。背后古松一株，女萝绕身，丝悬枝上。画意很像唐张彦远说：
"古人画云，未为臻妙。若能沾湿绡素，点缀轻粉，纵口吹之，谓之吹云。"[63]他
又记："烈裔，蹇涓国人。秦皇二年，本国献之，口含丹墨，喷壁成龙兽。"[64]这两
个典故合起来，可以合此幅所写。唐韩愈《谒衡岳庙遂宿岳寺题门楼》诗，形容南
岳衡山"喷云泄雾藏半腹"，[65]虽不是形容作画，但可以借咏隐士胸怀。陈氏心目
中的确切典故为何，待考。第六幅《味象》，款"洪绶"，隐士立大石旁看一手卷，

石上书及卷甚多，身后一小石，上披坐毯。南北朝宋宗炳《画山水序》开头就说："圣人含道应物，贤者澄怀味象。至于山水，质有而趣灵……"所以圣贤都乐于山水。[66] 卷上可能是一幅山水画，隐士正在聚精会神地体味其中妙趣。第七幅《嗽句》，款"悔迟"，背着观者而坐的隐士，左手举杯，右手抱阮（弦乐器），旁一酒瓮，中有一勺。头上束发冠，插一黄菊带叶，酒杯施淡绿色。"嗽句"的意义，就是饮酒赋诗。可是那只乐器——汉代的琵琶到唐武则天时称为阮咸的，令人想起三国魏末的"竹林七贤"中精通音律的阮咸。他善奏此乐器，遂用其名。[67] 可是阮咸不以诗名，没有留下一首诗，所以画中人不会是他。第八幅《杖菊》，款"迟老绶"，隐士持杖前行，杖首挂着一枝菊花。与菊花最有关联的是陶渊明，但此幅人物不似陈氏描绘的陶靖节形象。画中人持着藜杖，而诗中用"杖藜"处很多，杜甫、苏轼都可能因此受到考虑。但苏轼也自有传统形象，与此不同，而且画题是"杖菊"，并非"杖藜"。其实此册不一定幅幅有典，有时用一个综合观念，也无不可。第九幅《浣砚》，款"洪绶"，隐士盘膝坐树下，右手持砚，左手持绵巾状物，旁一大扁水盆，中泡另一砚。溪水绕三面，有小泉注入。北宋魏野（960—1019）好吟咏，不求闻达，其诗《书逸人俞太中屋壁》有"洗砚鱼吞墨，烹茶鹤避烟"之句，[68] "洗砚"或作"浣砚"。这个典故很恰当。著录上有陈氏画《洗砚图》扇面，[69] 所以这也是他晚年喜用的画题之一。第十幅《寒沽》，款"迟老"，隐士持杖提壶，披巾戴笠，面对两株枯枝老树，其间可见寒泉注入树后的水湾。远处树干多株，即隐士将穿过的寒林。唐末诗人杜荀鹤（846—904）《冬末同友人泛潇湘》诗有"就船买得鱼偏美，踏雪沽来酒倍香"之句，[70] 此幅虽然没有雪，诗意颇合，只是杜荀鹤晚年投靠朱温，时论所惜，绝不是陈洪绶心目中的高士，如果《寒沽》有典，当另有所指。第十一幅《问月》，款"莲子"，隐士坐树下，仰首指天，前有流泉，后有酒瓮，而月在画外。问月之诗，不止一家。李白《把酒问月》诗，有"青天有月来几时，我今停杯一问之"之句，[71] 与此画题相合。苏轼《水调歌头》一词，有"明月几时有，把酒问青天"之句，[72] 亦合。第十二幅《谱泉》，款"莲子"，隐士坐石上，右手举杯，左手抚壶盖，其旁正在煮泉水。隐士前流泉如阶，层层下涌，可闻其声。谱泉自唐陆羽（733—804）[73] 著《茶经》，历代嗜茶的文人雅士，都重视泉水，而陈氏的好友张岱，也是非常讲究品茶谱泉的人。[74] 陆羽隐居著书，行野诵诗，诏而不就职，是入陈氏画中的人物。第十三幅《囊幽》，款"老莲"，戴着幞头的隐士安坐席上正在用带绑起入囊的琴。身旁一捆书卷，一只酒杯，一座酒樽。元傅若金（1304—1343）《送金华王琴士还山》诗句云："年少金华客，囊琴暂出山。"[75]"幽"的含义甚广，《幽兰》是古琴曲名，白居易《听幽兰》诗句云："琴中古曲是幽兰，为我殷勤更弄看。"[76]而奏琴或听琴可以发思古之幽情，出心中的幽愤，致诚意的幽款，诉深沉的幽忧，抒静雅的幽致，而幽人囊幽，是因为世无知音而绝弦呢？[77]是暂时停乐，举杯痛饮呢？还是有出山之意？第十四幅《孤往》，款"迟老"，隐士头戴束发冠，手持透明纨扇，独立踟蹰。最显著的诗句是陶渊明《归去来辞》中的"怀良辰而孤往"，但这人物的形象不似陶公。汉张衡（78—139）《思玄赋》云："何孤行之茕茕兮，子不群而介立？"[78]他觉得灵鸟独栖，善人少合，所以孤行茕茕。陈氏画的是谁，虽然难定，但大意总是幽人特立独行，自往自来，如寂寞的孤鸿。第十五幅《缥香》，款"老悔"，美人坐石上读书，前有流泉，后有丛竹。此画令人想起他乙酉《杂画册》中"天寒翠袖薄，日暮倚修竹"的诗意。艺术家的作品都反映他内在的及外在的生活，这《隐居十六观》中包括美人一幅，因而有一说这即是陈氏之妾胡净鬘。[79]"缥"为淡青色，古用缥色丝织品作书套，故书卷一称"缥帙"；[80]而书香或即"缥香"。但"缥"同"飘"，飘香之义更洽。第十六幅《品梵》，款"洪绶画赠石天先生，时辛卯中秋"。两僧跪坐，其前各有一案置经。一僧注视经文，一僧持经旁顾，似有所得愿与道侣共之。"品"有品尝、体味、辨别、鉴评、观赏等含义，"品梵"当即研读佛经。两僧互相切磋，正合画题。是哪两位高僧？貌似罗汉，难于断定。虽然陈氏不是真能皈依佛法的人，但佛法已经是他生命中不可分离的因素，与诗、书、画、醋饮、红裙、山水、草木及朋友都反映在隐士生活中。"十六观"之典出于《观无量寿经》。[81]隋释慧远对此经的《义疏》说："系念思察，说以为观。"经中有十六观，陈氏乃借之以为题，但与其内容并无关系。此册以《品梵》作结，颇似承认这一笔借用题名的债。至于画法，十六幅基本上全用白描，他"惜色如金"，只在发生最大效果的地方略施浅淡的丹青，而达到秀雅的境界。举几个例：《酿桃》的酒樽加淡绿，桃瓣染浅红，土坡烘淡黄绿；《啾句》的酒杯淡绿，隐士发间黄花绿叶；《孤往》的纨扇稍染淡绿，别无彩色。用笔则主要是高古游丝描，间以柳叶描少许加入，增加衣纹的质感（如《访庄》《酿桃》《杖菊》及《孤往》），其圆劲自然，高古雅逸，是其他明代人物画家无法超过的。

　　同一年的九月，陈氏作《博古牌》，通称《博古叶子》。他根据汪道昆（字南溟，安徽歙县人，嘉靖时进士）集古的标目题赞，画了四十八幅人物故事，本来为了自己"刻此聊生"的，后来友人丁秋平之子病笃，他为其向戴茂齐借钱买药，就将这组画赠给茂齐了（见后《春风蛱蝶图》）。前有自题："廿口一家，不能力作。乞食累人，身为沟壑。刻此聊生，免人络索。唐老借居，有田东郭。税而学耕，必有少获。集我酒徒，吝讨康爵。嗟嗟遗民，不知愧怍！辛卯暮秋，铭之佛阁。"一直到陈氏殁后，顺治十年才刊行。刻工黄建中（子立），是徽派版画杰出代表黄家的一分子。他的祖父黄应瑞，父亲黄一彬，叔父黄一中都是名手，[82] 而他在1638年，曾刻陈氏的《九歌图》，到了1653年，在陈氏去世的次年，他又刻这一组《博古叶子》。刀法精湛，使人看出原作造型用笔之妙。此册实为酒令牌子，故每张左边都有令，如"老健者饮""姓名草头者饮""美好者饮"等等。全册前有陈氏自题"陈章侯画博古牌"一页，自题四言十六句诗代序一页（诗录于前），首行为："汪南溟先生博古页子，陈洪绶画。"画在线框中，上有牌目，自"无量数""万万贯"等至"一万贯"为一组，隔以"金孔雀"，然后自"十百子"至"一百子"为一组，隔以"玉麒麟""空汤瓶"及"半鹜钱"，最后自"一文钱"至"十文钱"为一组。框外右边书人物名及题赞，框外左边即酒令。每幅题字皆陈氏所书。汪南溟所选人物，春秋战国到秦汉之际者十七，汉二十二，晋唐九，其主题是富贵贫贱和人格的交互关系，其表现的哲学是司马迁的道家客观思想及孔门的儒家主观思想。前者如太史公《货殖列传》的观察："富无经业，则货无常主，能者辐辏，不肖者瓦解；千金之家比一都之君，巨万者乃与王者同乐。"后者如《论语》所记："子贡曰：贫而无谄，富而无骄，何如？子曰：可也，未若贫而乐道，富而好礼者也。"陈氏晚年生活在贫困中，有时受到阔朋友的礼遇（如林仲青），有时与穷朋友互相帮忙（如丁秋平、戴茂齐），有时要严拒权贵的颐指气使（如大将军抚军固山），有时体验世态炎凉的白眼待遇（如所谓老友因他赤贫就不示以王蒙画），所以这套《博古牌》中极其丰富的人生百态，使他借以流露一生中无限的感慨。这是距他去世约一年前的总结性作品。从盛气凌人的吴王濞、天宝五侯到穷困已极的王章、于陵仲子，他都能刻绘入骨。有的画面背景具备，有的全无背景。鸡、犬、牛、羊都见得到，而且有他那不常画的动物——马。可是其中最美的两幅是：陶渊明——闭目而坐，有酒有菊，似睡似醒，及杜甫——坐在石上，两目注视手中一钱，牌目是"一文钱"，题赞是"囊空恐羞涩，留得一钱看"。这两位千古大诗人，陈氏心中有隽永的形象，手中才写出精妙

春风蛱蝶图　绢本设色　24.6厘米×150.9厘米　1651年　上海博物馆藏

的笔墨。册后有唐九经题一叶，癸巳（1653年）款；及汪光被跋，无年月。唐为陈氏老友，1649年曾题陈氏所作《生鲁居士四乐图》。汪光被不知何许人，待考。[83]

　　十月，陈氏为戴茂齐作《春风蛱蝶图》卷，绢本，工笔设色。卷末题云："辛卯暮秋，老莲得（点去）以一金得文衡山先生画一幅，以示茂齐，茂齐爱之，便赠之。数日后，丁秋平之子病笃，老莲借茂齐一金，赠以资汤药。孟冬，老莲以博古页子饷茂齐。时邸中阙米，实无一文钱，便向茂齐乞米，茂齐遗我一金。恐坠市道，作此酬之，以矫夫世之取人之物，一如寄焉者。"高士奇在戊寅（1698年）二月十日有跋，其中说："跋中所谓丁秋平者，名良卯，精篆隶，能诗，甘贫以老，与先业师蒋二庵交，因与余为忘年交。老迟不问生人产，往往以笔墨周人之急，其所自跋可见也。"首段一鸟栖双钩竹上，后有老梅数枝，继以水仙一颗；一蝶附水仙叶背上。第二段即末段，较短，在突起的石前有桃花一枝下垂，大蝴蝶飞来采花粉。卷首有康熙己卯（1699年）九月廿三日高士奇题七绝二首，并云："去章侯作此时四十九年矣。"画成于章侯去世之前一年，而笔墨苍健，精神处处顾到，毫无衰态。水仙与孟夏时作《三处士图》卷的水仙相似，题字也与该卷的长诗题字同一风格。以此看出，陈氏一直到接近生命终了，仍保持其眼与手的灵活运用，各种笔法的错综配合，及其独特作风的自然展出。在最后分析的时候，不能忽视他的性格及情感——不惜精力，不计报酬，为好友尽自己的才能创造，死而后已。这是"另一度空间"，在他晚年的书画中，有相当的反映。

陈洪绶画迹存世有年款者，最晚的一件是《人物通景屏》十条，绢本，设色。主题是群仙祝寿，人物众多，场面宏大。自左至右，十条可分三组。第一组——一、二两条，是前奏，有云端比较次要的仙人侍从，包括一位乘龙者。第二组——三、四、五、六、七，共五条，是主要部分，中心人物高坐石上（第五条），眉目秀逸，气度轩昂，头戴莲冠，手捋长须，背后侍女四人，或持伞盖，或抱囊琴；陪坐者左为寿星（第四条），面容清癯，头大如瓜，后有一女持幡，一幼女执扇，而一戴幞头之青年双手捧匣，鹄立瞠视；右为一学士型长者，手持灵芝，头戴风帽，其后侍女有举扇者，有捧瓶者，有端盆景者。这三位的面前有一石案，上置铜鼎、铜瓶、灯盏、果盘等，其侧有一立地大铜瓶，中插盛开的荷花。三位的左翼是一组送礼的仙众（第三条），而右翼（第七条）有一持杖戴头巾的男仙及一高髻盛装的女仙，似为仅次于当中三位的重要角色。第三组——八、九、十这三条是结尾，高大的湖石为主，填空的人物零散分布，有趣的是末条的四小儿，聚为灯戏。此外，在第五、六、七、八这四条的下半，可以看到民间熟知的八仙。全景中除首尾的巨石外，象征长寿的老松极为显著：横贯前四条的是一株"卧龙"，遮过流泉，而两棵顶天立地的松分开了第六、七、八这三条中的人物，末三条中另有四五棵，大半只隐约可见。题款两行就在第十条中最后一棵松下："辛卯冬暮画于静者居，老迟洪绶。"这时已合1652年（一月十一日到二月九日）。此屏显然非娱己或馈友之作，通观气派很大，细察则笔墨及造型多精彩处，也多平凡处，想有精力未能顾到或门人协助的情况。值得寻味的是，在他即将离开杭州回到绍兴的前一月中作这样的巨制，不知是为了偿债还是为了急需？总之，清末的任熊（字渭长）、任薰（字阜长）兄弟及任颐（字伯年）无疑受了这种陈氏作品的深厚影响。任颐的传世名作《群仙祝寿图》通景屏十二条，可以算为嫡传。

（二）无年款的画

研究无年款的画，先以有年款的画为比较的指标，暂定其年月。比较的项目是：一、笔墨（包括设色），二、书法（自题），三、署名，四、图章，五、作画地点，六、上款，七、造型及构图，八、题材，九、他人题跋。一般说来，每估计为某一年作时，其可能性要包括上两年及下两年——即五年的范围内。有时可以比较肯定，缩小其限度的范围，甚至可以到某一年内。为方便及一律起见，仍分少、早、中、晚四期来叙述。

（一）少期（1598年或1599年—1615年）

少期作品只有一件，但非常重要：《龟蛇图》轴。约十二岁（1609年）作。纸本，水墨，仅龟、蛇之目、舌及龟口染淡朱色。画右边中部有"莲子"（白、扁方）及"洪绶"（朱、扁方）连珠印一枚，无款。此即玄武图，龟蛇交缠，两头相对，两舌相触。龟、蛇以工笔勾勒，鳞甲细密，渲染出实质感；背景以粗笔泼墨遍布烟云，增加气氛。龟甲在背及边缘有六卦，腹部有两卦，背上又有星纹，其中有九天魁罡举火前奔，雷火环之。画上诗堂有陈氏七世族孙陈遹声1918年长题，称原有陈继儒题赞，为虫鼠所毁，但他还能辨识重录。赞中认为本于吴道子。陈遹声云："……号称莲子，知为先生少年笔墨，当是过平阳水陆社，见吴道子真迹数十幅归时所作……"吴道子真迹久已不存，但相传的旧本很多，想陈洪绶可以见到仿制。笔墨虽然幼稚，但制作谨严，工粗兼施，匠心独运，精神奕奕，充分表现出他天赋的才能。此画发现人黄涌泉氏在《陈洪绶年谱》中置其于己酉（1609年）十二岁时作，应"虽不中，不远矣"。黄氏说："此或为遗世陈洪绶作品中最早的一幅真迹。"[84]则无疑义。（按，关于真伪问题，意见不一，故作者以专文讨论之，列为附录一。）

（二）早期（1616年—1630年）

这一时期可列入的作品有下述各件：

《水浒叶子白描册》三十六页，纸本，水墨。第一页《宋江》，款云："友弟陈洪绶为也赤兄写。"在画后有一页自题："苎萝陈章侯为也赤先生图于梧柳园之槎庵。"

水浒叶子白描册（三十六页）　纸本水墨　每页12.6厘米×5.3厘米　约1616年

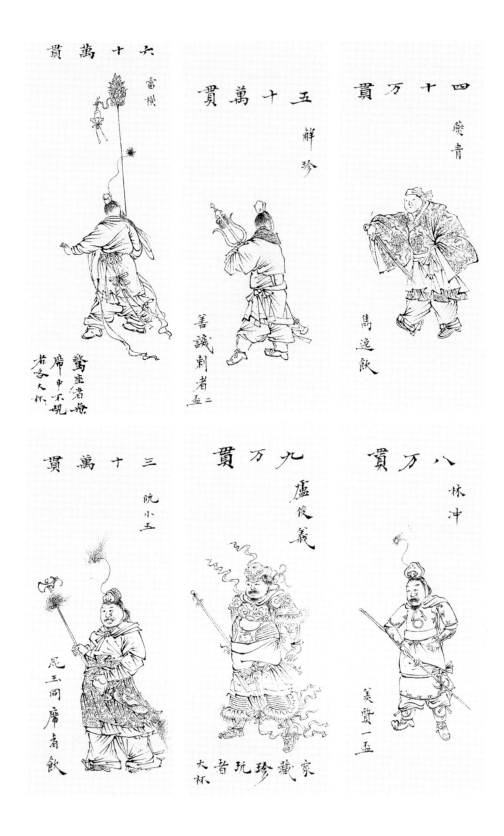

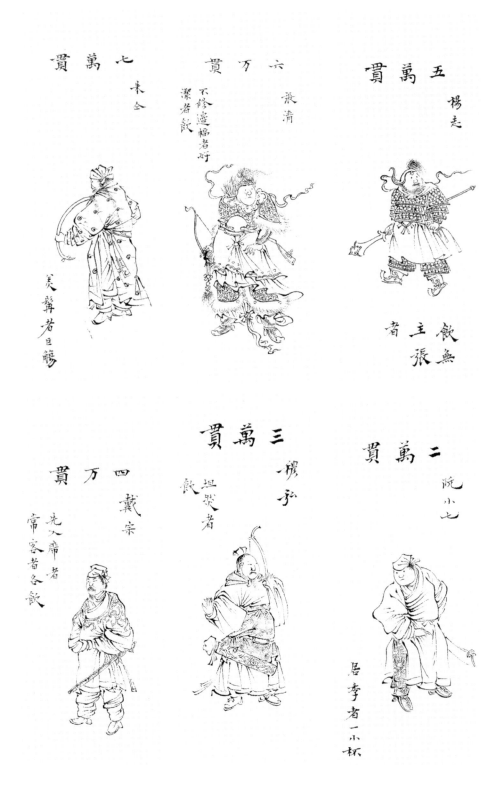

五
楊志

萬貫

飲無
主張
者

六
張清

万
貫

不修邊幅者好
潔者飲

七
朱仝

萬貫

寒舞者
巨觴

二
阮小七

萬貫

居李者
一小杯

三
燕青

萬貫

坦哭者
飲

四
戴宗

万
貫

先入席者
常客者各飲

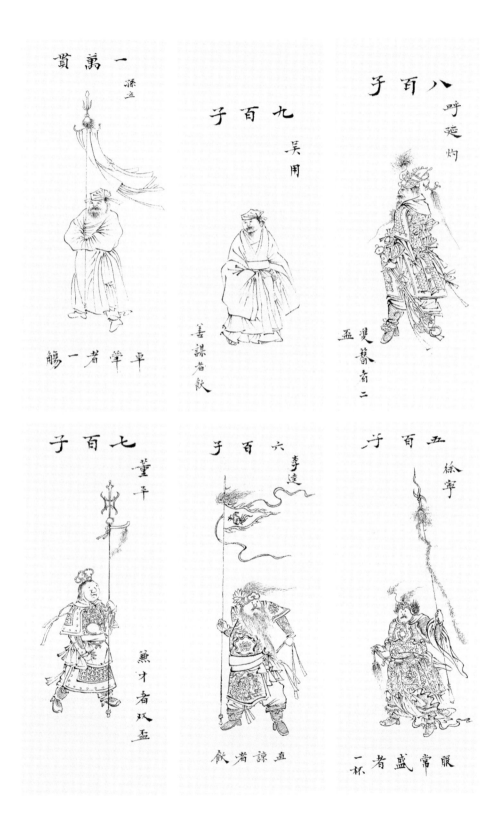

二百子 解宝

赏鉴大杯

三百子 张顺 哭水者饮

四百子 李俊 逢辰率生者市揽席者各饮

六文钱 刘唐 讳骗遇姓者饮

七文钱 石秀 散碎落清满者

八文钱 阮小二 厄弟同库者以盃

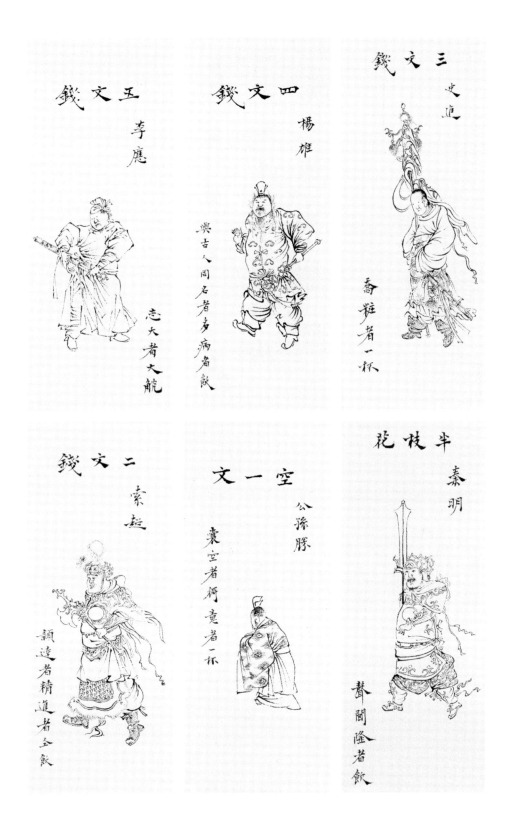

钱文五　李应
志大者大航

钱文四　杨雄
兴古人同名者多病者饮

钱文三　史进
乔粧者一杯

钱文二　索超
颖遈者精进者全饮

空文一　公孙胜
囊空者得意者一杯

半枝花　秦明
声闻隆者饮

水浒叶子白描册　自题款识

此册为酒牌，每页上横书钱数，再用小字书人物姓名及酒令，例如首页横书"万万贯"，直书"宋江"及"好施与者大杯"（此页有款为例外），皆陈氏手迹。后人史大成（生卒不详）又补画四页，凑足四十之数。据史跋，南宋龚开《淮阳文献志》载宋江事甚悉，有三十六人赞，其中不包括的柴进、扈三娘、樊瑞、朱武四人，即史所补。每页仅12.6厘米高，5.3厘米宽，所以人物都只高五到六厘米，用笔细劲，须发及衣服、甲胄、武器等细节，都一一勾绘，极见功夫。但是也有很多不足之处，如面目的特征，比较笼统；很多人的眼睛，如燕青、朱全、张清等，只是两个黑点；体态的造型，变化不大，如雷横与解珍，都用背面，而姿势近似；林冲的头与躯不配合，无英雄气概，而穆弘的右手画错了，大拇指应该向里，反而向外。此册约作于1616年前半，与同年秋冬间画的《九歌图》比，可以看出他进步之速。当然，不到二十年后，木刻行世的《水浒叶子》，就成为中国美术史上的一件名迹了！

《三松图》轴，绢本，设色。款云："洪绶。"三株老松，列为一排，由近而远。近松一枝斜下，较远的两松，上端为云雾所遮，略见顶梢。近松后有仅余残叶的小树，松间多石，地面遍布苔点及草本宽叶的被覆植物。此幅构图雄伟，树之远近关系有透视效果，笔法接近蓝瑛，尤其是石头的勾皴。毛奇龄说他曾请教过蓝氏，信然。[85] 署名的字体可与《早年画册》（1618—1622年）及《摹古册》（1619年）比较："洪"字第一横中断是1619年到1622年这四年间的特征。可定为约1622年作。

《五泄山图》轴，绢本，水墨。款云："洪绶。"上有高士奇康熙己卯嘉平十二月十八日（合1700年二月六日）长跋及五言古一首。高氏称山在金华、杭州、绍兴之间，而接近诸暨。"其山水奇峭，峰峦环列，怪石四瞰，枫竹蒙翳。五潭之水，泛溢悬流，宛转五级，故曰五泄。"他又考得谢朓（约464—499）曾在此采药，刁约（11世纪）亦尝游此，宋濂（1310—1381）及徐渭都写过游记。而且此山有七十二峰，两壁夹一壑，兼具幽、明之妙。为了把这样雄奇的景观纳入画幅中，陈氏用大胆的构图：自近坡崛起的大树，枝叶极密，树下可见最低一级的流瀑，一高士静坐观赏。树巅超过幅高的大半，其上怪石垒积，奇峰直冲画顶之外。悬瀑自石壁间下奔，没入树梢。全幅几无隙地，仅余右上一角，其中远峰如立屏，高低相间，泯入青空。山石多用折笔，以勾为皴，棱角百出，起伏不定。高树的叶子用直点，密而不乱，观之似在颤动。小树及远树则用横点作叶，相映成趣。可以说陈氏集北宋山水的气势，由李唐而唐寅的山石画法，董源繁茂的枝叶处理，而发展出他这精力四溢的新作风。至于成画的时日，当在1624年。据周亮工《读画录》说："家大人官暨阳时，得交章侯，数同游五泄，余时方十三龄，即得以笔墨定交。"那就是1624年。[86] 以署名"洪绶"的字体来看，虽然与同年所作《人物山水扇》上的署名"洪绶"不同，但其笔法及字的结构连得起来，而与以后（如丁卯夏即1627年所作花鸟一页）的署名笔法及字形则大不相同了。浏览他自1618年到1622年的一系列山水作品，看得出是正在吸收各种皴法及构图方式，并试验自己的组合与改变。《五泄山图》正适合这一阶段的创作动向，而且达到异常的成功。

在《陈悔迟无名父子奇迹》合册中，有两页似较同册有年款丁卯夏的花鸟为早。一为山水，绢本设色，款云："为客仙先生学写，陈洪绶。"双松立石岸上，其后有一茅屋环绕之院落，院中一人正在扫地；高峰隆起，瀑布如白练下垂，流经丛石入水；远瞩石滩数重，一小舟在望。皴法紧密，松针细集，有李唐风味。一为梅竹，绢本设色，款云："洪绶写梅花一枝为贺。"老干下倾，出一新枝上伸，数朵正开，蓓蕾不少。背后双钩竹，叶颇圆浑。以书法观之，或为丁卯春间之作。

《墨竹》小幅，纸本，水墨。款云："洪绶为琴台先生作。"一干斜出，秃梢；第二节上枝多叶茂；除两个枝头的个字叶外，余均为分字叶，写聚不写散，笔墨重叠处不滞不乱，极见功夫。题款的字体与《古木当秋》扇的单行款（扇上加题有丁卯仲冬年款）很近似，故定为约1627年。

《水仙灵石图》轴，绢本，设色。自题五言绝句一首："此花韵清冷，开与梅花俱，却如孤性客，喜与高人居。洪绶作与十八叔。"立石崛起，其后水仙一株。石上加粗点，先浓墨而后石绿。地上小草数丛。石头画法似得之蓝瑛。题字书法与《墨竹》小幅相同，故亦定为约1627年。戊辰（1628年）雪夜所作《水仙湖石》轴的题款字体与这两幅的款近似，但已略有陈氏1629年趋向张瑞图的笔意，所以这样排年月，似应适合。

《枯木竹石图》扇，金笺，水墨。款云："洪绶作于白马湖上与商老。"两石相连，突出于枯木前；干后墨竹数丛。用墨较润，书法与《水仙灵石图》之款极近似，当为同年之作。白马湖在萧山，陈氏岳父来斯行，号马湖，可能因地取名。

《棹云耶溪图》轴，纸本，设色。款云："棹云耶溪，开尊佳夜。洪绶。"近景为一小舟，高士坐船头观景，两舟人在船尾共语。中景丛树生石坡上。远景则坡上云遮林木，高峰突起，中悬飞瀑。其后有更高峰拱立，遥瞩天外。皴法甚奇，全是小山头积垒如鳞。近峰石隙画灌丛如草。陈氏早期常试新意，此又一证。题字书法与《水仙湖石图》款极近，故定为约1628年作。

《山水图》轴，绢本，设色。款云："洪绶画于清泉草亭。"近景有三重坡石，第二重为主，上有高树两株，其右者为松，是全画的重点。小树六七，环绕前后。一游艇出左侧，高士戴风帽，危坐船头。高松梢上，有远坡数重，后遥岑如屏。画法与前幅完全不同：构图较散，坡石、树木、远山等布满全幅；山石用折带皴，树木枝干四出，叶附其上，全不遮掩，似受董其昌影响。松针密集平铺，富装饰趣味，其余圆圈、三角及双钩叶与之相配，而间用粗苔及大米家点叶与之对比。题款字体与己巳暮冬（1630年一月）《墨竹图》之题相同，而且都是画于清泉草亭，所以应为一时之作。

《桃花松鼠图》一页，纸本，设色。款云："洪绶画于凤岗书屋。"按此画原称《寒鼠啮梅》，[87] 是图奇石突出坡上，松鼠在石顶嚼一小枝，石隙斜出梅花一枝，上有花五朵。梅花五瓣，其瓣圆，先叶开花，与此图相合；桃花亦五瓣，其瓣略有尖端，花与叶同时滋长，与此图不似。全画用秃笔写意，仅鼠毛略用细笔描出。着墨无多，而趣味不减。题字仍有张瑞图气息，但剑已入鞘，锋芒渐敛，当迟于己巳暮冬之《墨竹图》而相去不远，故定于约1630年中。

《花卉图》扇，泥金纸，设色。款云："洪绶画于借园。"秋葵占主要地位，布满全扇；两蝶左大右小，蜂亦一左一右。款题书法极似《桃花松鼠图》，应为同时之作。

《独往图》扇，金笺，设色。款云："洪绶画。"署款处被裱工挖补，印未动，仍在原处。想原款字颇多，被裁剩此三字，拼凑成新款。近景为河岸，石间老树两株，为全画重点。一戴风帽之老者倚杖前行，面临窄桥，跨过支流，以达此岸之另一角。在老树枝叶间，可见彼岸的山石林木，而其远角平坡上，有一小亭，亭前系一瓢舟。用笔湿润多折，皴法似唐寅——陈氏早期作品的另一面目。以署名的书法，及树石画法与前述《山水图》轴之接近，故定于约1630年作。

《枯木竹石图》扇，金笺，设色。款云："洪绶为逸生兄画于研阁。"两树一在石前，一在石后，深秋时光，叶余无几。石后疏竹数丛，自左右两侧伸出，表示不畏岁寒。笔墨湿润，潇洒遒劲，看来与《独往图》是同一年之作，亦定为约1630年。

《竹石图》扇，纸本，水墨。款为"洪绶"两字。左为奇石，右为墨竹。画石用笔曲折放纵，富于动态；画竹则笔肥墨润，端庄静穆。庚午（1630年）夏陈氏曾摹李衎（息斋）墨竹，此扇之竹叶似之。署名亦似1630年至1633年这时期的写法，故定为约1630年作。

《花蝶写生图》轴，绢本，设色。款云："洪绶画于灵鹫精舍。"枝头残叶已红，大蝶在上，小蝶在下，在大好秋光中翩飞。蝶用工笔，枝叶用没骨法，全幅精简，爽气扑人。题字与《摹李息斋墨竹》款之字体近似，其中"灵鹫"两字与同年《李告辰本北西厢》之"莺莺像"对页自题中"灵鹫"两字相同。灵鹫精舍在杭州，而1630年八月时，他因榜发未取，在杭州消愁，此幅想作于该时。

《梅菊图》扇，金笺，水墨。款云："洪绶为祗臣社兄作。"菊花居中，梅花一枝衬后，是写意之笔。似约1630年作。

《水仙湖石图》扇，金笺，水墨。款云："洪绶写于清凉林子。"水仙为主，叶子散出两翼。一石立于其右，荆棘数枝列后。款字与《花蝶写生图》题字风格一致，应为约1630年。

（三）中期（1631年—1644年）

这一时期可列入的作品就多了：

《梅石图》轴，纸本，设色。款云："洪绶画于柳桥书屋。"一座"品"字形的奇石屹立，其后老梅一株，干在石左，一高枝伸出石右，梅花不多，盛开者朵朵丰满。地表有野花杂草，侍奉梅石。用色很巧：石缝用浅赭渲染，得立体感，而其效果为白石；梅干用淡墨为底，上加浅赭，其效果为黑树；地面赭石较深，托出杂生花草之红、绿叶子及白花一朵，与枝上粉红色梅花相应，使全幅充满了生机。题款的字体，尤其是"书屋"两字，很像癸酉（1633年）《花鸟十开册》第八页的款："洪绶写于若耶书屋。"笔墨的精致亦与那画册作风一致，所以定为约1633年作。

《莲鹭图》轴（一称《荷塘蛙鹭图》），绢本，设色。款云："溪山老莲洪绶画于深柳读书堂。"莲叶、莲花及莲蓬围绕着一座涌出池塘的奇石峰顶，其下立在石座上的一只灰鹭，正在注视水面荷叶上的青蛙。两者的目光相对，局面相当紧张，使宁静的池塘一角，演出自然界的存亡戏剧。画石用粗笔，鹭、蛙用工笔，莲花及其他的花草介乎其间。用色非常俭省，青蛙身上的绿色，因此特别显著。题字书法，已偏向颜体，与《花鸟十开册》第九页"时癸酉暮春溪山老莲洪绶写"一款颇近，尤其是"莲"字在"车"下有一点，两款相同，当为同一年（1633年）之作。

《寿石图》轴，绢本，水墨。款云："溪渔洪绶画于深柳读书堂。"一石如山，自左角之矮石，连及中部偏右之高石，其上有双峰，右者耸出；石根小草遍地。此幅等于山水画，以勾为皴，层次紧密，气象峥嵘。淡墨烘染，质感甚强。作画地点也是"深柳读书堂"，书法同《莲鹭图》气息相连，可以说是同时同地之作。

《和平呈瑞图》轴，绢本，设色。款云："溪亭洪绶画于无见阁。"主要是两朵盛开的荷花及一片大荷叶插在大铜瓶中，衬以几种小花杂叶；瓶前灵芝及小石组成一盆景。这是一幅工笔重彩：白荷的瓣尖上，瓶中的小菊花及灵芝均用朱红，盆景中的小石用石青，铜瓶上赭、青、墨混成云雾状的古铜锈色，白花、绿叶、黄蕊、紫花……真是五色缤纷。以题款书法看来，可能是1633年作。

《芙蓉入镜图》轴，绢本，设色。款云："洪绶画于无见阁。"芙蓉及桂花各一枝，插入一铜瓶内，瓶身裹巾，其上有凤纹，凤头现于赭、墨、青、绿浑成的铜锈浅处。芙蓉花一朵全开，一朵半开，胭脂染瓣尖，白粉勾出筋脉，细致如真。桂花以粉加淡黄点出，有立体感。叶上略有虫蚀，在茂盛中含凋零意味，当是深秋时节。全幅既简洁又艳丽，是陈氏写生本领的显示。题款除首二字"溪亭"外，与《和平呈瑞图》全同。两幅应同时同地之作，即约1633年。

《醉愁图》册页，绢本，设色，此为《父子合册》的第一页。款为短简："复丧地数千里，其尚复言及此事耶！弟心幸局外薄田可耕，第虑红巾白梃起于吴越为盗粮也。此间尚有数日酣饮，定过我兄。朱家兄弟各道旨嘱笔致怀。宗老、燕老法兄各为弟道意。平老社兄我教。小弟洪绶。"张岱字宗子，其弟为平子，其友或族人为张燕客，想即陈氏所指者。此时他在诸暨，即绍兴，故作此画寄杭州张平子。画中高士，愁容满面，醉卧蕉叶上，左臂倚书册一函；身右有酒一坛，其盖半启，佛手一盘，清香四射。衣纹用游丝描，勾勒全部工笔。设色典雅：人面用赭，显系微醺；衣淡紫，领裤着粉；蕉叶以深浅绿相间作条纹，其边角烘赭略示焦枯；佛手绿身黄点；最富装饰美的是书册的锦套，用石青勾出云纹，石绿及朱绘书签重边。书套上用左袖半掩的空杯，加勾粉线，而套端露出书页，也以粉线描出，再加石青包角。画风已接近晚期，但书法与《和平呈瑞图》及《芙蓉人镜图》为一派，故定为约1633年作。以题中内容看来，这可以说是自我写照：面容虽非真像，其精神形态应该是惟妙惟肖。

《墨竹图》扇，金笺，水墨，款云："洪绶写似渭水辞长兄教正。"原上款人名被挖去，此"渭水"两字为后补，不似陈氏手迹。写意之作，寥寥数笔，若断若续。书法与画相同，笔足墨饱，字体圆浑，定为约1633年之作。

《花石蝴蝶图》扇，纸本，设色。款云："洪绶写于玉兰客馆。"叠石在左，萱花由石后伸出，一蝶掠花而过。字体与《墨竹图》扇可置于同时。

《水浒叶子》，木刻本。黄一彬（君倩）刻。现存四种刻本中，此为最接近原作的（详见本书附录二）。[88]画四十幅，每幅一人。框上端书钱数，右上角书人名及其绰号，左边书评赞。字皆陈氏手迹。人物排列次序并不按框端钱数，如一为"万万贯"，而二为"七万贯"，三为"二十万贯"等等。四十人物为：宋江、林冲、呼延灼、卢俊义、鲁智深、史进、孙二娘、张顺、李俊、燕青、杨志、朱仝、解珍、施恩、时迁、雷横、扈三娘、张清、朱武、吴用、董平、阮小七、石秀、安道全、关胜、穆弘、樊瑞、戴宗、公孙胜、索超、柴进、武松、花荣、李应、刘唐、秦明、李逵、顾大嫂、萧让、徐宁。张岱为此册写缘起，其引子说周孔嘉请张促陈氏画此，用了四个月完成。[89] 而缘起中更说明这是为了周济孔嘉一家八口人，因为陈氏"有索必酬，无求不与"。叶子有两种，一为纸牌，一为酒筹。陈氏晚年画的《博古叶子》，上有酒令，属于后者无疑，但《水浒叶子》上并无酒令，比较模棱，后刻的另一本上有别人添上"某某饮"小注，那就变成酒筹了。[90] 陈氏注重每个英雄的个性描写，不画背景，全看容貌、服装、姿态及动作。以画法而论，除了四幅用晚年最常见的高古游丝描以外，其余三十六幅多用折笔画衣纹，富于早、中期的风味。以叶子上的书法看来，很像癸酉仲冬《人物山水图》上的题款；而林冲、张顺、朱全、关胜等人的衣纹，同于该图中的高士。所以这套叶子，最可能是1633年到1634年间的作品。虽然是刻本而非原迹，但极为重要：一、在中国美术史上，独立创作一组个性极强的历史人物而达到特殊效果的，《水浒叶子》是显著的里程碑（宗教画若干罗汉像等与此性质不同）。傅抱石说得好："……画家只有通过较长期的广泛而深入的研究体会。心仪其人，凝而成像，所谓得之于心，然后才能形之于笔，把每个人物的精神气质性格特征表现出来。"[91] 这也证明陈氏除了研习儒家经典、历代诗文及佛教经义外，对通俗文学也深有心得。二、陈氏夸张畸形的人物造型（所谓"变形"），是基于表现其题目之精神气质性格特征，而不是标奇立异，专谋趣味，因此他的奇中有真，意中有情，他的想象显示出很强的说服性。这套叶子是陈氏人物作风的有力说明，而且解释了为什么他对后世有如此大的影响。三、陈氏利用传统的作画技法，适应题材：折笔与粗渴之笔可表现英武雄伟的气概（当然粗渴之笔不适于木刻），细圆之笔则用之于文士美人——呼延灼（武）和柴进（文）可为例证。晚期多用游丝描，则因为作风趋于高古。《水浒叶子》也是中国传统人物画法的一个丰盛的宝库。

《苏李泣别图》轴，绢本，设色。款云："溪山老莲洪绶写。"苏武在左，正面，右手持汉节，左手掩嘴，右脚向前，左脚欲起，身似欲转将行状。衣多破洞，背披薄布，褴褛如丐。两眼斜视李陵。李居中，侧身，举手掩面，不胜凄怆。着胡服，腰佩刀，衣冠赫赫。他身后有两从者，一持匈奴旌旄，双目下视，一捧物品，回首作不忍睹状。设色亦增强苏、李的对比：苏衣渲染，以墨色为主；李则褂子虽黑色而背有团纹，下身露红袍黑靴，通身权贵气派。苏持的节上毛色红绿相间，不减汉室光荣；李背后的旌旗纹饰华丽，色彩绚烂，表现匈奴盛气。苏、李泣别的故事，陈氏画了不止一本（见前有丙戌1646年三月十六日款《苏李泣别图》），[92] 他可能

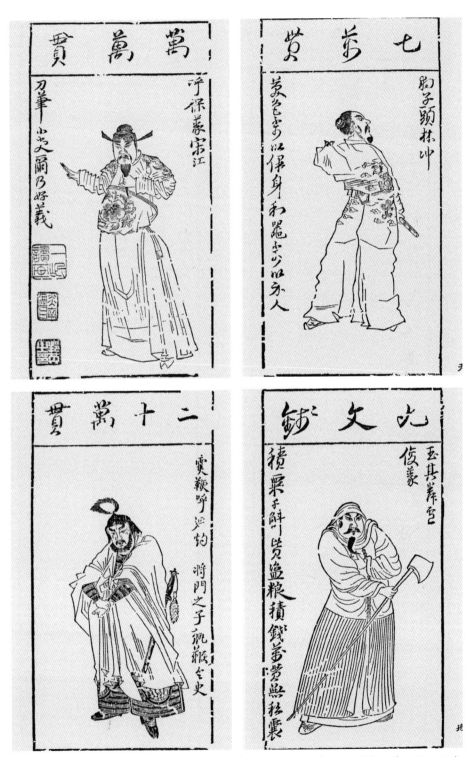

水浒叶子（四十页）　木刻　18厘米×9.4厘米不等　约1633年

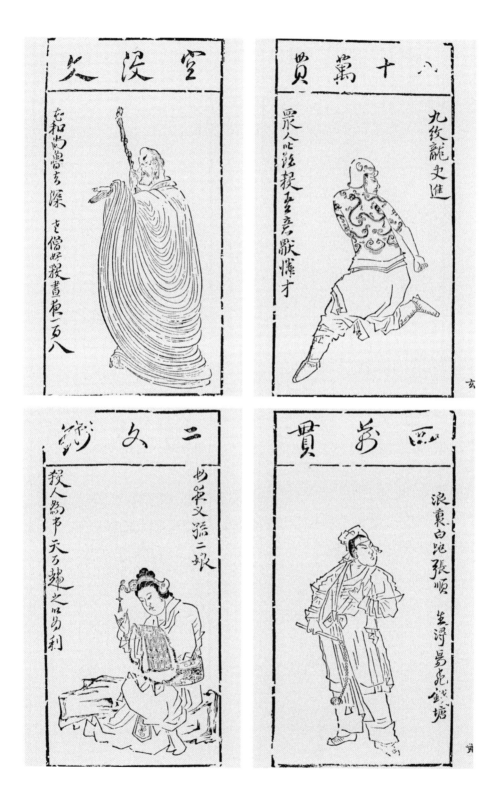

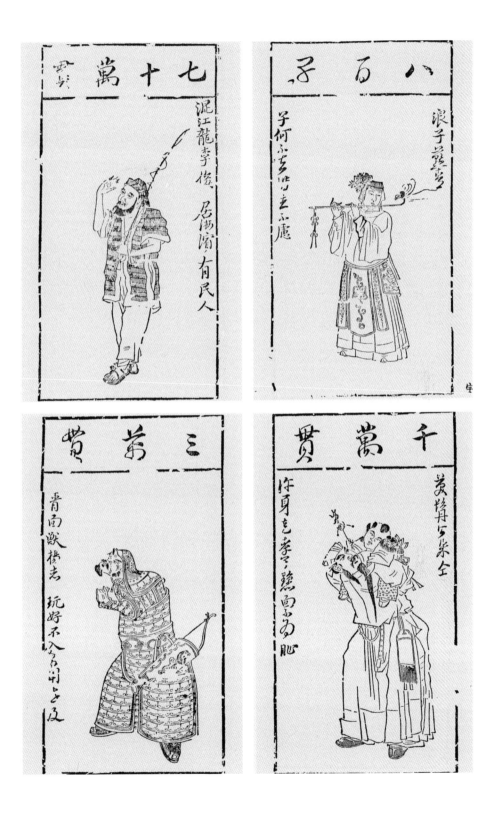

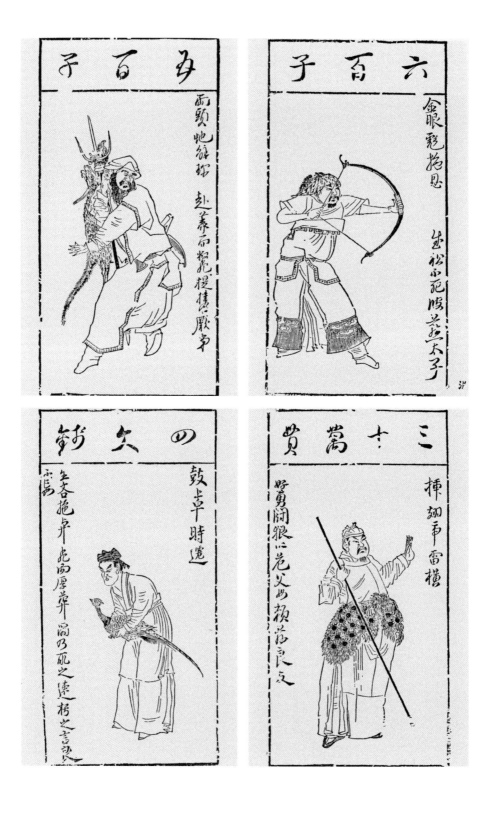

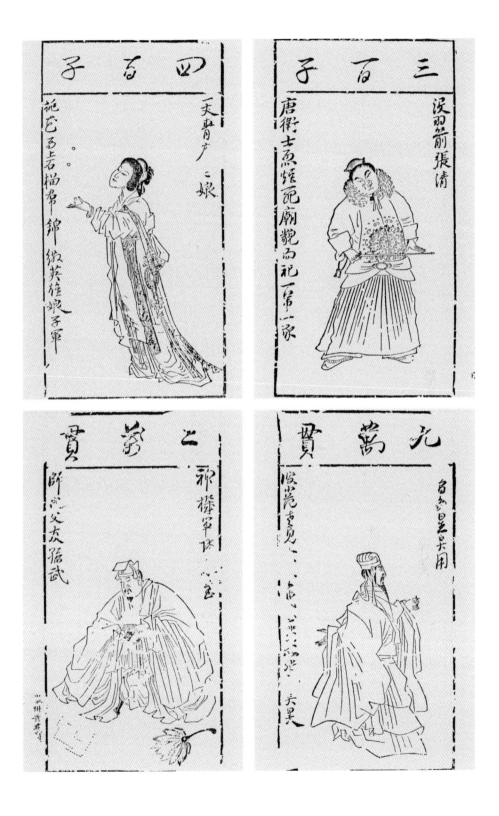

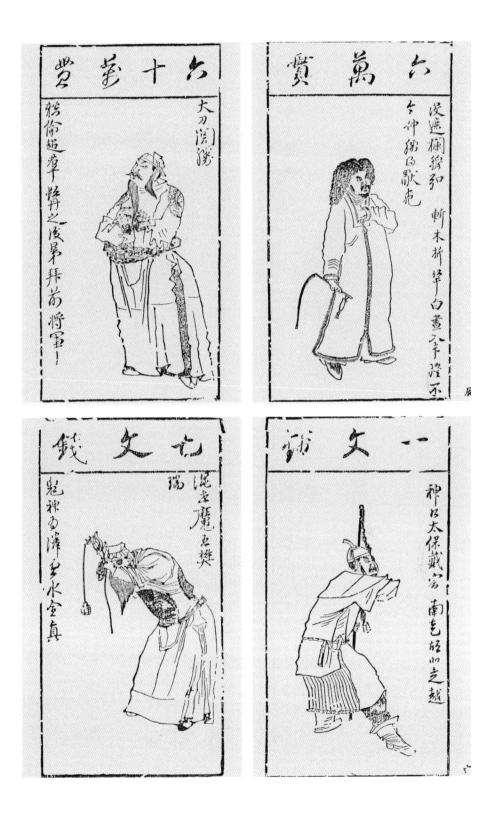

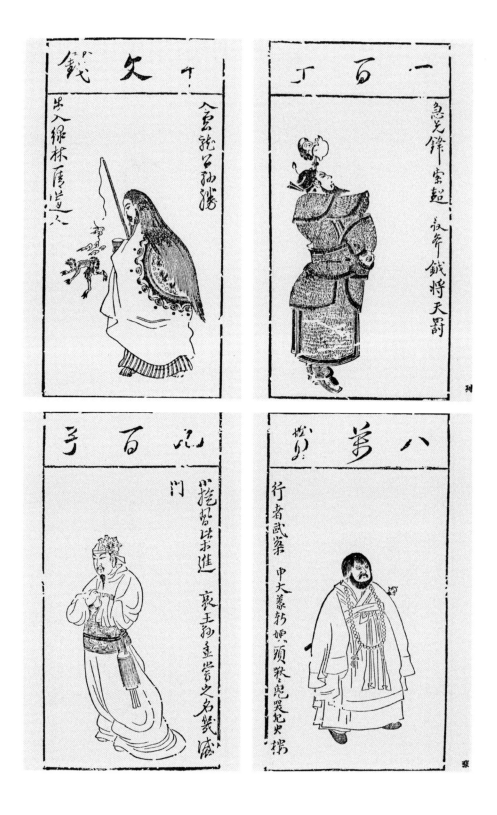

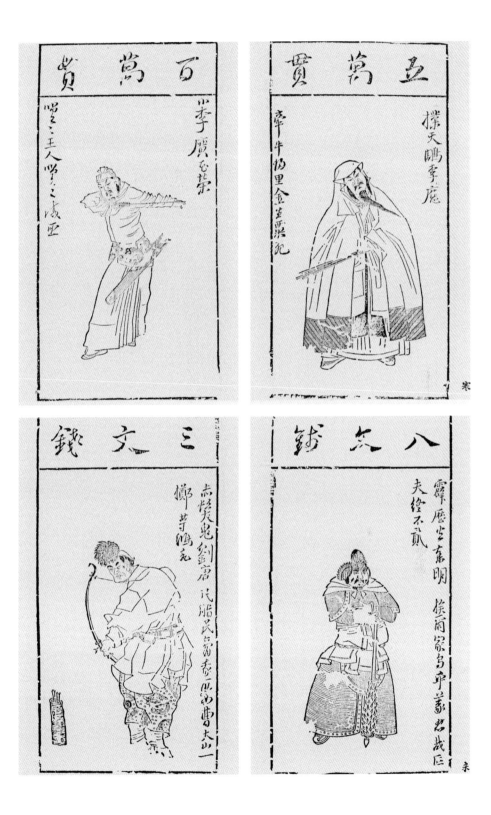

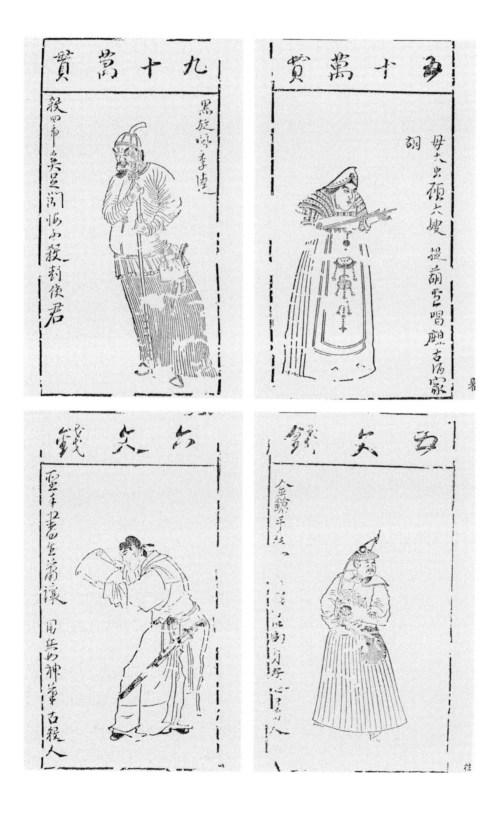

见过前人同一主题的作品，例如传为周文矩而实为北宋或辽无名氏的《苏李别意图》卷。[93]但此画构图、人物造型（包括服装、节、旌等）似乎全出于陈氏的意象，其胡人的概念接近于清。在精神上，倒很忠实于《汉书》的那一段描写：单于派李陵到海上（今贝加尔湖）为苏武置酒设乐，劝他投降，讲汉室对苏武的兄弟并不厚，家人存亡不知，"人生如朝露，何久自苦如此！"但苏武忠心不移。两人饮数日，武始终不变节守，宁死不降。陵见其志至诚，叹武为义士而自己之罪上通于天，因泣下沾衿，与武告别。后来汉昭帝即位，与匈奴和亲，派使臣求苏武归汉。那时李陵置酒相贺，一面赞扬苏武，一面自痛汉室曾族戮他全家，已无所顾，这一别真是永别。他起舞悲歌，泣下数行。[94]这幅画的应是劝降不成的别离，而不是苏武归汉的永诀，因为第二次时，单于必给苏武新的衣服，绝不会让他满身破絮。以画法看来，陈氏故意用折笔描绘苏武破衣的褶纹，棱角四出，现出难受的形状。这种夸张的手法，很近似他《水浒叶子》的作风（见前）。题款的书法已入颜真卿体的阶段，很像乙亥十一月朔（1635年）《冰壶秋色图》长题的字体，尤其是"溪山老莲"四字，故定为约1635年作。[95]

《荷花鸳鸯图》轴，绢本，设色。款云："溪山老莲洪绶写于清义堂。"池塘中奇石直立，向前微斜；石后荷花数梗，花叶俱茂；画上左角有小蝶紧随大蝶飞下，冲向最高的一朵荷花；靠右缘低处的另一朵花上，已经停着一只蝴蝶。一对鸳鸯，在石前的池面上；在雄鸟的旁边，荷叶上有一只青蛙。这是一幅富于宋代院画气息的写生作品，巨石以劲健多折的勾勒形成，花鸟蛙蝶则用细稳的工笔描绘。红、粉、石青、绿等颜色，构成艳丽的清夏园景。题字极似《苏李泣别图》款，实际上，头七个字两画相同，所以应该也是约1635年作。

《荷花湖石图》轴，绢本，设色。款云："洪绶画于昨梦庵。"荷叶半卷，遮住一段柱子般的直立瘦石。其后荷花三梗，中间的一朵将谢，另外最右一低梗上有未放的花蕾，而下右角藏着卷而未舒的小叶。这又是陈氏大胆构图、细心描绘的例子——其写生传神不减宋人，而偏倾取势开了清代非正统派各大家的路子。从题款的字体看得出这是约1635年的作品。

《松寿图》轴，绢本，设色。款云："洪绶写寿。"老松在画中部耸立，顶天立地。太湖石大半在松左稍后，其小部分在右。石后有双钩竹数竿，微云绕之。其旁有萱花一株，在松左伸出即将盛开的花朵。松石以较粗之笔写出，气势颇雄；修竹及萱草以工笔勾绘，平添秀色。用色俭省，松干染浅赭，松针的淡墨烘染上罩淡青，竹叶以淡青烘托，萱叶加浅绿，仅萱花上用深浅红色画出瓣上的纹彩及筋脉。题款字体似《冰壶秋色图》长题的作风，"寿"字草法与该长题中一"寿"字相同，故定于约1635年。

《双梅竹石图》轴，纸本，水墨。款云："洪绶画于清远阁。"画下半幅以石为主，似方块叠成，其下矮竹丛生。石后伸出老梅两枝，曲折而上，布满画之上半。近枝花朵勾出，远枝花朵则以淡墨没骨法形成，似另一种。这也是写意之作，而笔法布局，以复杂交互的动态取势，与前幅的简单凝重成强烈的对比。款书与《松寿图》轴同体，但比较拘谨，大概仍为约1635年之作。

《花鸟图》轴，绢本，设色。款云："洪绶写于五松阁。"一戴冠鸟栖枯枝上，前有太湖石，自地直起，至顶作九十度折前，颇似鹰喙。石后有花丛，用没骨法写；枝上多苔点，石上也略加苔点，通幅有萧索的秋意，仅鸟喙及爪上的朱红，稍添热闹。题款为颜体，类似《冰壶秋色图》，所以定为约1635年作。

《卷石山茶图》轴，纸本，水墨。款云："洪绶画于清沓阁。"山茶一株，沿全幅右边，自底达顶；其前一石孤立，不偏不倚，高及半幅；更前一小石沿左边，似幼童旁侍。笔墨洒脱疏简，是写意之作。款书与《花鸟图》轴同一作风，亦可定为约1635年。

《山水图》轴，绢本，设色。款云："洪绶写于溪山草堂。"高树三株，占近景主位。三树梢头，突出老松，傲视其左之悬崖，直指其右之高峰。隔江远山在望，江中帆船两艘。但画中最引人注目的是峰下飞瀑，一泻直下，渐流入近坡时，有亭阁架于其上，中有高士二人对坐。飞瀑上游，在松间隐见房舍，与河边小亭相通，其中高士坐眺。这是一幅可入可游的风景。树木、山石、泉流等都受蓝瑛影响，可见陈氏确曾从蓝氏学画，而后来对之亦师亦友。1635年《冰壶秋色图》上题字与此画款书法相似，想此画可能同时。

《花蝶画册》（一称《工笔画册》），八开，绢本，设色。一至七页，有印无款；第八页款云："洪绶画于七章庵。"全册除四、五、七三页外，幅幅有蝶，而且种类不同。用笔有敏捷轻快之感，着色清丽。款题与《荷花湖石图》轴同样字体，亦可置于约1635年。

《杨升庵簪花图》轴，绢本，设色。款云："杨升庵先生放滇南时，双结簪花，数女子持樽踏歌行道中，偶为小景识之。洪绶。"杨升庵（名慎，1488—1559）前行，自乐其乐，两女随后，一捧酒樽，一持羽扇。背景则在升庵旁老树一株，红叶半脱，三人前有湖石横卧，花草数丛。树石存蓝瑛面目，人物则纯属老莲。升庵心广体胖，宽袍大袖；女侍秀丽窈窕，佩饰优美。衣纹大体为游丝描，稍带柳叶描意味。杨升庵少时聪颖，十一岁能诗，1511年殿试第一，世宗立，任经筵讲官。嘉靖三年，因议朝廷大礼，激怒皇帝，受廷杖后，谪戍云南，居三十余年，死于戍地。传说他在泸州时，尝醉，胡粉傅面，作双丫髻，插花游行，不顾人笑。[96]此画即以此作题材。又升庵博学强记，著作等身。他能诗，广泛吸收六朝、初唐的精华，形成"浓丽婉至"的风格；又兼善文、词、赋、散曲、杂剧、弹词，是一位全能的文豪。[97]陈氏对这样一位风流人物，景慕之情，流露于笔墨。款题似《冰壶秋色图》字体，但更趋向后来化为长方形的结构，所以定此为约1636年作。

《对镜仕女图》轴，绢本，设色。款云："种桃三百树，颜色亦如之，莫向汉宫说，美人争自为。洪绶似天耳社长兄。"一美人持八瓣菱花镜立坡上，老树一枝伸出，覆美人顶，大石两块及小石三块在坡前水上。此美人的画法，从服饰、姿态到勾描，都像《杨升庵簪花图》中第二个侍女，而两图的题款字体也类似；树石作风，一样的受蓝瑛影响，当为约1636年之作。

《老妪解诗图》轴，绢本，设色。款题："此白香山诗解老妪图，洪绶每喜写此，自髫年至今，凡数十本；笔墨日积而道德日损，宁能对双荷叶而写欢乎？请（此处缺字）起翁老先生进三百觞。洪绶。"诗人在前，双目下视，作吟诗状，老妪后随，左手持白色板状物，右手指之。游丝描，衣裳敷粉，鞋端施朱而已。传"白乐天每作诗，令一老妪解之，问曰：解否？曰解，则录之；不解，则又复易之"。[98]陈氏喜画此题，至老不变，参见其1649年作《生鲁居士四乐图》卷，其第一乐即"解妪"。此轴题字与《杨升庵簪花图》一体，故定为同时，即约1636年之作。又"双荷叶"为贾收（耘老）之妾，苏轼尺牍答贾耘老云："贫固诗人之常，齿落目昏，当是为双荷叶所困，未可专咎诗也。"陈氏用此典故，意颇诙谐。[99]

《美人图》轴，此幅仅见黑白照片，但多半是真迹。款云："洪绶写于借居。"美人在右，回顾其后两女——一捧盘中花，一拈花嗅之。以款题书法看来，似去《老妪解诗图》轴不远。

《梅石山禽图》轴，绢本，设色。款云："洪绶写于清溪书屋。"太湖石两块，悬入画中，一自下左，一自上右，其间插入老梅一干，分为两枝，曲折多姿，一鸟长尾短喙栖其上。花朵敷粉，鸟羽石青，喙爪染朱，苔点上也加石青，梅干浅赭，全幅色不多而清丽。最引人注目者是树身的构造——由长短不同的节段组成。这是陈氏特殊的格式，不见前例。加以石形的凹凸多孔，阴阳向背交代又十分清楚，使画面通体明快。款题书法与戊寅秋《宣文君授经图》之题及该年暮冬《九歌图》题字皆有关联，想是约1638年的作品。

《仕女图》轴，绢本，设色。款云："洪绶写于梅花书屋。"一盛装美人持羽扇玉立，首微低，作沉思状；一女旁侍，双手捧铜瓶，中插盛开荷花一朵，荷叶一片，带穗苇梗衬托。细笔简洁，衣纹多折笔，不似晚年之圆畅。饰佩精致，富图案美。款题极似《梅石山禽图》，用印与己卯《摹李公麟乞士图》相同，故定为约1638年。

《观画图》轴，绢本，设色。款云："洪绶画于清远书屋。"书左一石直立，有头有肩，肩上挂山水一幅，高松远岭，寥寥数笔。其前观赏者两人，一戴束发冠，手举酒杯，张口发言，衣淡青色；旁一人戴风帽，拱手静听，衣浅朱色。后一僮仆，手捧大酒碗侍立。款书字体像《梅石山禽图》题，画石笔法及结构亦与该画近似，应为同时的作品，即约1638年。

《秋江独钓图》轴，纸本，水墨。自题诗："家有小山松几树，半生漉酒在其中。画此赠君君悟否？浔阳江上诉秋风。洪绶赠秋老盟弟之江右。"近景山坡上老松一株，旁有小树；江上一艇现于松枝间，坐独钓者。天际远山，横插枝梢。画风有董其昌意味，在陈氏作品中少见。似1638年至1639年间所画。

《竹石图》扇，金笺，水墨，款云："洪绶。"竹一枝，叶无几；石一块，苔数点；荆棘一枝又半。这是大写意，极疏简，署名与《仕女图》《观画图》《秋江独钓图》等数画相似，应是同时的作品。

《烹茶图》扇，金笺，设色。款云："洪绶写。"近景在左，石坡上茂松两株，其间小树二，叶满空隙。松右坡岸上，一座三角亭居中，高士两人对坐：红衣者以扇搧炉，浅赭衣者在左，小童旁侍。亭外一童双髻，手捧茶盘，松下一童挟琴前来。亭后芭蕉一排，亭前临水老树前倾。隔水石岸横列，青山白云，使眼光愈看愈远。全幅工笔多彩，青绿与浅绛并用，人物高不盈寸，但清晰可辨。折笔勾石，颇似陆治作风。署名书法与《秋江独钓图》轴、《竹石图》扇上题款及《宣文君授经图》长题均近似，定为约1638年作。

《山水图》扇，金笺，设色。款云："洪绶画似周臣社弟清教。"右角石上生高松一株，下有河岸，高士坐岸边，其后近松干处，一僮携酒随至。隔河岩石数堆，中有瀑流。树木六七，多半枝叶稀疏。两岸之间，露出远山石岛。着色极淡，松针染青，残叶带赭，石头淡青，石根浅赭，杂树略施青、赭、粉点而已。画石方折似陆治，画树疏落似王蒙，点用破笔，在石、岸、树身随意戳下，增加韵味。以题款书法观之，这也是约1638年。

《秋山会友图》扇，金笺，设色。款云："洪绶似周臣社弟清教。"近景有两棵大树，树下两人坐岸上，一僮抱琴走来。隔一巨石，有曲折的平坡通至右侧的树石远岸，及扇角的小亭一座。隔水一片山岩，树木丛生，石间瀑布两叠流下，冲洗乱石入河。山后青山如屏，起伏不断。设色淡雅，有的树叶略染赭红，展示秋光。款字与《山水图》扇同一风格，"绶"字用戊寅暮冬《九歌图》上陈氏署名的写法。戊寅孟夏，陈氏曾画《秋山图》扇题诗赠周臣，[100] 看来他不赠则已，一赠就是好几件。（日后他为周亮工作画，一年内也是送了一大批，见后。）《秋山会友图》应也是约1638年画的。

《蕉阴读书图》扇，金笺，设色。款云："洪绶。"高士交腿坐平石上，前有老树两株，后有芭蕉数棵。他左手持书，右手在袖中，但两目前视湖水，耳边流泉潺潺，自石坡下注。坡后青山淡抹，似有似无。此画用笔松闲，多润少枯。设色除苔点上加石青外，一切是淡青、淡绿、淡赭及蕉花上的淡红而已。署名的"绶"字，同《秋山会友图》扇的"绶"字写法相同，定为约1638年作。

《梅雀图》扇，金笺，水墨。款："洪绶似翼宸道盟兄教。"梅干自中部上伸，分为两枝：左枝抽出新生，开花颇盛，右枝截断处栖一肥雀，其尾下垂。枝干分节显著，是这时期的造型作风。"洪绶"两字写法，也合乎1638年到1639年的格式。

《斜倚薰笼图》轴，绫本，设色。款云："洪绶。"一艳丽少妇卧榻上，上身倚一半球形编笼，其中置一鸳形铜薰，正翘首听鸟语。一鹦鹉高悬架上，俯视少妇。架旁有木根矮几，上有一瓶盛开的木芙蓉，显示这在深秋季节。榻前一小儿正用团扇压住大黑蝶，两手扶扇上，全身前倾，是飞跑扑到的姿势。儿后一侍女蹲立注视，随时可以帮助。全幅主要是美人与鹦鹉对话的悠闲静态美，辅以小儿扑蝶侍女看护的动态趣味，极见构思之妙。人物衣纹用游丝描如行云流水，珍禽、花卉及器物则精描细勾，刻画入微。用色富丽而简洁，榻面毡毯的石青最为醒目，加上鹦鹉、花

斜倚薰笼图
绫本设色
129.6厘米×47.3厘米
约1639年
上海博物馆藏

叶及衣服上各种的绿色，花朵及小儿上衣不同的红色，器物上深浅的赭色，造成五色缤纷的感觉。少妇身披锦被，布满白鹤团纹，上部宽边之图案尤其紧密。她发中的首饰及宫绦上的玉佩，也是一笔不苟。在陈氏仕女画中，以意境、笔墨、着色、构图各方面来衡量，这幅均居上乘。以署名写法看来，颇似己卯（1639年）《摹李公麟乞士图》自书边款的"洪绶"，而美人的面容，又像那一年画的《张深之正北西厢记》插图中"窥简"的莺莺，因此定为约1639年，是他"中期"的精品。

《梅石图》轴，绢本，水墨。款云："陈洪绶写于溪亭。"巨石雄踞全幅下半，石后老梅突出，直达画端。用笔峭拔简括，大刀阔斧，勾而不皴，渲染出奇石身首两部的魁伟坚实。梅干曲折分节，但不似《梅花山禽图》中那样明显，是这种特殊格式的进一步发展。细枝用浓墨粗笔，不再双钩，更见古朴劲健。花朵用细笔描写，与粗浓的苔点对照。整体气势磅礴，是精力充沛、一气呵成的杰作。款题书法与《张深之正北西厢记》插图"双文小像"对页的自题相同，定为约1639年作，应无问题。

《提篮老人图》轴，绢本，设色。款云："洪绶写于柳花馆。"老人头戴笠帽，宽袍大袖，右手提篮，中盛一小壶，两裂磁杯，及花数朵。形态雍容，可能是归田园后的陶靖节先生。设色以袍帽之淡青为主，面容、小壶及鞋头的淡赭红及叶上墨绿为辅。衣纹描法近游丝描，笔工而洒脱。款字书法似《张深之正北西厢记》中单页自题，故定为约1639年作。

《阮修沽酒图》轴，绢本，设色。款云："洪绶。"阮修头裹巾子，左手提壶，右手持杖，杖头挂钱三串，红果累累。壶有提梁，铜锈则青绿朱赭，浑如云雾。淡青衫，内袖染浅朱，与红果之深朱相应；叶深绿，与壶上的青绿平衡；巾、带以淡墨渲染，上下招呼；头簪白花，与领圈之白及袍里翻出之白，有点醒全幅的妙趣。风自后来，衣袖飘举；两目下视，似不为尘俗所扰。阮修（270—311）好易经、老子，善清言，常步行挂百钱杖头，到酒店去独自酣饮，而家贫晏如。[101] 陈氏画的即这故事，但不是到店里喝，而是去买酒满壶，回家去享受。此画作风，与《提篮老人图》轴近似，想也是约1639年作。

《梅石蛱蝶图》卷，洒金笺，水墨。款云："洪绶。"开卷见奇石上重下轻，且向前倾斜，作探视状；其前有小石一堆，两蝶飞经其上。最后梅枝倒挂，伸向卷尾，枝头上翘，梅花盛开。笔锋洒脱，是写意之作。梅干曲折分节，与前述《梅花山禽图》及《梅石图》可以对照。名款同《梅石图》，应是一年中所作。

《诗画精品册》，绢本，设色。二十四页：半为画，半为题诗。画一，山水：近坡上竹林环屋，中有高士坐低案前读书；水绕三边，青山屏峙。小字款："洪绶。"书一，五言绝句《梦筠图》（详见本书"陈洪绶的书法"章，余题诗页同）。画二，山水：近岸高树下两人对坐，远景坡石两重，割断水面。小字款："门人陈洪绶。"书二，五言绝句《秋林论古》。画三，山水：峰岩自右上角斜下，左端有急流注入河内，坡石丛树障之；近岸左有石桥，高士持杖，童子抱琴，走向桥右的茅亭，亭后高松覆翳。小字"洪绶"款已残损。书三，五言绝句《松溪》。画四，山水：高松巨石在左，前有静水远坡；右下角一舟浮荡，高士坐船头回望。小字"洪绶"款在松石隙间。书四，五言绝句《放舟》。画五，米家云山，双峰间以白云，近处树下屋宇成村，平坡上一亭一桥，连接右下对面一角。小字款印全残。书五，五言绝句《山川出云》。画六，山水：左侧山崖横出枯树一株，上悬萝蔓；其下环水巨石间泊一小舟，高士坐船头弄阮。小字款："洪绶。"书六，五言绝句《秋溪劈阮》。画七，美女左手指间一蝶，右手持拂尘柄端；柄横肩上，麈尾在背后下垂，似微风中略扬。小字款："洪绶。"书七，五言绝句《美人手持蝴蝶放之》。画八，美人低首而立，似有所思；两手交叉，右执羽扇，左在袖中。小字"陈洪绶"款。书八，五言绝句《美人》。画九，大蝶居中，翩然降临；小蝶在下，似在避势；桃花一枝，自右伸入画幅。小字款："洪绶。"书九，五言绝句《桃》。画十，湖石屹立，菊花自左，辅翼石后。用笔劲健，花叶皆写意为之。款云："洪绶。"书十，五言绝句《菊》。画十一，水仙一棵，前有两石，左高右低；笔墨造型，都很疏简秀逸。款云："弟子陈洪绶。"书十一，五言绝句《水仙》。画十二，盛开的荷花一朵，布满全幅，一角荷叶，在左下作衬。勾笔细劲，惜墨如金，无疑的是由色彩赋以富丽的风姿。小字"洪绶"款。书十二，五言绝句《荷花》。综观全册，书画配合，署款恭谨——一页自称"门人"，另一页自称"弟子"，多半是送呈许夫子之作（见下述的《松溪图》扇）。《宝纶堂集》卷九有《上许师》一首：

羞将诗画得虚名，知我先生是百城。此去万峰千嶂里，藏修期不负先生。

许师姓氏生平待考。此诗似为庚辰（1640年）启程北上时所作。以此册的画风、书

红莲图
绢本设色
177.5厘米×52.5厘米
约1640年
故宫博物院藏

法及名款观之，想系 1639 年作。

《松溪图》扇，金笺，设色。款曰："门人陈洪绶、祁鸿孙恭上许夫子，洪绶写。"扇左是石坡高树，其中乔松一株，占全画重心；一湾秋水，环以对岸曲折的石坡及丛木；小舟在右下角，高士闲坐船头。瀑练沿扇面左缘冲下石隙。这幅山水的作风与《诗画精品册》前数页山水一致（第五页山水是米家画法，除外），都是近于陆治的勾皴，岩石多棱角，但陈氏笔法更简逸疏放。册与扇应为同时的作品，送呈同一位老师许夫子。祁鸿孙为祁彪佳长侄，字奕远，为洪绶挚友，此时同学，附名赠扇。

《梅竹图》扇，金笺，水墨。款云："洪绶。"老梅一枝，自左角斜出，几横贯全扇。右角墨竹自下而上，竹叶以饱笔浓墨写之。梅干仍分节构成，细枝则单笔勾出，画法类似前幅。署名"绶"字最后一捺终于微折的一顿，似 1639 年作《摹李伯时乞士图》己卯秋梢款的"绶"字，当为同年所画。

《古梅修篁图》扇，金笺，水墨。款云："洪绶写于溪山草阁。"古梅悬空而下，分为两枝，一较粗在前，成为挂钩而断；一较细在后，斜伸横展。其次画家又在粗枝后加上一小枝，以平衡那向右的长臂。墨竹数笔，配在左角，不过作个陪客。梅枝粗的部分只略见分节的痕迹，是这特殊格式发展的最后阶段。款字书法与《梅竹图》扇相似，"绶"字写法同于《梅石图》轴的署名。是稍晚于《梅竹图》扇的作品，但可能仍在 1639 年内。

《古梅图》扇，纸，水墨。款云："洪绶。"梅干自扇中偏左处自空垂直入画，一分为二：右枝较长，左枝较短。墨淡笔润，风格与《古梅修篁图》扇相近，署名似《梅花山禽图》轴。可定为约 1639 年。

《红莲图》轴，绢本，设色。款云："云溪老渔陈洪绶仿王若水画于永柏书堂。"盛开的荷花两朵，加上半遮而将放的一朵，受叶托着，直立池中。前面一座多孔的太湖石，玲珑多角，更前又一座石头，圆浑低伏。浮在水面的小莲叶，介乎两石之间。最高处一只蝴蝶，自空而降，直扑那朵居中的大荷花。用色清简：荷瓣尖上染红，蝶翅上有红点，绿叶绿梗及水面着淡绿点子，圆石着浅赭。因为仿元代的王渊，气韵淳雅，像莲叶勾筋，云形流水及近石的重叠皴染等，都有古拙趣味。款的书法已脱离颜体的圆浑而转入瘦削，应稍晚于 1639 年，故定为约 1640 年。

《秋景图》扇，金笺，设色。款云："洪绶写似子拭社弟教正。"近岸石上老树两株，叶已尽脱，但树下灌木丛生，其叶有白、有红、有绿，打破深秋的寂寥。隔河有浅滩巨岩，青山在望。布景繁密，落墨疏荡；树枝用细笔，石堆用粗笔勾，雨点皴，干湿并加。渲染用淡青淡赭，呈现清寒的气氛。题字细峭，与《红莲图》轴应为同年所作。

《玉川子像》轴，绢本，设色。款云："洪绶写于长安萧寺。"诗人头戴风帽，左手持书；老妪赤足，手捧茶壶及茶杯。游丝描，用笔甚简。诗人朱衣黑缘，朱履黑帽。妪衣裙以浅青渲染。两人肌肤及茶壶施淡赭。玉川子为唐代诗人卢仝（？—835）之号，家贫，图书满架，隐少室山，有一长须奴，一赤脚婢，好茶，后世诗文常称茶为玉川。[102] 此画中因之有赤足老妪，而构图颇似《老妪解诗图》轴。款中署名似《致祝渊诗翰》（约1643年）之二，"写"字同于该诗翰之三中之"写"字，"萧"字同于乙酉（1645年）仲春《杂画册》中"萧寺闻寒鸟"之"萧"字。陈氏在1640年夏到北京，至1643年秋才南归，此款称"长安"即北京，所以《玉川子像》轴应为在京时作——即1642年前后。

《梅花小鸟图》轴，绢本，设色。巨石在前，后老梅一株，小鸟栖枝上。梅旁有竹两竿，宽叶小树一棵。石皴法似荷叶兼解索，竹双钩，宽叶上遍虫蚀小洞。整体工笔，随类赋彩。竹叶外围以淡青烘托，从容秀雅，有宋人风味。同《玉川子像》轴一样，款云："洪绶写于长安萧寺。"也是作于1642年或早晚一年。

（四）晚期（1645年—1652年）

这是陈氏既炉火纯青又作品丰富的时期。

《达摩禅师像》轴，纸本，设色。款云："弟子陈洪绶敬写。"禅师凤眼、大鼻、长耳，头发须眉皆作螺旋细卷，右手持杖，作前行状。衣纹用粗渴笔，简洁有力；细笔描杖，节疤精妙。衣上罩以浅朱，唇亦如之。余则杖履稍加淡赭外，淡墨是主要颜色。这是一幅老练的作品，题款颇似乙酉仲春《杂画册》中的"洪绶"楷书署名，故定为约1645年作。

《张荀翁画像》轴，绢本，设色。款云："老莲洪绶为荀翁居士画。"款左有钱陆灿题七绝两首，显然指出荀翁为汉开国功臣张良之后。钱陆灿为顺治举人，其题与作画之时相去不远。居士面目清秀，不知传写者为谁，当为高手。陈氏状其安坐石上，双手持卷，左肘倚大石案，其上有瓶花及酒樽，但无一杯。衣纹作游丝描，画石以勾为皴。以款题观之，是约1645年作。

《莲石图》轴，纸本，水墨。自题七绝一首，并有上款曰："青莲法界野人家，官柳蓑蓑百丈沙。战马未来犹未去，怀之不已写莲花。用沙花韵，书似□功盟大弟即教我。"巨石在池塘中突出，上广下狭，如金鸡独立。其后荷花数梗，叶前花后。花朵以淡墨描出，再以稍浓的墨及略渴的笔重勾，秀丽温润。托花的荷叶及水上浮萍则以泼墨形成。湖石以折笔勾出，加以较淡的乱柴皴，着墨不多，而形质俱在，坚实沉重，与轻盈的花、叶及飘忽的水纹相映成趣。石上苔点及细草，更敲出全幅的节奏。这幅可以同仿王若水的《红莲图》对照观赏，看得出一幅是师古，工整典雅，而此幅则完全出以己意，清新俊逸，但也不无得力于临摹之处。款字近似1645年《杂画册》，如"莲""花""怀"等，更可直接比较，当是同年之作。又此七绝诗不见于《宝纶堂集》，亦一额外的收获。

《梅竹湖石图》轴，绢本，设色。款云："老莲洪绶画于耶溪草阁。"一座玲珑剔透的太湖石从左下伸入，占了主位。左上有老梅，右下有小石及细竹。除了梅的一枝与石尖相交外，三部分互不侵犯，各据一方。石身全着墨色，再加皴染，极富质感。梅干横皴成节，疤痕遍处，而花朵满枝，似乎忘了积年累月的风霜，再一度春风满面。小石圆凸，墨竹疏秀，虽然只是配角，但自有风雅。款字同《莲石图》轴，与《杂画册》息息相关，像那"草"字，极似该册一页中"萱草鸣络纬"的"草"，所以是约1645年作。是年上半年陈氏在绍兴（龙山及青藤书屋），耶溪草阁当在县南若耶溪附近。

《古木双鸠图》轴，绫本，设色。署名"洪绶"。石坡上的枯木一株，顶天立地；中出一枝，上栖双鸠。木后衬以宽叶小树及荆棘三棵。枯木用渴笔秃头勾皴，极为古拙坚实，两鸟用润笔细描，羽毛丰柔，对比益显两者的个性。小树的大叶用工笔画出，生意犹存，又同粗笔写意的瘠坡疏荆成对比。然后从枯木枝干一直到坡石上，焦墨的苔点统一了全幅，而深秋萧索的气氛，似乎反映在惊醒的鸟眼里。题款似前述的《杂画册》，故定于约1645年之作。

《高士图》轴（画签《高士踞石图》），绫本，设色。款云："洪绶写似瑞趾社盟长兄请教。"一位头戴束发冠的高士坐在一块环绕他的横卧巨石中，前为案，后为座。右手执笔托颏，正在凝思索句；左手在袖中，以肘压纸。旁置砚及水盂，再远些有一瓶中插芙蓉及菊花。晚明书画家常用绫代绢，但陈氏很少用之。题款字甚工

史公圖上識留侯 婦女清標玉
映秋家世派傳祠 黃石兵書一
卷有人收
其次肥郊八尺長 漢庭百歲想公
騫手書律曆堪寫 卷不比周郎
前趙昌一卷一作 錢陸燦題

老蓮洪綬為

張葡翁画像　绢本设色　66.9厘米×44.8厘米　约1645年

山水人物图　绢本设色
171.8厘米×48.5厘米　约1645年
故宫博物院藏

整，字形比较瘦长，"洪绶"两字颇似《杂画册》古观音像上的名款，故定于1645年。作画用笔细致，构图极简，似粗壮的"一"字，横贯全幅的下半，而其余则留之空白，极尽素雅之致。

《倚杖闲吟图》轴，纸本，水墨。自题七绝一首，并有上款曰："何必山行便有诗，天生一种住山痴。成时也教山童唱，难道山童逊雪儿。洪绶为乔瞻社老兄写率题。"一老人束发簪花，左手持杖，右手前招，腰略弯，似欲行且止。无背景，工笔白描。面部须眉，历历有致。两眼对观画人，嘴角含笑。衣纹顿折而无棱角，线条细劲多姿。题字比较拘谨，对"社老兄"颇示敬意。字体与《高士图》有相似处，看来也是约1645年作。所题七绝不见《宝纶堂集》。

《玩菊图》轴，纸本，设色。款云："洪绶仿李希古玩菊图，似抑之盟弟清教。"一老者坐在木瘤凳上，面对一瓶菊花，瓶下大石，是他目光凝注之处。他右手持杖，左手抚膝，似有所思。衣纹描法，颇似《倚杖闲吟图》，但衣褶间加渲染，石及木瘤凳也由渲染生实体感。作风并无现存李唐各幅的面目——衣纹不用折芦描，皴法不用斧劈，是否他那时见到的这幅李希古，有近似本画的笔意？款字颇似乙酉端阳《钟馗像》题的书法，因而定为约1645年。

《品茶图》轴，绢本，设色。款云："老莲洪绶画于青藤书屋。"一高士坐蕉叶上，右手捧杯，左手抚膝，身后有石横陈，一端略平，置茶壶及烹水炉。面对一友，有连鬓须，戴束发冠，端坐石上，左手捧杯，右手扶石；前有石案，上置囊琴；后有大瓶荷花，瓶旁有书卷一捆。衣纹似铁线描，而众石以勾为皴，使全画呈现晋唐风味。设色颇丽：蕉叶及荷叶之绿，衣之淡青，石上之青、赭，炉火之红，加以茶具及荷花、书卷及捆带之白……有宝石闪烁之感。陈氏自1644年移居青藤书屋，至1646年夏始避乱山中（其间曾去杭州小住），故此画必作于此期，兹称约1645年作，当不太远。

《山水人物图》轴，绢本，设色。款云："洪绶画于青藤书屋。"这是一幅山居草堂图，把草堂端端正正地放在全幅的中间，帘帐开敞，高士安坐其间，环以图书摆设。草堂正面对着土垣柴门，设而常关；其后三面有太湖石、芭蕉及丛树；在门与堂之间有大树擎天，与画中其他都大得不成比例。这树梢之上为远岭，白云舒卷岭下；柴门外有众石小树，下为小河，再下为近岸，有小童抱琴正在过桥回草堂。构图可谓层次分明，宾主有序。一提"草堂"，即令人想到卢鸿《草堂十志图》，[103]

其第一幅"草堂"即以正面画堂，而隐士正襟危坐其中，面对树石、柴栏、溪流，很可能陈氏在北京大内曾见此名作，萦绕心中，隐居青藤书屋，身为遗民，写此自况。卢鸿（字浩然）是唐人（8世纪上叶），博学工书画，隐于嵩山，屡征不仕，无疑也是陈氏的典型人物之一。[104]《草堂十志图》虽非卢鸿所作，当可推到北宋。陈氏此幅，意境高古，笔墨细致而苍浑。远岭上流泉三叠，与画底小桥下的激流相呼应，即其精力处处俱到之一端。时居青藤书屋，应为1644年到1645年间之作。

《龙王礼佛图》轴，绢本，设色。款云："似学袁道社兄教，洪绶。"佛戴宝冠，右手持孔雀羽扇，左手持瓶，其中香烟盘旋上升；龙王侍于佛侧，左手持贝叶，右手扶杖。衣纹勾法已近游丝描，略有折笔，但无尖硬处。此画构图似丙戌仲夏（1646年）之《龙王礼佛图》，而细节不同。该幅自题《观世音菩萨偈》，并自称"弟子发僧"，时当五月。六月始避乱山中，至云门寺剃发为僧。此无年款之图，尚无称僧之迹，想系1645年至1646年上半年的作品。

《人物故事图》扇，金笺，设色。款云："洪绶。"一仙人戴束发冠，持羽扇，踏朱履，安坐石上；其旁一戴风帽而无须者，一手持芝，一手握杖，肃然侍立；前有一大葫芦瓶，口中出一小女仙，衣云头披扇，长袖，两手奉上莲花托杯——其中必是琼浆玉液一类的长生之饮。古松一株，在侍者身后，枝荫仙人；松后又有三树，示此为林边平坡，坡脚流泉淙淙，完成了这世外的仙境。设色简淡，而小女仙衣饰及杯托上的石青及浅朱，加上一点绚烂之感。署名似《杂画册》中"乙酉仲春作于龙山公署"一页的"洪绶"，故定为约1645年。

《竹石图》扇，金笺，水墨。款云："洪绶仿与可似若翁居士清教。"墨竹两枝，旁有一石及荆棘。枝叶疏落，是不经意之作。款题书法与《杂画册》及《钟馗像》轴的款题近似，想是约1645年作。

《梅花图》扇，金笺，设色。款云："秉之道盟兄属，洪绶画。"老梅两干，其上抽出细枝，略缀花朵；左侧湖石，玲珑剔透。款题书法似1645年《杂画册》，可归入同年。

《红叶题诗图》轴，绢本，设色。款云："云门老悔洪绶。"一盛装美人坐石上，左手举菊花嗅之，右手在袖中抚红叶上。笔、砚、水盂在叶旁。游丝描，极工细——发上首饰及裙上图案尤精。着色淡雅，唯叶上朱红最为醒目，大概美人有秋暮之悲，要从菊香中取灵感，好在叶上写出来。陈氏在云门为僧之期不到一年，在丁亥三月（1647年）即移家绍兴卖画，所以署名"云门老悔"当在这段时间，亦即1646年下半年到1647年春季。

《观音像图》轴，绢本，设色。画幅上半书《般若波罗蜜多心经》一段，末署"云门僧悔病中敬书"。男相观音坐菩提叶团上，左手执拂尘，右手两指上指。姿势同于《自在观音像》，一足盘膝，一足下垂。[105] 衣纹用游丝描，圆劲自如。开脸厚重，长眉大耳，短发微须。白衣，拂尘基部涂石青，菩提叶染赭黄，相映有古色古香之趣。自称"云门僧悔"，字体同《红叶题诗图》轴，当是同期的作品。

《枯木竹石图》轴，绢本，水墨。款云："仿龙眠居士赠张德操小友，云门老悔陈洪绶。"竹为双钩，石中流泉。在画上右自题："自夸衰病即成翁，眼未昏花耳未聋。醉听金衣公子语，出些酒气石林中。老莲复题于康臣读书之清响阁。"（《宝纶堂集》卷九）"云门老悔"是1646年入山为僧后之号，大概约该年所作。

《华山五老图》卷，绢本，设色。卷后长题："暨令崔居士记到云门云：李夫子属僧悔画竹溪六逸、华山五老；僧悔不关人事久矣，岂得复以笔墨通官长哉！闻李夫子文章道德，感崔居士廉明慈惠，岂得复以烟霞傲官长哉！便随五伯乘竹舆至，居士馆于智度寺，改馆于清水庵，霜月佳时，居士劳以菊花酒，神心妙远时，泼墨放笔，凡月余而就，请大法鉴。洪绶。"开卷一横石为长几，其高处置鼎形香炉及香盒。然后一直石挺立。卷中主要部分为一大石案，五老人环绕：一在案头，侧面坐树根椅上，左手抚膝，右手持杖，头戴皮帽，毛多白斑。隔石案对坐下围棋者两人，其戴东坡巾者正举手欲试；对手戴风帽，坐大石上，似不关心，转首与立在左侧的老者挥手高谈。第五位老人端坐他们对面的木椅上，把杖杆置于鼻前，两目斜视棋盘，聚精会神，思考局势。石案的尽头另一石座，上披坐毯，即那起身老者的原位。最后一条较小石案，上有铜盛酒器，五酒杯叠置盘上，旁一大白磁扁瓶，空无一枝。全画用细笔勾勒，衣纹近似铁线描，石染而不皴，富唐人风味。设色多淡青、淡赭、淡绿，仅香炉与铜盛酒器上用石绿及后者朱色三足架而已。陈氏在丙戌（1646年）六月避乱山中，至云门寺为僧，翌年三月即移家绍兴，故诸暨令嘱他为李夫子作画时，即丙戌下半年，而实际动笔，在"霜月佳时"，则必已届秋冬。此卷当即成于1646年末。想李夫子即督学使者李际期，见孟远《陈洪绶传》。

《水边兰若图》扇，[106] 金笺，设色。款云："云门僧悔洪绶。"（绶字下及下一行被挖去）在水边坡上建佛堂一座，后依山石，前临流泉，中设佛像，仅见莲座。堂

观音像图　绢本设色　72.5厘米×34厘米
约1646年　吉林省博物馆藏

红叶题诗图　绢本设色　96厘米×40厘米
约1646年

华山五老图　绢本设色　约1646年　首都博物馆藏

右坡石延伸入水，石上高松一株，枯木一株，叶已半脱的大树一株，其下一高士走向佛堂，童仆后随，他们所乘的小船系在岸边。远望则岛屿横列天际。笔饱墨淡，渲染湿润，有元人风味。这扇署名也用"云门僧悔"，作画时应于1646年、1647年相差不远。

《观音罗汉图》轴，绢本，设色。款云："悔迟洪绶敬画。"观音坐石椅上；罗汉侍立，两手在胸前相交，一捧钵，一持杖。观音方额广颐，秀眉长耳；发上腰间的饰物，珠光宝气；领袖的花边及披肩的围巾上花纹极繁密，裙摆如卷云。她双目前视，唇开欲语。罗汉则粗眉大眼，隆准巨耳，长面多纹，精神矍铄。用色颇省，仅观音首饰略用石绿及浅朱，裙用浅朱，履用深朱，罗汉垂带用石绿及浅朱，两人肤色用浅赭，其余的渲染全用淡墨。署名"悔迟"，早不过1646年夏，"悔"字书法似丁亥暮春《行书五开册》，故定为约1647年。

《雅集图》卷，纸本，水墨。款云："僧悔为去病道人作。"全卷共九人，每人皆以泥金标名，以次序排，就是陶君奭、黄昭素、王静虚、陶幼美、愚庵和尚、米仲诏、陶周望、袁伯修及袁中郎。以三段构图：第一段很短，即一棵大树，其下坐着陶君奭，面向卷外，他虽然临着溪流，但两眼并不观水，有置身物外的意思。第二段最长，是全卷中心，在前树与后面直立的湖石之间，安置大石台，后供佛像一尊，有头背光，座下云龙盘绕，缀以番莲。台上有香炉、花瓶等，及锦套佛经一函。其余八人围绕着佛像及供台：一立，六坐，一倚台侧而立。这段末部有两株古树，树干遮了最后的三人。第三段最短作结，只是石头与一株芭蕉而已。人物纯仗勾勒，衣纹用铁线描，除了帽、带及袖边外，不用渲染。只有愚庵和尚的僧袍，用细笔淡墨来满布纹饰，余皆素净，与树石的渲染皴擦及坐毯的花团锦簇成鲜明的对比。如此地善用笔法的变化，墨色的浓淡，空间的虚实，使一幅白描，显得异常典雅富丽。九人的面貌神色，各有特点，尤其是王静虚的老态，愚庵和尚的胡貌，更见功力。画幅不大，内容极其充实；满而不觉其紧，陈氏对于经营位置，真是有庖丁解牛的神技。至于此图的设想，有几点值得思考：一是何以选这九位名人，画给去病道人？道人姓陶，为陈氏挚友之一，且看九人的来历：以陶望龄（周望，1562—？）、黄辉（昭素）、米万钟（仲诏，1570—1628）、袁宗道（伯修，1560—1600）及袁宏道（中郎，1568—1610）五人看来，二袁是兄弟，陶、黄是同馆，他们都是进士（自万历十四年到二十三年），黄、米的书法享大名，袁家三兄弟（最幼的袁中道，

观音罗汉图
绢本设色
约1646年
台北故宫博物院藏

雅集图　纸本水墨　29.8厘米×298.4厘米　约1647年　上海博物馆藏

字小修，不在画中）是公安派的创始者，虽然其他四位，没有同等的名气，不易查考，但想来也是万历间在文艺及佛学方面有造就的人士。这个在园林里拜佛参禅的盛会，大概从没有发生过，但以时代及品格兴趣来讲，也是值得构成传说的雅集；而去病道人，多半是景慕这些前辈的一位高士。二是陈氏以雅集为题材时，是否念及同类的前代名画？例如《兰亭修禊图》，描写东晋永和九年三月三日王羲之与友人在会稽山阴的兰亭流觞赋诗；及《西园雅集图》，结合北宋最出名的诗文书画家，包括苏轼、米芾、黄庭坚、李公麟等在王诜的西园中赋诗、奏乐、题石、绘画及谈禅，这虽然是表扬元祐党人的理想聚会，[107]在明代已被认为足征的美谈及画家爱好的题目（陈氏在去世不久之前曾画《西园雅集图》，见后）；还有那《莲社图》，画东晋法师慧远（334—416）在庐山所结白莲社，同修净土时社中十八贤及法师的客人陶潜、陆修靖、谢灵运及殷仲堪四人的盛会，[108]而图中的佛像及莲池占主要地位——这也是传为美谈的故事，并无确实的记载。而且在中国的画史著录里及现存的古画中，这三次集会都有传为李公麟的作品。[109]陈氏画人物，李是主要的影响之一，作画构思中，不会毫无《兰亭修禊图》《西园雅集图》和《莲社图》的影子；至于这次雅集是否有历史根据，那只好存疑了。因为署名"僧悔"，应与《华山五老图》卷及《水边兰若图》扇的创作时日不远，兹定为约1647年。[110]

《高隐图》卷，绢本，设色。款云："老莲洪绶。"此卷与《华山五老图》基本上为一个画稿，做了若干细节上的改变：一、开头的横石长几上加了一捆书卷；二、直立的高石取消了；三、第一位老者的皮帽子毛色变黑，并无白斑；四、两位老者座石的垫毯颜色及图案不同了；五、第五位老者坐的石头减去延伸的部分；六、卷末

雅集图（局部）

加了一个僮仆，坐在地上以扇鼓吹炉火，他以手摸头，面有苦色；七、较小石案移向画的下缘，加添火炉、炉上一壶、盛酒器旁又一壶。八、最后，在僮仆的右侧添了树根制的矮几，把那扁磁瓶放在上面，而且插上了一枝梅花。画法也有改变：衣纹用游丝描，色彩更热闹些，例如捆书卷的石青带子及朱色勾绘空座上垫毯的纹饰。卷首有篆书"陈章侯高隐图"，不知何人所题。以通常第二本要较第一本更完备的自然趋势看来，这可能是 1647 年的作品。

《史实人物图》卷，绢本，设色。无款，有两方印："陈印洪绶"白文，"章侯"朱文。人物分四段，应为历史人物或传说故事中的角色。其一画一贫士，右手持杖，左手提一串草鞋，好像要交给他前面背着包袱、左手持扇而应声回首的妇人。故事不详。其二为一高士，刚把官服的革带挂上一株老树的高枝；随身的筐篓在木杆上扛着，临行再仰观一次，即将举步。这显然是弃官而去，但不知是谁。其三是三人会谈：一老者坐石上，凭一长案，其前坐着两位客人，一青年壮士，身佩长刀，他正在发言，左手指着老者，一虬髯武人，侧面静听，而老者却手持信简，回首沉思。这不似虬髯客故事，因为如果那青年是李靖，那老者是谁？其四是一高士满头簪满菊花，左手持杯，右手在袖中向前召唤。他后面紧随一女郎，手持一枝叶子，前面领路的两位女郎，一长一幼，长者手捧一盘，上有菊花插瓶及酒壶。这一般认作陶渊明，只是女郎们打扮得相当考究。此卷并非全豹，前段已被裁去。勾描甚精，用色很淡。衣纹画法是铁线描兼游丝描，古树有六朝风味。应为 1647 年前后之作。

《杂画册》，绢本，设色，共八开。一、《花石蝴蝶》。盛开之玉兰、海棠（取玉堂之音），湖石（取柱石之义）及一只蝴蝶。款云："玉堂柱石。暨阳陈洪绶写。"二、《罗汉》。一肤色黑黝之尊者坐石上，两手扶杖，其前一肤色较浅而黄发之从者，向之跪拜。款云："无法可说。洪绶法名僧悔。"三、《小青绿山水》。草坡上石块累累，其间有流泉下注，近远两坡上皆有杂树，云横如带，漏出青山屏峙天际。款云："老迟洪绶仿赵千里笔法。"四、《黄河波涛》。在河水弯曲处，波浪汹涌，三艘帆船，逆流而上。上左角见岸上房舍聚集，在树丛中，下右角为对岸，大半荒凉，仅左端树木颇茂，为船只停泊处，桅樯林立。款云："黄流巨津。老迟洪绶。"五、《仕女》。一美人在前行，左手持纨扇，右臂下垂；两侍女后随，一持龙袍，一捧缝纫器材及书册。款云："夔龙补衮图。陈洪绶画于静香屋。"六、《山水》。众山中有一瀑布，流入溪涧，石桥横跨，其上两人对坐清谈。款云："溪石图。洪绶。"七、《山

高隐图　绢本设色　30厘米×142厘米　约1647年

史实人物图　绢本设色　28厘米×71厘米　约1647年

杂画册（八页）　绢本设色　每页30.2厘米×25厘米不等　约1647年　故宫博物院藏

水》。在江水与支流相遇处，帆船归聚。各岸竹丛茂密，远岸房舍三五，天际遥岑如屏。近处有大帆船二，小帆船一，其后大小有三，皆正在归来。左角小坡岸旁已敛帆停泊者一，其旁扁舟亦泊。款云："远浦归帆，仿赵大年笔意。老莲洪绶。"

八、《山水》。近处石坡上杂花丛生，隔水巨石隆起，背负青山，石隙亦生同样的杂花，远石间并有流泉两股。款云："仿李唐笔意。洪绶。"陈氏喜作杂画册，把他各类的擅长，齐聚一堂：花卉、人物、山水，随兴而作。传世的几件精彩册子，都可称代表作，这是其中之一。以这册看来，化石蝴蝶是宋人写生风格，罗汉是唐卢楞伽及五代贯休的传统，[111]云树草石仿宋赵伯驹（千里）的青绿技法，《远浦归帆》用宋赵令穰（大年）的清逸格调，这些还可以从画中体会到陈氏心目中的意向。可是他明说仿李唐的山水，其石形圆浑，皴若披麻解索，不似李唐之峰岩劲峭，斧劈刚棱，这点令人费解。《补衮》一幅，完全是典型的老莲仕女，用笔设色，均臻上乘。《溪石图》的皴法类波纹，构图是粗眉大眼，笔墨则放纵自如，很有元人气韵。全册最奇的是《黄流巨津》，大胆构图，近岸的弧线，把画面一角划开；而主要部分，则以活跃流畅的细笔勾出白浪滔天的威势；咫尺之间，显出无限气派，这真是大手笔！从他署名中有"法名僧悔"及"老迟"，可知这是1646年入云门寺为僧以后之作；再看各题的书法，未达最后三四年的瘦峭，故定为约1647年。

《梅竹山水册》八开，纸本，水墨及设色。此册为"陈章侯胡华鬘合璧册"，见册后艮庵跋，艮庵即顾文彬（1811—1889），而胡华鬘，又名净鬘，乃陈氏之姬，善画解禅，人比这两位为东坡与朝云。老莲有诗自笑："文词妄想追先辈，画院高徒望小妻。"所以华鬘也是他的女弟子。以此册中四页的梅花看来，她的确是高才生。其余四页山水及竹石，是陈氏手笔，有印而无款：一、（第四开）水石高树——树叶全用胡椒点，树下丛石流泉，树间可见远滩及遥岑；二、（第五开）竹石——湖石列前，墨竹在后；三、（第六开）秋日泛游——枯木山崖上，石间可见高士坐小舟上，其前有船夫撑篙，远处层层平滩，众山横列天际；四、（第七开）云山柳亭——近岸老柳一株，其伸出的长枝被巨石遮掩一半，枝梢指着一座水亭，面对一湖春水，多层远山，岭上白云横布，漫及长空。这四页都设浅色，而梅花全是水墨。胡氏在三幅上署名"净德""华鬘"及"净德氏"，一幅只用印；陈氏则四幅的印是：一、"悔迟""弗迟"；二、"章侯""莲子"；三、"莲子"（印钤倒了）；四、"悔迟氏"。从一、四两幅上印章用的号，可知这也是1646年夏以后所作，而有

梅竹山水图册（画八页，陈洪绶四页，胡华鬘四页）　纸本水墨及设色
每页21厘米×19.9厘米　约1647年　苏州博物馆藏

荷花图
绢本设色
75.8厘米×39厘米
约1647年
台北故宫博物院藏

这样的闲情逸致，更像在1647年春迁回绍兴后。兹置于约1647年。

《红叶小鸟图》轴，绢本，设色。款云："弗迟道者悔。"白额小鸟栖枯枝上，枝头留着三五残叶。下有湖石及疏竹，石下小坡，一撮羽状复叶的矮草仍然碧绿。鸟、枝叶及双钩竹用工笔，石用深浅泼墨，构图则左虚右实，只画一边。以署名"弗迟道者悔"看来，这幅与《梅竹山水册》同时。

《荷花图》轴，绢本，设色。款云："迟老画于静香居，为顺之道盟兄寿。"盛开的荷花一朵，高出湖石上，下有荷叶一张，半掩将全放的花一朵。石下池水沦漪，三片新叶飘浮，萍草遍布。细笔勾花、叶，渴笔焦墨画湖石。胭脂点染花瓣尖，深浅绿染叶面及背，赭色染梗、新叶及卷叶的边缘，而汁绿则深深浅浅地密点水萍。意趣轻盈，气味清丽。画上有绫子诗塘，自题五绝："弦管张水天，芙蓉鹭鸶起。我则偶尔为，如何能是子。弗迟书旧作，似顺老道盟兄正。"显然这是与画一齐写的。《杂画册》中《夔龙补衮图》一页是在静香屋画的，可能即静香居，题字的书法与该册各款及《行书五开册》都有相似处，想系同一时期作品，即约1647年。

《竹石图》扇，金笺，水墨。款云："洪绶似克老社兄。"粗笔豪放，颇有气势。题字近于草率，全扇似成于顷刻间。笔墨合乎1647年光景。

《倚石听阮图》扇，金笺，设色。款云："洪绶画。"一高士持画竹团扇倚石而卧；美人在侧，坐圆毯上，手中亦持扇；两人间置花果盘，中有莲花、桃、藕及芝，面对一坐蕉叶上弹奏乐器之少女。[112] 人物用细笔游丝描，石用粗笔皴擦。以画风观之，似1647年自山返城市后之作。

《花鸟竹石图》轴，绢本，设色。款云："老迟洪绶画于溪桥。"湖石直立画中央，上栖朱鸟一对，所向相背。石后老梅高耸，双钩竹遮翳其下。梅干绿苔遍布，仔细勾绘，着以石绿，其画法与《梅花山鸟图》（见后）之片状苔相同。全画工笔重彩，精力贯注。此款书法近似己丑（1649年）《饮酒祝寿图》题字，而"溪桥"想在绍兴，故定为1648年之作（因己丑年移至杭州）。

《高贤读书图》轴，绢本，设色。款云："老迟洪绶画于柳桥。"一老人坐方凳上，正翻阅石案上的一本书，旁有另一册，似在校读。案上左有书函、铜器、杯子等，中有一壶，右有花瓶插梅花一枝。隔案一戴幞头的中年高士坐在椅上，手卷一书本，与老者切磋。全画以细笔勾勒，衣纹用游丝描，石案亦勾而不皴，设色淡雅，仅老人朱履，用朱较浓。石缝衣褶的渲染细致，以粉画编藤及染磁器的边缘，增加

高贤读书图　绢本设色　106厘米×49.5厘米
约1649年

摘梅高士图　绢本设色　119厘米×51.7厘米
约1649年　天津博物馆藏

装饰趣味。作风已进了晚年的成熟阶段，题款书法亦然。己丑正月，陈氏居杭州吴山，"柳桥"在杭州，大概此画成于1649年。

《餐芝图》轴，绢本，设色。款云："洪绶画于柳桥。"高士倚石盘膝而坐，左手抚膝上阮琴，右手举芝到口，正在吃。旁有裂磁酒樽，中有一勺。前面小童跪在铜炉前弄火烹芝。渲染主要用淡墨，辅以淡青、淡赭、淡绿，仅以朱红点火焰。此幅亦画于柳桥，以字、画作风观之，应与《高贤读书图》轴同时。

《摘梅高士图》轴，绢本，设色。款云："洪绶画于柳桥。"一老树下有高士仁立，手持梅花一枝，僮仆旁侍，捧瓶待插。高士前及画下右角均有太湖石，以浓墨勾皴。老树枯枝上有湿笔淡墨米家点，梅花及高士衣纹用粉勾，使主要人物醒目。此为柳桥作品之一，亦约作于1649年。

《授徒图》轴，绢本，设色。款云："老迟洪绶画于柳桥。"老师坐椅上，左手持如意，右手指触一囊琴。其前有太湖石形成之弯曲长案，案端有俩女弟子坐圆凳上，一手持纨扇，俯身读一小幅墨竹；一正在瓶中插一枝梅花。此画全用游丝描，布局紧凑而灵巧。笔墨处处精细：发中首饰，琴之锦套，扇上花卉，带上织纹——无不观察入微。这又是一幅柳桥之作，时间与《摘梅高士图》轴相同。

《展卷策杖图》轴，纸本，设色。款云："老迟洪绶画于柳桥定香庵。"一老者左手扶杖，右手持一展开之书册，边走边读。衣纹描法，在琴弦折芦之间，中锋遒劲，显出陈氏在纸、绢上画法不同。开脸亦不比寻常，鼻梁甚高而腮下垂，耳朵肥大。作画地点更具体些，但仍是柳桥的一部分，大概时间不出1649年前后。

《花蝶图》轴，绢本，设色。款云："老迟洪绶。"枯枝自左边挺入画心，辅以盛开的桃花及稀疏的竹叶。枝梢飞下一蝶，带来轻松的气息。基于署名及字体，定为约1649年作。

《梅石图》轴，纸本，设色。款云："老迟洪绶画于柳庄。"受伤的老梅一株，在截断的三枝上，抽条开花，表现不畏风霜的伟大生命力。梅前一巨石，形似坐兽，旁一小石，似在翘首。树干勾勒后，以横笔皴擦，淡墨渲染，施以淡赭；石头以勾为主而皴极少，亦用淡墨烘出质感；淡赭色则多加于大石的明处，使其夹于老梅及小石两暗之间，特别突出。花朵细笔轻描，一尘不染，无限生机。署名及书法都指出这是1649年或较迟的作品。

《仙侣图》轴，绢本，设色。款云："枫溪陈洪绶写寿。"戴束发冠的仙人坐在枯木构成的凳上，左手持羽扇，右手举起，即将接受那出自铜器中小女仙奉献的玉杯。一枝桃花伴小女仙涌出。女童持杖立在一旁，两目圆瞪，不胜惊愕。仙人的左侧有菊花数梗在铜盆中。署名写法似己丑为戴茂才四旬初度作《饮酒祝寿图》轴之"洪绶"两字，可定为约1649年。

《仙侣图》轴，绢本，设色。款云："道心韵事，平生自许。名花美人，晨夕共处。其为仙耶人耶？吾目中少见此侣。洪绶题。"这是一幅肖像，不知谁是写像画师。一位居士端坐举杯，前有石案，美人侧坐案右，左手持花一枝。衣纹作游丝描，造型设色及字体，皆合1649年左右的风格。

《松下策杖图》轴，绢本，设色。款云："老莲洪绶。"高松直干自地攀天，其顶松针丛茂，一主枝下垂。高士立松下，头插花枝，左手持杖，右手抱之。后有小溪，旁有湖石及水草。人物衣纹用游丝描，晚年作风。头大面肥，身短微屈，与瘦高之松树成强烈的对比。署名字体近1649年《饮酒祝寿图》者，而"莲"字之"车"下右有一点，不常见，或与《饮酒祝寿图》之"迟"字在相同地方加点有些气息相通。

《人物图》轴，绢本，设色。款云："云溪老迟洪绶画于梅花书屋。"画中两老者：一戴笠持杖作暂止状，双目前视；一戴束发冠，满头插菊花，左手持书，右手提裂磁酒瓶，正在前行，回顾其友。主要用游丝描，仅戴笠老者所披斗篷衣纹参以铁线描法。用色极淡：戴笠老者下裳及簪花老者上衣染淡青，两人皮肤染淡赭，菊花淡紫，笠帽浅黄，最令人注目者为戴笠老者之双履——浅朱。梅花书屋见张岱《陶庵梦忆》，自己坐卧其中，"非高流佳客，不得辄入"。[113] 弘光元年（1645年），张岱在其宅中接待鲁王，陈氏亦侍饮，曾至梅花书屋，[114] 但此画题字似较1645年《杂画图》册之题字更老练，而画的作风亦较晚，所以定为约1649年。

《梅花书屋图》轴，绢本，设色。款云："洪绶为囗老道盟兄作梅花书屋。"近景为石坡流泉，高松数株，其下为书屋一间，中有两人坐谈。屋周梅花环绕。屋后有小山隆起。隔岸有小石坡在右，梅花丛生。再远则高岭屹立，白云围腰，岭上山泉叠落，岭下梅花临水，岭后右方则坡岸层层，直入天际。最上左角有沈荃（1624—1684）[115] 甲寅冬（1674年）长题，称此为陈氏赠中州张松明者。以山水景色观之，似想象而非写实，与张岱之梅花书屋并无关系。以书法及画风为晚年面目，故列于此。

仙侣图　绢本设色　129.1厘米×53.2厘米
约1649年　重庆市博物馆藏

梅花书屋图　绢本设色　126.5厘米×50厘米
约1649年　安徽省博物馆藏

《仕女图》轴，此幅可能出自陈氏之手。画风同前，但人物众多，笔更细致，衣饰繁丽。夫人前行，一手持扇，幼女紧依其后，环以四侍女：持花、提壶、捧乐器，似赴雅会。款云："洪绶写于青碧书堂。"与《授徒图》当为同时作品。

《仕女图》轴，纸本，设色。款云："老迟洪绶画于绿玉轩。"陈氏不常画纸轴及纸本册页，此幅笔墨、着色俱精。可定为约1649年制。

《笼鹅图》轴，亦称《羲之爱鹅图》，绢本，设色。款云："枫溪老迟洪绶画于深柳□堂。"（似有一字缺失）王羲之前行，手持团扇；从者紧随，左手持杖，右手提笼，中有一鹅。全部用游丝描勾勒，书圣的衣纹飘带，极其潇洒，面容泰然自若，而从者则皱眉瞪目，惶惶然侍奉维谨。在设色方面，主要的是主角的朱袍朱履，及扇上双钩竹的石青地子。从者的淡青衣加石青带为辅，加以鹅顶及喙上的橙黄——这颜色也用在扇把上。从题字与画风看来，这也是约1649年之作。

《蕉林酌酒图》轴，绢本，设色。款云："老迟洪绶。"高士坐石案旁，手举犀角杯，作欲饮索句状。案上有青铜酒樽、囊琴及书一函。高士身后有太湖石，中石高过人身。石后芭蕉三株，蕉花一朵，又有蔷薇一棵。石案之前有盛装夫人坐蕉叶上，双手持帛，将其中菊花，倾入白盆内洗濯。一侍女捧壶前来，两人之间有一火炉，正在烹水——盛水器甚奇，顶上有三口。侍女后有较小之太湖石及双钩竹，而夫人身后有一古树根制之几，上置铜鼎。全画用细笔勾勒，设色艳丽：蕉叶之绿，浓浅有致，与竹叶、蔷薇叶之绿，酒樽及琴囊上之石绿相映；而高士坐毯之朱红，与夫人领、袖兼及侍女两人的宫绦上之红呼应，提起了其他各处的粉红、浅赭、浅石绿，使整个画面有珠宝嵌镶之美。这幅精心结构的作品，以题字及画风看来，是约1649年左右所制。款子是挖补上去的，不知何故，待考。

《渊明载菊图》轴，绢本，设色。款云："云溪老迟洪绶画于翻经阁。"陶渊明头戴风帽，左手持杖，向前疾行，两童仆紧随，各捧一瓶，其较长者在最后，瓶中满插菊花。渊明及幼仆为侧面，长仆为六分侧，行进自右向左，充满了动势，是幅不常见的构图。用色冲淡，皮肤浅赭，菊叶淡青，朱履添些热闹而已。幅上端有徐悲鸿大字题其七绝一首，并用阿拉伯数字1950记"笑题"之年，别开生面。以陈洪绶款题及人物勾描之精湛观之，此画约1649年之作。

《晞发图》轴，纸本，设色。款云："晞发图，老迟洪绶画于静者轩。"前三字为篆体。以侧面画一浓须老者坐树枝或根制之椅上，披发晾干，右手举起，掌向

笼鹅图　绢本设色　103.1厘米×47.5厘米
约1649年　浙江省博物馆藏

蕉林酌酒图　绢本设色　156.2厘米×107厘米
约1649年　天津市博物馆藏

外，左臂搭椅把上。前有平面巨石为桌，上置插菊花竹叶之白磁扁瓶，一裂磁酒樽及勺，一扁杯，一佛手盘，束发冠及簪也在桌上。椅旁有小石台，上置琴在囊中。宋遗民周密（1232—1308年后不久）在其《齐东野语》中，曾记他与赵孟坚在湖上饮酒评赏书画，"饮酣，子固脱帽，以酒晞发，箕踞歌《离骚》，旁若无人"。[116]此画虽不合舟中情景，但老者唇开口动，可能在吟哦诗句。陈氏景仰赵子固，可能由此故事启发而作。衣纹用笔有铁线描意，余则细劲转折，无不合节，须发游丝，尤见功力。着色淡雅，以石上淡青最为显著。细观其书其画，想为约1649年前后之笔。

《抚乐仕女图》轴，绢本，设色。款云："□柄芙蓉绕碧纱，数声玉□□枇杷；太君勉尔觞□酒，用慰山阴道士耶？通□子陈洪绶画上□老伯母寿。"此诗见《宝纶堂集》卷九，题为《寿戴茂齐母》。首句第一字为"万"，而"绕"字作"映"；第二句作"一声铁笛弄琵琶"，与画上所题不同；第三句缺字为"天"。一高髻女郎在前，手持玉笛，有龙首丝带；后随三女，一女较长，头上缠巾，抱一在囊中之琵琶；一女手捧插梅花之铜瓶，一女身材短小，抱锦衣一件。高髻女郎回首，似向三从者嘱咐祝寿礼节。全画用游丝描，首饰衣饰，均极精致。用色淡雅，虽有朱有粉，仍以墨色为主。应为1649年光景的用心之作。

《眷秋图》轴，绢本，设色。款云："唐人有眷秋图，此本在董尚家，水子曾观之，极似。洪绶老矣，人物一道，水子用心。"高梧两株，直入空际。在树下左侧，一夫人手持折枝菊，其后女侍高举画梅团扇，其前一女童捧盘，载酒樽、草梅及藕。人物背后有太湖石，又木桌一张，上有素绢（或纸），桌后见长椅之白背。此画想系师徒合作：门人严湛（水子）既见过此本，则大局布置，应出之其手。以笔墨观之，人物及梧桐等，似水子所作，而石头及浓墨粗点，或系老师手笔。尤其是款中"人物一道，水子用心"之语，似觉弟子仍未到家，尚须努力之意。值得注意的是此画中以石青染地的梅花扇与《何天章行乐图》卷中的梅花扇极似，两画的题字也同一风格，应作于1649年左右。

《卧石老梅图》轴，绢本，水墨。款云："迟翁洪绶为与沐盟侄作于静者居。"老梅粗干，向前倾斜。上端已断，横出两枝：左枝上挺，花开颇盛；右枝较短，也有几朵；近根处再生旁枝，添些颜色。梅前横石一块，形似卧狮。除花朵花蕊以细笔勾描外，树、石全用粗笔，间以飞白；梅干用雨点皴，益见古拙。淡墨烘花四围，

晞发图　纸本设色　105厘米×58.1厘米　约1649年　重庆市博物馆藏　　眷秋图　绢本设色　137厘米×51厘米　约1649年

亦渲染树、石，一则使轻瓣鲜明，一则增重质感。以款题字体接近己丑《饮酒祝寿图》轴，及画风之苍老遒劲，故定为约1649年。

《醉吟图》轴，绢本，设色。款云："老迟洪绶画于静者居。"两高士对饮：右者为主，坐横石上，右手持勺，入青铜尊中将为客斟酒；尊旁鲜花插瓶，春色盎然。面对主人者坐另一石上，左手持杯，右手展书，作吟哦状。下有树根几一只，置一壶、一杯、一鼎形香炉。衣纹用游丝描，流畅自如。石用较粗渴之笔，皴擦浓密。树根精勾细画，似龙蛇屈伸。用色重者在铜器，轻者在花、叶、木器、衣裳，而朱点一履，全画增辉。以题字及笔墨看来，似1649年前后作。

《梅花山鸟图》轴，绢本，设色。款云："老迟洪绶画于静者居。"老梅根干在一直立的太湖石前，而其主枝伸入石后，滋生的小枝上满是花朵与蓓蕾，并有下面的小旁枝钻出石孔，把花带到石头前面；构图巧妙，别具匠心。一只有冠而长尾的鸟静栖枝头。石上皴纹紧密，皴法如波涛起伏，土坡亦如此。全画用细笔勾描，墨色浓淡的层次丰富。白粉点染花朵与花蕊，青苔生遍了老梅枝干，其形如花叶连成一片，少见于其他画上。装饰趣味虽浓，而清丽秀雅，有出尘之感。款书与《荷花图》轴颇近似，尤其是"迟"字。作画的场所"静者居"，是1652年画《人物通景屏》之处。这大概是1649年的作品。

《竹石萱草图》轴，绢本，设色。款云："老迟洪绶画于静林书屋。"萱花一朵盛开，辅以蓓蕾及未放者，叶分两侧，颇平稳均衡。其后双钩竹两竿，瘦石弯身侍立。萱、竹仔细描绘，石、坡及草则用粗笔加渲染，有轻重虚实，互相掩映之趣。这显然是用来祝贺的礼品。陈氏晚年卖画为生，此类主题颇多，但其可贵在于他保持创作的严谨态度，绝不因其为应酬画而减低其作品的艺术水平。以书法及画风来定年月，这仍是约1649年光景之作。

《弹唱图》轴，绢本，设色。款云："陈洪绶写寿。"芭蕉下高士坐听，其前一女弹阮，一女歌唱。题字楷书恭谨，用椭圆"老迟"印，当为约1649年之作。

《弄乐仕女图》轴，绢本，设色。款云："老莲洪绶画于定香桥。"一美人膝上横琴，琴仍在囊中；旁有一女吹箫，两人皆坐蕉叶上，美人背后有石板长案，一瓶菊花置其上。吹箫女身后有古树根，似家具之一部分。构图简练，而用笔颇具变化：美人之衣纹有转折粗细，而吹箫女则用游丝，石案略加皴擦，而树根则比较为浓墨重笔。设色冲淡，仅琴囊的浅朱与蕉叶的浅绿比较醒目。定香桥在杭州，陈氏自

卧石老梅图　绢本水墨　74.5厘米×43.1厘米
约1649年　中国历史博物馆藏

梅花山鸟图　绢本设色　124.3厘米×49.6厘米
约1649年　台北故宫博物院藏

1649年正月后，多半时间在该城。两女坐蕉叶上弄乐，与《何天章行乐图》卷中歌伎及吹箫者颇似，故定此幅为约1649年作。

《听琴图》轴，绫本，设色。款云："枫溪弗迟老人陈洪绶写于定香桥畔。"在画的正中，是一位美人坐在椅上弹琴，琴桌的雕制非常考究。桌前高士坐在树根凳子上静听。美人身后有女童捧琴衣侍立，她的后面是不规则形的树根矮案。梅花一枝，插在白磁瓶中，置在案头。全画用圆劲的细笔勾描，只有刻画那制椅、凳及矮案的树根时，以笔的轻重来增加质感。设色极淡，在稍添华丽时，不失去白描的朴素古雅。这应该是1649年到1650年间的作品。

《授经图》轴，绢本，设色。款云："授经图，徐易写像，陈洪绶画衣冠。"画中四人，皆为实像。老人高坐石上，臂环藜杖。左下一中年学士，右下两童子正襟危坐——这就是翁方纲在诗堂上所题的"青田三世"（1794年题）。画幅上半由三段题赞占满：其一为四言十六句，款云"弟陆曾熙敬题，时己丑十一月"，想系画成后所书，即1649年。其二系汤金钊题（1850年）。其三系宗稷辰题，无年月。此老者乃明朝开国功臣刘基（1311—1375）。子孙三代之像，只有根据以前的写真。这可能是刘氏后人为了追念先祖请陈洪绶与徐易合作的。

《楼月德像》轴，绢本，设色。款云："徐易传写，洪绶画衣裳。"楼氏正面安坐石上，左手持团扇，右手抚其上，两手皆在袖中。扇面画墨竹，石上铺坐毡，前一小石，上生灵芝，并有羽状叶陪衬。此画虽为"官样文章"，笔墨仍然可观。徐易字象九，一字象先，山阴人，肖像画师曾鲸弟子，[117] 也是老莲的朋友，陈氏曾作《题象九徐郎画》诗："夫人欲作画，先发云林心。徐郎得此道，再世倪云林。"[118] 楼月德为族人陈良庵之妻，老莲有表弟楼祁生，在其五言古诗《赠赵公简初度》序中，言及此表弟合饯觞于枫溪。[119] 又有《楼母毛太君哀辞》七言古诗，云"我有弱女字孙子"，[120] 则毛太君为老莲婿之祖母。所以陈、楼两家，亲上加亲。此画上端有于来（介庵）长题，称楼月德生于己亥（1599年），卒于辛卯（1651年），像为写生，当成于辛卯之前。以款题字迹观之，可能为1649年之作。

《唐进士钟公像》轴，纸本，设色。款云："唐进士钟公像，洪绶画。"钟馗右手持剑，左手触剑刃的尖端，探其利锋，怒目注视，口微启，作准备击邪状。冠簪白花及蒲艾，袍上龙纹遮胸，衣纹用折笔，加强刻绘钟公威风。用色不多：面容及两手浅赭中掺朱及粉，白花用粉，叶用深、浅绿，剑柄及腰带略施黄赭，如是而已；

竹石萱草图　绢本设色　113.3厘米×48厘米
约1649年　南京博物院藏

唐进士钟公像　纸本设色　108.1厘米×53.5厘米
约1649年　翁万戈藏

其用色集中处是以浓朱点瞳，成全画精神所在；袍、冠、靴全以淡墨晕染，不夺这两滴颜色的光辉。题字书法与己丑秋暮《吟梅图》之款相近，故定为1649年之作。

《何天章行乐图》卷，绢本，设色。款云："陈洪绶补衣冠，门人严水子补图。"画像者李畹生，见周之恒七言古风跋："李子畹生信名手，摹君道范善思维。"开卷近处有圆石数块，然后在松枝下一长石案，上有菊花一瓶，展绡（或纸）一幅，奇兽形铜镇，笔、砚及水盂。何天章盘膝坐地，左臂倚案。身旁古松两株，太湖石一列。然后一美女坐蕉叶上，两手持　画梅的宫扇遮胸，衣饰华丽，簪佩丰盛，作欲歌状。最后一幼女跪坐蕉叶上，正在吹箫。她身后有炉，温酒一壶，旁有裂磁酒坛。两女的背景是一片池水，碎石沿边，竹林在望。陈氏用游丝描衣纹，流畅典雅，其门人补景，遵循师风，简淡清秀。设色也可能是水子在老师指导下执行的——歌伎扇面的梅花用石青地，鲜明古雅，极有效果。画后题跋甚多，有米汉雯、周亮工、丁耀亢等三十余家，其有年月者自1660年至1665年，皆陈氏去世以后。此卷款题字体似1649年《南生鲁四乐图》卷，想系同一年之作。

《百蝶图》卷，绢本，设色。款云："易元吉百蝶图（篆书），老迟道人陈洪绶（最后三字残，几不可辨）。"[121]这是工笔重彩，有蝶五十余只，外加蛾、草蜢、蜻蜓、蟋蟀、秋蝉、黄蜂、牵牛、螳螂、纺织娘等各种配角，还有三蛙，在荷花下争食一虫。全卷花卉，除一枝蟠桃、荷花、莲蓬及叶等外，皆以折枝出之，有牡丹、辛夷、山茶、梅花、桃花、水仙、紫兰、芍药、雏菊、罂粟、牵牛花、红苋、萱草、绿竹、山丹、佛手、海棠、枫叶、秋菊、锦葵、月季、灵芝、蜡梅等等，真是写生巨构。用笔用色，均极精细，以造化为师，完全宋人传统。虫蝶的生动，花草的秀丽，都臻上乘。《宣和画谱》卷十八载御府所藏易元吉（11世纪）画二百四十有五，写生折枝花图及其他花鸟多种，称《百猿图》及《百禽图》者有之，但无《百蝶图》。宋代郭若虚《图画见闻志》谓易元吉"花鸟蜂蝉，动辄精奥。始以花果专门，及见赵昌之迹，乃叹服焉……遂写獐猿……"可见他非常可能画过《百蝶图》，但陈氏所本，现在无由考证。今传为赵昌所作《写生蛱蝶图》卷，[122]是最好的具体线索。该卷的三只蝴蝶，一只蚱蜢，既笔、色精确，又生气勃然，陈氏不愧为这种优异作风的继承者。款题虽然漫漶残缺，但看得出是晚年手迹。定为约1649年，或不会失之太远。

《仿元人花鸟草虫》页，绢本，设色。款云："洪绶仿元人笔。"一个断枝自下左

百蝶图　绢本设色　31.7厘米×530.8厘米　约1649年

百蝶图（局部）

斜伸至上右，近端处栖止一鸟，爪握一虫，正啄食其肢。菊花盛开，一枝挺在左侧，最高的花朵上有一蝶一蜂，最右的花上又有一蝶，其前之螳螂张牙舞爪，作扑攫势。断枝下部孔中攒出一虫，正食残叶。画幅虽小，充满了自然界求食的活动，在美丽的景象中显出杀气。陈氏称"仿元人"，必有所本。现藏英国博物馆的谢楚芳作《花蝶草虫图》卷（至治元年孟春，为1321年），可为佐证。谢卷工笔写生，其中蜻蜓、蝴蝶、蛙、蚱蜢、蜥蜴、螳螂、蝉、蜂等草虫不但姿态极其灵活，而且为了生存，不停地猎取食物，例如蚂蚁聚食一只死蝴蝶，螳螂在柳枝上捉蝉。画家这时采取了生物学家的现实观点，大不同于悠然的唯美文士，沉湎于万物静观皆自得的理想世界。陈氏是否以草虫影射人世？

《梅花图》扇，金笺，水墨。款云："老迟洪绶画于静者居。"老梅一干，主枝伸向右方，一小枝生左侧。开放的花朵及蓓蕾满枝。笔致豪迈，淡墨渲染花朵外围。款题颇似丁亥《行书三开册》及《五十自寿诗卷》，与《梅花山鸟图》轴同在静者居作，故定为1649年。

《画梅图》扇，泥金纸，水墨。款云："洪绶。"梅干自右下挺出，疤痕颇长，上端已断。一枝自右伸出，花朵盛开。其下另有一断枝，粗拙而遍体伤疤。笔墨肥润，姿态自然，似1649年风格。

《梅竹图》扇，泥金纸，设色。款云："老迟洪绶。"梅花一枝盛开，后衬以枯蚀的双钩竹叶。以书法看来，似与《授徒图》相近，可能也是1649年前后之作。

《水仙灵芝图》扇，金笺，设色。款云："洪绶为纬翁老祖台写寿。"灵芝在左，其后水仙一棵，花朵盛开，似回顾灵芝状。款题工整，字体近《饮酒祝寿图》轴之长题。约1649年画。

《为生翁作山水图》扇，金笺，设色。款云："洪绶画似生翁老年祖台大教。"一高士盘膝坐石坡平坦处，前有茂树及双干高松一株。松前杂石没入水中，两童持物正舍舟登岸。远坡层列，青山横接天际。高士背有石堆，旁有清流，曲折石隙入于河中。粗笔浓墨，以点染作皴。双钩叶、松针及泉水展露笔锋，在坡石的浑厚中加清新气味。"生翁"很可能即南生鲁，陈氏在己丑曾为之作《生鲁居士四乐图》卷，此扇想亦该年（1649年）作。

《松阴对话图》扇，金笺，设色。款云："洪绶。"山头一隙平地上，高松四株下，两高士对坐石上清谈。四周巨石杂树，环以清泉，远处一角，青山在望。这是布局紧凑的大型山水缩入小扇面中，但保持其清旷的气派。笔墨有王蒙作风。署名字体较晚，"绶"字最后一捺伸长，当是1649年或稍晚之作。

《梅竹石图》扇，金笺，水墨。款云："老迟洪绶画。"自左方石后梅干向右伸出，衬以几笔墨竹。长疤痕处，生一小枝，有两三朵梅花点缀。干端分出几枝，装上更多的花朵及蓓蕾。这是真正的"粗陈"，墨湿笔拙，似醉后兴到之作，与《松阴对话图》可归为同时，也可以参看前述的《画梅图》扇。

《问道图》扇，金笺，设色。款云："老迟洪绶画于护兰书屋。"一老者前行，头束巾，前饰方形折片，类纯阳巾，或系道士。右手在胸前，左手握其袖。一无须青年随后，左手捧开卷之书，右手似在翻页，两目注视，正在寻句。衣纹有铁线描意，两人面容不同于陈氏一般高士之雍容丰腴。老者的八字胡及额上短须，也不见于陈氏其他人物。淡墨渲染外，用色不多：淡赭、浅朱、淡青及书面一点深青而已。款字大概是1649年左右时的风格。

《芦江垂钓图》扇，金笺，设色。款云："洪绶画于静远楼。"高松挺立石岸上，松下小树倾斜，荫盖艇前垂钓的高士。远岸如带，青山隐约。艇侧及远岸前芦苇低首，秋意正浓，笔润墨足，皴多重叠。款字似1649年时作。

《携杖嗅梅图》扇，金笺，浅色。款云："洪绶似雄翔辞兄教。"高士戴风帽，右手持杖，左手举一枝梅花，正在嗅其清香。此画极简逸。题款书法与己丑春日《抱琴采梅图》扇之款字同，大概亦是1649年之作。

《桐叶题诗图》扇，金笺，设色。白汉补图，陈氏画人物，款云："洪绶似公绶道兄。"高士立松下，低首索句，右手举笔，左手拂袖，小童持砚及桐叶旁侍，回头看景。松两株，其间小树两棵，数笔坡石，使构图平稳。署题小字工整，晚年字体，定为约1649年，当不甚远。人物造型，与《携杖嗅梅图》近似。

《柳荫观鱼图》扇，纸本，浅设色。款云："洪绶似沤住师兄法教。"戴风帽的老者坐磐石上，俯观水中游鱼；发上双结的小童在后持杖侍立。石旁老柳一株，柳条在风中摇曳。笔墨与《桐叶题诗图》扇很像，大概是同时的作品。

《萱石图》扇，金笺，水墨。款云："洪绶为尹人辞盟画。"自左突出由方形组成的奇石，其后萱草一株，一花盛开，一花未放，一蕾方生。石用浓墨，横斧劈皴，坚实古拙。花、叶勾勒轻快，布置疏落。题款为1649年至1650年风格。陈氏曾为尹人作行草书轴，录五言律《岁前三日》之后四句，称尹人为"盟侄"，似同时作品。

《老梅图》扇，金笺，设色。款云："溪山老迟洪绶。"老干自右下横出，到左边折上，疤痕甚长，上端几枝都断。可是在下端发出新条，长满了盛开的花朵及未放的蓓蕾，影射灾难后涌起的新生。笔圆墨润，仅花蕊用细笔勾点。虽是不经意之作，但布局浑成。亦可列入1649年左右作。

《蝶菊竹石图》扇，金笺，设色。款云："洪绶。"黑蝶飞入菊丛，其下石头两块，一大一小，左右环以残竹。石勾而不皴，用笔重叠，淡墨渲染，形坚质实。蝶用浓墨，罩以淡青，胭脂装点。双钩竹叶用花青烘托，小菊是没骨画法，胭脂羼青，紫色秀媚；花蕊黄色粉点，精致可爱。此扇可能是约1649年作。

《策杖观泉图》扇，金笺，设色。款云："洪绶为玄溶道盟兄作。"古木枯枝下高士持杖而立，前临溪水，对岸石隙叠泉下注。高士后稍远处有树数株，枝叶仍存。青山在望，高草丛生，是秋日景象。着色淡雅：高士衣粉白，树干、乱石及坡沿淡赭，平坡浅青，高草浅绿。题字与《萱石图》扇相似，亦约1649年作。

《梅菊水仙图》扇，金笺，设色。款云："老莲洪绶。"菊花一棵在右，与左面的

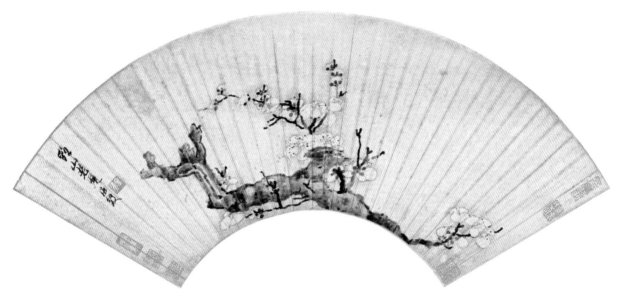

老梅图 金笺设色 23厘米×52厘米
约1649年 美国大都会艺术博物馆藏

蝶菊竹石图 金笺设色 22.8厘米×51.1厘米
约1649年 美国大都会艺术博物馆藏

绯桃孤鸟图　金笺设色　23.4厘米×52.2厘米
约1649年　美国大都会艺术博物馆藏

湖石、水仙与梅花不沾不靠，有遗世而独立之风。那湖石似一扗为二，中间两缕相连，透漏几点梅花。水仙盛开，探出石后。笔致疏荡，而构图丰满，看出陈氏写意之作也着意经营。书法画风，均似1649年前后。

《绯桃孤鸟图》扇，金笺，设色。款云："老迟洪绶画似玄鉴道盟兄法鉴。"头戴一羽为冠的小鸟栖桃枝上，正在高鸣。彩丽笔工，宋人风格。枝略勾出，以没骨法作花朵，以粉画花蕊，以较深之蓝绿色勾叶筋。鸟则冠羽及翅沿略染浅朱。款题字体已较瘦劲，是最后两三年的面貌。己丑暮秋，陈氏为玄鉴作《吟梅图》，看来同时也画赠此扇（1649年）。

《水仙竹石图》扇，金笺，设色。款云："老莲洪绶为梓朋盟侄画。"水仙居中偏左，墨竹在左角，石在右侧。笔润墨淡，墨竹、苔点及花梗用墨较浓，是写意小品。款题工整，字体似己丑季夏《饮酒祝寿图》题款，应为同时之作。

《梅仙图》扇，金笺，水墨。款云："弟洪绶画似玄溍道盟兄正之。"水仙一株在右、三朵盛开，其后梅枝横出，自右伸左，是写意的笔法。

《仿赵孟坚水仙图》扇，金笺，水墨。款云："洪绶为玄鉴道友仿赵子固。"水仙占全扇，长叶四散，花一簇向左斜倚，低首下瞰。用笔疏荡，造型松适，不似赵子固的紧峭。

《梅石山禽图》扇，金笺，设色。款为"老莲洪绶"，后曾有上款一行，被刮去。老干自下伸挺，横出一枝向右，有鸟栖止。梅花三五，点缀两侧。湖石在左角，似引颈向鸟致意。鸟用细笔，梅石均粗笔润墨，点染随意。

《古木归鸦图》扇，金笺，水墨。款云："洪绶画。"枯树、芦苇、低石、远山，极其疏简。归鸦三飞三栖，秋风吹苇，有元人小令意趣。以上这几个扇面，都是兴到笔来，约1649年之作。

《调梅图》轴，绫本，设色。款云："洪绶。"夫人高坐树根长凳上，其前女仆二人，围炉烹梅子，一女双手捧果盘，一女左手取果，右手持勺调羹。夫人右手挥扇，上绘墨竹；背后一石横列，在其平顶上置觚形铜瓶，插着一枝盛开的木兰及一丛怒放的牡丹。下面两女之旁有精雕的条案，放着铜盆及铜杯。全画多半用游丝描，而两女仆的衣纹略加折顿，用笔流畅灵活，露出春季的韵律。夫人黄衣，加上发间金饰，披帛上的浅朱，成为注意力的集中点，而且夹在上面铜瓶及下面铜炉两块墨绿之间，更发光彩。以署名字体及画风看来，这与前述在定香桥畔画的《听琴图》的年月相差不远。而且仕女造型，很接近庚寅（1650年）的《斗草仕女图》。所以定为约1649年到1650年之作。

《扑蝶仕女图》轴，绢本，设色。款云："老莲洪绶画于护兰居。"一女前行，右手执白花一枝；一女随后，左手举一弯柄纨扇，即将下扑其前面的飞蝶。无背景的是唐人风格。游丝描，折花女郎衣纹的下垂曲线，尤其飘逸出尘。衣饰图纹的细节，其精致与线条的简洁成美妙的对比，可谓相得益彰。用色只为了点破墨的寂寞：面容、花朵、领及衣褶很少部分染的粉，折花女郎绶带端、扇骨及鞋头染的黄，是比较显著的。此画与《调梅图》轴作风相近，是约1650年之作。

《拈花仕女图》轴，绢本，设色。款云："老迟洪绶。"一美人左手拈花一朵，举至面前，嗅其香氛。腰、膝微屈，全身三折。发上右侧结一垂鬟，圈以红带，云形首饰，插在发端。窄袖罗衫，胸围素帛，腰系宫绦，衫下露出锦绶，织纹白云蓝地，下接黄摆。长裙曳地，履端朱色。游丝描把衣纹画得既潇脱，又贴身，圆转流畅，恍似天成。此幅与《扑蝶仕女图》近似，应为同时。

《松溪放眼图》轴，纸本，设色。款云："老迟洪绶为苣翁老先生画。"老松两棵，一高一低，生石岸上。一老者戴风帽观广河遥岸，立两松之间，小童捧书后随。两人似走向一小石桥，其下泉水流至一大石旁，淙淙分二叠下注。高松梢上见远山

扑蝶仕女图　绢本设色　93.7厘米×45.7厘米
约1650年　上海博物馆藏

拈花仕女图　绢本设色　90.8厘米×33.9厘米
约1650年　上海博物馆藏

重坡，与根下丘壑相应。皴石用浓墨乱柴，上加重点；松干苍劲，松针细透，一片萧索景象。这是晚年豪迈之作，但仍粗中有细，保持老莲本色。题款亦较狂放，大概是1650年所写。

《溪山放棹图》轴，绢本，设色。款云："唐豫老属，迟和尚绶画于师子林。"近处是石坡，泉流石际。坡岸上老树两株：左树高伟，占全幅主位，枝上残叶无几；右树较小，米点密集，茂叶未脱。树干间有一小船泛出，船头高士坐读，船尾童仆摇橹。高树枝间可见对岸石坡及远山。唐九经号豫公，绍兴人，有《师子林帖》行世，[123] 则师子林想系他的居所，在杭州或其附近，并非苏州的名园狮子林。

《山水人物图》轴，绢本，设色。款云："唐豫老师兄属，陈洪绶画。"石坡上高树两株，叶将脱尽，较小的树在其间，枝叶仍全。下有持杖高士，赏观秋景。小桥与高士隔一巨石，桥下寒泉潺潺，流入坡前。白云围绕左树上端，直入空际，遮掩一部分远水横坡，但云上更有石坡数层，青山一抹。皴法有王蒙意，用笔洒脱，设色淡雅。高士朱衣，与残叶疏红相映；中树的绿叶，与水中绿点呼应。唐氏为陈氏晚年密友，在己丑（1649年）题陈氏所作《生鲁居士四乐图》卷，《溪山放棹图》轴与此幅的年月都是约1650年。

《工笔山水图》轴，绢本，设色。款云："老莲洪绶写于远阁。"画幅上半是高峰叠嶂，白云接近山根；下半是溪、泉、树、石，间以桥、亭。树间有两高士坐谈。通体着意经营，工笔勾描。细点作皴，尤为别致。此画惜残暗，无复当日风姿，但是比较不同寻常，颇可珍贵。题款字迹是陈氏最后数年之风格，应为约1650年顷。

《婴戏图》轴，绢本，设色。款云："老莲洪绶画于护兰草堂。"在一座玲珑剔透的太湖石前，四个婴儿在表演礼佛：最近的一个双手捧菊花一瓶向佛像鞠躬；他身旁的一个正在磕头，开裆裤露出肥臀；后面一个合十跪拜；而石头下面的一个跪着擦拭一座铜塔。除石头用较粗且干的笔以外，全用游丝描；色彩丰富，石下小儿的头箍染朱红，特别醒目。此画所题"护兰草堂"、《问道图》扇所题"护兰书屋"、《扑蝶仕女图》所题"护兰居"，与庚寅《斗草仕女图》所题的"护兰书堂"想系一处的数称，这几件应是一两年内的作品。

《纨扇仕女图》轴，纸本，设色。款云："老莲洪绶画似漾秋老盟侄辞家教之。"美人欲行且止，右手执扇，左臂下垂，低首愁容；以扇面秋景度之，有秋扇见捐之意。约1650年所画。

山水人物图　绢本设色　85.5厘米×33厘米　约1650年

婴戏图　绢本设色　149.5厘米×67.5厘米
约1650年　故宫博物院藏

《为豫和尚画册》八开（册首附草书五言律诗《入秦望》一开），绢本，设色。第一页：《人物》。高士倚杖立坡上，前有一石为短桥，架一股小泉上，后有老树，正在落叶。树下墨竹数竿，石桥旁也有竹一丛。高士愁容，伤秋之意毕露。笔墨萧疏，情与画合。款云："豫老道兄属，洪绶画。"第二页：《山水》。高岩突起，其下石坡上老树三株，叶有圈、有点、有双钩叶，种类不同。坡入水中，芦苇丛生，中有小舟划出。对岸石台上小屋一座，枯树两棵，远坡在望。高岩后连山岭，瀑布下泻，疏林尽枯。皴法宗王蒙，乱麻破点，笔致苍凉豪放。款云："豫和尚属，迟和尚作。"第三页：《花蝶》。一大黑蝶在折枝菊花及双钩竹上飞翔。用工笔而有写意风味。款云："洪绶为老豫师兄画于吴山道观。"第四页：《山水》。前坡上树三株，泉一股。石遮一持杖高士，仅见其头、肩及左臂，未画面目。其身后隔水有坡岸数重，较近者有泉有树；天际有远山。画石以粗润之笔，积墨为皴，点湿而拙，有吴镇风味。泉水、人物及双钩叶则用细笔。枯枝上点以朱赭，深秋景色，远山淡青，天高气爽。款云："老迟画于唐豫老读史之阁。"第五页：《水仙奇石》。水仙一株，四朵花盛开。旁有一石似卧兽仰首。细笔勾花，粗笔画石，皴法似小斧劈，墨湿而重叠。一柔一刚，一轻一重，一淡一深，一浅色而一水墨，有对比之妙。款云："老豫属，老悔作。"第六页：《小鸟竹石》。左侧石两块，相接如并蒂莲，隙中生一小树，已枯，枝上栖小鸟三只，石后有双钩竹。土坡右侧又有一石，略小，一边生草如须。鸟、竹、草皆工笔，极秀媚；木、石用笔勾皴兼之，干湿并用，紧中带松。全幅意境清幽，有天寒气息。款云："洪绶作。"第七页：《老梅》。主枝右向，枝端开花数朵，含苞未放者一小簇。左部生一长枝，开花更多，也有蓓蕾。淡墨勾枝，加以皴染；花朵先勾后染，浅红浓粉，再以黄掺粉细描蕊。款云："洪绶为豫老道盟兄作。"第八页：《山水》。古木三株生石坡上，溪水环之；另一石坡伸入水中，上立白鹭一只，注目水中，似在寻鱼。右树干粗枝长，大米点作叶；中树最瘦，已枯；左树仍有三角形残叶。树下有花草。溪水对岸有流泉，雾气与远山遥接。画石全用粗笔及重雨点皴，树木也简快，但白鹭虽小，异常精细。花草古拙，有六朝风味。款云："豫老人属，洪绶画。"综观全册，大都秋冬情调，只有水仙、梅花，略露春机，可能是约1650年岁暮之作。豫老为唐九经。

《山水图》页，纸本，设色。款云："元老法盟弟属，洪绶画。"岸下巨石数堆，枯木两株，其右一树斜倚，点叶颇茂，但压不住全幅深秋肃杀之气。石间可见一舟，

为豫和尚画册（八页） 绢本设色 每页25.5厘米×29.5厘米不等 约1650年 美国檀香山美术学院藏

高士戴风帽静坐。对岸石坡后，青山一列。运笔自如，疏密成趣。对页有黄澍（仲霖）长跋，说他"以癸未年四月（1643年）别章侯于燕，明年从金道隐邮筒得章侯书并书画扇，意存谆戒……己丑（1649年）过虎林（杭州），从南生鲁署见章侯为作写生图数十种……又明年（1650年），栎园（周亮工）出画册四部示余……庚寅七月十八，夜漏且三下，剔灯略志数语……"想来这幅就是1650年章侯送给周亮工（字符亮，故上款称元老）画册中的一页。

《闽雪图》册页一幅，绢本，设色。无款，有"章侯"朱文方印。奇石孤立，上巨下细。石后芭蕉一株，有花一朵，垂头未放。石用小斧劈横皴，一如《为豫和尚画册》中的《水仙奇石》。淡墨加青，烘染背景，使芭蕉突出。蕉花瓣尖朱红，蕉叶略加浅绿及黄赭，石上涂淡墨、淡青、淡赭，最后以浓粉点染叶面石端，现实地写出雪意。周亮工曾记闽雪，[124]说："闽无雪八载，八闽六出、五出，曾未寓目，洪塘九十词人林有道，自矜曾三见雪，众即以三雪翁目之……"可能周氏在1650年夏在西湖上见陈氏时，曾谈及此，其后陈氏遂以想象作画，以芭蕉代表闽地，那么即以赠周，亦意中事。应与《为豫和尚画册》为同年。

《指蝶图》册页一幅，纸本，设色。款云："洪绶画。"一高士戴幞头，左手倚杖，右手指其足前飞扑落花之黑蝶。游丝描极其潇洒，大袖宽裳的衣纹线条如行云流水，起伏飘荡。用色简雅，面、手及履略施淡赭，衣上大片淡青。所用两章之一为"洪绶"朱文方印，与下述《婴戏、湖石》两幅所用印为相同的格式。这也是约1650年之作。

《渊明对菊图》斗方，绢本，设色。款云："洪绶赠期老道兄。"高士坐地，右臂倚石，左手轻抚石上瓶菊。瓶旁纸、墨、笔、砚俱全，外加一水盂。画中人是否为陶渊明，不得而知，但画题是赏菊赋诗。画风及书法均属晚年风格——约1650年左右。

指蝶图　纸本设色　约1650年　辽宁省博物馆藏

（第二章 陈洪绶的绘画 | 217）

　　《婴戏、湖石》两页合轴，纸本，水墨。无款，"洪绶"朱文方印，两幅同。上为"婴戏"：一婴儿头戴一帽圈，顶插翎毛，仿大将鹖冠；身着圆领短袖衣，腰束带，足踏靴，是武士装扮。右手持小鞭，左手牵绳，系于一龙首麟身小兽所踏的后轮轴上。一小老者，闭目似盲，俯身骑兽，正在前奔。游丝白描，半似神仙故事，半似意存讽刺。是否这奇怪的玩具影射盲人主政？婴儿肥头大耳，但有赳赳武夫气貌，是否象征孺子弄权？下幅"湖石"，造型既玲珑也雄壮；皴法是用波形短笔，层层积叠，以墨色浓淡，形成立体感。这两幅想属同一册页，是老年作品。印章似庚寅秋画于眠云法堂之《秋游》扇上一印。姑置此双页于1650年顷作。

　　《芝石图》册一页，金笺，水墨。款云："老迟。"灵芝大小三片，生于石上。石左下方有草如须。这是册页中的一开，颇有风趣的小品。约作于1650年左右。

　　《古木竹石图》扇，金笺，水墨。款云："洪绶为子久道盟兄仿元人。"坡上一石左卧右起，其后枯木一株，修竹两丛。左旁小枯树作陪，右侧小石一堆，灵芝两片。木石皆用粗笔润墨，竹子则细笔秀媚。最后以焦墨点苔画草。款题亦似1650年。

　　《竹石图》扇，金笺，水墨。款："洪绶。"双钩竹布满扇面，叶多残蚀者，后有一枝，叶已尽脱。竹前一小石，以粗笔浓墨画之，镇定全幅。淡墨烘托双钩，显出层次。笔法颇似辛卯《春风蛱蝶图》卷，题款字体似1649年前后，定为约1650年作。

　　《云山策杖图》扇，金笺，设色。款云："洪绶。"石上古树两株，残叶无几。石旁一高士策杖，回首观景。面临秋水，对岸石堆横列，远山如屏。笔粗墨润，堆点为皴。用色几不可辨，仅白粉染袍，淡青烘山而已。署名亦似1650年笔迹。

　　《扑蝶图》扇，金笺，设色。款云："洪绶。"美人在扇右方，正举扇欲前，准备扑蝶；近扇中部偏左，一黑蝶飞离地面并不太高。背景空白，人物与小蝶特别显著，游丝描细致潇洒，首饰、佩玉、领袖花边、裙摆绣纹，以及宫绦的环结等，均精巧纤丽。用色极省，略施朱、粉、石青及墨绿。眉目间染淡赭，益增妩媚。可定为约1650年所绘。

　　《秋溪泛艇图》扇，金笺，设色。款云："老迟洪绶画似梓朋盟世兄正。"右角小石坡上带叶树两株，一满一残，辅以枯木；小舟泛坡前，高士独坐其上。后为大石坡，横亘全扇，上有高岩、流泉及枯木。再后是大河、远岸及青山。画得很松，与为周元亮作《山水》页及《云山策杖图》扇等同趣，也应该系在同时所绘。

《索句图》轴，绢本，设色。款云："洪绶。"一高士坐石案前，案上书已展开，瓶菊在侧。另一侧面高士坐在案前石上，以豹皮为垫，展书膝上。此画特殊之点为第一高士之面容，极其圆浑，与陈氏其他开脸不同。其弟子陆薪有《醉吟图》轴，主要人物之面容与此相似。[125]以署名字体及画之风格看来，约属1651年作品。

《参禅图》轴，绢本，设色。款云："老迟洪绶。"一高士头裹巾，两手持一卷，坐石上，左肘靠一石案，其上置扁酒樽及高瓶插梅。案前石上坐一高僧，侧面，左手抚膝，右手持一如意。在最前之地上有炉，止煮一壶，一酒樽带勺，旁置一扇。衣纹游丝描，简当流畅。此盖苏东坡访佛印（僧了元）故事。[126]据说东坡至金山寺访高僧时，了元说此间无坐处，而东坡戏云借和尚四大作禅床。了元说我有一语，如得立刻答复，当从所请。稍一迟疑考虑，即请留下玉带，以镇山门。东坡同意。了元说：四大本空，五蕴非有，您欲到何处坐？东坡要考虑一下。了元急呼侍者，把玉带取下镇山门，以衲裙为报。摹本很多。署款字体近似辛卯《隐居十六观图册》，应为约1651年之作。

《赏酒图》轴，纸本，设色。款云："老悔画于水香居。"老者戴笠披斗篷，足登木屐，似在雨中。左手提篮，中有酒罐，右手持杖。面有风霜，胡须甚稀；衣纹用铁线描，极为简括。款题似最后两年笔，时间与《参禅图》轴不远。

《问道图》卷，绢本，设色。款云："问道图（篆字）陈虞胤传写，洪绶画衣冠泉石，严湛设色。"开卷时白云弥漫坡岸众石间，然后露出老树一株，红叶凋零。树下独木桥架过浪花四溅的小泉。过桥平坡一片，林木前有高僧坐高背大椅，上有金字标名"具德"，其左臂倚面前石案，右手伸两指，作讲道状。案上有蒲扇、香炉及铜瓶，中插梅花。案前两人坐地上：在高僧之左为一居士，两手之间有木根如意；右为青年和尚，袖手陪侍。高僧及居士为正面肖像，即主题人物。稍后有一胡服梵僧，缠头上顶双角，持杖提壶，前来听道。梵僧后隔山石及老树数株，见一茅亭尖顶，最后童仆三人，捧盒、持杖及提酒。全卷人物衣纹作游丝描，白云及树木亦细笔勾勒，山石皴擦则多用折笔干墨。设色富而淡雅；梵僧朱衣，较引人注目。款题及画，均入最后两年风格，想均系1650年至1651年之作。

《竹林七贤图》卷，绢本，设色。款云："洪绶为且潜道人仿唐人。"开卷为水旁崖岸，石间有平坡为路，可见两组童仆的头肩，知每组两人，以扁担扛酒食前往竹林。经过古木三株，竹林间空地上众贤游憩。先是阮咸，侧坐石上，左手抚膝，右

索句图 绢本设色 124.5厘米×49厘米
约1651年

参禅图 绢本设色 106.3厘米×49.7厘米
约1651年 翁万戈藏

手抱琵琶（后称阮）。其旁又一人坐石上（或系刘伶），仅见其背，右手挥扇，左手举杯。他面前一大石床，披发人（或系王戎）倚床头而坐，肩搁一杖，左臂左腿皆架杖上，右手扶床，右腿翘起，脚心朝天，真是放浪形骸。床后坡岸环着溪水一湾。一青年发中簪花，盘膝坐豹皮上，左手拨展领子，右手持长柄酒勺，看来似是阮籍。他身后老树数株，在树干间可见一人坐蕉叶上，两手抱右膝，而左腿直伸，左脚临风。又一人被树干半掩，横琴膝上，右手正在抚弦，他必是嵇康。这组老树之后，一片平坡，画幅下边露出茅亭尖顶，盘绕着小化。最后一位戴笠帽而面瘦长的老者，姗姗而来。此人的容貌不似陈氏以想象描绘的古人，而颇有以真实人物为典型的意味。高居翰氏揣测这第七位可能即是陈氏奉赠此卷的且潜道人，代替了七贤之一，所以有些置身物外。[127]"竹林七贤"是三国魏末（3世纪中叶）的七位名士：嵇康、阮籍、山涛、向秀、刘伶、阮咸、王戎。曾集于山阴（今河南修武）竹林饮酒清谈，因得此称。文学上最负盛名的，是阮籍的诗与嵇康的文，阮咸则以精通音律而常见于后世的诗文与画幅。[128]传世最早的《竹林七贤图》，要算1960年南京西善桥南朝大墓出土的砖画（约5世纪），[129]陈氏必未见到，但这些人物造型的传统，历代保持，例如唐孙位的《七贤图》卷（今存山涛、王戎、刘伶、阮籍四人），洛阳存古阁藏宋石刻《竹林七贤图》考证等，[130]及多少元明以来以此为题的作品，必有一些经过陈氏的眼。陈氏是别出心裁的人，本卷的布置很自然，从送酒食的仆役起，到头三位围坐，饮酒清谈，然后一位在旁听，继以两位在树下自得其乐，最后一位则刚刚来到。人物衣纹用游丝描，树石花草都细笔勾勒，上溯六朝风格。题款字体瘦劲，是最晚年的笔迹，约1650年到1651年作。

《折枝花卉图》卷，绢本，设色。款云："陈洪绶。"四段花卉，布置甚松。开始为梅花，自成一段。继以菊花及竹，为第二段。桃花、水仙、残红叶为第三段。木芙蓉（秋葵）及枯枝上仅余红果为末段。署名似庚寅《斗草仕女图》，用印（"洪""绶"白文连珠方印）似同年《陶渊明故事图》卷，故定为约1650年或迟至1651年作。

《花鸟草虫图》卷，绢本，设色。无款，有"章侯氏"朱文方印。全卷分两段，中有过渡小段，与前段相连。先是重瓣桃花一枝，间以折枝菊花，然后梅花一枝，挺至幅之上沿，弯曲而下，再向上伸；栖止一鸟，戴五羽冠。牵牛花一丛高悬，下有螳螂，此为过渡，以牵牛的一须与梅花枝梢相交。后段湖石当先，萱花一梗，伸

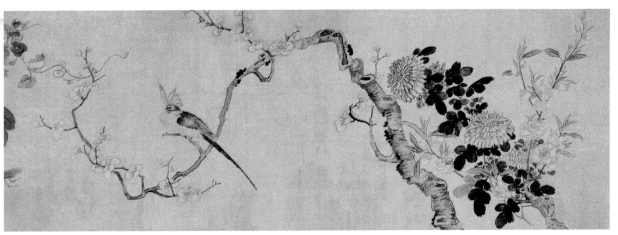

花鸟草虫图　绢本设色　32.6厘米×161.5厘米　约1651年　上海博物馆藏

至石前，其后有双钩竹。为盛开的萱花所遮的，是两只蝴蝶，飞到一起：小灰蝶冲碰了大黑蝶。除菊叶用墨及没骨法外，其余全是先勾画，后设色，而鸟、螳螂、蝴蝶极为工细，栩栩如生。笔墨着色与辛卯《春风蛱蝶图》卷接近，想系同时之作，故定为约1651年作品。

《唐人索句图》册页一开，纸本，设色。款云："栎老命作唐人索句图，洪绶。"一高士坐树干制之大椅上，右臂肘压石案上素纸。旁有笔、笔架、砚、墨及水盂。石案之另一端置一铜瓶，空无一枝。枯木在身后，案前坡上有野草闲花。人物笔锋极秀劲的佳作。此1650年或1651年为周亮工所作。

《杂画册》，十二开，绢本，设色。无款，每页有两方印："陈印洪绶"白文，"章侯"朱文，印皆同。一、《水仙》。从下左角斜出一枝五叶，枝头花盛开。细笔

杂画册（十二页） 绢本设色 每页31.5厘米×24.9厘米不等 约1651年 南京博物院藏

写生，宋人风格。二、《荷花湖石》。石在左，似三足兽仰首立池中；荷花三朵及叶三片在右；另一叶为石所遮，幼叶浮水面。花用工笔，石以侧锋皴擦。三、《古梅》。老干自左沿挺出，上端断处有一旁枝亦断，但自下生一主枝，弯身向上，又出小枝，皆着新花。粗笔画干，细笔勾花。四、《桃花》：自下而上，一枝四分，其三有花有叶，一小枝在右下，有花无叶。工笔重彩，亦是宋人写生法。五、《松下童子》。古松一根两干，一干已断。松下一童子持杖而立，似候主人。松旁巨石多孔，紧靠水边；隔水石坡重重，不见天际。用笔疏落有致，是元人气息。六、《双峰白云》。近处石坡上有枯树及老松，在白云前，又一株尚留残叶，为云所蔽。隔溪双峰突起，部分由白云环绕。前峰下有岩石，远见坡岸。皴点多用干笔焦墨，有王蒙意。七、《蕉荫听琴》。高士膝上横琴，坐石床上，两手正在拨奏。四围有湖石两座，芭蕉三棵。另一高士坐石上静听，举杯将饮。其前一童子坐地，手捧酒壶，前置果盘。全幅有勾无皴，是六朝风味。八、《高峰飞瀑》。山形如阶，高峰在左，次者居中，最低者在右。山中飞瀑，分三叠下注河滩。近岸及对岸山坡上遍生桃树，鲜花盛开，想是桃源一景。画石用侧笔，所谓折带皴，有倪瓒的影响。九、《蝶戏落花》。黑蝶低飞在流水之上，直扑落花两朵，周围残瓣无数。一石略露水面，以折带皴随意写出，墨赭相间，生动自然，与飞蝶、落花、流水相抗衡。十、《高树空堂》。古木两株，其高大者已枯，藤萝缠绕其上，叶盛花繁，装点枯枝。树下草堂，窗户开敞，其中有桌有凳，但寂无一人。堂后临水，远岸石坡在望。皴石用干笔，树干亦然，花、叶用细描，精致富丽。十一、《红果小鸟》。一鸟栖枝头，两侧皆红果，鸟正回顾，注目于最大的一颗。细勾翎毛，略粗笔画枝，没骨法画果、叶。十二、《高梧琴趣》。在高大的梧桐树下，高士坐地，膝上横琴，正在弹奏。林间白云弥漫，落叶纷纷。坡临池水，对岸有流泉下注。桐叶夸大，枝干古拙，舒卷云形，都是六朝风格；坡石及树身稍加皴擦，带来宋元气息；这的确是老莲自家的面目。以全册看来，应是他一生最后两年中的作品。

《摹古双册》每册十幅，共二十。绢本，设色（仅两幅水墨）。每幅有款。一、《平台对话》。款云："洪绶为仲老作。"近处一筑石为沿的长方形平台上两人坐谈，台上老树三株，最高者已枯，为藤萝缠绕；次者圆叶；最小者叶作花状，每组中心三叶红色。树下萱花盛开。环台为池，隔水石坡间流泉下灌。对岸有山林平坡，茅亭三柱，后立一童。山外青山，完成园景。皴擦用渴笔焦墨，着色多石青石

摹古双册（二十页）　绢本设色　每页24.6厘米×22.6厘米不等　约1651年　美国克利夫兰艺术博物馆藏

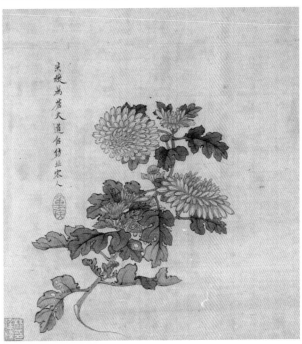

绿，间用朱砂勾花染叶，古雅、富丽，兼而有之。二、《老子骑牛》。款云："洪绶敬图。"老子顶秃容瘦，右手持一枯枝作鞭，左手牵缰，骑牛临一小溪，似暂停一观。背后有竹两竿，牵牛萦绕，白花盛开。老子身后有蒲扇、包囊及坐垫。全画工笔细描，坡染青绿，余则着色精致，粉、朱俱全。陈氏画佛及佛教人物甚多，老子则罕见（伪品不足计），此幅弥足珍贵。三、《水仙寒泉》。款云："仲青道人属，老莲作。"水仙两株，立于泉旁，灌木枯干，陪侍右侧。花朵盛开，长叶四展，如仙子婀娜，临风起舞。水流回折，淙淙成曲。枝头含芽，似春归有日。陈氏造型紧密，而笔墨松逸；细看勾描花叶及泉水的笔锋，隐含抑扬顿挫及颤动生姿的趣味，真是其他画家不可企及之处。四、《秋游》。款云："老莲为老苍作。"坡岸上林木已凋，残叶飘零，下右角的小桥上童子扶主人向岸边小舟走去，船夫正用篙稳定船板，为他准备。对岸有高山丛树，也都是红叶稀落，可是岩石较低处，一股声势浩大的瀑布，分成两股倾下，使萧索的秋景中，注入生活的伟大力量。远处青山如屏，启人遐思。干笔皴擦，焦墨粗苔，配上赭色渲染，朱砂点叶，及古拙的芦苇、深草，有秋光无限好，只是近寒冬之感。五、《陶渊明》。款云："老迟。"历史人物中，陈氏最喜画靖节先生，深致他的倾慕。这幅的造型，可算标准。头巾有双角，罩衬帻上，覆耳披肩。两袖飞举，长裳曳地。右手持杖，紧靠鼻前。衣色墨中羼红，裳色墨中和青。袖里染朱，履头如之。衣纹用游丝描，晋顾恺之风韵。六、《莲石》。款云："洪绶学崔白，贻林仲青法弟。"这幅与陈氏在约1645年时作的水墨《莲石图》轴同趣，而石头的勾皴简快苍劲，质感极强。荷花四朵，都在盛开，水墨梗叶，用没骨法。花、叶及水纹的细致，与巨石的粗强成对比。尤其是石上的大苔点，用秃笔湿墨，千钧直下，留有溅痕，特别显出老画师的胆量及功力。宋宣和时，崔白作品在御府有《荷花家鹅》《白莲双鹅》《秋荷双鹭》《秋荷》《败荷群凫》《雪荷双鹅》等图，[131] 明末或仍存其荷花手迹，为陈氏所见。七、《林逋放鹤》。款云："弗迟老人为仲青道士画。"林逋是结庐西湖孤山的隐居诗人，不娶无子，植梅畜鹤，有"梅妻鹤子"之名。[132] 画中高树数株，叶留数片而已。其下高士孤立，前有一鹤，流泉绕之。隔水坡岸远山，空寒孤寂。用色极简，除远山淡青一抹，只略用朱色：高士淡红衣，鹤朱顶，红叶，红草。树木山石，全用淡墨烘染。陈氏虽然没有指出这是林和靖放鹤图，如此标题，似合画意。八、《高士横杖》。款云："老莲为仲青作。"本幅的主题，实在是一株同根双干的老榕树：浑身皴纹如结，疤痕遍体，颇似老象的大腿，皮松下坠。其旁配以三棵白皮树，形成屏障。高士坐树前平坡上，背倚书卷一捆。他的藜杖，横陈地上。再前有月季花一枝，浅坡一道，丛叶双石。榕干及石块，均用细线作皴，远看很具质感，近看极富装饰趣味。高士浅紫衣，在这色彩淡雅的世界里，他显得颇为鲜明。陈氏此图的构想新颖，造型奇特，笔墨精微，非老年不能臻此。九、《菊石》。款云："洪绶。"菊花盛开，三大朵辅以两小朵，由没骨叶子衬托。下有圆石，由粗笔大点形成。这是写意之笔，稍沾沈周、陈淳的作风。叶的墨中加赭，菊花外围烘淡青，不然就变成水墨画了。十、《枯木竹石》。水墨。款云："老莲。"这完全是倪瓒笔意：右面瘦石、枯木，左面瘦石、墨竹、寒泉，后面隔水是低坡及瘦石积成的小山。侧笔干墨画石及坡，中锋干墨画枯木，细毫湿墨画竹。清高寂寥，胸中洗去名利。这真是陈氏老年断绝尘念后才画得出的云林高致。十一、《五柳先生》。款云："五柳先生（篆书）。仲青属，洪绶画。"这是一幅山水画：一所茅堂，围以篱墙，墙外高柳五株，左一右四，其间小径向左弯，一老者持杖回来，童子在径旁树下拱手迎接。门前有石坡，有流泉，菊花繁生。堂后有水，远岸在柳枝中依稀可见。五柳先生即陶渊明，亦即画中老者——须发尽白，不是普通的形象。柳叶——双钩，似传顾恺之《洛神赋》卷中柳叶画法。坡石以墨点堆积作皴，菊花则瓣瓣分明，叶叶清晰，寓秀丽于古拙，是陈氏晚年典型作风。十二、《罗汉》。款云："弟子陈洪绶敬图。"罗汉坐石坡，宽袍覆地，左手持木圭，右手遮左手，几若合十。隆鼻大耳，高颧薄唇，头顶似土丘，两目上视，炯炯有神。背后两树：黑干者在前，已枯；白干在后，叶茂花盛。此像为五代贯休传统，[133]如《益州名画录》所谓"胡貌梵像"者。衣纹在游丝与柳叶描间，转而不折，如行云流水。衣、带纹样细密，圭上木纹逼真。这可以说是"高古奇骇"的作品。十三、《桃花小鸟》。款云："悔和尚仿道君赠苍夫居士。"主枝已断，一鸟栖其上，下有旁枝，花、叶茂盛。鸟首向下，两眼滚圆，是全画焦点。羽毛纤密，柔软可触。花瓣、叶片之勾勒，细笔中加以起伏顿挫，清新生动。白花、绿叶以陪衬深褐色鸟，素雅无尘。陈氏自称仿宋徽宗，信然。十四、《秋山闲游》。款云："洪绶。"近景是高树丛石，木桥架过小溪，水流曲折而下，经过不少阶层。林间有两个童子，前面的正指向木桥。隔水峰岩拔地而起，前有悬崖，背负瀑布，顶上及石隙有些树木。崖下见远岸，又有青山。全幅几无空隙，颇似王蒙风貌。山石用干笔焦墨勾斫，积擦成皴。石绿、赭黄、朱红、白粉染树叶，陪衬枯枝，萧素的秋光中，还有寒冬前最后的热闹。十五、《仕女》。款云："洪绶。"弯身独立的美人，两臂交叉，双目下视，好像有所寻觅。她发簪菊花及首饰，身着窄袖褙子，外加披肩，下露绶端及宫绦。游丝描，圆畅的线条中，略见颤痕。着色以朱红为主，黄、青、绿、紫辅之。这是陈氏晚年作品中典型的仕女形象。人物置在画幅的右半，左半全部空白，足见陈氏构图的魄力。十六、《折枝菊》。款云："洪绶为苍夫道侣仿北宋人。"紫菊一枝，有两朵盛开：一朵向下，一朵朝上。叶子中小花将开未放的还有不少，并另有一朵已开的在叶后。姿态勾得极其自然，花瓣的排列尤其逼真，的确不下于宋人写真的本领。十七、《松亭读书》。款云："仲青属，洪绶画。"在山脚的石岸上，有高松数株，杂以他树；松下茅亭中，高士盘膝而坐，右手持展开的书一册，并面对一炉。亭后有几重坡岸，一缕青山。瀑布自山流下，经过松后，绕到亭前，泻入河水。石用倪瓒侧锋折笔；松针用栗子松画法，平铺淡染，颇富装饰意味。点苔用破笔头，真是信手拈来，涉笔成趣。十八、《苦吟题石》。款云："洪绶制。"高士皱眉立石壁前，右手持笔，左手扶杖。一老松生根石隙，曲干上挺，两枝马尾松针，下垂覆翼左右。高士表情悲愤，似千头万绪，但不得一句。写石勾而不皴；松干用干笔，松针笔密锋锐；衣纹亦见笔锋，但多折顿。这是陈氏人物中，表情比较生动的一幅。十九、《枯木茂藤》。款云："洪绶。"枯树两株，一主一辅。树根间生一藤，分为两支，各缠一树。主树的枯枝，细条断尽，似怪兽百臂伸爪，向四面乱抓，而藤条紧绕，叶子填满空隙，乍看好像死木复生。旁边的枯树也同样为藤作架，但没有那样戏剧化。树下丛生小红花，更添了生意。坡上染石绿，陪衬老藤的黄叶。陈氏喜画奇树，这幅相当突出，易于引人想象其象征的含义，在艺术的欣赏上加了弦外余音。二十、《枯木竹石》。水墨。款云："洪绶。"枯木一株，斜贯全幅。下有卧石，后有墨竹。木、石用秃笔湿墨，染重于皴，有吴镇笔意。细笔浓墨写竹，以对比成趣。庚寅及辛卯两年中，陈氏与林廷栋（仲青、苍夫）过从甚密。庚寅四月曾到林家作送春雅举，六月在林家为周亮工画《陶渊明故事图》卷，辛卯为林氏画《溪山清夏图》卷[134]等等，所以此《摹古双册》不是作于1650年即作于1651年。

《西园雅集图》卷，绢本，设色。全卷仅首段为陈氏所作，至一高松为止，即病重不能继续，此后为华嵒所补，其长三倍于首段。卷末华氏题曰："雍正乙巳（1725年）夏，偶散步至秋声馆，主人出所藏名公妙染数十余轴，纵思饱观，爽爽如游清凉境也。中有陈老莲《西园雅集图》一卷，方构至孤松盘郁处，时老莲已疾笃不克写完其图矣。惜哉！此卷流于廛市，而符子邂逅求得之，因乞余续成，以全雅事，

西园雅集图（局部） 绢本设色 41.7厘米×429厘米 约1652年 故宫博物院藏

余亦欣然乐为之也。但墨笔精良，有愧前人，若开生劈秀，当与颉颃高下，则吾又未敢竟让也。新罗山人华喦识。"首段陈氏所作是引入西园的山水，树石为倪瓒作风，多勾勒而少皴擦，设色简淡，多仗淡墨渲染，使石头有立体感。人物仅三：高士倚一冲天古柏，静听其前靠石弄阮者，有童子侍其后。笔墨秀雅细致，可见这位大师在临终不久之前，仍然以严谨的态度，从事创作。最可贵的是，他在被体弱所限，不得不放弃工作时，写了一封短信向他的朋友道歉，将这未完成的杰作一齐送去：

分袂后倏逾十月，衰病尪羸，日甚不堪，一江之隔，竟阻良晤，每念故人，临风唤奈何也。命画小卷，瘩瘵在胸，粗就规模，旋作旋辍。比来目眩手战，不能持笔，大都与此卷作未了缘矣。邮寄知己，聊践频行之订；他日得竟此图，固所深幸；不尔藏之箧中，以见我两人交好。然讷不欺笔墨之约，虽不能终，亦不留一身后遗憾耳！手封素简，涕泪随之；珍重起居，再图把臂。缕缕不悉。菁莲盟长兄，小弟陈洪绶顿首。八月廿九日。

此画与信，很可能是他最后的笔墨，至少是现存的陈氏绝笔，而且指出他在暮秋或初冬时，与世长辞。

注 释

［1］［2］［3］［4］皆见周亮工《读画录》，第9页。

［5］［6］见陈撰《玉几山房画外录》，《美术丛书》，江苏古籍出版社，1986年，第一册：第447页，许宰《跋陈章侯画》；第457页，龚鼎孳《题陈章侯仕女卷》。

［7］张庚《国朝画征录》，朝记书庄铅印本（称《清朝画征录》）卷上，第2页后半。

［8］钱杜《松壶画赘》。

［9］吴麒《图绘宝鉴续纂》。

［10］故宫博物院藏。

［11］郑振铎辑《楚辞图》二册，中华书局，1963年。上册，郑序。又见黄《陈传》第36页，提及南宋马和之、元张渥及明仇英皆曾画《九歌图》。

［12］薛国屏等编《中国地名辞典》，上海辞书出版社，1990年，第656页。

［13］高居翰编《不息的山水》，加利福尼亚大学美术馆，1971年，第165页（英文本：James Cahill, Editor："The Restless Landscape：Chinese Painting of the Late Ming Period". University Art Museum, Berkeley, 1971）。

［14］《晚明变形主义画家作品展》，台北故宫博物院，1977年，第251—253页。

［15］俞剑华编《中国美术家人名辞典》，上海人民美术出版社，1981年，第882页。

［16］黄宾虹、邓实编《美术丛书》，江苏古籍出版社，1986年，第二册，第1003页。

［17］张彦远《历代名画记》，《丛书集成》初编本，上海商务印书馆，1936年，第318页。

［18］《元四大家》，台北故宫博物院，1975年，第四〇三项；解说，第31页。

［19］金维诺主编《中国美术全集·绘画编2·隋唐五代绘画》，人民美术出版社，1984年，第五一图；解说，第26页。

［20］《元四大家》，第31页。

［21］臧励龢等编《中国古今地名大辞典》，上海商务印书馆，1930年，第281—282页。

［22］《元四大家》，第二〇六项：吴镇《渔父图》轴，1342年作。

［23］《中国美术家人名辞典》第377页。

［24］《美术丛书》第一册，第594—597页。

［25］邓椿《画继》及庄肃《画继补遗》，人民美术出版社，1963年，第22页。

［26］张彦远《历代名画记》，秦仲文、黄苗子点校，人民美术出版社，1963年，第191页。

［27］《辞源》，商务印书馆，1982年，第三册，第1864页。

［28］周叔迦《法苑谈丛》，中国佛教协会，1985年，第9页。

［29］《增补足本施顾注苏诗》，施元之、顾景蕃合注，郑骞、严一萍编校，台北艺文印书馆，1980年，第三册，卷十四，"芙蓉城（并引）"七言古诗。

［30］上海博物馆藏。

［31］黄《年谱》，第19页，引山阴商盘评选《越风》卷二录沈允范（康熙时人）"陈章侯画飞白竹歌"并序。章侯自题："万历己未洪绶翻经法华山中，作竹有几种，种种貌其形似。"

［32］高松《遁山竹谱》，王世襄手摹，香港大业公司，1988年，前附李息斋《写竹法》等五篇。

［33］黄《年谱》，第44页，引《宣统诸暨县志》卷五八记萧山来斯行撰《陈还冲夫妇像赞》注云："二像为老莲所画。"卷五九"轶事"中记云："枫桥陈氏自陈翰英至陈善学，历代像皆画冠衣冠，方伯性学像仍老莲先生手笔，赞也多出老莲手。"

［34］此段曾鲸"波臣派"与陈洪绶的关系，系1994年春作者访问黄涌泉先生时所得，谨此特别标出及致谢。又可参看上海人民美术出版社编辑出版的《明清人物肖像画选》，1982年。

［35］《元四大家》图版二〇二：吴镇《清江春晓图》。

［36］黄《年谱》，第59—60页。

［37］王实甫《西厢记》，吴晓铃校注，北京作家出版社，1956年，第121页。

［38］北京图书馆藏1639年刻本；其有四页插图者，藏日本京都大学文学部。

［39］孔尚任《享金簿》，《美术丛书》第一册，第425页。

［40］黄《年谱》，第74—75页，引梁章钜《退庵金石书画跋》。

［41］蓝瑛所作《兰竹石图》卷，已知者有日本藏、港藏及翁万戈藏三本。

［42］顾文彬《过云楼书画记》及张大千《大风堂书画录》所载想即此本。梁章钜《退庵金石书画跋》及方濬颐《梦园书画录》所载无年月，或系摹本。

［43］《中国大百科全书·中国文学Ⅰ》，第23页，顾学颉"白居易"一则。

［44］唐九经，见《乾隆绍兴府志》卷七〇，第10页。

［45］《陶渊明研究资料汇编》，北京大学、北京师范

大学中文系教师同学编，中华书局，1962年，第6—8页。

［46］刘义庆《世说新语》，刘孝标注，注中引《续晋阳秋》。此故事又见沈约《宋书隐逸传》及萧统《陶渊明传》，《陶渊明研究资料汇编》，第4页及第7页。

［47］《莲社高贤传》，见《陶渊明研究资料汇编》，第11页。

［48］萧统《陶渊明传》，见《陶渊明研究资料汇编》，第7页。

［49］萧统《陶渊明传》，见《陶渊明研究资料汇编》，第7页。《晋书》列传第六四"隐逸"略异："一顷五十亩种秫，五十亩种秔。"

［50］陶渊明《归去来兮辞》，见唐满先注《陶渊明集浅注》，江西人民出版社，1985年，第229页。

［51］萧统《陶渊明传》。

［52］《陶渊明集浅注》，第250页。

［53］萧统《陶渊明传》。

［54］何澄《归庄图》卷，吉林省博物馆藏。见《中国美术全集·绘画编5·元代绘画》，第六项。解说第4页，推知画于皇庆二年（1313年）。《归去来兮图》在美国有三本：弗利尔美术馆有北宋末本，波士顿美术馆有南宋初画院本，克利夫兰艺术博物馆有金末本；源出李公麟，以上四图皆有相似处，见书中傅熹年、陶启匀《元代的绘画》一文后注九，第31页。

［55］周亮工《书影择录》："吾友陈章侯偶仿渊明图为予写照，见者以为郭、谢两生不能及。"黄《陈传》，第32页所引，并注郭为郭巩，谢为谢彬，皆曾鲸入室弟子。

［56］《李太白全集》，王琦辑注，中华书局，1958年，卷二十七，第三册，第101页。

［57］林逋见《中国大百科全书·中国文学Ⅰ》，第429页。赵孟坚见《中国美术家人名辞典》，第1280页。

［58］《中国美术家人名辞典》，第445页。

［59］殷登国《陈洪绶研究》，第52—62页。

［60］殷登国《陈洪绶研究》，第53页。陈洪绶诗见《宝纶堂集》卷九"邀来髯"。

［61］《汉语大词典》，罗竹风主编，汉语大词典出版社，1990年，第六卷，第120页。

［62］薛居正等撰《旧五代史》，中华书局，1976年，第806页；卷六十，唐书列传第十二，李敬义（德裕孙）传。

［63］张彦远《历代名画记》卷二，第75页（《丛书集成》初编本）。

［64］张彦远《历代名画记》卷四，第156页。此典由古原宏伸指出，见其《陈洪绶试论》；《美术

史》杂志第六二期，1966年9月；第六四期，1967年3月。

［65］《汉语大词典》第三卷，第498页，"喷云泄雾"条。

［66］俞剑华编著《中国画论类编》，香港中华书局，1973年，上册，第583页。古原宏伸指出此典。

［67］"竹林七贤"见《中国大百科全书·中国文学Ⅱ》，第1311页。"阮咸"乐器见《中国大百科全书·音乐舞蹈》，第550页。

［68］古原宏伸指出此典，见注64中《陈洪绶试论》一文。魏野诗见《全宋诗》，北京大学出版社，1991年，第二册，第932页，《书逸人俞太中屋壁》。

［69］潘正炜《听帆楼书画记》卷四，《集明人人物扇册》十六幅之六，款"老迟洪绶"，亦晚年作。此项由殷登国指出。

［70］诗见《全唐诗》，上海古籍出版社，1986年，下册，第1744页。古原宏伸指出此典。

［71］《李太白全集》卷二十，第三册，第969页。古原宏伸指出此典。

［72］殷登国《陈洪绶研究》，第58页。

［73］欧阳修、宋祁撰《新唐书》，中华书局，1975年，第5611页，卷一九六，列传第一二一，隐逸。

［74］殷登国《陈洪绶研究》，第76页，注三六、三七。

［75］《汉语大词典》第三卷，第564页，"囊琴"条。

［76］《辞源》第二册，第1002页，"幽兰"条。

［77］殷登国《陈洪绶研究》，第60页，引钟子期死，伯牙绝弦之典故。

［78］范晔撰《后汉书》，中华书局，1965年，第1914页，卷五九，列传第四九，张衡。

［79］殷登国《陈洪绶研究》，第61页。

［80］《辞源》第三册，第2462页，"缥帙"条。

［81］殷登国《陈洪绶研究》，第52页及第71页，注四、五。注五引陈鉴《操觚十六观》自序云："浮屠修净土，有十六观；云间陈仲醇（继儒）仿之，作读书十六观……"

［82］周芜编著《徽派版画史论集》，安徽人民出版社，1983年，第19—47页。

［83］《陈章侯画博古牌刻本》影印本，台北艺文印书馆，1976年，翁万戈长序《陈洪绶画博古牌刻本》。

［84］黄《年谱》，第13页。

［85］毛奇龄《陈老莲别传》。

［86］黄《年谱》，第25页，引《宣统诸暨县志》，周亮工父文炜在天启二年（1622年）至六年（1626年）官诸暨主簿。周亮工生于1612年，

故十三岁即1624年。

[87] 《故宫周刊》第三期，1929年10月26日，第二版《明陈洪绶寒鼠嚼梅》。

[88] 《明陈洪绶水浒叶子》，上海人民美术出版社，1980年，李一氓藏本影印；1978年8月29日李氏作长跋。

[89] 张岱《陶庵梦忆》，第78页，《水浒牌》。

[90] 《陈老莲水浒叶子》，江苏苏州人民出版社，1959年，苏州工艺美术研究室、苏州桃花坞刻印。

[91] 《陈老莲水浒叶子》傅抱石序，写于1959年3月27日。

[92] 程十发藏。

[93] 《故宫书画录》增订本，台北故宫博物院，1965年，第二册，第14页，《五代南唐周文矩苏李别意》卷。又瑞典俄利克孙Ernest Erickson藏署名钱选之《苏李泣别》卷似旧摹本。

[94] 班固撰《汉书》，中华书局，1962年，第2466页；卷五四，李广苏建传第二十四。

[95] 景元斋藏，见温古华美术馆1985年展览目录第二一项。英文本："The Single Brushstroke : 600 Years of Chinese Painting from the Ching Yuan Chai Collection"。

[96] 《中国文学家大辞典》，谭嘉定编，台北世界书局翻印本，1971年，下册，第1083—1084页，杨慎。

[97] 《中国大百科全书·中国文学Ⅱ》，第1145页。

[98] 郑振铎《插图本中国文学史》，香港商务印书馆，1961年；第二册，第359页，引宋彭乘撰《墨客挥犀》。

[99] 《唐宋十大家尺牍》中《苏东坡尺牍》，答贾耘老。

[100] 《秋山图》扇，武汉市文物商店藏。

[101] 《中国文学家大辞典》上册，第126页，阮修。

[102] 《中国文学家大辞典》上册，第446页，卢仝。

[103] 卢鸿《草堂十志图》，北平延光室珂珂版本，1929年。原画藏台北故宫博物院，见《故宫书画录》增订本，第二册，第4页。

[104] 卢鸿见《中国美术家人名辞典》，第1408页。

[105] 周叔迦《法苑谈丛》，第5—6页。

[106] 兰若指寺院，出自梵语，意为寂静无烦恼之处。见《辞源》第四册，第2741页，"兰若"条。

[107] 蓝瑛（译名）《现实与理想："西园雅集"在中国历史及美术史上的问题》一文，对此讨论颇详。原为英文：Ellen Johnston Laing："Real or Ideal : The Problem of the 'Elegant Gathering in the Western Garden' in Chinese Historical and Art Historical Records." *Journal of the American Oriental Society*，Vol.88，Number 3，July-September，1968.

[108] "莲社"见《辞源》第四册，第2696页。参见"白莲社"，同书第三册，第2165页。

[109] 传李公麟《莲社图》（南宋摹本），见《中国美术全集·绘画编3·两宋绘画上》，图三三，图版说明第20页，南京博物院藏。又美国弗利尔美术馆有明人《兰亭修禊图》卷及《莲社图》卷，台北故宫博物院有十三四世纪所作《西园雅集图》卷，可见一斑。

[110] 参见郑拙庐《谈陈洪绶雅集图卷》，《艺林丛录》第五编，第223—226页。

[111] 卢楞伽见《中国美术家人名辞典》，第1406页。故宫博物院藏六尊者像，传为卢所作。贯休见《中国美术家人名辞典》，第946—947页，日本宫内厅藏十六罗汉像，传为贯休作。

[112] 《中国大百科全书·音乐舞蹈》，第511页，言及阮咸琵琶，简称为阮，秦琴、月琴、三弦、双清都属这系统。

[113] 《陶庵梦忆》，第22页。

[114] 《陶庵梦忆》，第111页。

[115] 沈荃见《中国美术家人名辞典》，第430页。清初书法家，圣祖初学书受其指点。

[116] 《中国美术全集·绘画编8·明代绘画下》图一六一，图版说明第54页。

[117] 徐易见《中国美术家人名辞典》，第707页。

[118] 诗见《宝纶堂集》卷六。

[119] 诗见《宝纶堂集》卷四。

[120] 诗见《宝纶堂集》卷七。

[121] 易元吉见《中国美术家人名辞典》，第520页。陈氏此幅彩色图版曾载香港《大成杂志》，并有张君实《陈章侯百蝶图卷跋》一文。

[122] 故宫博物院藏。彩图见《中国历代绘画·故宫博物院藏画集Ⅱ》，人民美术出版社，1981年，第12—15页。

[123] 唐九经见注44。

[124] 周亮工《赖古堂集》卷二一，上海古籍出版社影印本下册，第789页，《闽雪小引》，丙申（1656年）后作，已在陈洪绶去世之后。

[125] 浙江省博物馆藏，见上海人民美术出版社编辑出版的《艺苑掇英》第十八期，第12页。

[126] 了元僧见《中国人名大辞典》，第9页。

[127] 高居翰《动人的形象》（暂译），第133页。原为英文：James Cahill："The Compelling Image : Nature and Style in Seventeenth Century Chinese Painting"，Harvard University Press，Cambridge，Massachusetts，and London，

England, 1982.

［128］《中国大百科全书·中国文学Ⅱ》，第1311页，"竹林七贤"一则。

［129］《文物》第八、九期合刊，1960年，《南京西善桥南朝墓及其砖画》。

［130］《中国美术全集·绘画编2·隋唐五代绘画》图三一，孙位《七贤图》卷，图版说明第19页。

［131］《宣和画谱》，《丛书集成》初编，上海商务印书馆，1936年，第二册，卷十八，第518—527页。

［132］《中国文学家大辞典》上册，第561—562页，林逋。

［133］贯休见注111。

［134］陈焯《湘管斋寓赏编》卷六，《美术丛书》第三册，第2761页，《陈章侯溪山清夏卷》。又见《宝纶堂集》中"轶事"引《海屿诗话》云："又见其为仲青道人画溪山消夏图，诗云：林屋张公不得过，神随笔法上浮螺。别风淮雨时舒卷，弦子三声一叵罗。亦有姿致。"

二、总　述

纵观陈氏一生现存而可信的作品，就可以对他绘画艺术的四个方面，即传统、思想、技法、风格进行分析，从而达到比较综合性及客观性的评价，也可看出他的成就对今日美术研究及创作的启发。

（一）传统方面

先牵连到他在不同的时期能看得到什么历代书画古迹的问题。他并没有美术的遗传，祖、父辈都没有爱好书画的个性，家中并没有收藏使他得以耳濡目染地学习。记载中提到童年时他在庙里看过吴道子传统下的民间宗教画（见前述《龟蛇图》），也摹过杭州府学李公麟七十二贤石刻（见本书"陈洪绶生平"一章）。[1] 十岁时学画于蓝瑛、孙杕，而蓝瑛是仿古不遗余力的画师，从黄公望而上窥晋、唐、两宋，又遍仿元代诸家，[2] 孙杕的写生花鸟则直逼黄筌、赵昌，[3] 所以陈氏必然间接地受到宋、元各大家山水、花鸟的影响。自他《早年画册》（1618—1622年作）的陈继儒题跋中，证明他少时已经受到这位与董其昌极熟的老前辈的激赏，很可能由这方面的关系见到一些古人书画。同一册中陈氏自题他曾从李流芳游姁娄，李氏在杭州住过，也必有点收藏，与好友展玩。明朝自隆庆年间，国库空虚，以内府书画折付俸给，因之有些法书名画流散民间；陈氏挚友祁彪佳、周亮工等也都有收藏。[4] 这可以指出一些陈氏吸取旧传统的来源方向，但不确实具体；不如进一步从陈氏作品及详细的记录中，逐渐搜出答案。在前述的《早年画册》第八页着色山水对开中，陈继儒题："章侯同参洪谷子，非从黄鹤山樵入也。"这就提出五代荆浩及元代王蒙两大山水宗师。这幅画确有荆浩、关仝一派的卷云皴法，也似王蒙的综合董源、巨然的披麻皴及范宽的雨点皴等特征。己巳暮冬（1630年1月或2月）的《墨竹图》，陈氏自题其画竹"以与可为第二义"，说明他仿宋代文同而认为仅次之。庚午清夏（1630年）他自题一幅墨竹为"摹息斋道人东书阁壁上画法"，也即是仿元代李衎——文同的传人。己卯秋杪（1639年）的《乞士图》，自题是"陈洪绶摹李伯时乞士图"，这幅说明他继续受李公麟的影响。乙酉仲春（1645年）作的《杂画册》，第三页水墨枯枝黄鸟，他题："张燕客云，似道君，信然。"这是说他同意有宋徽宗赵佶的风味，也就是承认曾取法赵佶。同册第九页设色菊花，自题："张燕客家有石田菊叶，颇仿之。"所以他的粗笔花卉，曾取法沈周。己丑秋暮（1649年）作《吟梅图》，自题："……仿唐人。"这幅有高士，有美人，仿唐代的哪一位？还是唐代的风格，不拘于哪一位画家？辛卯孟夏（1651年）作《三处士图》卷，在自题的长诗中，有"元时赵子固，宋时先世侯，曾画二处士，雪夜悬床头"之句，可以说他画水仙，是以赵孟坚为模范的。从没有年款的作品中，有以下的痕迹：绢本设色《红莲图》（约1640年），自题："仿王若水画于永柏书堂。"即仿元代王渊。纸本设色《玩菊图》（约1645年）题"洪绶仿李希古玩鞠图"，即仿宋代李唐。在八开绢本设色《杂画图册》（约1647年）里，第三页《山水》自题"老迟洪绶仿赵千里笔法"，即仿宋代赵伯驹；第七页《远浦归帆》自题"仿赵大年笔意"，即仿宋代赵令穰；第八页《山水》自题"仿李唐笔意"，这是又一度看到他仿南宋四大家的首席大师。绢本设色《眷秋图》（约1649年）是他同弟子严湛合作，自题："唐人有眷秋图，此本在董尚家，水子曾观之，极似。"又一次只说"唐人"而无名。绢本设色《百蝶图》卷（约1649年），陈氏篆书"易元吉百蝶图"，堂皇地宣称仿宋代易元吉。纸本设色《索句图》册页（约1651年），题"栎老命作唐人索句图"。仅是用"唐人"两字述其由来。共二十页的绢本《摹古双册》（约1651年）中，第六页设色荷石，题"洪绶学崔白贻林仲青法弟"；第十三页设色花鸟，题"悔和尚仿道君赠苍夫居士"又标出仿宋徽宗赵佶；第十六页设色折枝菊花，题"洪绶为苍夫道侣仿北宋人"则以北宋时代画风为楷模。至于陈氏个人有没有书画收藏的问题，看来偶尔手头会有几件，但并没有相当规模与数量，因为他居所并不固定，又常常囊中羞涩。只有一卷五代无名氏的《神骏图》，上面有他的两印，[5]极可能曾经过他摩挲玩赏学习。这是工笔重彩，画晋人支遁爱马的故事，旧题《韩幹神骏图》，在晚明或一般认为唐人作品。庚寅（1650年）他写《王叔明画记》（《宝纶堂集》卷二），开头一段很重要：

老迟幸而不享世俗富贵之福，庶几与画家游，见古人文，发古人品，示现于笔楮间者，师其意思，自辟乾坤。诸公多感其谬，爱余之能贫，辄喜示余属题叙……

这段很清楚地说明他怎样看到及研究古人作品。同一文中，他说愿看一位三十余年老友的王叔明画，癸未秋（1643年）看过，可是不料五年后，再三请求，几乎经过两年的时间，仍不得一看——因为看不起他破落赤贫。这又说明他如何地爱好王蒙的笔墨。当然，他一生中研究古画最好的机会是崇祯间，在北京的时候，他被皇帝"召入为舍人，使临历代帝王图像，因得纵观大内画……"[6]此外，从他的诗篇及其他文字中，也可以拾得一些线索，例如关于唐代王维七古《新谷行》有"且写摩诘捕鱼图，图个梦儿吹芦荻"之句；[7]七绝《竹》有"鬼工拓得王摩诘，远性摹成苏长公"之句，[8]则兼及宋代苏轼（关于苏轼的陈氏诗文甚多，不俱列）。关于吴道子：《饮瑞草溪亭书示燕客》其二有"太史文章逸少字，道玄贤圣少陵诗"之句，[9]文、书法、诗推司马迁、王羲之、杜甫，而画则推吴道子。关于张萱：周亮工曾以张萱仕女一卷示陈氏，[10]形容得很生动：

> 萱仕女一卷……秾丽丰肥，不独朱晕耳根，颊上亦大着燕支，绢虽百断，神采奕奕也。以示陈章侯，云非萱莫办，且诧余曰："君常诮余仕女太肥，试阅此卷，予十指间娉婷多矣！"

可见陈氏见过张萱不止一本，所以能帮助周亮工鉴定。关于晚唐的周昉，陈氏曾自题摹周长史画，[11]称赞"长史本至能，而若无能，此难能也"。关于五代贯休，陈氏六言《绝句三首》其二有"写像贯休是师"之句，[12]他指的是写佛像，杭州西湖圣因寺藏贯休《十六罗汉像》，至少存到清乾隆时，[13]陈氏必定见过。关于五代的荆浩、关仝，陈氏七绝《与友》诗六首中，其三有"与卿日日画荆关"句，[14]又有单独一首《与友》，有"且画荆关秋后山"句，[15]荆、关对于他等于山水画的别称，其重要可知。关于五代徐熙，他的七绝《玫瑰》，有"老来贪识春风面，懒作徐熙落墨工"之句，[16]显出他在作花鸟时，徐熙是不忘于怀的。关于宋末赵孟坚，前面已提过，他另一诗中，[17]与赵孟頫并论，兹全录如下：

> 孟坚寂寂掩柴门，孟頫轩轩作状元。国破笔端传恨处，水仙须学赵王孙。

实际上，陈氏作品中，不自觉地受到了赵孟頫的影响，但绝不谅其以宋宗室身份，而国亡事敌的行为，因之很少说一句子昂大师的好话。关于元代黄公望，他在五言绝句《梦筠图》诗题下自注云："黄子久临古《梦筠图》于笠泽酒船，闻张士诚伪帅鼓角，浩叹而罢。今日何日乎？忧从中来，不可断绝……"[18] 无疑的，子久的作品他也观赏过。以上从各方面可征的资料确定陈曾研摹过的古代及与他同时的画家（或该画家的摹本）：唐代的吴道子、王维、张萱、周昉，五代的贯休、荆浩、关仝、徐熙，宋代的文同、易元吉、崔白、苏轼、李公麟、李唐、赵令穰、赵佶、赵伯驹、赵孟坚，元代的李衎、黄公望、王蒙、王渊，明代的沈周、蓝瑛、孙杕。他也接触过陈继儒，与李流芳、沈颢（为之作《隐居十六观图册》）交游，而且住过徐渭的青藤书屋。清人陆心源曾记一画有"庚辰春仲客燕，临丁南羽祖师待诏图，老莲洪绶"款，[19] 但那时陈氏可能还没有到北京，所以此图此款可疑，[20] 因之不能确定他可曾摹过丁云鹏（1566—1621年尚在）。到此可以参看一下毛奇龄《陈老莲别传》中相当详细的一段：

> 莲画以天胜，然各有法：骨法法吴生，用笔法郑法士，墨法荆浩，疏渲传染法管仲姬，古皇、圣贤、孔门弟子法李公麟，观音疏笔法吴生，细，公麟，七佛法卫协，乌瑟摩法范琼，诸天、罗汉、菩萨、神馗、鬼魅法张骠骑，道经变相法公麟，衣冠士法阎右相，士女法周长史昉，婴法勾龙爽，倭堕结法长史，鬈髻长史，衣带盘礴法吴生，金璧宫台、林泉、湍峙、长陂、丰卉法大小李将军，云山法浩，水法董羽，溜水法河阳郭熙，凡幛、尊、卣、瓶、罍、什器、戎衣、穹庐、番马、骆驼、羊、犬法赵承旨，马，承旨，小马法承旨，之子，竹石、槖木法赵大年，勾勒竹法刘泾，墨竹管仲姬，折枝桃、牡丹、梅、水仙、草、花法黄检校、钱选，鸟睛、花须、点漆凸厚法宣和，蜂、蝉、蛱蝶、蛴螬、螳螂、蟋蟀法宣和，亦杂法崔、徐、黄父子，鹌鹑、鸠女法阎助教士安，雀法雀儿黄，莲法于莲——于青年以莲称，莆赢法毋延之。[21]

按毛奇龄是陈氏晚年的小友，认识了五年，老莲就去世了，[22] 所以他的记载是否完全可靠还是问题。例如"疏渲传染法管仲姬"及"墨竹管仲姬"这两项，似非事实，因为显然陈氏师法文同、李衎来画墨竹，而渲染之法则采自各家，恐怕不出于管夫人的。但他不止一次地提到吴道子、李公麟、周昉及赵佶，倒是正确的；而且荆浩、阎立本、李思训、李昭道、郭熙、赵令穰、赵孟頫、崔白、徐熙、黄筌、黄居寀等大师，也都是在不同程度上影响陈氏的发展。所以，毛奇龄所言，应该有相当根据的，大有参证的价值。在以下分析陈氏绘画的思想、技术、风格时，其与传统的关系至为密切，可以进一步谈到他怎样师古而创新。

（二）思想方面

思想方面，就是探陈氏对中国画的整体发展有怎样的看法，因而影响他自己的创作态度、艺术宗旨及追求的目标。陈氏是有深厚的文哲修养的人，想来读过晋顾恺之《画评》、南朝齐谢赫《古画品录》、唐王维《山水诀》、张彦远《论画》、五代荆浩《笔法记》、宋郭熙《林泉高致》、元汤垕《画继》等名著，甚至到他当时的莫是龙《画说》及董其昌《画禅室随笔》。无疑的，他属于自元以来汇为主流的文人画派，但他制作谨严，不轻视最好的职业画家传统。他尊崇苏轼的神似之说，但不忽略形似的重要——尤其是在花鸟草虫这一画种上。他显出对王维所倡"画道之中，水墨最为上"及"意在笔先"的服膺，但他对设色与写实毫不略过。他五十四岁（即去世前一年）写的《画论》[23]，总结了他一生的观察、体验及思索，兹全录于下：

> 今人不师古人，恃数句举业饾丁，或细小浮名，便挥笔作画，笔墨不暇责也；形似亦不可得而比拟，哀哉！欲扬微名而供人指点，又讥评彼老成人，此老莲所最不满于名流者也。然今人作家，学宋者失之匠，何也？不带唐流也。学元者失之野，何也？不溯宋源也。如以唐之韵，运宋之板，宋之理，行元之格，则大成矣。眉公先生曰："宋人不能单刀直入，不如元画之疏。"非定论也。如大年、北苑、巨然、晋卿、龙眠、襄阳诸君子，亦谓之密耶？此元人王、黄、倪、吴、高、赵之祖。古人祖述，立法无不严谨，即如倪老数笔，都有部署法律。大小李将军、营丘、伯驹诸公，虽千门万户，千山万水，都有韵致，人自不死心观之学之耳，孰谓宋不如元哉！若宋之可恨，马远、夏圭，真画家之败群也。老莲愿名流学古人，博览宋画，仅至于元；愿作家法宋人，乞带唐人。果深心此道，得其正脉，将诸大家，辨其此笔出某人，此意出某人，高曾不乱，曾串如列，然后落笔，便能横行天下也。老莲五十四岁矣，吾乡并无一人，中兴画学，拭目俟之。

这篇宣言，显出陈氏的历史观是连贯性的：元出于宋，宋出于唐，没有作品可离前代的影响，而各代的发展是有其特性及优点的，不是古胜于今或今胜于古，所以唐有韵，宋有理；同样的，各代也有其缺点，如宋之板，元之野，因此要更进一步，取优补缺，"以唐之韵，运宋之板，宋之理，行元之格"，这是他达到大成的途径。其实他这想法，酝酿已久，1640年北上时，在公浦（江苏境内淮水长江间）曾题朋友的画：

> 唐人画法将绝，独先生延之。曾见修竹草堂图，伯仲右丞，此作神韵过之。张伯雨每叹元人得唐人之韵，惜无唐人之骨；先生特以骨胜，惜伯雨不及见尔。古今赏幽，每有不同之感。庚辰夏仲书于公浦之来章馆。[24]

他虽然与董其昌一样仇视马远、夏圭，但并不单纯化地划分南北宗，把李思训父子、李唐、刘松年、赵伯驹等打入不该学的北宗。他不是宗派主义者，不以文人自矜，由写实及摹古的基本功达到自己的作风，但不逾矩到大写意及纯墨戏的境界。他不是一个为宫廷、豪贵及市场服务的画师，也不是以笔墨自娱，不愿亦不能顾及法度的逸士。他是以"中兴画学"为己任的工作者。

（三）技法方面

从陈洪绶初、早期的画中，可以看出他锐意求进，学习构图、笔墨、设色的技巧，而且努力别出心裁。他养成严谨整饬的工作态度，及精工缜密的风格倾向，很早就达到极具高度的熟练笔法。这个在《九歌图》《早年画册》及《摹古册》中有明显的展出。陈氏是一位比较全面的画家，他的作品有人物、山水、花鸟及梅竹四大类。人物项下包括故事画、宗教画、高士、仕女画及肖像画，而木刻插图也属之，山水则从全景的大轴到特写的斗方，花鸟包括草虫（尤其是蛱蝶）及较专门的水仙和菊花，梅竹包括枯木竹石一类近似小型山水的作品。谈技法的时候，当然要顾及他擅长的一切画种，可是为了清楚起见，以构图、造型、笔墨、设色四方面来观察。

构图

先谈人物。陈氏常采用晋、唐人物只画道具、家具而留空白背景的方式，他的人物作品很多以人物的姿态及位置，加上家具来构图，使空间变成同样重要的组合因素。有时以较少的实体来控制较大的面积——甚至于通常占主要位置的面积，例如约1651年作《摹古双册》第十五页的仕女，一位美人立在画面的右半，中间及左半全部空白。陈氏也用简单的几何图形，不避横平竖直或斜角的生愣安排，以构图达到古拙之趣，例如约1649年画于定香桥的《弄乐仕女图》，手抚囊琴的美人背后的长方形石案与地线平行，她坐的蕉叶也平行，加以美人的上身与两者垂直，颇像规规矩矩的"士"字；又如1643年作的《饮酒读书图》，那长方形的石案以约三十度角从幅的左沿到右沿，初看相当生硬。他有时也用复杂的设计，填满了整个画面的空间，例如1638年的《宣文君授经图》大轴，把自然的树石云山，建筑的篷帐平台，及坐立各处的人物构成典雅的场面；又如约1647年制的《雅集图》卷，把九位名人，一尊佛像，交织在树石中，极其紧凑而安逸。

再谈山水。他偶尔用充塞天地不留空隙的结构，例如约1624年画的《五泄山图》大轴及1634年的《林壑泉声图》扇面，可是大部分的山水构图是比较正常的，把近景、中景、远景都清楚交代，而且不走"马一角"（马远）、"夏半边"（夏圭）的路线；有时他会出奇制胜，像那约1647年作的《杂画图册》第四页《黄流巨津》，以鸟瞰的观点，极整洁的圆弧勾出下右角的近岸，似图案化的波涛几乎占满画幅其余的部分，规划简明，而气势磅礴，惊心动魄。这是他山水构图很成功的一幅。

至于花鸟，一般的构图颇为平稳，也间有奇笔，像那1622年画的《铜瓶插荷》（《早年画册》的第十二页），把细高的铜瓶及花，偏置画面的左边，以瓶来讲，占地不及半幅，款印也放在瓶颈的左侧，把右面全空出来，取得不同寻常的姿势，同前述晚年（约三十年后）所绘《摹古双册》中的仕女，真是遥遥相应。还有那1635年作的《冰壶秋色图》轴，其左面的三分之一完全由七行密密层层的行草书占据，所余的三分之二里，主题大菊花瓶并不居中——实际相当偏右，而小瓶菊花则被挤在右下角；可是整体看来，高雅清奇，这构图是诗、书、画的有意识的组合。过了一世纪后，到了乾隆时期"扬州八怪"中金农、郑燮等人手里，大为发展。另一幅大胆构图的是《梅石蛱蝶图》卷，全部有四个形象单位：大石、小石、连接的双蝶、梅枝，互不沾靠。大石不顾重心向前鞠躬，小石安坐，梅枝自天而降，翻臂向上献花，而双蝶从石与梅的间隙中向前飞翔。这种不安稳而含动势的平衡，是后来比他迟生近三十年的朱耷（八大山人）所充分发挥的手法。

最后谈到梅竹。这主要是在古梅这个画题上，他构图的章法比较灵活。老梅枝干如虬龙，曲折蜿蜒，翻挺矫健，可以任意控制画面。通常不画树身，遍布疤痕的老枝自上、下、左、右或石间突出，是他中、晚年常用来作册页及扇面的课题，卷、轴较少。可是约1639年的《梅石图》轴是一个很特出的例子：以雄伟的巨石占满全幅的下半，而受风雨折磨的老梅在石后升起，沿着右边几折后吐出新枝，翻转向空中左右横生，主持了画幅的天头，何等气势！可以说，陈氏在构图方面，无论是画人物、山水、花鸟或梅竹，都是以取势为主，在简洁中大胆经营，达到古拙的效果。

造型

在人物一项，陈氏造型独特，是所谓"晚明变形主义画家"的一员大将，[25] 而且以其日后的影响而论，可以说是主将。仔细观察，陈氏在面容、身材、衣饰、道具各方面，都有独到处，因之可以刻画出历史人物的特性及高士仕女的风度。中国对于人的研究，有悠久深厚的传统，所以画人比画其他项目要更有深厚的文哲修养及艺术陶冶。人的造型，必牵连到骨相的概念。东汉王充（27—约97）在他的名著《论衡》中先论命、性，继论骨相，而一个人的性、命体现在骨相中。他说"贵贱贫富，命也；操行清浊，性也"，所以"性命系于形体，明矣"，而主张"案骨节之法，案皮肤之理，以审人之性命"。再看东汉后期的王符（2世纪），在《潜夫论》的《相列篇》中也说"人之相法，或在面部，或在手足，或在行步，或在声响"，及"身体形貌皆有象类，骨法角肉各有分部，以着性命之期，显贵贱之表"。历代相传，相法早已深入民间，对任何人物画家都会有无形的影响。唐宋以来形成的贵人高士面型，通常是容貌饱满，眉目俊爽，而美人则曲眉丰颊，凤眼樱口。体型于男子是宽袍大袖，坐立从容，而女子则袖有宽窄，身段自盛唐以后，趋向于肥瘦适中，柔若无骨。陈氏在早、中期并不远离这种传统的造型，当然在创造有特性的历史或宗教人物时，那就作个别的处理。可是到了接近晚期，即1640年以后，他发展了头大身短，颊圆无颏的"高士型"，被称为"高古奇骇"者；而美人也是头大身短，但削肩曲立，面型椭圆，有时略示颏尖。实际上，他很早就展出创造个别人物形象的超人之才，例如1616年《九歌图》中的屈原，头小身高，瘦长的脸，表现"形容枯槁，颜色憔悴"而"行吟江畔"。两袖充满了江风，使整体作上尖下阔的圆锥。这是所有屈原像中最令人不忘的形象。再看约1633年到1634年作的《水浒叶子》，以面相、服装、道具及体态的组合，创出四十位英雄好汉（包括三位奇女）的不同个性，这是对人物造型严格而沉重的大试验，陈氏很成功地通过且向艺坛献出一套经典巨制。另一个例子是陶渊明像——这是陈氏晚年最喜欢画的历史人物。因为自北宋李公麟以来，陶渊明已经有了一般公认的定型——今日还可以看到元钱选的《柴桑翁像》卷[26]、何澄的《归庄图》卷、明初王仲玉的《陶渊明像》轴[27]，及可能直接临李公麟原本的北宋末无名氏《渊明归隐图》卷[28]等，所以陈氏的造型不得不受到传统的拘束力。那定型是一位面容丰满，眉目清秀，胡子在口角下垂，两耳下及颌上三绺长须，头罩纱巾，肩披兽皮，一手持杖，两袖飘举。陈氏大致上依照这个模样，只是将纱巾及披肩代以风帽或类似的头巾兼垂帛以护颈肩。例如约1649年画的《渊明载菊图》轴，约1651年《摹古双册》的第五页《陶渊明像》，及1651年作《博古叶子》中"空汤瓶"页陶渊明闭目养神的姿态。可是在他的名作《陶渊明故事》卷中，十一次陶公现身，只有"归去""解印"及"行乞"这三次还接近李公麟型，其余则或面容较瘦，或戴巾而无披肩，或无巾无披肩，而"却馈"一段，则面黄肌瘦，仍不受权贵的厚赐；为了增强故事性而适应场合，陈氏的造型技能是绰有余裕的。陈氏一生好酒好色，对于年轻貌美的女郎，不缺乏实地观赏的机会，所以仕女的造型，不完全受唐代张萱、周昉的影响。面庞丰腴，但不显肥，一般都是端庄温柔，毫无艳冶之态。初看好像他的美人都是概括性的细眉、凤眼、悬鼻、樱口，面椭圆而不显颏尖，又觉得整体也是"变形"的，即头、身、四肢的比例不正常，其实不尽然。早期在1621年画的一页《月夜捣衣》，那抬头远望的少妇广额尖颏，中期1639年到1640年为《张深之正北西厢记》作插图中，"窥简"一页莺莺有短而稍弯的眉毛，长而上斜的凤眼，直下的鼻子，小嘴，都布置得相当疏朗开展，而脸盘则一笔勾成，在下颌稍顿，略露尖形。浓厚的发髻围着三面，近似传五代顾闳中《韩熙载夜宴图》卷中奏乐女子的式样，而不似唐代的高装。身材可以说不高不矮——这就是陈氏美女的典型形象。到了晚期，才有"变形"的作品。例如1645年《杂画册》第六页"天寒翠袖薄，日暮倚修竹"的孤立女郎，头比较大，身比较短，面丰而圆，有颈而无肩，宽裙曳地，达到娴静安宁的风度。又如约1647年作《杂画图册》八开中末页《夔龙补衮图》的贵妇，不但头大身短，有颈无肩，而且结髻较高，鼻子较大，身体较瘦。再如约1651年《摹古双册》第十五页曲身向前的美人，面长而圆颔，着披肩而无肩，肢体的姿态窈窕，似近于抽象的雕刻。但从另一方面看，约1649年他画的《何天章行乐图》卷，其中持扇坐蕉叶上的女郎，椭圆的脸带着尖颏，眉目秀媚，发髻浓整，身段婀娜，完全是呼之欲出的美人。可能这是写实的画像。那么再看1651年《隐居十六观图册》第十五页《缥香》，那位坐在石上读书的淡妆女子，除了"美人无肩"这传统的审美标志外，身首的比例很悦目，甚至体部比现实更细长一些。因此陈氏仕女的造型，受到当时及后世的欣赏，而不只靠"变形"而引起观者的好奇。在高士、仕女两类外，第三类是宗教画的神、佛、仙、鬼。他早期创作的《九歌图》（1616年）中的神鬼造型，似脱化于寺院中的悬轴、壁画，如东皇太一、云中君、大司命诸神及山鬼，其形象比李公麟派的元代张渥的造型要雄武凶狠得多。尤其是那山鬼，面目狰恶，毛发森然，肚脐周围的浓毛，显出其野性。1619年画的火中神像（《早年画册》第二页）及同年的鬼雄（《摹古册》第四页），其面貌一严厉、一苦辣，但勾其鼻梁的一笔都上冲额头，加强饱经风霜、历尽艰辛之感。在他佛教图像中最奇怪的造型是1620年作的《准提佛母图》，源于密宗，但目前找不到相同的或近似的模样。这是面如满月的少妇，发结成不少环髻，而口含两缕发丝，再加上从耳后下垂的两缕，造成连鬓胡须的幻象。这是一幅颇值得考证的作品。准提佛母是密宗莲花部六观音之一。陈氏其他观音像的造型，也与常见的女性模式不同。例如1645年《杂画册》第一图《古观音佛》，是一位尖头顶、稀胡须的老者；又如约1646年的《观音像图》轴，是一位受过剃度的高僧——方面大耳，长眉微须，很容易看作一尊罗汉；还有约1647年的《观音罗汉图》轴，坐在石上的观音是方面大耳而无须的男子容貌，但发髻浓厚，首饰丰盛，一身女装，俨然是贵妇人的姿态。其实，陈氏特出的宗教造型是罗汉，这幅侍立在观音旁的老罗汉就是一例，他是一个标准的胡僧梵貌：浓眉深目，鹰鼻大耳，嘴不见唇，尖顶长脸；满面皱纹，含着数不清的岁月。约同一年画的八开《杂画册》第四页，那位坐石倚杖的尊者，也是相似的类型。约1651年画的《摹古双册》第十二页的坐地罗汉，最为杰出：他突出的额下连隆起的鼻梁，而鼻头几乎触及一线薄唇，高颧大耳，下颚坚实，加上炯炯的双眼，组成既强且慧的个性。可是陈氏对这些超出尘俗的神佛，其造型仍然保持人性的基础，不似传为贯休笔的罗汉，其夸张手法实在有点过分，难怪周亮工批评他说："皆故作牛鬼蛇神状，展阅数过，心目无所格也，只觉其丑狰耳。"陈氏的造型，避免了这种极端，虽然不全合堵芬木"画罗汉不在捏怪，正使眉目一如恒人"的想法，但达到他所要求的"道气沉挚，生人敬畏，乃足尚耳"。[29] 总之，陈氏的人物造型，其目的不求形似，而求传神——他要通过一个人的骨相，体现出个性。描绘古人而采用夸张的手法，显出高古的气氛，是相当合理的艺术路线，因之帮助他创成不可误认的风格。

在山水一项，陈氏的造型也有独到处——在四种因素中表现出来：树、石、云、水。有些人物画的背景中及花鸟画的搭配中，有很精彩的山水因素，也可以引为例证。

先谈树。陈氏善于描绘老树、枯树，使其树身的疤痕、枝柯的断续，变成既自然又富设计趣味。例如约1624年作的《五泄山图》轴，前景的几棵老树，枝叶繁茂，疤痕的白圈黑点装饰老干，而浓密的点叶衬托织成图案的白枝，造成蓊郁深邃的幻境。到了晚期，他对树的造型更加老练，约1645年他住在青藤书屋时画的《山水人物图》轴，中景有一棵高达云霄的老树，枝干上布满长短横直的疤痕，较二十年前的造型更自然，更耐看，这树的枝柯较粗，同样的由浓密的点叶衬托起来，成为整个构图中主要的因素。1650年画的《李白宴桃李园图》轴中桃李两棵古树，其视觉吸引力不下于主题人物——工笔勾画的疤痕及树皮纹理，晕染细腻，颇有立体感，而枝干的曲折向上，得到暖阳润露，花叶丰盛，表现无比的生活力。约1651年作的《摹古双册》第八页《高士横杖》图中，那棵同根双干的老榕树，在他树的造型里，等于人物造型的罗汉；树干的构成好像石块积叠成山一样，有相当的偶然性，同时又像动物的肢体在挣扎，皮底下筋骨突出。树形勾好后，用细笔平行线描出树皮的皱纹，再靠晕染表现出质感。如果陈氏没有从实物写生的稿子，很难相信这复杂奇妙的造型全出于他的想象。在同一册内，第十九页《枯木茂藤》的两树是完全不同的设计：树干比较通常，而枯枝——尤其是主树的枯枝，其造型有如枯骨。依人投靠的藤萝，却缠绕死物来求荣。

至于石，陈氏石的造型有两大类：一是通体坚实的石块，一是玲珑剔透的太湖石。前一类中，他早期试了多种的形象，例如《早年画册》第一页，1618年作的枯木松石，石头是整齐的长方形积叠而成；同册第四页1619年作的枯木竹石，石头上有棱角而体作弧形；同册第八页约1621年作山水，山崖是圆形石组成的；同册第十页约同一年作的待渡图，远岸山石是等边三角形的集合。1619年的《摹古册》第四页鬼雄前的石头，似一堆长方形的硬板；同册第十页枝头小鸟前的一排石头也是如此。之后他放弃了这些几何图形的试验，而在比较传统的造型上用功。约1624年作的《五泄山图》，他堆砌多棱多角的乱石，形成雄奇巍峨的高峰。1638年《为周臣社弟作山水图》扇，他用倪瓒派陆治作风的折笔山石，方头方脑但参差不齐，层次分明，富体积的厚实感。约1639年作的《梅石图》轴，其身分两部的大石，有棱角及层次，极简括雄壮。1645年《杂画册》第四页山水中遍布水面的坡石，圆浑平易，明显地久经风波的消磨。约1651年画的《摹古双册》第六页莲石中的大石，由前小后大的两部构成，雄浑天然，苍老稳重，是他造型技法炉火纯青之作，合乎老子所谓"大巧若拙"。在后一类——即太湖石类中，陈氏大展他的巧思。例如约1647年作《杂画图册》第一页"玉堂柱石"中的柱石，多孔而有透有不透，细高而轮廓多尖角，晕染出扭折的立体感；约同时之作《雅集图》卷末的高立瘦石，乍看像巨幅山水的峰峦，下部透洞四五，的确是太湖石的别体；约1649年作的《蕉林酌酒图》轴，高士前后两面及画幅左下角的三座奇石，异常玲珑，尤其是身后崛起的高石，上端如鸟冲天而下部空灵多姿；约1650年作的《婴戏图》中的悬石，与"玉堂柱石"的柱石同类，但取势颇险，像一个多角的怪兽头，横伸下瞰；约同年作的《湖石图》与《婴戏图》合轴，外形简单，纹理细密，虚实互应，其中五个漏孔，增强了四围的联系，是富于生机的造型；最后要提到比较早的一幅《莲石图》轴（约1645年），占画幅中部的大石，用疏简的勾皴造出坚实而多层次的形质，其中间的漏孔是这高垒的窗户；这也是太湖石的别体，又一次展示了陈氏画石的千形万状，变化无穷。

第三种山水造型因素是云。陈氏基本上利用晋唐的传统：宋摹本晋顾恺之《洛神赋图》卷中屏翳（风师）驾的云，[30]发展到隋展子虔《游春图》卷中岭上的白云，[31]就是陈氏的起点。例如1638年作的《宣文君授经图》轴中，遮掩松树及帐篷的白云，是工整的格式，流畅重复的勾勒，连系到云头的漩涡，都是沿着云形的边际，留出中间的空白，大致上比较平面而富于装饰美。到了晚期，云形就复杂灵活多了——1650年作的《李白宴桃李园图》轴，白云几乎遮去了桃李两树的上端，云头漩涡互相穿插，深浅的平行流云线布满了整面云身，细密的晕染展出浮雕的效果。除了以上两个工笔繁体造型的代表作外，陈氏还有疏体的云形，例如约1651年作的《杂画册》十二页中，第六页《双峰白云》及第十二页《高梧琴趣》中的云都是用简括勾出的形状，表现其随时变易、流动不息的姿势。陈氏以繁、疏来写出静、动，充分把握了造型的原则，也适合他整幅画的作风。

第四种山水造型因素是水。通常江河湖沼由坡岸定出外形，空白就是水，所以主要在波涛及流泉两项需要造型。《洛神赋图》卷中有好几段画水流及波浪，到了五代荆浩关仝的高山巨瀑，[32]再经过两宋各大山水画家的发展，已获得各种画水的技法，南宋马远的《水图》卷十二幅，[33]是最好的总结。陈氏活用传统造型，有不可忽视的成就。约1647年作的《杂画册》第五页《黄流巨津》的滔天巨浪，与马远《水图》的"黄河逆流"一段大不相同：陈氏脱出写实的限制，进了图案设计的区域，但避免板滞及纯装饰美，以达到自然现象的主要神态——在这里就是翻腾飞舞的动势，不尽黄河滚滚来的气派；可惜他专门画水的作品，在此幅外，还没有见到。相反的是瀑布流泉，常见于他的山水及人物背景中。这一项，最直接影响他的是蓝瑛，而蓝瑛得力于宋元诸家，尤其是南宋院体画派的开山大师李唐。陈氏流泉的造型比较灵活疏宕，他的重点在创造泉水的环境，即坡石间隙的布置，然后似不经意地勾出水形，任之曲折奔流下来，使全画立刻有生动的情趣。那幅约1649年作的《为生翁作山水图》扇，下左角的"之"字流泉，三折注入河水，就是一例；又如约1650年作的《溪山放棹图》轴，近景坡岸中间自左侧流下的小泉，勾笔比较工整，在暗石中水色显得洁白清澈，一排一排拱起的水面顺着地形翻滚下来；1651年画的《隐居十六观图册》中第一页《访庄》两人背后的一条流泉，第十一页《问月》高士面前的阶形溪水，第十二页《谱泉》斜度更陡的水阶，第十五页《缥香》的小泉，都是写意式的处理，捉着那不可捉摸的形象。约同年画的《摹古双册》第三页《水仙寒泉》的曲折水流，可称"叹为观止"。

在花鸟一项，陈氏的造型大半基于写生，勾勒出准确的形象，然后填色或用墨晕染。他涉及的种类相当广：常画的花有荷花、菊花、水仙、芙蓉、萱草、桃花；鸟则有白头翁、鸠、鸳鸯、鹦鹉、黄鸟……草虫包括蛱蝶、蜻蜓、螳螂、蜘蛛、蚱蜢、蜂、蛙……而他最喜欢的是蝶。

先谈花。自号"莲子""老莲"，陈氏对荷花是有偏爱，除了以之为主题的作品外，还有许多人物的摆饰瓶中，插的不是荷就是菊。造型大致分三种：其细笔浓妆的可以用约1635年作的《荷花鸳鸯图》轴为例，其中盛开的花朵极为丰满，花蕊已经是长成的莲蓬，荷叶也精细地勾描叶脉，直追五代黄筌系统的宋代院体。略趋淡雅的例如约1640年画的《红莲图》轴，这是自题仿元代王渊，花朵仍然丰满，但没有花蕊莲蓬等细节，荷叶更为简单，其叶脉只是概括性地勾出。有写意趣味的例如约1645年画的《莲石图》轴，盛开的花虽然丰满，但花瓣比较散开，整体并不圆浑，荷叶则以浓淡泼墨别叶面与叶背，略勾筋脉，完全入了五代徐熙系统，同明代的陈淳、王毂祥等通声气。其实，陈氏爱菊花、水仙及梅花，不下于爱莲。他画菊花，先用宋代院体造型方式，勾花勾叶，然后填色，花瓣的排列、叶子的翻转与虫蚀等细节，都着意描绘，以写生为主。例如1633年《花鸟十开册》第八页铜瓶中的大白菊花及1635年《冰壶秋色图》轴两瓶中的小白菊花，都属这第一类。到了晚期，他受到了沈周的影响，于是造型方式转为勾花点叶法，以写意为主；借着积聚的写生功夫，形象依旧灵活多姿，花瓣勾时纵笔成形，叶子用汁绿或浓淡墨抹出，这没骨法更是形由笔成了。例如1645年作《杂画册》第九页的菊石，1651年《三处士图》卷中的菊处士，及约1651年作《摹古双册》第九页的菊石，是这第二类。可是那时他并没有完全放弃第一类的造型方式，例如同一《摹古双册》第十六页折枝菊花，就自题为"仿北宋人"，花、叶都仔细以写生的手法勾出再填色。他画水仙，也是分写生、写意两类，而晚期回到工笔写生但带有写意的趣味。写生例如约1627年的《水仙灵石图》轴，是相当忠实于自然的造型，花、叶都先勾出再着色；而戊辰雪夜（1628年终或1629年始）的《水仙湖石图》轴却是写意之作，那时他冷极，醉后弄笔，水仙花都低头，叶都折身，表现当时的情绪，并不在乎形似；这就发展到约1630年《水仙湖石图》扇，造型极简，两笔勾出一瓣，一笔用淡墨涂大点做花蕊，再加上浓墨三小点，叶子勾好轮廓后，草草地细笔描叶脉而已；直到1650年的《水仙图》扇，造型大致相同，只是每个花瓣上添两笔中间的纹，花蕊上的三点变成三个小圈，笔态纵逸。晚期的写生，造型最为淡雅秀媚，是他花卉造型的突出成就，例如1651年的《三处士图》卷，其水仙造型是宋末赵孟坚的传统，但花蕊较简单，叶的正、背不分深浅，花梗与叶不似画得那样细长，总之，陈氏已离开现实而加以自己的风格。同年几个月后画的《春风蛱蝶图》卷，其中的一棵水仙虽是设色而非如《三处士图》卷的水墨，造型是相同的，只是花蕊的三点被勾出近似原物的轮廓再加淡橙色。而约同年（可能在冬季）画的《摹古双册》第三页的两株水仙，其写生的程度增加，如花朵正、侧的姿态及相互重叠的布置，叶子的穿插、向背，都接近自然；同时写意的趣味也增加，笔落形成，一点没有精心结构的痕迹，而达到"从心所欲，不逾矩"的境界。陈氏对别种花卉的造型，与荷、菊、水仙用同样的原则，为了时常"写寿"送礼，他的萱花作品较多，试举两种造型的例子：1645年《杂画册》第五页《萱石图》，用较钝而分段落的线条画出比较壮实的花朵，欲放而未放，用刚劲而多折的线条画叶，这是古拙的写意造型；约1651年作的《花鸟草虫图》卷，卷末的萱花描绘就细致多了，花朵也是尚未全放，靠近花蕊的幼瓣呈仍在成长的弯折形状，同一梗上大小不同的花蕾，及叶子外缘的弧线等等细节，都一一呈现，因为这幅是设色的，那花瓣面上的红色底上，也用深红色画出纹饰，这是华丽的写生造型。

再谈鸟。一般说来，造型以写实做基础，毛羽细致，栩栩如生，但时常有夸张之处，尤其注重眼神。例如他现存作品中最早的鸟——1619年《摹古册》第十页的枝头小鸟，头较大，颈较细，张喙瞪目。又如1621年《早年画册》第七页枯木及石上的三只黑鸟，也是头较大而眼睛圆睁的。1627年画的梅花小鸟页（《父子合册》中），那只鸟的眼睛炯炯发光，呈时刻警惕状。1633年《花鸟十开册》第四页的白头翁，非常的肥胖可爱——不过神情严肃，凛然不可侵犯状。1635年《荷花鸳鸯图》轴中的雌雄一对，则造型正常，可见陈氏有时也不作惊人之笔。1645年《杂画册》第三页白描的枯枝黄鸟，是一幅十足的遗民作品，黄鸟短喙大眼，有愕然不知所云的样子，这是陈氏现存作品中，鸟的造型最富人性的一幅。大约同时所作的《古木双鸠图》轴，那两只鸠都引颈向一方盯着，颇似惊弓之鸟。到了约1649年作的《梅花山鸟图》轴就不同了，一只羽毛丰满、色彩富丽的珍禽，安然栖止在梅花上，只是圆眼仍然不懈怠地注视着四周。约同一年的《绯桃孤鸟图》扇面，那只顶上戴翎的鸟，仰首上瞩，圆睛也是全幅的焦点。约1650年作的《为豫和尚画册》第六幅栖在枯枝上的三只小鸟，肥胸长尾，焦墨点睛，一样地引观者注意到画里精神的所在。同册第八页秋景山水的高树溪流中，立在石上的小小白鹭，工笔精描，它静仁凝视流水，那一点黑睛，真有力量。1651年作的《春风蛱蝶图》卷，开端是双钩竹上的浅褐胸黑鸟，白圈围着突出的圆眼，更加强了这极具张力的画鸟造型原则。大约在同一年里，陈氏的《花鸟草虫图》卷中有一只珍奇的戴冠鸟，顶上五翎，肥胸长尾，眼睛似前卷，也有白圈，从这画可以看出他对鸟类的爱好，注意到各种不同的形状，包括那罕见的珍禽。最后的例子是约同时画的《摹古双册》第十三页桃花上下瞰的鸟，因为是正面，两只圆睛如眼镜一般并排，加上白圈，像突出鸟头，给写生的造型加上写意的感觉，虽然自题为仿宋徽宗赵佶的院体画，但依然显出陈氏的特殊作风。

谈到草虫，陈氏也是以写生来造型，不脱宋人传统。种类繁多的是1633年画的《花鸟十开册》及约1649年画的《百蝶图》卷。册中十页除四页只有花鸟外，其余有蝴蝶、蚱蜢、蜻蜓、蜜蜂、黄蜂及蜘蛛，全是用笔精细，丝毫不苟，尤其是那幅蛛网，画丝如结织一样地苦心经营，上面还有被捕的小虫。而那《百蝶图》上，除了蝶外，有蜻蜓、蟋蟀、牵牛、螳螂、蜜蜂及各种小虫子，加上三只蛙争夺一只遭难的飞虫，最后赶来的蛙咬着捷足先登者的后腿，希望以暴力取得一点残余。这是陈氏观察自然的成果，因为他一向不做亦步亦趋的临摹。以前曾提到他最喜画蝶，很可能由于蝶在文学及哲学上的含义：无疑的，庄周蝴蝶梦的巧幻曾影响陈氏的心灵，[34] 加以"蝶意莺情""蝶醉蜂迷"等等历代诗人词客造成的联想，画蝶就等于抒写情绪及观念。当然蝴蝶的形象美妙，色彩绚丽，其对于画家的吸引，绝不下于抽象的遐思。陈氏对各种蝴蝶描绘的精审，可证实这一点。他的造型很忠实于自然，终生不渝。例如1619年《摹古册》第五页扇上的蝶，虽是白描，而翅、须、花斑，都清清楚楚。1622年画大小两蝶争采花蕊（《早年画册》第十一页），除显著的蝶翅外，肢体也在花瓣后露出，竞争的情形表现生动。约1630年的《花蝶写生图》轴，也是大小两蝶，但相隔尚远：大蝶自空飞降，两翅展开，头垂直盯准下面的降落点；小蝶则自旁飞来，似乎不那么焦急；两蝶翅上的纹饰，都仔细描写。回到上述1633年《花鸟十开册》中第七页的一只蝶及第九页的两只大蝶、一只小蝶，画得更为逼真，能使人感觉到它们翅上的粉屑。可是到了约1639年的《梅石蛱蝶图》卷，为了配合全幅写意的作风，那飞到一起的两只蝶，一大一小，只用比较简括的勾画及浓淡墨的配合，写出飞翔的神态及蝶翅纹饰的特征；其造型有活泼洒脱的韵味。约1640年的《红莲图》轴中一只大蝶，自上空向下面的荷花飞来，造型比较古拙，自题仿元代王渊，所以脱离了纯写生的手法。当然，要看陈氏蝴蝶造型的范围之广，必举出他仿北宋易元吉的《百蝶图》卷（约1649年），其中近六十只蝶与蛾，无一雷同的；其飞的姿态，虽然大多平展双翅，而位置、方向等差异，使各蝶有回翔自如之感。在约1650年时，他常画同样飞行姿态的大凤蝶，左前翅向上，展示全部的纹饰，右前翅下垂，侧观好似一线，同它后翅的尾带平衡，像《为豫和尚画册》第三页在菊、竹上的一只，《扑蝶仕女图》轴将被扇扑到的一只，以及《指蝶图》小幅高士指的一只，都大同小异。1651年《春风蛱蝶图》卷中飞向石畔花枝的大蝶，及约该年所绘《杂画册》第九页飞向水面落花的一只，也是如此。但这并不反映他失去了造型的变化。约同一年作的《花鸟草虫图》卷末段，在尚未全开的萱花上，一只小蝶冲入大蝶的两翅间，直扑花蕊，迫不及待。总之，陈氏草虫的造型可以说是以写生为本，不脱师造化的范围。

现在谈梅、竹——各画种中最后一组。陈氏喜绘老树，梅花不在例外。他的古梅造型特殊，是对梅谱的优异贡献。他主要在树干上独出心裁：既不用宋代释仲仁（华光长老）、扬无咎（补之）以笔勾描，比较写实的方式，也不用元代王冕（元章）、明代陈录（宪章）、陈淳（道复）、徐渭（青藤道人）放笔纵墨、没骨飞白的方式。[35] 他并不依靠宋院体的写生作风，而极力追求古拙的趣味。

他现存作品中最早的梅花是1619年《摹古册》第一页松竹梅盆景中的一小株，干已劈裂，仍活的一半生出三枝，开花发芽；精细的笔，勾出花瓣、蕊须，点出花萼、蕊点，但值得注意的是那奇特的干形。

更成熟的作品是1627年的梅花小鸟（《父子合册》第三页）。他以夸大的节疤配上深刻的皱皮，组成不知年月的老干，其上抽出的新枝，却繁花如簇。他继承勾勒着色的唐宋传统，以细笔淡墨勾花，然后晕染色彩，几乎看似没骨画法，而枝头的嫩芽是点墨。《父子合册》第四页梅竹，其一枝梅花，造型方式基本相同，两页枝干上的苔藓，都是先点焦墨再加石绿。

约1635年的水墨《双梅竹石图》轴，两株梅花的枝干上节疤显著，盘屈交错，但一株是勾花，一株是点墨花，接近元人作风，[36] 同时展示出两种造型方式。

到了约1638年，陈氏发展了梅干分节的新造型，《梅石山禽图》轴很清楚地展出这种创作，盘屈的老干，好似甲虫的长肢，那节疤正好作连接的关节。细枝与花，仍沿通常的画法，但整体有脱离现实的奇态。约1639年的《梅竹图》扇页，虽然造型较圆浑，用笔疏落，而梅干同样分节。约同年的《梅石图》大轴，老干分节似较含蓄，可是仍为造型的基本方式，同时干与枝分得很清，从干身、疤上，尤其是断干的顶端，粗笔遒劲地抽出新条，发芽开花。约同年作的《梅石蛱蝶图》卷，老干分节在转折处明显，否则略隐，以粗笔生枝，与前画同调。约同年较晚的另一幅《古梅修篁图》扇面，树身分节就比较混了，浓淡墨的皱染，大致掩饰了这种结构。约1642年的《梅花小鸟图》轴，梅干分节的痕迹并没有消失；疤痕不完全明显地勾出，部分用晕染与树身结合，而以浓墨粗笔画的小枝，多从树身上抽出，这是他一直不变的画法。

1645年作的《杂画册》第二页古梅，是老干分节与粗笔抽枝的典型结合，很奇的是一树两根。另外一点是陈氏常用"倒晕"法表现花朵的洁净——那就是用淡墨或淡青烘托花瓣的四围，[37]这幅古梅即如此处理。《杂画册》的第七页红梅，老干并无根，像折枝一样悬在空中；分节不显，粗笔抽枝，是用没骨法以色染出花来。

约1649年的《梅花山鸟图》轴，陈氏以工笔重彩的手法，消减了老干分节的结构方式，而回到夸张节疤、深刻皱皮的造型（有1627年所作《梅花小鸟图》的回响），同时注重苔藓，不只是点子，其形状颇似多瓣的花朵——画时仍用焦墨打底，上加石绿；但他依然保持粗笔抽枝法，其花朵则细勾填色，有妍丽的宋院体风姿。

约同　年的《卧石老梅图》轴，作风一变。全幅用秃笔渴墨，元人意趣，是幅写意之作，粗干上夸张节疤，用雨点皴法作皱皮，分节不显但实际上是结构的内含韵律；花朵勾点细致，倒晕呈出洁白，与木、石的豪放成对比。也约同一年画的《梅石图》轴，老干节疤遍体，三个已断的粗枝上，发出开花的新条；树身的组成，看得出分节的迹象，只是皱皮用横笔皴出，颇似山水画的小斧劈；花瓣、萼、蕊都用细笔勾出，是他一贯的画法。约1650年的《为豫和尚画册》第七页古梅，树干还是分节，树皮又用点皴，新枝以粗笔浓墨，花朵勾勒填色，蕊的须、点则用粉。只有1651年作的《三处士图》卷首段墨梅，陈氏完全脱离了自己发展的造型方式，不画老干，只有一丛新枝，主枝墨染，旁枝略加干皴；没骨法的墨花上，用浓墨点萼勾蕊；这也象征他在去世前一年，锐气消磨，皈依传统。回顾他创制的老干分节，粗笔抽枝的古拙造型，的确独树一帜。

关于竹子，他一生是墨竹与双钩竹并画的。例如1618年的松、蕉、竹、石残景（《早年画册》第一页），以细劲之笔作疏落的墨竹，利不可挡。同册第四页1619年的枯木竹石则作双钩竹，其叶尖锐密集，如卫士云集，刀已出鞘。在另一册（1619年《摹古册》）第一页松竹梅盆景中的双钩竹同此；《早年画册》第九页1621年的《月下捣衣图》中占据主要部分的大竹丛也是如此。可是，回到1619年的《摹古册》，其第七页花与竹的折枝竹，因为是近写，其双钩造型不但不同，而且是有新意：两小枝头寥寥的叶子，用淡墨勾轮廓，而以浓墨勾筋脉，这同历来的浓墨勾边、淡墨勾脉恰恰相反，使观感一新。

以现存的作品看来，似乎他到了三十岁左右，对墨竹发生兴趣，例如约1627年作的墨竹小幅，是雨竹式，"分"字叶密集枝头，先用较淡的墨，后用浓墨，层层相加，画时极有信心，聚而不乱。己巳暮冬（已入1630年）作的墨竹轴，自称其"画竹以与可为第二义……亦不可多得"，作风疏淡，竹叶造型有肥肚长颈抽尖，避免圆熟，在叶着枝处，若即若离，全幅疏而不略，有潇洒跌宕之趣。庚午夏（1630年），他摹李衎《墨竹图》，很有元人气息：竹叶较长，从细到宽到尖端，变化匀稳。约同一年作的《竹石》扇，其墨竹是从摹名家后发展的自家作品，叶形较丰，结构很密，但大体是李息斋的宗派，竹旁的石头，造型颇似前画中竹下的一块，透出不少彼此相联的消息。1633年的《花鸟十开册》第三页蜻蜓幼竹，因为是工笔写生，竹为双钩；而且用花青倒晕，衬出其鲜明的形象；画家通常以成竹为对象，所以这是很少见到的幼竹造型，显出陈氏细心观察自然的写生功夫。

有一时期，陈氏作墨竹，近于墨戏——以疏为主，寥寥数笔，例如1645年的《杂画册》第十页的竹石，及约同时所作的竹石扇，两者一用淡墨，一用浓墨，可是写意不写形则同。到了最后三四年，他回到了造型秀雅的作风——例如约1650年的《为豫和尚画册》第一页临溪高士背后及身旁的竹丛，细枝长叶，在秋风中摇摆。又如约同年作的《古木竹石图》扇，石后的晴竹，叶子也较消瘦，疏密相间，其秀润与木石的浑拙成对比。可是在这几年里，他多半画双钩竹，例如约1648年的《花鸟竹石图》轴（梅、竹、双红鸟及奇石），约1649年的《竹石萱草图》轴，及约1650年的《为豫和尚画册》第三页菊竹蛱蝶等；尤其看那也是约1650年作的《竹石图》金笺扇，其细劲兼古拙的造型特征，极为显著：繁枝茂叶以及脱叶的枯枝都用富于顿挫的线条勾出，再用倒晕托衬，而老叶上的蚀痕残洞，充分表现了历尽风霜的气质。1651年的《春风蛱蝶图》卷，首段枝叶丰盛的一竿竹子，其画法与前扇大致相同，但面貌迥异，因为这是春风得意的时候，在成长的大叶子下面，生出不少新枝小叶，一股勃勃的生气，冲淡了过去忍寒耐苦的伤痕。他有时画整株的双钩竹，成簇的叶子，每片叶形有时长短正常，像那约1650年的《为豫和尚画册》第六页枯木竹石小鸟中的两竿；有时则比较肥短，并不怕犯"忌桃叶太短病"，[38] 像那1651年的《隐居十六观图册》第十五页《缥香》中美人身后的三竿及泉旁的矮丛。看来陈氏画竹的造型，还是以双钩法为富有个性，而其双钩竹，又以近写的枝叶为胜——如前所述，有细劲兼古拙的隽永意味。总之，在造型方面，陈氏有特异的成就，虽然他的人物博得"高古奇骇"的称谓，最引起世间的注意，而且因之被列为一位"变形主义"画家，但他在山水、花鸟及梅竹三类，也独创形象，不容忽视。

笔墨

中国画最注重笔墨，而笔墨也最难于隔离分析，品评优劣。它牵涉书法，一如赵孟𫖯出名的七绝："石如飞白木如籀，写竹还于八法通。若也有人能会此，方知书画本来同。"[39] 它也引起不少说偈谈玄式的论断，如 "但有轮廓，而无皴法，即谓之无笔；有皴法，而无轻重、向背、云影明晦，即谓之无墨……故曰石分三面，此语是笔亦是墨"。[40] 为了进一步观察陈洪绶用笔使墨的功力及才能，不得不先客观地分析一下笔墨的物质因素。画家在决定画题及风格之后，面对着纸或绢，有了磨好的墨及清水，就必须选笔——考虑其一大小，二长短，三刚柔（羊毫、狼毫或他种毫、屏合毫等）及四尖圆（锐锋或秃笔等）；落笔之前，又必须取墨——考虑水与墨的混合程度，以得其需要的一浓淡，二渴润，及三特种效果（如浓淡在笔上相间等）；然后才到了落笔，在不容思索、无法修改的情况下，涉及以下因素的选择——一轻重（下笔的力量：提笔为轻，按笔为重），二疾徐（行笔的速度），三直斜（持笔直为中锋，斜为侧锋），四藏露（窝笔尖为藏锋，留笔尖为露锋），五顺逆（使笔的方向：自上向下或自左向右为顺，自下往上或自右向左为逆），六聚散（笔锋集中为聚，分为细股为散），七虚实（一笔中空若飞白为虚，墨满为实），八连断（意到笔到为连，意到笔不到为断），九稳颤（行笔流畅为稳，战抖为颤），十转折（行笔时换方向——圆为转，方为折），十一渐顿（收笔渐则出锋，顿则成角形或圆形等）。每画包括多笔，从寥寥数笔的减笔写意到数不清若干笔的大幅工笔繁重的件头，每一笔都含有上述的复杂因素，而每一个画家的才力，都从他的每一笔及笔的组合及交响表现无遗。历代的名画家，创造出在不同画类中可以运用的笔形，到了明代变成画谱中加上名义的人物衣纹描法及山水皴法，其影响的深远不容忽视。只有自成一家的优异画师，才能突破藩篱，写出他自己的笔墨——这就是陈氏作品极值得注意的一点。

陈氏在十几岁的时候，就已经善于用笔，尤其是锐锋、刚毫的小笔，从约1616年作的《白描水浒叶子册》及同年较晚画的《九歌图》十二幅（虽为木刻，但能意会笔法），可以看出他在勾画极细的面容轮廓及须发时，都下笔沉着，不急速地溜过，而衣纹描法，多用钉头鼠尾，即下笔重而有力，收笔稳而渐，其锋坚利；在长笔（如衣带）转折变化的时候，笔的提、按都缓而不滞，有始有终。可以说在二十岁时，他已完成了白描人物的基本功。同时他对树石花鸟方面需要的各种笔法，也不遗余力地学习及试验。例如《早年画册》第一页枯木松石，1618年作，枝干用中锋，石块用侧锋，蕉叶及苔点用秃笔；墨淡而润；松针、疏竹、蕉叶脉及小草用尖笔浓墨，秀劲而且醒目；行笔速度则除树梢的小枯枝外，都比较稳健，不作草草态。可是在1619年《摹古册》第二页的写意山水里，他用尖笔侧锋，以很快的速度勾山石，加简单的线皴；换为尖笔中锋来勾近处的树干及几枝枯柳；然后以浓、淡墨及饱含水分的笔，以侧锋点树叶；再用淡墨而且更侧的笔锋横扫出树下的浅滩；远山是大部分用淡墨以连续之笔勾出后用柔笔淡墨填染，一小远山则以浓墨涂成；最后用浓墨秃笔在山头及滩上戳出苔点；而全幅都是以疾不以徐地一气呵成。以上几个例子，证明陈氏至迟在二十二岁时，已经把握了笔墨的主要用法：笔之勾、皴、点、染，墨之浓、淡、干、湿。但学会了前人之所能并不太难，而难在更进一步，自有特长与新意。

　　总之，在早年，陈氏已显出善用短小刚尖的笔，用中锋勾描人物、山水、花鸟及梅竹各种造型；其长处不只是精工，而且非常敏感，化平凡的事物为现实与意趣的结合。例如前述《摹古册》中第三页一片折枝的虫蚀残叶，其轮廓与筋脉都是流畅秀劲的线条，其残缺是疾转笔锋的痕迹，而那梗子的两笔由较粗渐变细的美妙弧形，充满生活的弹力，被最后既戳且顿而战抖提收的一小笔切断——那就是折技之处！又一例是同册第五页小蝶恋纨扇上的画菊。他用中锋尖笔勾扇柄及扇框，运笔时且行且顿，既写出那制框材料的质感，又赋以古拙的趣味。另一特点是用墨限于两种深浅度：一黑一灰。被扇面所遮而隐现的一半蝶为灰，露在外面的一半为黑；菊花瓣及叶的轮廓为灰，花蕊及叶脉为黑。这种黑、灰组合法在同册第七页花与竹中更显著：同样的，花瓣与叶之轮廓为灰，花蕊、萼、卷须、枝梗、叶脉为黑（竹的叶、叶脉、梗相同）。他在1620年作的大幅《准提佛母像》轴，亦用此法：在用灰（即淡墨）勾绘面目、衣纹、道具及为发髻打底后，再用黑（即深墨）及重笔重描主要衣纹与符字，黑及细笔加描发丝、眼皮、睫毛、瞳仁、首饰及衣饰的各种纹样。很值得寻思的是，他这种用墨策略，颇增强庄严郑重的感觉及格式化的装饰趣味。约1624年，他作大幅山水《五泄山图》轴，山石树干多用折笔而速度比较从容；主要的大树、叶子全用中锋秃笔，层层相积，而下部的小树叶用侧锋；用墨则不论浓淡，都相当湿润，山石的烘染，顾及远近、明暗的相间，及体积、质感的增强，造成蓊郁深邃的奇景，密而不乱，这是他早期运用笔墨创造氛围的最好例证。

　　到了中期，即1631年到1644年这一段，陈氏的笔墨沿着两条大路发展：一是多用粗笔、折笔的放纵路线，一是多用细笔、中锋的工整路线；其中当然有不同程度的羼合。1633年春作的《花鸟十开册》，是工笔重彩类型，主要以短小细刚的笔，用中锋勾勒填彩，继续他年轻时已经达到精练程度的功夫，可是在第三页双钩竹及蜻蜓的石坡，第六页蓝菊与蜘蛛的石头，及第七页红花与蝴蝶的太湖石，却都是用笔比较放纵，有时疾迅，有时侧锋，有时重戳轻提。同年冬天作的《山水人物图》轴，在大幅上展示下笔重、行笔快、多转折的放纵画法，勾山石、树干及人物衣纹都如此；他也表现用大而柔的笔来点介字叶，以浓淡墨积叠的画法，并且辅以几棵小树上的侧锋横点（通称米点）及中锋细点（通称胡椒点）；可是另外树上的几种夹叶，却都是细笔中锋的双钩，还是他一向走的工整路线。约1635年作的《花蝶图册》（一称《工笔画册》），用笔虽然属于工整一派，但同前述的《花鸟十开册》一比，就放纵多了：其第一、二、三页及第七页中的石与坡，同《山水人物图》轴的树、石笔法，全连得起来。通常陈氏到了重要的场合，如亲友前辈做寿索画，他必态度谨严，笔墨工整。例如1635年冬恭庆一位老伯八旬大寿的《冰壶秋色图》轴，大小两瓶中的花卉及瓶身，笔笔中锋细描，只有扎在大瓶上的围巾，用笔较重，且蘸焦墨，浓而略干。最显特长的是勾瓶的细笔，稳健准确，匀称流畅，但毫不机械化，因其中有全仗空手写出的自然节奏。而小瓶上的人物装饰，以极纤巧的方格式为地子，但也是富于生趣，毫无刻印的板滞。又如1638年秋为贺姑母六旬大庆的《宣文君授经图》轴，是他人物山水工笔重彩的代表作，他的策略是人物衣纹及白云都用圆转匀畅的中锋细描，树干石坡都用方折顿挫的中、侧锋相间，使线条的粗细富于变化，而松针、芭蕉及草丛、榭叶等虽然用中锋细描，但其尖钝转折则随类而异；用墨则圆转之笔都润，方折之笔枯润交错。实际上，作工笔画不难，其难在于避免宋代郭若虚指出的用笔三病：

> 又画有三病，皆系用笔。所谓三者：一曰版，二曰刻，三曰结。版者腕弱笔痴，全亏取与，物状平褊，不能圆混也；刻者运笔中疑，心手相戾，勾画之际，妄生圭角也；结者欲行不行，当散不散，似物凝碍，不能流畅也。[41]

陈氏在工细的笔中，都含有放纵之趣，三病不生，所以难能可贵。约1639年作的大幅《梅石图》轴，他用大笔、侧锋、干墨及很重的力量勾出大石，然后全部以湿墨烘染出体积及凹凸；再用中锋及不干不润的墨勾梅花老干，且行且止，富于转折；

用中锋、浓墨及较重的笔画那些从干上生出的枝柯；用侧锋、干墨、顺逆相间的皴擦树皮；用秃笔、浓墨及不同轻重戳出的苔点——这些都是行笔迅速，像疾风暴雨般写出雄奇高古的气象。可是枝头的花朵，却是用小笔、中锋及淡墨细细勾出，再用浓墨描、点出花蕊，于是在放纵中自然地加以工整，像在鸣雷击鼓中听到了嘹亮的号声。

　　陈氏晚期（1645—1652）笔墨，以工整为主流，已然到了炉火纯青的阶段，有从心所欲而不逾矩的本事，故放纵的气势隐而不显。1645年的《杂画册》第三页枯枝黄鸟非常简洁，笔墨的变化却相当丰富。黄鸟的毛是细笔、中锋、淡墨——落笔露锋，提笔也露锋，然后部分用同样笔法蘸浓墨覆描，而点睛是中锋直下后，把笔尖藏在中心而转动笔头，造成圆形。分岔的两条枯枝一淡一深，淡枝是以最浅的墨开始，向下逐渐加深，稍粗的地方在双钩后用干笔擦出皴皮。深枝是栖鸟的主枝，也是用上浅下深的墨，先勾出轮廓，但以湿墨填染，增强质感。最后在两根枯枝上，都用中锋浓墨在枝梢及其他适当部分加上一些小枝子，打破了过简的单调。在同册第四页一幅萧素的山水上，几棵只剩残叶的树，是用前述枯枝的笔法，可是石滩都用秃笔淡墨勾轮廓，再用更秃的笔及不同深浅的淡墨戳点成皴，大些的石头上用稍深些的墨加层戳点，或用很淡的墨烘染，同时以侧锋及湿润的淡墨涂抹远山。然后以细笔中锋及较深的墨勾一棵树上的夹叶及近处枯断的灌木。中间的树叶以秃笔破锋用两层深浅不同的墨重力戳点，末了才用秃笔破锋及焦墨点最高一树的残叶以及石头上疏落的苔点。整幅画的调子是清淡的，而笔墨的变化使空旷寂寥的景色含着生机。

　　约同一年内画的大幅《莲石图》轴，充分表现出他控制笔墨的技能。以侧锋折笔很迅捷地连勾带皴，把直立的大石创造出来——先用较淡的墨，再用较深的墨在有些地方重加勾画，使该突出的部分推向前面。用中锋淡墨使笔先轻而后渐重地勾出花朵后，以大型柔笔饱含浓墨而圆转地揉出荷叶的正面（所谓泼墨法），并利用纸面湮墨的性能增加效果。石下刚长出的小莲叶也是如此，只是有的又用淡墨加圈围。淡墨也用来涂出荷叶的反面及以藏锋下笔维持同样的压力不疾不徐地画出荷梗。完成的阶段包括用较浓的墨重勾一部分花瓣，再用淡墨在瓣的边缘烘托，使其前后分明，得立体感。用细而较刚的中锋及浓墨勾叶脉，点梗上的刺及挑出石隙下垂的小草。用较柔的中锋及淡墨很迅速地勾出水面的沧漪，还有用秃笔中锋戳点出石上浓淡的苔点。因为画家把握全局，自始至终，经过各种技法的变化而仍维持笔势，所以放射出浑成的力量。

约同这一年画的《倚杖闲吟图》轴，别是一种面目。刚毫中锋勾出细而有力的线条，多转折而较迟缓，无论是面容或衣纹，都看得出每笔之中，有其轻重疾徐，富于意趣的变化。用墨较干，簪花及束发冠的系带最深，杖履次之，其余则深浅不一，而冠、领、袖、履面及杖干略染淡墨。对比起来，《莲石图》放纵，此幅拘谨，但两者都以笔墨取胜。

陈氏以人物最获盛名，而衣纹勾描是其特长。在晚期多用两法：一方折顿挫（通称铁线描），一圆转流畅（通称高古游丝描），皆用尖笔中锋。《倚杖闲吟图》近前者。约1647年或稍晚的《观音罗汉图》轴，两法并用——罗汉用前者，观音用后者，以笔法来加强人物个性的刚柔。约1647年作《雅集图》卷，人物衣纹的勾描近于方折顿挫的笔法，配合落笔重、顿折多的石头轮廓及以侧笔、干墨的密集皴擦（通称小斧劈皴）。只有大家供奉的佛像，是用圆转流畅的笔法。其实在陈氏创作生涯的最后三年里，他的重要人物作品，几乎全用这种勾描，例如1649年的《南生鲁四乐图》卷、1650年的《陶渊明故事图》卷及1651年的《隐居十六观图册》。可是在尖笔中锋以不疾不徐的速度，写出圆劲的线条时，常有先细渐粗而收笔轻提出锋的倾向，有些类似通称的兰叶描。这种变化是轻微的，因此整体的效果匀适，如行云流水。当然，他起笔或落笔时也有稍按下的，只是不多。有时他用同样的笔法勾面容及手，线条纤若发丝，但其力量与敏感，在极简练中表现无遗，例如约1650年画的《拈花仕女图》轴。无疑的，这在陈氏笔墨的造诣里，达到了最高峰，而明清两代的画家中，鲜有其匹。

不容忽视的是他这三年里在山水皴法上的发展，大致也可以看出两类：一为柔毫湿墨，揉笔积叠；一为刚毫干墨，侧笔疾聚。下面的例子都是约1650年的作品——柔湿类的像《云山策杖图》扇，《为豫和尚画册》第四页秋景、第七页寒流白鹭及《古木竹石》扇上的石等；刚干类的像《松溪放眼图》轴、《溪山放棹图》轴、《为豫和尚画册》第二页山水等；两者相同之点是用多层次的墨，先淡后浓，达到浑厚或苍郁的效果。若说陈氏勾衣纹时惜墨如金，那他在皴山石时就挥墨如土了。在这两类的运笔上截然不同：前类落笔沉着，揉按藏锋，有吴镇的风味；后类行笔疾遽，露锋多折，是王蒙的流亚。陈氏的腕力突出，当时受人惊羡，其友黄仲霖叹章侯写生的雄奇凸凹，云："予谓吾党当为老迟惜此腕，不令复作；若令复作者，恐遭龙虎鬼物收摄。"[42]他一直到去世前，眼力及腕力都不见衰，只是在约1651年的《摹古双册》二十页中，有时在细劲的勾描里，含着些轻微的战抖，在有意无意间，增强了古拙的深趣，这是令人无法模拟的——例如第二页《老子骑牛》，面容、衣纹及其身后的竹子与牵牛花，又如第三页《水仙寒泉》，花瓣、叶子、泉水——尤其是泉水。其实每页都露出这种迹象。有年款的《春风蛱蝶图》卷，是1651年（辛卯暮秋）的作品，其中的水仙勾勒笔迹还没有这样，所以《摹古双册》必是同年冬天或稍晚所画，相当接近他不能再动笔的时刻。回顾他二十岁前工细谨严的笔墨，一直到最后于工细谨严中，含有放纵自如的气势，使人感觉到陈氏在笔墨一道，早已超出了技法的境界。

陈氏生于美术理论有相当发展的明末。比他长十余岁的顾凝远，著《画引》。其中有"兴致""气韵""笔墨""生拙""枯润""取势"及"画水"诸项，而"生拙"项谈用笔，"枯润"项谈运墨，可以对陈氏的艺术有所阐明。顾氏主张"画求熟外生……若圆熟，则又能生也。工不如拙……惟不欲求工而自出新意，则虽拙亦工，虽工亦拙也……何取于生且拙？生则无莽气，故文，所谓文人之笔也；拙则无作气，故雅，所谓雅人深致也"。陈氏的技法，早就跨越了圆熟与工巧的程度，但他的确有那生且拙的气质。顾氏又说："墨太枯则无气韵，然必求气韵而漫羡生矣；墨太润则无文理，然必求文理而刻画生矣。"[43]陈氏作画，以墨为主，浅色辅之，重彩比较少，所以他对于枯润之法，极有掌握。在下面细谈设色时，更可以体会到这一点。

设色

陈氏擅长白描，但对于设色很用心，从重彩一直到稍加点染，都有精彩的效果。可以看得出来，他对墨与色的关系，有种种尝试，而完全顾到色之不可伤笔墨，而墨之不可浮在色上。中国古代绘画的颜料比较有限，其不透明的有石青、石绿、朱砂、石黄、赭石等，透明的有花青、藤黄、胭脂等，都在陈氏的颜色库中，而他有时也色中调墨，透明与不透明的颜色相掺。

以现存的作品为证，他很早就学会重彩的运用：1616年为岳父来斯行祝寿作《人物扇》，道士着浅朱红袍，用浓朱在衣纹墨描上重勾一遍，以粉涂裤；从者着紫衣，背后挂在肩杖上的莲叶形坐毡是浅胭脂上加深胭脂花纹。他们足踏的白云都用粉勾及烘，而云中露出的松树以赭石画枝干，松针在墨勾后上加淡花青勾，增加郁茂之感。

1621年的《双木三鸟》（《早年画册》第七页），是青绿山水设色法，石头着石青石绿后，再用墨勾皴。茂盛的夹叶，先用墨和花青打底子，然后用石青填叶，再勾焦墨。有意思的是树上石间的草丛，赭石打底墨勾后，用粉加画每根草上中间的主脉。约同年作的《待渡》（《早年画册》第十页），也用青绿，但他把石青、石绿、石黄及朱砂当透明色用，与花青、赭石很和谐地聚在一起，使全画既富丽，又清秀，不妨名之为"浅青绿"。

1622年的《铜瓶插荷》（《早年画册》第十二页），花瓣上用胭脂，尖上最浓，向下烘淡，荷叶及近瓶口的小竹叶上烘染两种绿——近叶心或叶根处用青绿，叶边或叶尖处用黄绿，但都加以淡墨，使色调沉着。而铜瓶上斑斓的古色却是糅染相间的五彩风云：墨和花青是主，赭石与朱砂是辅，还有略罩淡石绿的颈部。

1633年的《花鸟十开册》，是全部重彩，其中第二页与第七页的红花，都是朱砂与胭脂掺合，色彩浓厚，非常醒目。第六页的蓝菊，是焦墨底子上用石青遮盖，画出鲜艳的花瓣，而梗、叶则用墨绿以没骨法写出，显得洒脱。墨底加色（不透明色）的点苔法，[44]明代出现，陈氏常用之，1627年的《梅花小鸟》（《父子合作册》第三页）的梅干上就有这种石绿墨点，此《花鸟十开册》的第三、六、七页中的石上都用。还有一项，就是陈氏也喜欢用粉——册中第一页水仙花，第四页桃花，第五页月季花，第八页菊花，第九页落花浅瓣及第十的细瓣白花，全借重不透明的白粉，他或掺合胭脂、草绿来烘染、填涂，或直接勾描，都得心应手。第三页用花青作倒晕，使蜻蜓的薄翼及嫩竹叶都突出绢面。前面在谈笔墨时，指出他在水墨画中，常用淡墨倒晕梅花及竹叶，在设色的作品里，则常用花青。

1635年的《冰壶秋色图》轴，其主花是白菊，用粉；作陪的是一枝残叶及一束雁来红，用淡绿及朱红；其余则三朵月季，粉多胭脂少；衬花的叶子，盛满了水的大玻璃瓶及小磁瓶都是深深浅浅的各种绿色；只有包在大瓶身上的蓝巾，颜色最重，但它是较浅的石青，朴质无华，加上黑色的绳边。独出心裁的是用淡墨淡彩画大瓶水中泡着的梗与叶，罩上一层浅绿色，其效果很真而美。

1638年的大幅《宣文君授经图》轴，是一幅典型的工笔重彩体，而基调是浅绿浅赭。比较浓艳的朱砂、石青、石绿等只用在强调点：红如宣文君的朱漆椅、长桌上的琴套、有些人物的衣服等；青如帐沿、长桌的围锦、书套等；绿如卷轴包，铜瓶，一部分树、草的夹叶等。白粉也起很大的作用，如白云、白衣裳及石雕的矮栏等。而透明的花青、藤黄与淡墨调成的各种绿色，则用于松针、蕉叶及其他的草木上。这样，设色的整体效果，完全预期了清初山水花卉大家恽寿平所说的画理："青绿重色为浓厚易，为浅淡难，为浅淡矣而愈见浓厚为尤难。"[45]

约1639年作的《斜倚薰笼图》轴，因为人物并无背景，而着色都在较小的面积上，虽然朱红、胭脂、赭石及花青与藤黄调成的各种绿色俱全，仍维持淡雅的风味。陈氏大胆地用深浓的石青平涂榻面的毡毯，托出斜倚薰笼与架上鹦鹉对话的美人，毫不破坏安闲恬静的情调。

约1647年作的《杂画册》第七页山水，自称"仿赵千里笔法"，其中石头及远山用石青石绿，根处染以赭石，同其余的色彩都趋向浅淡。约1649年作的《眷秋图》轴，陈氏自题中，提及弟子严湛见过唐人本，又勉其在人物一道用心，以继其后，所以画中可能有弟子代笔处。设色仍相当淡雅，只有侍女手中举的大扇，其上画梅以重彩石青平涂底子，与大约同年所制《何天章行乐图》卷中蕉叶上坐着的美女手中团扇相似（此卷陈氏补何天章像的衣冠，想来包括其他人物，严湛补背景），这种用石青法与《斜倚薰笼图》轴有些互相呼应。

也可以纳入约1649年作的《百蝶图》卷，自题易元吉本，在现存陈氏晚期作品中，以这一件设色最复杂，最精致。蝶虽然不满百，但过半百之数，加上蛾及其他各种草虫、青蛙等，总达九十左右。此外有三十余种花果。这些无论动物植物，各项有各项的色彩，而且蝶翼的色彩组合，真不简单。两种或两种以上颜料的掺合，淡墨的加入以减明度，粉的调配以增质感，或平涂，或烘染，或积层，或浅罩……他利用了各种适当的调色与敷彩的技法，达到了既真实又雅丽的效果。

陈氏对于重彩，始终有兴趣，如1651年的《春风蛱蝶图》卷及约该年作的《花鸟草虫图》卷，都是例证。其实，陈氏很多的设色作品，不能列为重彩，但也非淡彩。例如约1622年的《三松图》轴，枝干用浅赭，松针用浅绿烘底后，再用深绿在墨针间加勾；草坡用浅墨绿罩上一层，再用深墨绿以没骨法画覆地的肥叶植物及作胡椒点；可是石头、松树枝干及松后小树的枯枝上，却加了不少石绿覆墨点。又如约1638年作的《梅石山禽图》轴，石头以淡墨烘出明暗，梅干以浅赭石及淡墨烘出环节，完全是淡彩的设色法，可是梅花用重粉，梅干的焦墨苔点上加石青，而那只山禽，身披鲜艳的石青羽毛，朱喙朱爪，白胸，这又是重彩的方式。人物画也是如此，例如约1639年作的《阮修沽酒图》轴，淡墨烘染巾、带，淡花青、浅朱染衣裳，浅赭略和粉染面容、臂及手，极浅黄染草鞋，这是淡彩占大部分；可是杖头悬的果实是浓朱红，其叶是深绿，左手提的铜壶是石青、石绿与朱、墨的混合，簪的花朵、衣领及裙里翻出的局部用粉，裤纹用细笔白粉加勾一遍——这是重彩占小部分。

至于纯用淡彩的技法，陈氏很早就开始学用。例如1618年的"枯木松石"（《早年画册》第一页），浅赭染枝干、浅花青染松针、点叶及坡，石头先用淡墨烘染，再罩以浅花青，残蕉上则点以极淡的青与赭，坡的几笔横皴上，亦略有赭痕，最后以花青和墨，在石上戳湿润的苔点。《早年画册》中第八页山水，约1621年作，是一幅秋景，除了主要的浅赭浅青外，树叶有红、黄及绿等，增加了色彩的种类，但全是淡的，无丝毫火气。约1645年作的《山水人物图》轴，画的中心是一座草堂，而占据主要地位的是堂前顶天立地的大树；浅赭染树身，浅花青染点叶；山石也是这两种颜色烘染。其他则蕉叶及一棵小树上夹叶的绿，另外小树叶的浅红浅黄，都融合在淡青淡赭的世界中。只有那草堂茅顶的黄褐，檐下帐端的一条石青，堂内方几的浅朱红，及几上书套与铜瓶的石青石绿，却像朴素衣裳上的细微首饰，发出一星半点的珠光宝气。这是陈氏在淡彩中常用的手法。

约1649年作《醉吟图》轴，是人物工笔淡彩的一例。衣冠木石用的是淡墨及极浅的花青赭石，面容及手是浅赭，因此显出酒樽、香炉这两件铜器上的石青石绿，与磁瓶、壶、杯及领、袖上略勾烘的白粉——还有主人的朱履及瓶中花的粉红与绿叶。而实际上这些引人注目的颜色，所覆的面积甚微，其浓度不能算是重彩。1650年作《李白宴桃李园图》轴，其设色冲淡的程度，弥漫了整个画面：浅花青用在人物的衣服及石案的平面，倒晕树顶的白云及掺合在淡墨中烘染李树的老干；浅赭石染面容及手，树下的石坡；浅黄染椅背、坐毡及烛架；浅红染桃花；浅绿染叶；白粉染李花及勾桃蕊；极淡的朱染唇及在一只铜鼎上与一点石青石绿糅入淡墨（这必须细心地读画才看得出）。

1651年作的《三处士图》卷，是淡彩花卉的好例子。卷首的墨梅丝毫不加彩色（在设色这一题目下，墨不列入彩色，当然也不讨论"墨具五色"等说法），而卷末的水仙，除了些微的浅赭色以外，也等于是水墨画；只有中段的菊花，其花瓣是掺合淡墨的浅紫色，叶子及梗是深绿及浅绿以没骨法形成，最后在蓓蕾上略染胭脂，梗上略勾胭脂而已。这件作品，很自然地引入陈氏惜色如金的设色法——也许在重彩、淡彩之外，加上"稀彩"这个名目。现存陈氏作品最早的一幅，约1609年作的《龟蛇图》轴，看上去像水墨画，他只用浅朱勾龟与蛇的眼圈、口、舌，而背景泼墨烘染的云天中，墨里也许稍掺合了一些花青。他晚年成熟的作品，在1645年的《杂画册》十页画中，除了第三页枯枝花鸟及第十页竹石纯为水墨外，余均为浅设色。兹以第二页古梅为例，梅花瓣用浅花青倒晕，老干上的浓墨苔点，有三处加上赭石混点，而坡上的小枯枝，一部分是用淡墨混合赭石勾画的。又如第四页山水，树干上稍染浅赭，尤其是坡上几丛小枯木；一列淡墨的远山后，加上了浅赭混合淡墨的山头。约1649年作的《梅石图》轴，全幅在墨勾墨烘之后，只用浅赭色烘罩石头。

　　1650年作的《陶渊明故事图》卷，分十一段，共画了二十个人（包括现身十一次的陶高士），可是用的颜色极浅淡，种类也不多。面容及手用浅赭，唇、有的鞋头、袖里、衣服用浅朱，兽皮、篮舆及铜钱用不同深浅的赭黄，菊叶及小草用浅绿，一个磁瓶及盘子用淡粉，其实，许多烘染之处，以用淡墨为多。1651年作的《隐居十六观图册》，共十六页画，全是在白描上稍加淡彩。举两个例：第十五页《缥香》，美人发间的首饰上涂浅绿，簪叶浅红，唇亦浅红，她覆在石上的毡毯先以浅赭染边，然后以极浅的花青罩上全毯，连边在内；第十六页《品梵》，浅赭勾面及手，浅红涂唇，前面老僧的衣纹勾淡青，后面老僧的衣纹勾灰赭（即赭石与淡墨的混合）。约1652年——很可能是陈氏绝笔的《西园雅集图》卷首段（只画了此段，其余的由后来的华嵒补全），也是用极淡的颜色，在很有限的地方稍加点染：人面及手浅赭，倚树的高士衣淡青，着浅朱履，童子衣淡草绿，夹叶及草填淡绿——包括一株百合花的叶子，中间一棵高树的干上染浅黄赭……如是而已。

　　综观陈氏对设色一道，自重彩、淡彩到"稀彩"，一生都在兴到之时，各法都用；但他精彩的作品中，重彩不失其古雅之趣，淡彩不觉有贫薄之缺，其高度的敏感及表现技巧，实有大过人者。据记载，他有一幅《芝草图》轴，裱工说芝草每茎俱有乳金填背，[46]这种增强色调浓厚的背面衬托法，以及其他传统的或自创的设色技法，不能完全而且彻底地分析，只有从画面看出上述的效果，才能窥及这位大师用心之精到了。观察总结这技法方面的四项，实际上相当于南齐谢赫揭示的"画有六法"中的四法：构图即他所谓"经营位置"，造型即"应物象形"，笔墨即"骨法用笔"，设色即"随类赋彩"；至于他的其他二法"气韵生动"及"传移模写"，不属于技法的范围，[47]前者在下面谈风格时要提到，后者在谈传统方面时已涉及。

（四）风格方面

陈氏的画基本上可以用"古雅"来形容。这两个字有他分开的内容，也有混合的内容。先说"古"的含义：一是古的优越——在时代的无情洗练下，只有最精、最美的作品可以流传，诗文美术都是如此；二是古的稀贵——无论如何保藏，天灾人祸以及自然的腐蚀使古迹不得传之永久，古物必然珍贵（前两项有交互的关系）；三是古的向往——古时可以想象为圣代，古人可以颂扬为圣贤、豪杰，凡对现实不满的，都会把理想寄托到古的憧憬；四是古的意境——这是与历史之古并没有直接关系的，而是由文人及美术家创造出来的淳朴、玄淡、幽静、超逸的心灵境，只有受到文哲美术修养的人才能体会，才能发思古之幽情，而神移到这种自往自来的园地。在前面分析陈氏作品传统时，已看到他终身服膺古代名家的优越及深知传世古画的珍贵，他也崇敬古人，所画人物除了肖像外，全是古代高士、美人，而且屡见陶渊明、白香山、苏东坡的形象；但他摹古而不泥古，其画风之古，却由于意境。因为"古"与"雅"并不能完全分开，所以再要审察"雅"的含义。一是正确、规范的雅，如《论语》称"诗、书、执礼，皆雅言也"的雅。[48] 二是高尚、文明与流俗相对的雅，如王维称赞友人"清范何风流，高文有风雅"[49]——这是最通常的含义。三是质朴、简素的雅，魏晋间的山涛（竹林七贤之一）被称为"雅素恢达，度量弘远，心存事外而与时俯仰"，[50] 这引申到审美观念即是淡雅。四是静穆、中和的雅，如《史记》形容司马相如"从车骑，雍容闲雅甚都"。[51] 这个与"躁"相对，一面引申到潇洒的意味，一面接近温文，在美学上可称悠雅。五是情感含蓄的雅，如《论语》称《诗经》的《关雎》"乐而不淫，哀而不伤"。[52] 六是境界清幽的雅，如唐诗人常建名句"曲径通幽处，禅房花木深"之幽雅。陈氏生于世家，文哲的根底很深，又兼及道释，能书能诗；除了好酒好色之外，秉性端正廉洁，对于明室及国家，始终保持忠耿的传统节义。明亡以后，虽然一度狂痛，很快地就作了理智的决定，避难为僧，而战乱稍息后，卖画城市，而且以中兴画学为己任。所以前述的正雅、文雅，及含蓄之雅，他都具备了品格上的条件，来陶养他作品的风格。他在构图及设色方面，多半倾向简素淡雅；而他的笔墨，既不似吴伟、张路的泼辣，又不似陈淳、徐渭的疏狂，多用中锋圆劲的线条，泰然自若，深得悠雅之趣。他的视觉境界，无论是高人雅会、仕女闲居，花鸟自得，或泉石寂寥，都极幽雅之致。所以分开来看，他的作画风格，既无愧为"古"，也显然很"雅"，但这并不能刻画出他的独特性——因为那是一种与前人或当时画家不同的"古雅"，而后起者更不能再摹拟那时代的气息。[53]陈氏的古意并不由于"复古"而起，不像赵孟頫及元初各家提出"复古"的主张。[54]他也不受弘治正德间（15世纪末到16世纪初）"前七子"李梦阳等"文必秦汉，诗必盛唐"，或其后继的"古文派"王慎中等"变秦汉之文为唐宋之文"的复古桎梏（详见论陈氏诗文的一章），他是寻觅自己的路线，要吸取古的精华而去古的糟粕——其法在从实践中了解各代流派的发展而形成的优点与恶习，所以他认为学元人要了解宋人，学宋人要了解唐人（晚明得不到现在考古发掘的好处，无法看见地下的自战国到唐代的绘画遗迹，但早期传世品要多于今日），以达到"以唐之韵，运宋之板，宋之理，行元之格"的"大成"。[55]师古不拘于一代，不取舍于一代，宗古不限于一派，也不举出古人作标榜，是陈氏有机性的学古以自立门户的路径，而他的作品中的确有晋唐宋元各代绘画的意趣及技巧。关于师古的宗派问题，不能不提出董其昌的南北宗论。陈氏受到他前辈陈继儒的赞赏，而陈继儒是董的挚友，想来陈洪绶听见过这影响深远的说法。然而从他的画及文字中，看不到什么南北宗的痕迹，在他的"画论"中，虽然认"马远、夏圭，真画家之败群"，但对董其昌归入北宗的李思训父子及赵伯驹，却是在陈氏"画论"中受推崇的。为董其昌先驱的吴门派或吴派，似乎对陈氏也没有重大影响。只有些小幅的没骨花卉，如1645年《杂画册》第九页菊石，他自题是仿沈周的。他曾师号称浙派殿军的蓝瑛，而且受其相当影响，但蓝氏本身吸取宋元诸家笔法，包括二米、赵孟頫、黄公望及沈周，浙派之标号很有问题。到了陈氏，除去他是浙江人外，更无从归队了。就是在中国画史上对于画家最大的分野——文人画家与职业画家这一个题目上，也很难把陈氏毫无保留地列在哪一边。表面上看，他好像无疑的是一位文人画家，合乎文人画倡导者苏轼所说："古来画师非俗士，摹写物象略与诗人同。"[56]陈氏的美学思想与作品表现也合乎苏轼的"诗画本一律，天工与清新"。[57]或另一位文人画导师米芾赞扬董源的"平淡天真""意趣高古"。[58]还有陈氏常摹仿的人物画家就是苏、米的好友文人画家李公麟。可是这只是陈氏的显面。另一面，虽不隐但不显的，是陈氏之为职业画家——这不仅是晚年卖画为生，其实他的创作态度、技巧及产品都合于最高级的职业画家。以态度而论，文人画家是为己的自我遣兴，而职业画家是为人的应付要求；以技巧而论，文人画家重神似不重形似，笔墨之趣可以遮过画艺之缺，而职业画家没有这种奢侈的享受，必须有相当的技术水平；说到产品，那文人画家就无所谓了——一笔木石、一墨烟云都可以，职业画家则祝寿必有松、萱、仙、佛之类，插图必针对故事，适宜木刻。陈氏早慧，二十岁前就达到了很高水平的绘画技巧，一生维持谨严的创作态度，即如他"画论"所说："古人祖述，立法无不严谨，即如倪老数笔，都有部署法律……"陈氏幼年仿过庙中的神佛画像，一生又在晚明市民经济发展中为木刻出版作了不少叶子与插图，基本上他并不蔑视职业画家，作耻与为伍的姿态，他只蔑视那些"学宋者失之匠"而"学元者失之野"的名流作家。[59]因此陈氏的"古雅"之"雅"，有能包容"俗"的特征——就像俗文学是雅文学的原料及广大的生活力，世俗的职业画也是高雅的文人画的强心针。陈氏所作的《水浒》《西厢》人物，是这种化俗为雅的具体表现，也是陈氏独特的"古雅"风格的一种形象定义。最后，陈氏作品——主要是人物——令人得到"高古奇骇"的印象，于是世间多有以"奇"为陈氏风格特征者，其实这是他在人物造型方面的创造，并不能概括到他的山水、花鸟。纵观历代人物名画，如传为唐阎立本的《帝王图》卷、传吴道子的《送子天王图》卷，宋李公麟《孝经图》卷、马远《孔丘像》轴、梁楷《八高僧故事图》卷等，以陈氏的人物与之比较，则也不能算奇（更不用列举贯休《罗汉》、梁楷《泼墨仙人》等极端的例子）。因此，体会唐、宋、元各代韵味、理论、技法而陶养出来"古"的意趣，以谨严的态度，精妙的笔墨，清简而含蓄的美感以表现"雅"的形象，才是陈氏绘画风格的要点。

注　释

［ 1 ］ 周亮工《读画录》，第9页。

［ 2 ］《中国美术家人名辞典》，第1492页。蓝瑛（公元1585—1660年尚在）。

［ 3 ］《中国美术家人名辞典》，第682页。孙杕生卒年不详；1651年作《梅花册》，是年尚在。

［ 4 ］ 黄《陈传》，第27页。

［ 5 ］《辽宁省博物馆藏画集·续集》，文物出版社，1980年，上册第1—3页，说明称：“卷上宋以下鉴藏印记累累，且有陈洪绶两印。”

［ 6 ］ 周亮工《读画录》，第9页。

［ 7 ］《宝纶堂集》卷七。

［ 8 ］《宝纶堂集》卷九。

［ 9 ］《宝纶堂集》卷九。

［ 10 ］ 周亮工《书影择录》，第247页。

［ 11 ］ 陈撰《玉几山房画外录》卷下，《美术丛书》第一册，第463页。

［ 12 ］《宝纶堂集》卷六。

［ 13 ］ 罗香林《唐代桂林的摩崖佛像》中《桂林石刻晚唐贯休绘十六罗汉像述证》一文，可资参考。见殷登国《陈洪绶研究》，第80页，注六一。方闻《以复古为原始风格》（暂译文题）一文中，亦论及陈洪绶与贯休。原为英文：“Archaism as a ‘Primitive’ Style” in “Artists and Traditions；A Colloquium on Chinese Art”，May 17，1969，The Art Museum，Princeton University.

［ 14 ］［ 15 ］［ 16 ］《宝纶堂集》卷九。

［ 17 ］《宝纶堂集》卷九，诗题为《偶感》。

［ 18 ］《宝纶堂集》卷六。

［ 19 ］ 陆心源《穰梨馆过眼录》。

［ 20 ］ 殷登国《陈洪绶研究》，第159—161页，详论此图之可疑性。

［ 21 ］ 毛奇龄《西河文集》四，第920—921页。《宝纶堂集》亦载此传。

［ 22 ］《宝纶堂集》中“轶事”录《毛西河先生老莲诗跋》一则。

［ 23 ］《宝纶堂集》卷二；又见陈焯《湘管斋寓赏编》卷六《陈章侯溪山清夏卷》长题，与《宝纶堂集》所载，仅最后一段略异：该题中有“老莲书于眉仙书亭，时与苍夫坐梅雨中”之句，苍夫即林仲青。

［ 24 ］ 黄《年谱》，第63页，记此题出于杭州余任天藏陈洪绶字帖拓本。

［ 25 ］《晚明变形主义画家作品展》提出“变形主义”一词，其解说见第12页。

［ 26 ］《中国美术全集·绘画编5·元代绘画》，第17页，插图八：钱选《柴桑翁像》卷。同书图六为何澄《归庄图》卷，藏于吉林省博物院。

［ 27 ］《中国美术全集·绘画编6·明代绘画上》图七，王仲玉《陶渊明像》轴，藏于故宫博物院。

［ 28 ］ 美国弗利尔美术馆藏，无名氏《渊明归隐图》卷，12世纪初作品，见该馆1973年“中国人物画”展览目录第38—41页。原为英文：Freer Gallery “Chinese Figure Painting”.

［ 29 ］ 见周亮工《书影择录》，《美术丛书》第一册，第246页。周氏云：“予在兰溪，见贯休十六大轴应真像，在京师见十八应真横卷，皆故作牛鬼蛇神状；展阅数过，心目无所格也，只觉其丑狞耳。”其论有可取者。

［ 30 ］《中国美术全集·绘画编1·原始社会至南北朝绘画》图九六。

［ 31 ］《中国美术全集·绘画编2·隋唐五代绘画》图一，藏于故宫博物院。

［ 32 ］《中国美术全集·绘画编2·隋唐五代绘画》图五一：荆浩《匡庐图》轴。又图五三：关仝《山溪待渡图》轴。

［ 33 ］《中国美术全集·绘画编4·两宋绘画下》图六一：马远《水图》卷，全十二幅，藏于故宫博物院。

［ 34 ］ 庄子“齐物论”：“昔者庄周梦为胡蝶，栩栩然胡蝶也，自喻适志欤，不知周也。俄然觉，则蘧蘧然周也。不知周之梦为胡蝶与，胡蝶之梦为周与？周与胡蝶，则必有分矣。此之谓物化。”见郭庆藩辑《庄子集释》。中华书局，1961年，第一册，第112页。

［ 35 ］ 各家画梅的例子，见龚继先、周卫明编《梅兰竹菊画谱》，上海人民美术出版社，1986年。

［ 36 ］ 元邹复雷《春消息》卷（美国弗利尔艺术博物馆藏）及王冕《梅花图》卷（故宫博物院藏）皆用“点墨花”。图见《玉骨冰魂》，耶鲁大学展览目录，1985年，邹卷见第62—63页，王卷见第65页十九图。目录原为英文：“Bones of Jade，Soul of Ice：The Flowering Plum in Chinese Art”，Yale University Art Gallery，1985.

［ 37 ］ “倒晕”一词见《中国美术全集·绘画编4·两宋绘画下》，傅熹年《南宋时期的绘画艺术》，第29页：“汤正仲发展了扬无咎的画法，沿白描梅花的外缘用淡墨略加晕染，以衬出梅花的洁白，

近于傅粉的效果。此法被称为倒晕。"

［38］ 高松《逃山竹谱》，俪松居摹本，香港大业公司，1988年，第71页。

［39］ 赵孟頫《枯木竹石图》卷自题，故宫博物院藏。

［40］ 王概、王蓍、王臬《学画浅说》，见俞剑华编著《中国画论类编》，香港中华书局，1973年，上册，第179页，"用笔"条。

［41］ 郭若虚《图画见闻志》叙论，见俞剑华编著《中国画论类编》上册，第60页，"论用笔三病"条。

［42］ 周亮工《读画录》，第10页。

［43］ 顾凝远《画引》，见《美术丛书》第一册，第194—195页。

［44］ 李霖灿《山水画皴法、苔点之研究》，台北故宫博物院，1978年再版，第41页："着色苔点……在明代中叶文徵明的作品中……便已出现……"

［45］ 恽寿平《瓯香馆画跋》，潘絜兹《工笔重彩人物画法》，香港南通图书公司，1974年，第16页所引。

［46］ 黄《陈传》，第34页，注：商承祚藏《芝草图》轴，诗塘有清道光间谢兰生题，言及此事。

［47］ 谢赫《古画品录》第一节。见沈子丞编《历代论画名著汇编》，文物出版社，1982年，第17页。

［48］《辞源》第四册，第3303页，"雅"一则下。

［49］ 王维《王右丞集》五，《送张舍人佐江州同薛据》诗句。

［50］ 刘义庆《世说新语·贤媛》章中"山公与嵇阮"注引《晋阳秋》，称山涛雅素恢达。《辞源》第四册，第3304页，"雅素"条。

［51］ 司马迁《史记》"司马相如传"。《辞源》第四册，第3303页，"雅"一则下。

［52］《论语·八佾》。后鲁迅引申为"忿而不戾，怨而不怒……"见《汉语大词典》四，第1287页，"乐而不淫"一则下。

［53］ 高名潞《论赵孟頫的"古意"——宋元画风变因初探》，见《美术文集》，上海中国画院，1985年，第144—189页。

［54］ 高名潞《论赵孟頫的"古意"——宋元画风变因初探》，第144页。

［55］ 陈洪绶《画论》，《宝纶堂集》卷二。

［56］ 苏轼《欧阳少师令赋所蓄石屏》。见温肇桐《中国绘画批评史略》，天津人民美术出版社，1982年，第52页所引。

［57］ 苏轼《书鄢陵王主簿所画折枝二首》，温肇桐《中国绘画批评史略》，第52页所引。

［58］ 米芾《画史》论董源山水，温肇桐《中国绘画批评史略》，第52页所引。

［59］ 陈洪绶《画论》。按董其昌赞赵孟頫《鹊华秋色图》卷，认为"有唐人之致而去其纤，有北宋之雄而去其犷"。陈氏《画论》中主张"以唐之韵，运宋之板；宋之理，得元之格，则大成矣"。不知陈氏是否受到董氏的启发？

三、版　画

　　陈洪绶在中国版画史上，是极有贡献的一位画家，而且其影响一直从康熙时刘源的《凌烟阁功臣图》到咸丰时任熊的《列仙酒牌》，可以说自成一个杰出的系统，有别于明末"仇英派"的通行插图，如文雅的《诗余画谱》《彩笔情辞》《吴骚合编》等，更不同于火炽热闹的《西游记》《忠义水浒传》等。[1]但是中国版画在那个阶段上，基本属于绘画的白描范围，尤其是陈洪绶，他为了木刻而画的作品，与其一般白描并无显著的差异，所以按照年月或估计年月的先后，已插入前面"现存作品分述"中，以便于研讨他艺术的发展。而此处的内容，要注重在他毕生不断在版画上努力的时代、地区、社会因素及其版画创作的特殊成就。

　　实际上，现存的陈氏版画刻本，只有七种，即：

　　（一）《九歌图》十二幅，1616年作；字十三幅，戊寅暮冬（1639年1月）书。1639年刊本。[2]

　　（二）《北西厢记》插图《莺莺像》，1630年作，李氏延阁刊本。延阁主人即李告辰，故此书通称为《李告辰本西厢》。崇祯四年（1631年）刊。[3]

　　（三）《水浒叶子》四十幅，每幅上题字皆陈氏所书，约1633年至1634年作，徽州黄君倩（一彬）刻。崇祯间刊印。[4]

　　（四）《节义鸳鸯冢娇红记》插图四幅，1639年作。首页陈氏题书名，及小字"陈章侯评并图"。戊寅仲夏（1638年）孟称舜题。己卯腊月（1639年12月至1640年1月中）陈洪绶题。项南洲刻。[5]

　　（五）《张深之先生正北西厢秘本》插图六幅（一单面、五双面），陈氏代书马权奇序七单页，文撰于己卯暮冬（1639年末或1640年初），画当作于1639年，项南洲刻。想系1640年或稍后刊印。[6]

　　（六）《西厢记》插图两幅（其中"双文［莺莺］小像"一幅与前书之单面"双文小像"大同小异）。李贽评，故通称为《李卓吾评本西厢》。项南洲刻。崇祯间刊印。[7]

　　（七）《博古叶子》四十八幅，首页陈氏题"陈章侯画博古牌"，次页书"汪

南溟先生博古页子　陈洪绶画"及四言铭十六句，其末两句为"辛卯暮秋，铭之佛阁"，故知为1651年作。每页画上题字亦陈氏自书。新安黄子立刻。顺治十年（1653年）刊本。[8]

陈氏一生所作版画，比上述七种要多若干，不得而知，但如一尺牍所载他曾画"关夫子像梓之流通，作糊口计"，[9]则这种零散的画幅，一定不少，因为那时的市场，有这种要求，版画可能是陈氏笔耕自给的一大出路。

明代政治不清明，而经济相当发展，所以自中叶以后，连皇帝、宦官、大臣、军队都经商，更不用说百姓。[10]通都大邑的生活程度提高之后，文化生活也趋于丰富，木版印刷应之而起，戏曲、小说等通俗文学大量出版，而插图艺术也有了用武之地。同时在达官、富室及文人倡导之下，质也不断提高，尤其是在特别富庶的江南——苏杭两大中心，达到了当时文化消费的尖顶：从耗资巨万的园林，到随手挥舞的纸扇，都是钩心斗角地考究。陈氏书画的扇面，差不多都是金笺，这是时尚奢华的一端。[11]明人喜欢斗叶子，如吴伟业《叶公传》所描写："有叶公子者浪迹吴越间，吴越间推中人为之主，而招集其富家，倾囊倒屐，穷日并夜，以为高会。入其座者，不复以少长贵贱为齿。"[12]而这位"叶公子"就由吴越传到北方，风行全国；其内容多用《水浒》，可见陈氏的杰作《水浒叶子》也是应运而生的时代产物（本书"附录二"专篇谈此项很重要的作品，兹不赘）。

画家为版画而创作，第一要有白描功夫，前已述及。实际上陈氏十九岁时作《九歌图》，是否立意为了付刻，还是问题；以后过了二十二年，为了刊印来钦之《楚辞述注》，才用现成的画作插图，可见任何白描都可以变成版画，不同于现代版画之充分利用刀刻的特性及其变化无穷的技法，完全脱离了用笔的绘画领域。在中国传统版画的制作，李一氓说得很清楚：

……大概有三种情况，一是刻工用一个画家的画作底本来上版，这幅画并不是画家为了要上版而画的。二是刻者本人就是画家，在制平的木版面上自画粉本，随即动刀。三是刻工不会动笔，画家不会奏刀，两者合作，画家专为雕版而画，然后交给刻工去刻。陈老莲的版画是第三种。[13]（按，《九歌图》可能是第一种。）

很幸运的是，陈氏住在雕版印刷业鼎盛的杭州，而他的合作者，都是当代第一流的刻工。已知的是杭州项南洲及徽州黄家两位名师君倩、子立。项氏生卒年不详，其风格颇受徽派影响；其作品甚丰，包括1636年刻吴门啸客撰《孙庞斗志演义》、阮大钺撰《怀远堂批点燕子笺》等，1637年又与洪国良等合刻张叔楚编《乐府吴骚合编》。[14]黄君倩（君蒨）是万历、天启时新安（今安徽歙县）虬村刻工，疑即黄一彬。[15]曾刻天启四年（1624年）本《彩笔情辞》。在黄一彬名下，还与黄应泰、黄镰等刻万历三十三年（1605年）程大约编丁云鹏绘《程氏墨苑》，与黄端甫、黄桂芳刻万历四十六年（1618年）本《青楼韵语》等。黄一彬生于1581年，住杭州，其子建中（子立）生于1611年，也是在杭州工作，刻《博古叶子》，是徽派（新安派）健将之一，与陈氏一定友谊颇厚，因为董玚（号无休）曾记一传说：

> 章侯《博古牌》，为新安黄子立摹刻。其人能手也。章侯死后，子立画见章侯至，遂命妻子办衣敛，曰："陈公画地狱变相成，呼我摹刻。"此姜绮园为余言者。然则莲画之贵，岂特人间耶！[16]

陈氏的版画，与当时其他的版画比较，是有特征的：因为他不是描绘故事，而是刻画那故事中人物的个性——《水浒叶子》充分表现这一点；他用背景的时候，不至于描绘景物，而是创造氛围，以加强人物个性的形象——《张深之先生正北西厢秘本》插图即是如此。到了《博古叶子》，他有时注重人物个性，如陶渊明、杜甫那两页，有时描写历史上的场合，如孟尝君、虬髯客等页。他所以有这样的造诣，全仗着深厚的文学修养；不但是古典的经、史、诗、词，而且有通俗的戏曲、小说、民歌。在他的时代中，由于先进文学思想家李贽（卓吾）、袁宏道（中郎）等提高通俗文学的地位，画家并不耻于从事创造插图的商业活动。加以他诗中怀念的"神宗皇帝太平年"里，有写杂剧四种合称《四声猿》的徐渭，有写四部传奇合称《四梦》的汤显祖（1550—1617），而他的好友中，有写传奇《鸳鸯冢娇红记》的孟称舜（崇祯时诸生），有写《陶庵梦忆》《西湖梦寻》等散文精品的张岱，[17]所以他对于这些新兴的而且广传民间的文学作品，有深入的了解，无疑地在创造版画时起了有见地、有含义的作用，不止于投合读者的娱乐性，而达到远超商业产品的艺术境界，成为中国版画史上独立一家的奇迹。

注 释

［1］《中国美术全集·绘画编20·版画》包括下列各项：

一、《凌烟阁功臣图》（1668年刊本），第一六〇图，图版说明第58页。

二、《列仙酒牌》（1854年初刻本），第一六三图，图版说明第59页。

三、《诗余画谱》（1612年刊本），第六九图，图版说明第26页。

四、《彩笔情辞》（1624年刊本），第七五图，图版说明第28页。黄君倩刻。

五、《吴骚合编》（1637年刊本），第七六图，图版说明第29页。项南洲等刻。

六、《西游记》（1614年刊本），第九八图，图版说明第36页。

七、《忠义水浒传》（1589年刊本），第一二三图，图版说明第45页。

［2］《楚辞五卷》，上海图书馆藏（编号771203）；《楚辞述注》，北京图书馆藏（编号1792）。

［3］元王实甫编，关汉卿续《北西厢记》，崇祯四年（1631年）山阴延阁主人李廷谟刻，上海图书馆藏（编号782383）。

［4］《水浒叶子》，成都李一氓藏本，上海人民美术出版社影印，1980年。

［5］孟称舜《娇红记》二卷，北京图书馆藏。

［6］《张深之正北西厢秘本》，浙江省博物馆藏，西泠印社影印，1993年。

［7］傅惜华编《中国古典文学版画选集》，上海人民美术出版社，1981年；下册，第743页，第五三〇图：《双文小像》。

［8］《博古叶子》，翁万戈藏，台北艺文印书馆影印，1976年。

［9］《明代名人尺牍》，海宁吴修审定，见黄《陈传》，第35页，注二所引《陈洪绶致翊宸书》。

［10］王春瑜《明代商业文化初探》，《中国史研究》1992年第四期，第141—154页。

［11］前文引阮葵生《茶余客话》卷八云："皆尚金扇。"又引沈德符《万历野获编》卷二六："今日本国所用乌木柄泥金面者颇精丽，亦本朝始通中华，此其贡物之一也……"又谈及制扇名手："近年则有沈少楼、柳玉台，价遂至一金；而蒋苏台同时，尤称绝技，一柄至直三四金，冶儿争购，如大骨董。"

［12］前文引《梅村家藏稿》卷二六。

［13］李一氓跋《明陈洪绶水浒叶子》，见注4。又《中国大百科全书·美术 I》，第55—57页"版画"一则，李桦称传统木刻版画为"复制木刻版画"，而现代版画为"创作版画"。

［14］《中国美术家人名辞典》，第1123页，"项南洲"一项。

［15］周芜《徽派版画史论集》，第47页："黄君倩（……疑为一彬之字）。"但《中国美术家人名辞典》列为两人：黄一彬——第1134页，黄君倩——第1143页。

［16］《宝纶堂集》中"轶事"，第8页。

［17］郑振铎《插图本中国文学史》第四册，第855页始——汤显祖；第897页始——徐渭。孟称舜见《中国文学家大辞典》下册，第1282页。张岱见《中国大百科全书·中国文学 II》第1231页。

第三章

陈洪绶的书法

陈洪绶在书法方面的造诣，虽然不及他在绘画方面的程度，但是在明代的美术史上，他无愧为一位突出的书家，而且一直影响到现代。三百多年来，收集欣赏他书法的人很多，一般评赞只是很概括性的寥寥数语，诸如孟远说他"撷古诸家之意而自成一体"，[1]吴修云："章侯书法遒逸。"[2]包世臣称之为"楚调自歌，不谬风雅"而列为"逸品"。[3]要明了陈洪绶书法的师承、发展、特征及其贡献，那只有据他现存的作品，作比较深入的分析。

一、有年款的书迹

第一，先以陈洪绶有年款的作品，按照本书对他一生的分期，观察出每一阶段的标准。第二，把他没有年款的作品而可以推断为什么时期的作为补充，归纳出来每一阶段的成就。第三，仔细分析他晚期也就是成熟的作品，说明他怎样的自成一家，对中国书法作出的贡献。

（一）少期——从生年戊戌到乙卯，即1598年或1599年到1615年十八岁时
只有一件乙卯自题的《无极长生图》轴。为了分析方便，兹录全文如下：

> 此老者，蹲坐于不识不知之地，居于无何有之乡。鸿蒙点劫以前，有此金筋玉骨，禀受干健之体。天地以一开一阖之际，即老者为一吐一纳之气，出没隐现之端。来时一，去时八万四千。人不知其所终，亦莫知其所始。此义出楞严，世未有知之者。余作此无极长生图，遗为世之称觞寿域。问老之姓氏，即无量缘寿佛者是也。时万历乙卯秋，枫溪莲子陈洪绶敬写于广怀阁。

这可能是现存的陈氏最早的字迹，书法尚无足观，但是它供应了不少对研究陈洪绶书法师承及其基本功夫的有价值、有兴趣的线索。一、字形结体趋于方、扁，而长方者不多。二、波（撇）磔（捺）外拓，例如"受""健""天""没""来""八""莫"等字。这两项都表现出他学习隶书。三、全题中主要是楷，而间以行、草。四、好

用古体别字——如"閤"（合），"炁"（气），"屉"（居），"楓"（枫）等。而"敬"的右旁作"攴"，见《说文解字》；"绶"的左旁作"纟"，都充分表现他好古的情怀。"糸"旁这种写法，不见于篆、隶、草书通行的各帖，米芾草书"绂"的左旁作"纟"，[4]黄道周草书"绣"的左旁亦然，[5]可算比较接近。《说文解字》有古文"糸"作"𢆶"一项，[6]把它楷化可以作"纟"，这也是很可能的。从这时起，陈洪绶用这特别的写法署"绶"字，一直到1627年。其后有年款的现存作品中，就不见了。

（二）早期——从丙辰（1616年）十九岁到庚午（1630年）三十三岁

1616年，他为岳父来斯行祝寿画一设色人物扇，两行题款是满怀敬意的楷书，用墨较丰，用笔较圆，结体工整，略示颜真卿风格；而"辰""婿""陈""绶""庵"及"父"各字的捺颇重，似受了隶书或章草的影响。

戊午（1618年）《枯木松石》（《早年画册》第一幅）上面的"戊午夏洪绶"五字款，前三字比较圆松，可以同1616年人物扇上题字联得起来，可是"洪绶"这名款却是欧体（欧阳询与欧阳通父子）。结体紧峭，"绶"的一捺，拖长似隶书，与1615年《无极长生图》上的名款相呼应。"洪"字作"洪"，是古写，见东魏兴和二年（540年）《敬使君碑》；[7]而王羲之《集字圣教序》中之"拱"作"拱"，[8]欧阳询《小楷千字文》中之"拱"亦同。[9]"绶"的右旁作"受"，见欧阳询在贞观九年（635年）写的《般若波罗蜜多心经》，其"受"作"受"。[10]陈氏早年可能写过什么帖，这里透露了一些消息。

己未（1619年）《火中神像》（《早年画册》第二幅）亦只有五字款："己未春洪绶。"其书法除署名两字放宽外，基本与第一幅相同。同年同季，他画了这册中第四幅《枯木竹石》；同样的五字款里，"绶"的左旁用一般草写的"纟"，这是他一直到晚年还常用的。同年秋天，他画了这册中第五幅《松下独立》，又是五字款："己未秋洪绶。"而"绶"字最下端左右两笔都圆顿不出锋。这种早年吸取各种古法而变化多姿的情况，在这一年里画的白描《摹古册》中充分显示出来。全册十二幅中，一幅无款印，其余十一个题款，有两幅山水用草书的署名，而九幅工笔的杂画则每幅署名的书法不同，篆、隶、楷、行、草俱备。其字虽小，而用笔的起、落、提、按，都动合法度，丝毫不苟。可以看出书家早年用功之勤，取法之博。

庚申（1620年3月3日）画的《准提佛母法像》上有三行自题，很可代表他那时书法的成就：

> 大明万历四十八年正月二十有九日，山阴陈至谟曰：志心顶礼者数年，未得瞻仰法身，子盉为我敬图宝像。陈洪绶薰沐写。

显然，他仍然追求古韵。字体有隶书、章草的味道，结构疏闲典雅，端庄而不拘谨；有的字形略扁，似钟繇的风味。其中古体颇多，如"历""谟""我""宝""薰""写"等字。

辛酉（1621年）夏季，他作《月下捣衣》（《早年画册》第九幅），自题五言绝句一首，是小字行书，除结字较紧外，作风颇似《准提佛母法像》的自题。

壬戌（1622年），《桃花图扇》上自题七言绝句一首，与《月下捣衣》的自题相比，看出他书法并未改变风格，只是比较成熟一些。"遇"字的最后一笔，露出章草的姿态。

甲子（1624年）冬，他为璧生写《人物山水图》扇，题了十二字款，字体圆肥，随笔为之，不够作研究的资料。

丁卯（1627年）夏，他在一幅梅花小鸟的册页上（《父子合册》第三幅）自题七言绝句一首。这时三十岁的陈氏，形成了他书法自我面目的初步：字形长方，结体内敛，波磔外拓，时出新意——像那"丁"字的钩向右而不向左，好像写反了。

那年的冬天，他画《古木当秋图》扇，题了两处：右边一行之外，左上角数行，比较重要。同那年夏天的字迹一比，字形更瘦长了。用笔的一提一按，都比较郑重，连草书字如"陵""偶""诗""当""复"等，亦用低速度写出，不慌不忙。最后的"也"字，使人觉得是以楷书的运笔作草书。

可是隔一年，到了1628年，忽然有了新发展。说明这时他受了一种强烈的新影响。在那年冬天，他画了一幅《水仙湖石图》轴，题了两行字：

> 戊辰雪夜，取醉若耶。友人敦迫书画，十指几裂。得此篷于稍闲时。洪绶醉后画于读书处。

行间横画突出，以侧锋下笔，例如"醉""耶""几""画""处"等字。有些字的结构，动态十足，有伸臂突击之势，例如"耶""几""绶""画""处"等字，而它们的字形也比较大，尤其是"几"。

这新影响的来源，我看可能是张瑞图（1570—1644）。他在1607年中进士，以后官至建极殿大学士。书法名气很大，作品的传播一定相当广。他的作风非常特出：雄健劲利，气势磅礴。用笔锋颖尖刻，圆处作方，有折无转。在相当程度上，陈洪绶在三十二岁时，表现了这种风格。

己巳（1629年）秋暮，他录了二十四首旧诗（《自书诗册》），附一短跋，是一气呵成的杰出作品。短跋写出他那时的情绪：

> 己巳秋暮，与朱士服、王子玙、吕吉士、王子楫、王公旭、孟子塞、赵楚水、赵介臣、王子仙、王士英、王子监、吕衡伯、吕无波水嬉二日，醉后为士服作书，记忆旧诗，便想往时得意失意之句；不知其诗之佳不佳，但知其情之惨过于喜耳。岂予以放浪之怀，多受此景况耶？不知天下如予者，难以发数耳！

这时他的书法完全放开了，无复停留在从前循规蹈矩的集古阶段，而精力充沛地加入了晚明时代书家的激流，使人想象到黄道周（1585—1646）、倪元璐（1593—1644）等人行草的奇峭超逸。

多半就在这时他重览十一年到七年前陆续画的册子（见前述《早年画册》），一时兴起，题了六幅：

> 摧松老树残蕉，疏竹瘦石衰草，何等光景，大众知之乎？大众知之乎？（题第一幅）
>
> 予得承佛威力，能画能书。贫者论之，好者满其欲；故喜作佛像以报之耳。佛岂受报耶？请下转语。（题第三幅）
>
> 近来为文亦如此。人知我清贵，不知我深远。（题第四幅）
>
> 此为用笔用格用思之至也。若用墨之妙，在无墨处。解者当首肯。（题第五幅）
>
> 得此景佳矣，而况吾笔。（题第十幅）

自书诗册（三十四页选四） 纸本 1629年

予从李长蘅游岣嵝，见奈子花。长蘅曰："得章侯传其神，长蘅拜而观之，亦一佳事。"长蘅，长蘅，见此画不？（题第十一幅）

这六题的书法，与《自书诗册》相同。尤其题句的口气，亦像《自书诗册》的跋语。只是除了看到老树残蕉，发出"惨过于喜"的感触之外，其余全是自鸣得意，显出壮年的豪情，其书法正足以充分地表现。

同年的暮冬，他画了一幅仿文同的墨竹。幅上端自题的书法及字句里自负之感，好像是上述六题的姊妹篇：

洪绶画竹，以与可为第二义；然第二义亦不可多得。时己已暮冬，醉后书于清泉草亭。

次年庚午（1630年），他结束了这为时仅一年多的风格，开始向其他方向发展。这证明他不满于圆处作方而有折无转的书法。在一幅仿李衎的墨竹上，他题了一行："庚午清夏摹息斋道人东书阁壁上画法。洪绶。"很有意思的是，显然他用心地摹仿元人的字，只是到了"画法"两字，尤其是"法"，还是他1629年的书法。庚午清秋为《李廷谟刻北西厢》（即李告辰本）手书题辞，虽是木刻，但刀法极精，是研究、鉴定陈洪绶过渡性质书法风格带有关键性的作品。它同《摹李息斋墨竹图》轴上的题款完全连得起来。

兹录"题辞"全文如下：

今人读书，不唯不及古人之穷思极虑，即读古人所评注之书亦然。古人读书，必有传授；至笺注疏释，考订句读，殚一生之力而读之。经子以降，虽稗官歌曲皆然也。今人读一书，无有传授，笺注疏释，考订句读，涉猎焉而已；稗官歌曲与经子皆然也。此无他，古人视道无巨细，皆有至理，不敢苟且尝之。今人于道，无巨细，率苟且尝之，罕得其理。入理不深，故读赝本原本不能辨；往往赝书行而原本没矣。如文长先生所评北西厢赝本，反先行于世。今之真本出，人未必不燕石题之者，李子告辰有忧之。予以为今人中，果无古人之穷思极虑者乎？子忧过矣！庚午清秋洪绶书于灵鹫之五松阁。

題辭

今人讀書不唯不及古人之
窮理極慮即讀古人之江淮
注之書亦與古人讀書必有

傳校至書箋注號釋攷訂
句讀蟬至之力而讀之極
子以作隆稗古點曲此然
也之人讀之書無有傳校

箋注號釋考訂句讀讀法
躐等而已稗故歌此然已極
子此然也此無他古人視道
無之羽此有至理不如當

固當之之人於道無至細率
苟且書之罕得其理入理
不深極讀讀賈本原本不北
羅漢賈書川而原本波

豈如女子先生所傳北齒
廂賈本友先川於書之
真本出人未必不燕石顯之
古李子告辰有憂之子以

為之人中果無古人之窮思
極慮古乎子憂色笑
庚午清秋快雪堂書於臺蕩
之玉松閣 [印] [印]

《李廷谟刻北西厢》题辞
1630年
上海图书馆藏

（三）中期——从辛未（1631年）三十四岁到甲申（1644年）四十七岁

辛未（1631年）的冬天，陈氏应其岳父来斯行之命，在他从前为来鲁直画的小像上代笔长题《鲁直弟小像赞引》及赞词。年款是"崇祯辛未霜降后五日"。这十一行写得非常庄重，楷中间以行书。通篇是颜真卿面目，偶尔露出章草气味，例如最后一行的"政""致"两字。这次转变，有相当的深度：他必然在颜氏《祭侄文稿》《争坐位稿》《告伯父文稿》等赫赫名迹上下过不少工夫，以达到如此高度的成就。而且颜体的影响，一直到1649年左右，才逐渐淡却，而建立了老年瘦劲奇逸的面目。

癸酉（1633年）他在一幅《山水人物图》轴上题的"癸酉仲冬溪山陈洪绶写于起馥楼"十四字，以圆代方，以转代折的颜体书法，一反1629年的作风。

甲戌（1634年）秋在《林壑泉声图》扇上的小字题款，也是比较圆肥。

乙亥（1635年）冬天，为了庆祝开翁老伯八旬大寿，作了一幅很别致的《冰壶秋色图》，绢面上留出几乎一半的空间，写了词情流畅的长题。这时他已经消化了颜体中愿意提取之处，融会以前学习的其他各家，运转自如，造出他中年的独特风格。其主要的特征是：一、自左向右上的"圈笔"很圆浑，圈出富裕的空间，像这长题里第一行的"安""白""曰"三字，第二行的"关"，第三行的"闲"等亦同；二、有"走之"的字，最后一笔墨浓笔重，其上面留了富裕的空间，增加其重要性，像第一行的"莲"字，第二行的"道"，第三行的"还"和"过"，及第五行的"之"；三、全篇章法疏落起伏，以字形的大小、轻重、疏密来创出节奏，例如第一行"菊""香"两字之重，第二行"微"、第三行"谢""处"之大，第一行"干"、第二行"野"、第五行"叔"之疏等等都是非常醒目，看了有抑扬顿挫之感。还有一点，是他有时夸大在一个字内某一部的大小，造成不平衡的动势，例如最后一行的"时"字，那"日"旁真是喧宾夺主，把"寺"字挤得无立锥之地。一直到他晚年，"时"字都如此写，变成了他的书法标志了。

丙子（1636年）夏，作《行草书自书诗卷》，纸本大字，每行仅三四字，草多于行。七绝诗四首：

山雨过溪白鸟飞，女萝枝蔓豆根肥。一尊剩有清潭在，又说狂夫一是非。

因缘大事太偬偬，乞食归栖岩穴中。一把茅庵难受用，喜君草草住山东。

行草书自书诗卷　纸本　31厘米×361.5厘米　1636年　故宫博物院藏

宣文君授经图（局部）

鸡肋犹来弃去难，两湖箫鼓强为欢。得君几幅荆关笔，种树溪山心也安。

双管年来懒去精，况兼花酒念俱轻。缘何已画梅花扇，又画观音赠楚生。

丙子新夏洪绶书于借居。

四首中仅第二首不见于《宝纶堂集》，余皆见卷九。第一首集中将"剩"误作"剧"，第三首集中"来"字误作"束"，第四首集中"缘"字作"如"，可见原迹胜于传抄。陈氏大字千卷难得，字体仍为中年颜体的圆浑作风，与前乙亥冬《冰壶秋色图》全同，结构宽放，撇捺外伸者有之，如"岩""东""来"等字，是日后发展的张本。用笔肥瘦相间，自成韵律；通篇自始至终，顺流而下，大有气势。

戊寅（1638年）八月二日，他为姑母六旬大庆，画了一幅工笔重彩的大幅《宣文君授经图》。这画名的六个大字，是他用古文篆书写的，出笔多用尖锋，有金文意味。记宣文君故事的前十二行，是比较工整的行书，其风格与《行草书自书诗卷》基本未变，只是更成熟了。后面七行上款，字形略小，字与行的结构略随意些，但保持着充满敬意的姿态。第五行的"时"字，不指而出："日"大"寺"小的特征，由笔重墨饱及上下留空的处理，特别引人注目。

戊寅暮冬，已经是1639年的一月里，他为萧山来钦之《楚辞述注》付刻写了一序，因为其中的插图就是他在十九岁时同来风季（来钦之的父亲）学《楚辞》有感而画的。这手书的序，《九歌图》及各幅画的题名，都由好手刻出，成为该书的一部分，也是他那时书法的精品。来风季这时已经不在人世，陈氏看到旧作，悲从中来，词由情出，字随词流，所以落笔、运转、字与行的构成，都极其疏荡自然，有长歌当哭的纵逸深沉。那些题名的大字，如"九歌图""云中君"等，笔势飘扬而不浮，结构疏容而不散；既秀媚，又古雅，有大家风范。如果他没有后来的更深刻的成就，书法到这一步就可以自立门户了。

己卯（1639年）作《摹李伯时乞士图》，裱后在绫边上自题一行：

己卯秋抄作于云居。时闻筝琶声，不觉有飞仙意。洪绶。

这与画幅上的款题"陈洪绶摹李伯时乞士图"十字风格近似，但可以看出由圆转变化为方折的痕迹：例如"居""时""闻"诸字之由横转竖处，都是先顿后折，不像

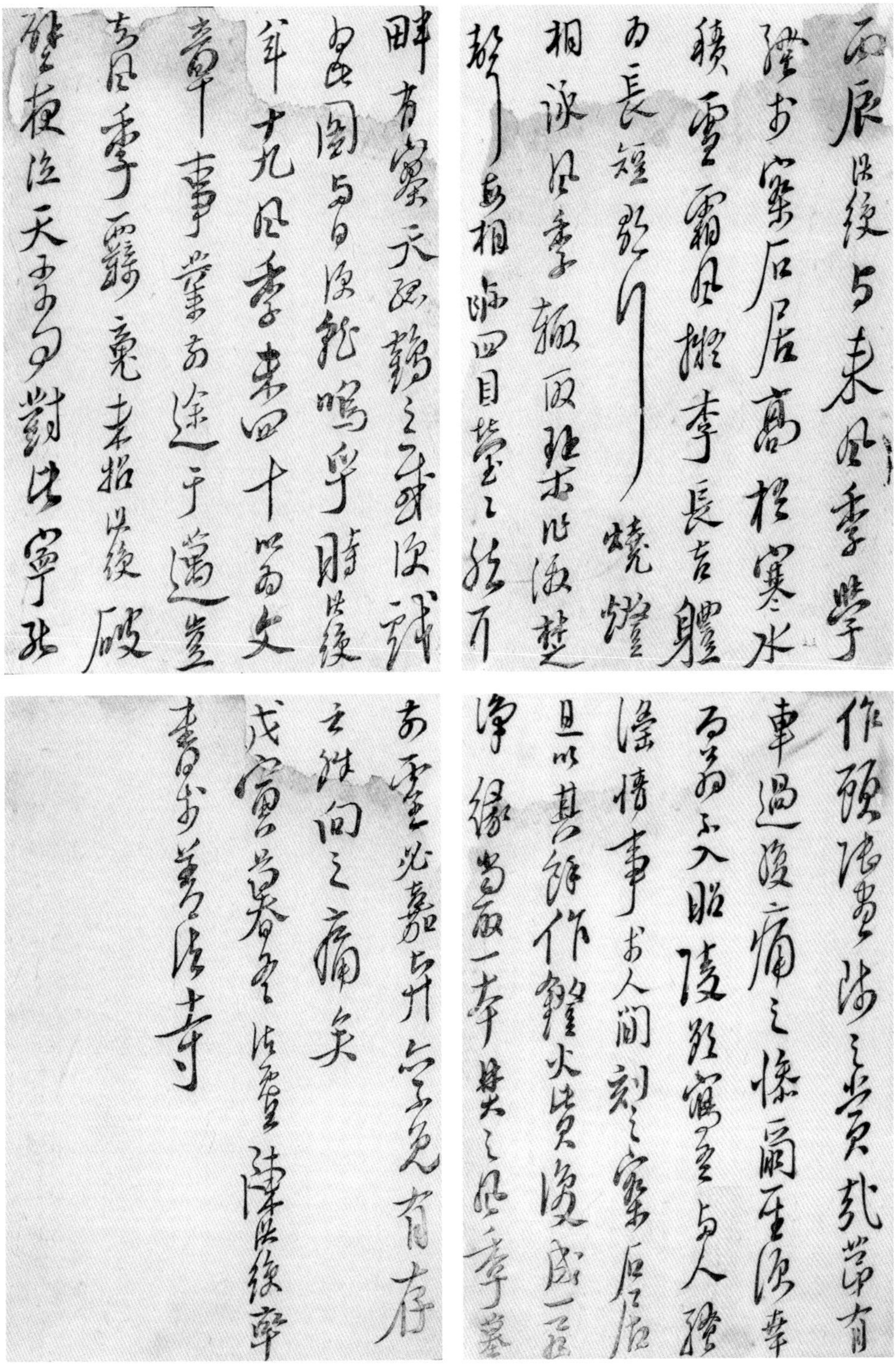

九歌图序　木刻　每页20厘米×13.3厘米不等　1639年　上海图书馆藏

款中"摹""时""图"等之一笔圆转而下。这一年暮冬，即1639年之末或1640年之始，陈氏为马权奇代笔，录《张深之先生正北西厢秘本》序，其书法就很像此行的题字。可以说在这时候，他开始从颜体脱化，逐渐走向晚期的面目。

目前缺乏此后三年间有年款而比较可资研究的字迹。这一段时间，他在北京。到了1643年孟秋，他沿运河南归，过天津杨柳青，在船里画了一幅《饮酒读书图》，也称《痛饮读骚图》。他的两行题款是：

老莲洪绶写于杨柳青舟中，时癸未孟秋。

可注意的是，现在他的书法，有了显然的转变。第一、用笔瘦削，好像画线条一般；第二、字形结构也趋于瘦长内敛，虽然字与字间仍然疏落有致；第三、从前丰腴圆浑的转笔不见了。这是预告下一期书法风格的来临。

（四）晚期——从乙酉（1645年）四十八岁到壬辰（1652年）五十五岁

这八年里，陈氏的创作最丰富，现存的书法真迹且有年款也较前三期为多。

乙酉（1645年）春，他画了十幅称为《杂画册》。除了每幅上题款外，又写了五幅字来配前五幅画。头一幅是四言八句，其余四幅都是五言绝句，全以行草出之，无拘无束，信笔成趣。主要的特征是：一、字体结构是内敛外拓；二、字形以长方为主；三、用笔灵活——行书则提按分明，草书则流转不落规矩，好像以画为书，第一幅《古观音佛》的"佛"字是突出的例子；四、用墨较省，蘸一下用干了再蘸，使字与行的组成节奏里不但有字的大小，笔的轻重、疾徐，字距的疏密，而且有墨的荣枯；五、折笔多用于行体的字，圆转笔多用于草体的字，折转相间；六、每个字里各部分并不均匀，有古拙感，但更重要的造成动态及气势，如"时"字的"日"更猖獗了，可是那"寺"旁却也立得定，对它左侧的强邻，颇有不卑不亢的姿态。

丙戌（1646年）暮春十六日夜他在《苏李泣别图》轴上面的长题，行书狂放，颇似酒后心中抑郁，不吐不快的笔迹；字的结构松，笔的转折快，不及他平常的书法，可看作精神动荡时的产物。

丙戌（1646年）的《龙王礼佛图》轴，上部陈氏自录"无尽意菩萨赞观世音菩

杂画册（十五页）　纸本设色与水墨　24.3厘米×31.2厘米　1645年　台北故宫博物院藏

萨偈",五字一句,共一百零四句。字体与1645年《杂画册》一致。册中自题"古观音佛"一页之"观音"两字,绝似长偈标题之"观""音"两字。其他相近或全同之字,不胜枚举。

丁亥(1647年)暮春,他写了一首五言律诗,酬谢一位盟弟赠米,现在装成了《行书五开册》:

> 新霁索人酒,城东荡小船;心中乱离事,睫下艳阳天。米价时时长,朋交日日联;少年抄掠后,犹为老夫怜。丁亥暮春晦,与潘若朏、天倡兄弟、王素中渡东桥还见。名子道盟弟饷米,书谢即教我。僧悔。(按,此诗见《宝纶堂集》卷五,题《归自渡东桥,柬谢张名子惠米》。集中"时时"作"虽时","日日"作"邻日","犹为"作"也为"。)

书法风格似两年前的《杂画册》自题,字形略为丰满,用笔折少圆多,比较舒缓,有乱定稍安之感。可注意的是:"丁"字仍向右勾,与二十年前丁卯的写法相同,表现特立独行的继续性。

丁亥年,他五十岁。《五十自寿诗》卷,款云:"洪绶书于张寅子读书堂。"并无年月,当为丁亥暮冬,或1648年初。共五言律诗十四首,《宝纶堂集》缺;皆"五十逢丧乱",思亲念君,不胜感伤之作。写的是心中话,不暇修饰,书法是笔随意下,跌荡自如。字体与九个月前的《行书五开册》属同一类型,但结构比较紧凑,每字的长方形比较明显,章法比较整齐,而用笔圆转与方折相间,无丝毫做作处。用墨则自浓润到枯瘦,全依着蘸墨的自然规律,所以疏落有致,气韵天成。这是在陈氏书法中,一件杰出的作品。

兹录卷中诗十四首于下:

> 五十逢丧乱,高飙陨箨时。可怜所作事,难以复寻思。大罪遗君父,蒙讥肆妄为。岂能终不肖,贪善日(点去)亦迟迟。
> 其(点去)九龄先子化,十八阿婆残。尝粪无能学,弄雏岂曰难。少时忘色养,老至愈悲伤(点去)酸。五十之儿女,双亲不得看。
> 生儿政五十,亲幸不曾看。食禄过三世,忘君又一官。心惭崇道德,至及

行书五开册（五页选四）　纸本　19.3厘米×12.5厘米　1647年　上海博物馆藏

（点去）乃辱衣冠。青冢当灵见，今朝岂得欢。

邻好小梅发，为余老耆时。昔年皆治世，今日值流离。父母坟三尺，亲朋酒一卮。看人相庆喜，使我愈伤悲。

罪己终何益，思亲报必深。治心尊释教，善俗振儒林。痛饮从求戒，伤时绝不吟。先灵当鉴我，酹酒望来歆。

老亲今日在，七十四三年。贵富虽深望，才情穷所怜。画图为菽水，庭训有诗篇。寿□如相劝，高哥父子联。

小子谓多福，行觞寿老亲。苍天故祸我，黄口失先人。身乏涓涘报，儿顽故少嗔。要知宽女甚，乃是永怀真。

虚名增几岁，实事减多年。渐识退为进，深知愚即贤。门非酒不出，病只醉而眠。将老青藤下，拈香一问天。

人富始多惧，我贫得少欢。儿童为祝寿，老子庆平安。知命寻常事，连年觉甚难。满城愁牧马，瑶瑟再三弹。

岁月非为寿，人生不在兹。美言千古市，至德万年师。诞妄彭殇语，遗黎荣辱知。彦回名行阙，亦有此期颐。

弃物岂易就，磨砻至五旬。少谈经世略，老作负君臣。藏拙当龙战，令人怜士贫。厚颜抬醉眼，又好见新春。

五十飞鸿至，六十弹指来。治生都念绝，学道未心灰。竹在且题竹，梅存再咏梅。前朝老外史，九棘与三槐。

六十虽将近，未知命若何。何心求老（点去）寿考，无地避兵戈。盗贼忧方盛，年光幸不多。客来留白首，急与我行歌。

唐帝天宁节，□臣禁贺笺。松楸犹未扫，儿女莫开筵。我既思亲剧，人皆悦父专。翻竿随世俗，教子孝为先。

洪绶书于张寅子读书堂。

按陈氏九岁丧父，十八岁丧母，在第二首中写出。

己丑（1649年）季夏，他为戴茂才四旬寿日画的《饮酒祝寿图》轴上，题了三行，其字体瘦长内敛，而撇与向左勾出之笔显著；上应1643年《饮酒读书图》的题款，下呼以后三年一直到去世的成熟体式。

　　同年秋暮，他题在《吟梅图》上的中号字，有骨有肉，不下于他专为展示书法而作的卷、轴、册。气势比较雄壮，与一般小字的瘦劲不同。例如在那年仲冬，他为南生鲁画《四乐图》卷，其上的题字就是他晚年典型的小字书法；比之《饮酒祝寿图》上的题字，并无变化，只是各字的结构似乎更紧凑，显得撇、捺、走之及下伸的垂笔更向外开展。这卷画分四段，每段以小篆两字标明，然后系以五言绝句；末后自跋图意，包括上、下款及岁月。仔细读这五行，看出他早期在欧体上用的工夫，到这时好像不知不觉地化入炉火纯青的陈洪绶风骨！

　　庚寅（1650年）夏季到冬天，他为周亮工画《陶渊明故事图》卷（亦称《归去来图》卷），画分十一段故事，每段标题，像短铭一样，最后跋了三行，略述梗概。同一年多以前的《四乐图》卷题字比较，撇、捺、走之等向外送笔更远，例如第一段"采菊"的"衣""何"，第五段"无酒"的"远""迹"及"能"，第八段"赞扇"的"携"，第十段"行乞"的"辞"，其笔势都像画中人物的拖裙、长袖及飘带。

　　辛卯（1651年）孟夏，他画了一幅《三处士图》卷，给姜绮季送行，并写了一首五言古风，题在画后。这时他意志消沉，怀古忧今，书法虽然同前几年是一样的风格，但比较静穆：笔重心长，不胜伤别之感。

　　几个月后，到了中秋佳节，好友聚饮，又有人为他磨墨吮管，在烂醉时兴高采烈，为沈颢作《隐居十六观图册》并题旧诗词四首。同样的书法风格，在不同的情景之下，表现迥异。各字的结构放松了，行笔迅速了，字形宽肥了，锋芒四射了——好像又回到了壮年的气概。但以书法而论，可算是游戏之作，不能代表他的造诣。

　　同年暮秋，为了廿口一家，不愿乞食累人，所以画了四十八幅《博古叶子》，刻印卖钱。前面是两页自题，一页题"陈章侯画博古牌"七大字，一页是四言十六句的缘起。每页画上，都有他手书的牌目、人名、题赞及酒令。因为刻工是名手黄建中，所以虽然是木刻，并不失去原迹的风神。书法风格与《三处士图》卷的诗题一致。

　　那年孟冬，他因为向戴茂齐乞米，戴赠他一金，所以画了《春风蛱蝶图》卷为报。在画尾他题了六行，讲自秋至冬与戴的来往，友情深厚，而一介不取于人。这是他现存有年款的长题最晚的一件，大约不到一年，他就去世了。虽然是小字，但一笔不苟。全面看来，其疏密相间、内敛外拓的姿态，仍沿这几年的一贯作风。值得注意的是，把字逐个细看，颜真卿的影响仍然相当显著。

二、无年款的书迹

　　陈氏现存有年款的作品，给我们有力的根据来排列没有年款但有相当题字的画及全部是书法的作品，以得更多的资料，加深对他书法的认识。沿用同样的分期，列述如下（凡估计的年月，加"约"字）：

（一）少期——戊戌（1598年或1599年初）至乙卯（1615年）

　　约1615年冬，或1616年春，陈氏手抄《筮仪象解》四册。按1928年单木庵所考，此系录《易本义》，有删节移动而自加注者。字长方，横画斜向上右，作耸肩状，落笔及提笔皆露锋，秀逸而不坚实；风貌颇似其晚年词稿，但毫无历尽艰辛、忧伤苦愤所锤炼出来的个性。比之1615年秋《无极长生图》轴的题字，此稿似已受欧阳父子的影响，为《白描水浒叶子册》中题字作先导（见下文）。有趣的是，第一册第一页第五行的"长"字，很像《无极长生图》轴题字第二行下端的"长"字，或也是一个线索？

（二）早期——丙辰（1616年）到庚午（1630年）

　　约在丙辰秋冬之前（即《九歌图》之前），陈氏作《白描水浒叶子册》三十六页（其后史大成补四页），每页有题字：横书若干贯、钱、子等名目，旁注人物姓名，下注某某者饮。首页"宋江"有款云："友弟陈洪绶为也赤兄写。"也赤徐姓，萧山人。末页为跋："苎萝陈章侯为也赤先生图于梧柳园之槎庵。"画页上的楷书皆欧体，结构严整，但特别拖长捺及弧钩、三曲钩，如"宋""友""绶"之捺，尖利如刀刃，"施""兄""九""义"之最后一钩，笔顿时注墨而上挑出锋。跋的行书完全是另一体，运笔灵活圆转，颇有王羲之《游目帖》的意味。首页上楷书署名"洪绶"两字的写法，一直到1619年《早年画册》的一页上，仍然维续那拖长而尖利的一捺。

　　约丁卯（1627年）《水仙灵石图》轴，自题五言诗，其字体极似1627年画树石扇面（《古木当秋》）右一行题字。下笔不露笔锋，比较规矩拘谨。

　　约己巳（1629年）《行草书扇》，自录五言律诗（见《宝纶堂集》卷五，题《听雨》）：

中夜喜听雨，声如春雨声。全无凄蔼意，大有发生情。每日闻新政，何时得罢兵。翻书求实用，主上甚英明。洪绶书似乔老兄。(集中"大"作"渐"，"得"作"乞")

其书法与己巳秋暮的《自书诗册》一致。只有这一年及其前后数月间，他取这一种近似张瑞图的笔意。

《行草书诗》十二开册中有两页是陈洪绶的字，一早期，一晚期。早期的约1629年，书法似《自书诗册》；七绝一首，不见《宝纶堂集》：

可惜莺华插满头，玉颜斜敧搞星楼。三峰东望传青血，点点悲风只自羞。洪绶寄稿。

《行书致水师札》二通之一，与前诗页书法相似，当为同年。起首是"眷友弟洪绶顿首(此两字草书成一字)上水师契友阁下"，其中"洪绶"署名与前项极似。值得注意的是"洪"的"共"旁上一横断为两点，在1622年后未见过，这里又昙花一现，以后就不见了。

约庚午(1630年)，他有短札致"三兄"：

弟已诺朱、孟二兄，商刻文一事，不得留三兄话，歉不可言；相爱如三兄，当不相责也。恒如在金家庙，可招之归。晚际可期一语否？草草。弟绶顿首。公振告辰李五兄知己。(按，朱、孟想系朱士服、孟子塞，见己巳《自书诗册》跋。《李告辰本西厢》有陈氏插图，"三兄"想指公振、告辰及李五兄。)

此札字体已渐从《自书诗册》的狂放转入比较温厚的面貌，但在用笔和字的结构上并未完全脱去前时的痕迹。

《行书致水师札》二通之二，书法似《致三兄短札》，想也是约1630年，写得相当规矩，行书近楷。自署"小弟洪绶顿首白事水师道兄"。

大概在同一年里，他用行草书录宋吴文英《桃源忆故人》词：

越山青断西陵浦，一岸密阴疏雨。潮带旧愁生暮，曾折垂杨处。桃根桃叶当时渡，呜咽风前柔橹。燕子不留春住，空寄离樯语。右吴文英桃源忆故人，书似子楫社弟。洪绶。

这时他的书法已消除了锐气，增加了秀气。其中草写的"带""杨""离"等字，运笔圆转而不急迫，颇似他画人物的衣纹。署名"洪绶"的写法，与庚午清夏《摹李息斋墨竹图》轴的署名全同，也是定年的一证。

与前轴稍先或稍后时，他自录五言律诗二首在金笺扇面上（《宝纶堂集》卷五——《归自萧山书示君植》及《又归自萧山》）：

萧山荒夜饮，浣水领秋天。人事虽云达，身心未可捐。心惊思禁酒，气热便忘眠。差喜才居后，超然志欲先。归自萧山。

萧然八日里，舟楫两回还。筋力罢而惫，神思悦且闲。涉江当月夜，取道在秋山。但得怡情处，劳劳亦不艰。又归自萧山，正商老社兄。弟绶。（"里"字先缺复补；集中"便"作"辄"，"力"作"骨"，"思"作"心"，"劳劳"作"驱驰"）

这三件约1630年作的字迹，是他早期尾声的作品，也是过渡的书法风格。

（三）中期——辛未（1631年）到甲申（1644年）

约癸酉（1633年）左右，他大概努力从颜真卿的《祭侄文稿》等行草书帖吸取养料，运笔圆转雄厚，一反几年前的方折豪放。

此际，他为了救济朋友周孔嘉一家八口的生计，画了四十幅《水浒叶子》，木刻问世。每幅上的题字，都反映这种新风格。

《岁朝清供图》轴，虽然在辛未（1631年）完成，但其上的题款，似后数年，其字体似1633年左右。《父子合册》第一页的《醉愁图》上长题，也是同样的书法。虽然用细笔，字的结构圆多折少，宽裕如人物之肥袍大袖。

《行书七绝诗》轴的书法与《水浒叶子》题字风格相似，故亦定为约1633年。七绝诗见《宝纶堂集》卷九，题为《还山》之八：

远山二十里余程，石厉松椎水碓声。女伴若逢山水僻，归需缓缓月初生。洪绶。

约甲戌（1634年）时，他写了一幅《行书词》轴，书法已接近次年（乙亥）在《冰壶秋色图》轴上的长题。词共三阕（不见集中）：

雪积吟堂，十千买得桃花酒；蜜梅香透，递酒红酥手。　随分杨华，无泪弹红袖。扬帆后，不知销瘦，还在吴江否？　有怀书于张平子家，点绛唇用旧韵。

雪天酒客爱相过，割鲜煮韭自□和，吟堂旧事话来多。　虽得新词谁为唱，秋楞东阁小哥哥，十年不见渡淮河。书前词已酒醉，复有怀，遂书菩萨蛮。

风雪酒三巡，不觉微酲且慢斟。花酒尘缘还不断，双文，不见红楼垂手人。　古寺宿残春，半幅乌丝寄北邻。书尾可怜七个字，情真，"须是思君不敢嗔"。　有怀书于赵楚木家，南乡子。

此行得词五六首，先书此三词相正。法云道人之戒，复不能持，奈何！苏老能为我忏悔不？洪绶。

《行草书诗》扇，金笺，大概也系1634年作，共录五言古诗两首，均不见《宝纶堂集》：

有客嗟而言，贫薄太贫薄。同是盛年人，欲与话索寞。酒垆对茅堂，王瓜垂篱落。贫无以为礼，念言生愧怍。借人一尺绡，竹石为我作。持将寿此翁，此翁定起跃。定摘园中蔬，亦与话落寞。乞君笔墨光，为我营杯酌。君真不闻道，古贤贵人托。有车人不借，所以便焚却。桑老索画竹寿八叔，戏题其上。

山田颇不饥，安用事农圃。爱此农圃情，实愿尝辛苦。老仆锄硗角，稚子负肥土。下种卜吉辰，作笆望甘雨。今日看藤梢，明日看花吐。结实与成熟，一日一来数。有客携酒过，摘来相论古。有时独倚杖，莎鸡泣而舞。有时人食贫，许其恣意取。种豆。洪绶。

此扇署名与甲戌年款的《林壑泉声图》扇全同。字的结体疏阔，墨足笔润，颇可代表他这一形式的书法。

《为豫和尚画册》的第一页，是陈氏传世甚稀的狂草书法。自录五言律诗一首，见《宝纶堂集》卷五，题为《入秦望》：

> 入山春事见，剐笋与收茶。秧未能青浪，田犹存紫花。游盘穷暮景，笑语度轻车。更喜钱多带，村醪竟不赊。绶。

诗中充满了赏景光、悦草木的情调，字亦如之。通篇气势豪迈，落墨行笔，顿挫抑扬，全无滞碍。画册应为约1650年之作，可是这幅字是后人从别处搜来装裱在一起，实际并无关系。以书法及"绶"字署名都接近有丙子（1636年）年款的《行草书自书诗卷》，所以置于1636年际。

总之，在癸酉（1633年）到戊寅（1638年）这五年中，陈氏书法的变化，不出颜真卿的范围。在一件标为《徐渭陈老莲诗稿册》的作品里，陈稿实际分两部分：一是记一老媪（见《宝纶堂集》卷一"序"中），字体较大；一是词稿，是小字。这两页记老媪事大约是1638年或稍早写的，而词稿则相当晚（见后）。因为是草稿，顺笔写来，毫无拘束。文较长，其中的"间""闻"诸字，令人想起颜真卿《祭侄文稿》里的"开""门"等等。当然，陈氏所吸收的别家书法及自己的个性已创出独特的作风，远远超出了摹拟的羁绊。

他有短札六行，约1638年所书：

> 秋雨新霁，吟屐入山，都无石楼伊人之怀，此十年读书有得也。偶得石子砚、鸡毛笔，草草弄墨，有唐、元人遗韵。陆镜潭兄过我随缘去住之馆，脱手与之，可浮一大白。洪绶识。

书法与前项相类。

《行书五律诗》扇与前札大概同年。笔足墨饱，字体与《记老媪事手稿》近似。

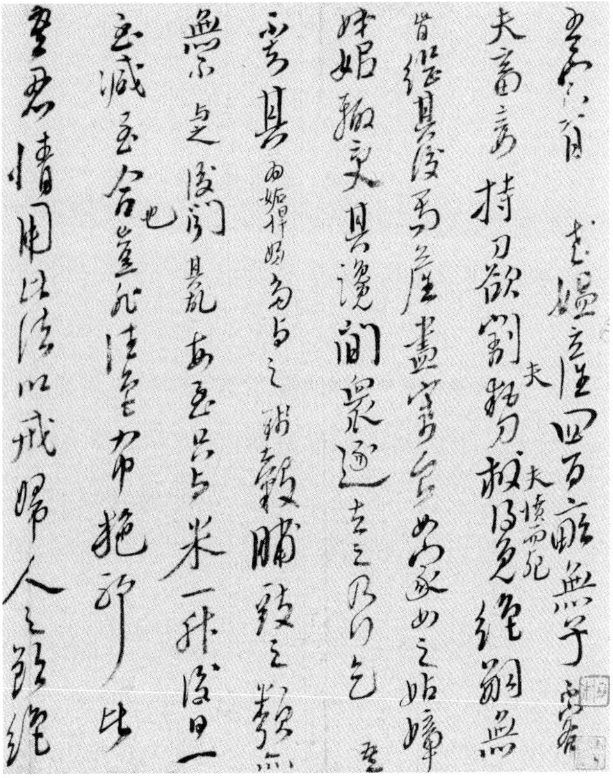

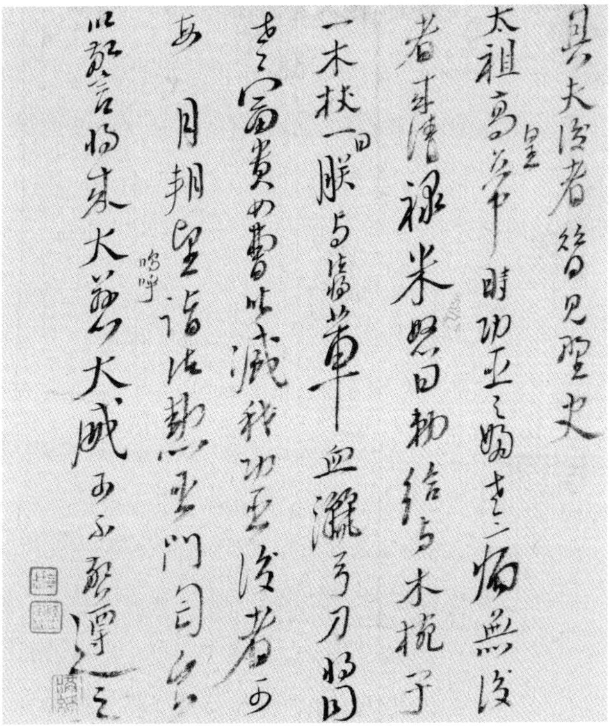

记老媪事手稿（二页）
纸本　约1638年
上海图书馆藏

诗三首，其一见《宝纶堂集》卷五，题为《喜朱锦衣兄弟还越》：

> 太傅居黔久，金吾料蜀长。秾芳迎骏马，兄弟过潇湘。开画舫山驿，敲诗折野棠。三年两离会，何日聚吟堂。（集中"何日"作"秋雨"）

其二不见《宝纶堂集》中：

> 小雪连朝雪，来年大有年。人情惊盗贼，天意示周（点去）耕田。占卜时多谬，相传或不愆。野客仍皓素，心赏倍欣然。

其三见《宝纶堂集》卷五：

> 开尊秋水上，道故夕阳前。别后只如此，将来未然必（笔误颠倒）。夫容当弄色，杨柳想新研。勉矣诸公子，休教叹暮年。洪绶书正周臣社弟。（集中"当"作"看"）

这种风格的书法，在《诗画精品》册中达到了高峰。其十二页自书五言绝句，完全吸收了颜体的神韵，脱化成自己的风姿。这是陈洪绶中期书法的代表作，有此一件，他就无愧为晚明书坛上的一位首列成员。兹录十二页自书诗如下（次序为书，不包括画）：

> 黄公望临古《梦筼图》于笠泽酒船，闻张士诚伪帅鼓角，浩叹而罢。今日何日乎？忧从中来，不可断绝；姑为宽大之言，神则伤矣。修篁清溪边，茅宇高峰下。一枕读道书，余年不需假。洪绶。（第一页，诗及引见《宝纶堂集》卷六《梦筼图》。集中"黄公望"作"黄子久"，"神"字上多一"然"字，"高峰"作"幽岩"。）
>
> 素心投远志，江枫映夕曛。年来不咏史，时事岂堪闻。洪绶。（第二页，诗见《宝纶堂集》卷六《秋林论古》。集中"岂"作"熟"，误。）
>
> 浮家松溪北，弹琴松溪南。老于是乡矣，吾亦不为贪。洪绶。（第三页，

诗见《宝纶堂集》卷六《松溪》。集中"吾亦不为贪"作"我亦不免贪"。）

桃源信有之，真隐谁能为。聊五种（笔误颠倒）桃树，一看慰所思。洪绶。（第四页，诗见《宝纶堂集》卷六《放舟》。集中"桃树"作"林树"。）

水乡听梅雨，一日换一溪。野店白衣至，柳桥黄鸟啼。洪绶。（第五页，诗见《宝纶堂集》卷六《山川出云》）

劈阮秋溪月，吾生自可为。难将一生事，料理水之湄。洪绶。（第六页，诗见《宝纶堂集》卷六《秋溪劈阮》。"劈"，"擘"也。）

草虫有文章，见之尚爱惜。秋风吹才人，罢驴系古驿。洪绶。（第七页，诗见《宝纶堂集》卷六《美人手持蝴蝶放之》）

琴谱去新声，屏风画孝经。古心属女子，学士自箴铭。洪绶。（第八页，诗见《宝纶堂集》卷六《美人》。集中"画"作"图"。）

食桃三百树，颜色亦如之。莫向汉宫说，美人争自为。洪绶。（第九页，诗见《宝纶堂集》卷六《桃》）

劝翁莫种菊，种菊最劳神。我欲酿新酒，醉呼奇服人。洪绶。（第十页，诗见《宝纶堂集》卷六《菊》。集中"劝"作"老"，"酿新酒"作"多酿酒"，"醉"作"而"。）

秋士敢漫写，高人敢漫题。霜月照幽妙，春兰自命妻。洪绶。（第十一页，诗见《宝纶堂集》卷六《水仙》）

白莲花里风，红藕花下水。赠人以美言，文心当如此。洪绶。（第十二页，诗见《宝纶堂集》卷六《荷花》）

在这时期的字迹，还有一条《行书五言绝句》轴：

香雪随香风，满溪复满陌，似彼得道人，颇不自矜惜。洪绶。（见《宝纶堂集》卷六《梅》。集中"似"字误作"以"字。）

另一行草书扇，自录一首南乡子调的词（不见于《宝纶堂集》）：

久不出柴关，不道林花直凭残；早觉而今零落了，轻鞍定向山阴道上看。

风力换春寒，花信匆匆过一番；如此伤情时又近，无端寒食棠梨带更宽。洪绶书似化之辞长兄教我。

潇洒自若，用笔同前轴相仿佛，应为同时之作。

约己卯（1639年）光景，陈氏的字形向瘦长的方向转变，圆弧形的圈框逐渐消失，而折笔取而代之。可参看有年款的书迹部分。

中期的终了，有《致祝渊诗翰》五幅存世。其中两幅具"元旦"两字而无年，但观其内容，应该是癸未（1643年2月19日）。这时他已脱去了颜体的风格，而变成骨多肉少，面目清癯。字的结构，多有耸肩伸臂的气势，很有奇趣。这诗翰虽无年款，而史实可证，因此它是陈氏书法发展到成熟阶段的里程碑，极为重要。兹录内容如下：

（一）

吾道无闻四十余，况兼君父愿成虚。未央钟动千官至，不审何人能上书。元旦其一，洪绶书似开翁盟兄教之。

（二）

吾有梅花花下田，良朋不受买山钱。香炉峰上阳明洞，少个题名题祝渊。元旦寄开老盟兄正我，弟绶。

（三）

携手五紫翁，春风不能去。缅想同席时，云护清明路。醉中书劝紫眉酒，似开老盟兄正我，弟绶。

（四）

不钓清溪饮水鱼，老来无力事蓄畜。古松屋下培香草，净写先生所著书。弟绶似开老盟弟教我。

此外一幅诗翰，也是致祝渊的，当为同时所写：

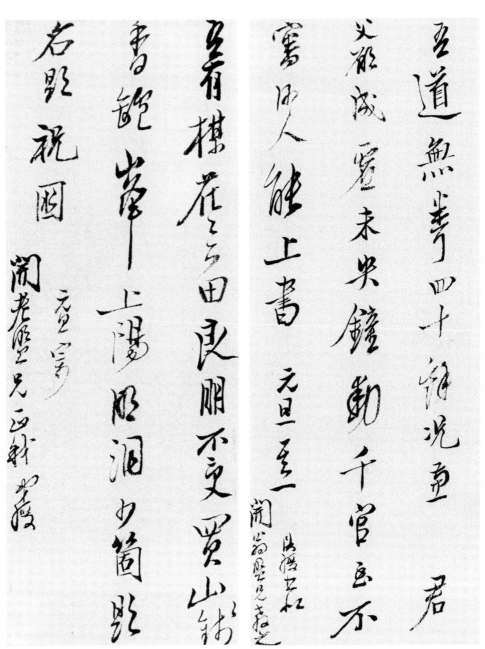

致祝渊诗翰（五通选四）　纸本　26.9厘米×9.9厘米不等　约1643年　浙江省博物馆藏

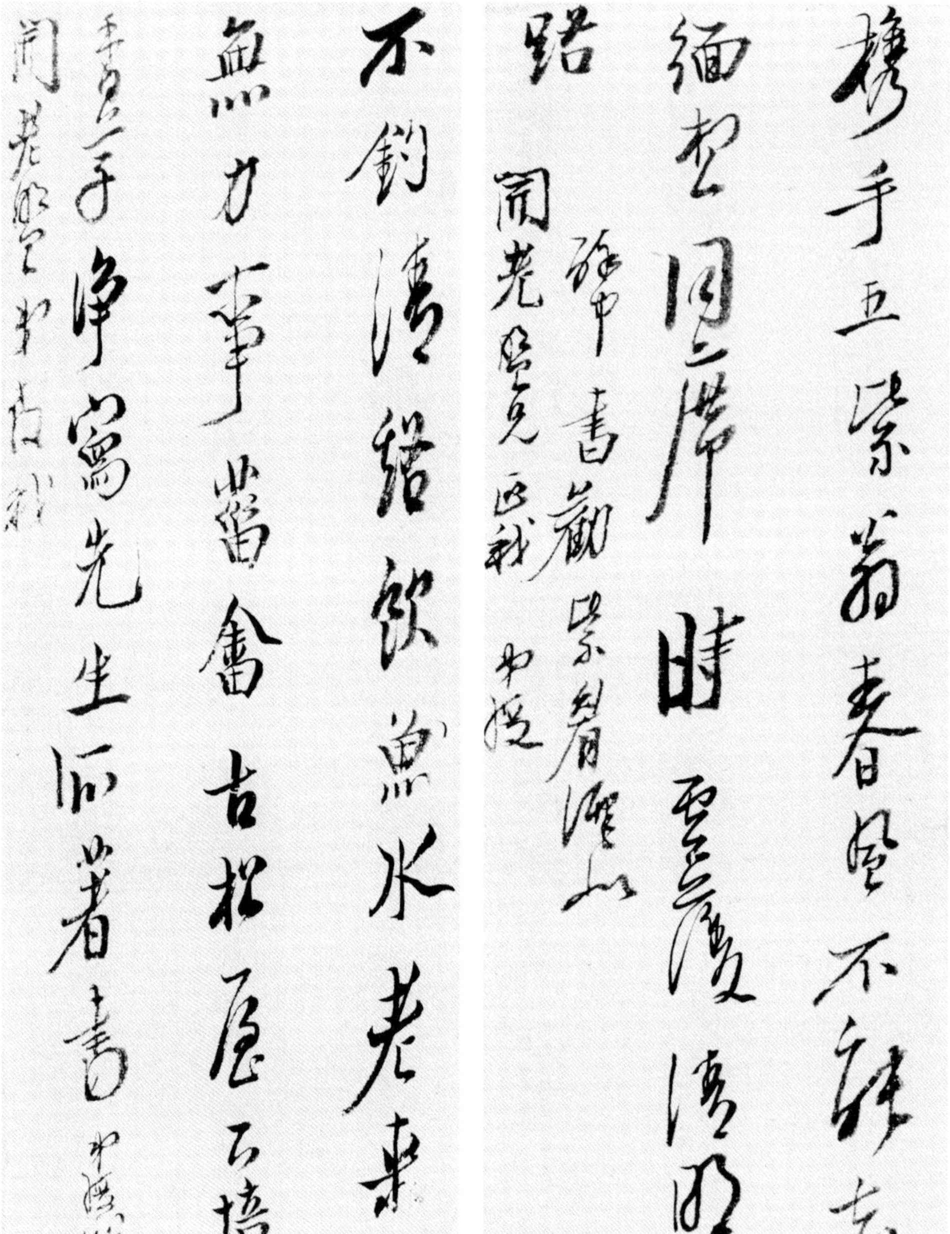

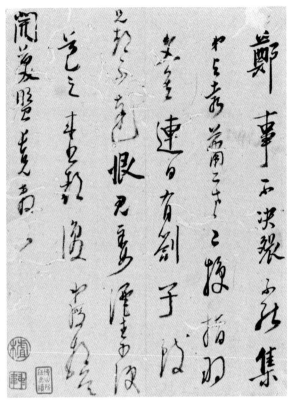

致开美手札
纸本
26.7厘米×19.9厘米
约1643年

盗贼半天地，帝京五夜镫。一朝都镇定，四面益冯陵。鬼哭娇哥和，胡笳长笛应。遥知萧寺月，空抚老臣膺。洪绶似开老盟弟。[11]

此五诗皆不见《宝纶堂集》。《致开美手札》想系差不多时候写给祝渊的。自署"弟绶顿首开美盟长兄教之"，字体与前"诗翰"同。

（四）晚期——乙酉（1645年）到壬辰（1652年）

一幅水墨纸本的《莲石图》轴上，自题七言绝句一首，首句是"青莲法界野人家"，书法似1645年《杂画册》上自题，想属于同一年。例如《莲石图》题中的"莲""花""怀""书"等字，就好像是同那《杂画册》差不多时候写的。

有一组扇面，可以归为约1645年的作品，这时他的字形比较瘦长了，折笔渐多了。兹列于下：

行书七绝扇（《宝纶堂集》卷九《二月十九日雨，商道安以不得进香为恨，而

行书七绝诗扇　泥金纸　16.7厘米×51.7厘米
约1645年　台北故宫博物院藏

行草书七绝诗扇　金笺　16.5厘米×51厘米　约1645年

解之也》的第一首）：

> 大士生辰逢大雨，斋公不必费商量。悟他都是杨枝水，胜却亲拈一瓣香。洪绶似翊宸道盟兄教。（集中"不必"两字作"何用"）

行书七绝扇（《宝纶堂集》卷九《梅花》之二）：

> 拟哥艳曲媚山梅，雪禁多时春渐催。病里若闻他寂寞，倩谁留待病除开。洪绶似宪子社兄教之。（陈氏书"歌"为"哥"）

行草书七绝扇（《宝纶堂集》卷九，无题）：

> 不谭声气不谭文，不爱山云爱水云。去住随心山水换，过余多半是红裙。洪绶。（集中缺头一个"谭"字及"换"字）

行书《同绮季诗》扇（《宝纶堂集》卷九《同绮季》之二）：

> 雷峰塔下画船少，雷峰塔上虎啸多。所幸老莲已衰惫，若犹未也奈之何。似元长辞社兄正，洪绶。（绮季即其好友姜绮季，名廷幹。集中"老莲"作"老夫"，"奈之何"作"奈如何"。）

约在此际，他写了七言诗扇，吟"雨中读书"，款为"似素中盟兄教我，弟洪绶"。行草书，也是不经意之作，但颇有气势。兹全录如下：

> 坐雨勘书日较长，引年如是是无疆。不从选佛场中静，宁向千秋旗下忙。岁月莫教殉俗念，文章大略属疏狂。松烟虽（多出）久染终焉志，喜榻卢鸿旧草堂。妙法堂头尽阐扬，道人种菜莫商量。有人解缚重公案，任运（点去）过安排即道场。强记记知掩卷夫，著书旧念不能忘。雨中遮莫轮蹄断，可忍醒时打海棠。雨中读书似素中盟兄教我，弟洪绶。

丙戌（1646年）夏，陈氏避乱山中，从这时起，他采用了僧悔、悔迟、弗迟等号。在与王思任（1575—1646）及吴山涛（1624—1710）合书的扇面上，他就用"悔迟"署名。他写末段（诗见《宝纶堂集》卷五）：

> 清晨倚石桥，小树楝花娇。孟夏新光景，老僧何寂寥。回头思去岁，岂望有今朝。索酒谁家好，宁无溪友招。悔迟似利宾道盟兄教之。

到了山中，心境有些变化：行笔雍容，字体又露出早年学欧阳的痕迹。其中"石""孟""朝"等字，有《九成宫醴泉铭》的回音。可是"晨"及"景"两字上的"日"及"思"字上的"田"，其横折竖后，特别肥厚，或是从颜体变化出来。

又一扇面，自录另一首五言律诗（《宝纶堂集》卷五，无题）：

> 日日移樽至，惭惶不可支。雨中来酒客，病后喜为诗。老废人偏爱，因缘我自思。天晴湖上去，久别好相知。弟悔迟似利老道盟兄教。（集中"来"作"多"，"为"作"题"）

此扇书法与前扇一致，尤其是那"思"字，前扇上款为利宾道盟兄，这件称利老，可能是一位朋友；兴犹未尽，再独自写一扇奉赠，亦意中事。

七绝诗行书扇（诗见《宝纶堂集》卷九，题《老僧》）：

> 老学归根于老农，老农精力不相（点去）堪佣。寻思只作老僧罢，作务厨头或可容。洪绶似德千辞兄教。（集中"精力"作"筋力"）

诗中口气似在云门寺为僧时作，故约为1646年笔。

《行书七绝诗》轴所书与前扇为同一首诗，而且第二句都是到了"不堪"，先写了"不相"而点去"相"字。两件都是真迹，可见记诵自己的诗句，会在一个地方"绊脚"。此轴只署"洪绶"，与前扇的制作时间差不多，很难测出先后。

估计是丙戌年冬季，陈氏应诸暨县令之请，为李夫子绘《华山五老图》卷，其上长题的细笔小行楷已是晚年书法面目：欧体之骨，右肩微耸，撇捺外拓。此卷虽无年款，但题中透露其场合与地点，估计应相当可靠。所以陈氏最后之书法风格，即在此际形成。

约丁亥（1647年），他作荷花轴为顺之道盟兄寿，在其诗堂上，加题五言绝句（不见《宝纶堂集》）：

> 弦管张水天，芙蓉鹭鸶起。我则偶尔为，如何能是子。弗迟书旧作似顺老道盟兄正。

运笔从容，含墨饱满，是心情较为舒展的表现。

约在戊子（1648年）中，他自书七言绝句十四首《诗翰卷》，兹录如下（四首见《宝纶堂集》卷九，其余十首不见）：

> 不是金华殿里臣，又无名教责其身。自惭无位兼无德，敢学名流说党人。（题《偶咏》，集中"敢"作"不"）

> 不谭声气不谭文，不爱山云爱水云。去住随心山水换，过予多半是红裙。（集中缺第一"谭"字及"换"字）

> 戒我狂言当杀身，神弓鬼矢定前因。感深时事为诗句，挥泪题名草莽臣。

> 百年养士难千里，四海生民只一人。少个书生忧不得，刺桐花下泣残春。

> 高士高僧放小舠，古松古佛写鸡毛。轻捐心力三毫上，不劝君王一日劳。

> 士气尽为兵气夺，将星不共客星悬。布衣何事为新语，犹食先人微禄田。

> 枫溪梅雨山楼醉，竹坞茶香佛屋眠。得福不知今日想，神宗皇帝太平年。（集中题《梅雨》）

> 石林诗成有客来，云冠玉剑自徘徊。少焉示我天孙锦，不及能禽花鸟才。

> 绿天半亩作玉田，□泉千年盟古贤。（"泉"字上似缺一字）拾（点去）十日轮松才放脚，三秋酿菊始开船。

金海腹笥无所事，玉台牙慧是何言。诗文随手拈来罢，何用捻须改一番。

参军辛苦贼中门，半世雄心今用兵。屈指津亭携手日，爱闻老雨甚风声。

老莲诗画未云能，人许高人王右丞。虽是虚名宜实受，打将粉本写交藤。
（集中无题）

身名谓我不需论，只是宠居一竹园。安问龙孙添几个，却言今岁不当番。

不是山居便得生，山居今日也心惊。烟霞洞口逢樵子，手采松花谭甲兵。
洪绶书似胤之宗社弟教之。

此卷行笔流畅，风神潇洒，使观者可以想象他一面吟哦一面挥毫的情貌。这可以说是陈氏成熟期行草书法的典型作品。

这诗翰卷所录最后一首七绝，他又写成两行的瘦条幅。署名"迟"。虽然字形放大了，且改了"松花"两字的写法，但大致貌合神合，系同时之作。

另一条幅，是五言四句：

既好游山矣，兼之贪酒焉！暂于此际悔，不觉复前如。洪绶似尹人盟伍教。

这是《宝纶堂集》卷五《岁前三日》五言律诗的后四句，且将末句"不觉复如前"写成"不觉复前如"了。其前四句为：

陆陆过三日，匆匆尽一年。新闻曾未博，旧得已茫然。

此轴风貌是老气横秋，草多于行；笔势奔放，墨渴处如老干枯枝。书法颇近约戊子作《诗翰卷》。以诗句观之，如系戊子暮冬所书，就要合1649年二月了。

《行草书七绝诗》轴：

梅花书屋拥兵车，叔（点去）我已无家叔有家。梦到梅花书屋醒，浓霜残雪画梅花。洪绶书似尔符辞长兄正之。

此诗不见于《宝纶堂集》。书法面目稍变，仍似1649年写。渴墨涩笔，老态枯容，而气势不减，是别具特色之作。

《行书五律诗》轴，字形清癯瘦削，又多用渴笔，早不过1649年。诗见《宝纶堂集》卷五，没有标题：

> 蓊落入城市，拙哉隐者伦。亲朋虽传食，景物最伤神。老病趋官府，还山愧野人。往来轻似叶，幸不厌清贫。洪绶似玄濬道盟兄正之，二十余年不见，重为作书，乐甚。

这一年欢聚后陈氏为老友书画多件，现存的还有《策杖观泉图》扇、《梅仙图》扇、《行书五律诗》扇、《行书七绝诗》扇等，可见友情之深。

一条自书诗轴，一气录了六首七言绝句，其中只有二首见《宝纶堂集》卷九，即第三、第四首，余则集中皆缺：

> 肉叫丝喧主一日，明日如何煞好过。需坐断桥才过得，杖头钱却剩无多。夜吟。

> 重整雪天击钵句，将开春水鹤翻舟。两人都愧他巾帼，朱夔揸胸是濮州。和永龄。

> 桃花马上董飞仙，自剪生绡乞画莲。好事日多常记得，庚申三月岳坟前。寄侨如。

> 不图君国不为人，安用生为看叛臣。不若醉埋苏小墓，墓碑题曰酒徒陈。（集中"看叛臣"作"惜此身"）

> 先王制礼最关亲，七十行需役妇人。深晰神明躯壳理，心情喜悦寿吾身。五月十二日草。

> 岂真不惜此残生，垂老犹贪薄幸名。老眼此时无处着，肯容书画看卿卿。

洪绶。

这幅行书跌荡舒闲，下笔沉着；但前三行松，后四行紧，颇为别致，想系自娱之作。

与前幅格式相似的是另一自书诗轴，也是六首七绝，全见《宝纶堂集》卷九：第一首《得米》，二《偶咏》，三《即事》之二,四《即事》之三,五、六《山居》二首。诗及款如下：

可叹当时薄画师，山田卖尽是痴儿。若无几笔龙眠笔，那得长枪雪夜炊。（集中"眠"作"蛇"，"枪"作"仓"）

少年不读老年愚，忘（点去）妄想经纶一字无。犹幸少年能弄酒，老年弄酒唱吴歈。

将军墓道柏森森，数点寒鸦归旧森（点去）林。墓木渐为争战尽，旧林除是画中深。（集中"深"字作"寻"）

明朝四十八年人，三月曾为簪笔臣。今日薙头蒙笠子，前生不识作何因。（集中"前"作"偷"）

虎啸前村又后村，老翁负石抵柴门。两村长老呼予饮，手拍疏桐月不昏。

老子忧来何所之，园肥红梅子怯风吹。摘将数颗吞清酒，醉弄娇儿读杜诗。何山绝句，书似华鬘道士。老迟。（集中无"园"字，是。此处陈氏忘了点去。）

按，华鬘即胡净鬘，陈氏之妾，善画解禅，故以道士称之。现存有《梅竹山水册》八开，即陈氏与胡华鬘合璧之作。这幅行书，飘逸潇洒，堪称无拘无束，得心应手的妙品。

七绝三首自书诗轴，其所书皆不见《宝纶堂集》：

放生池上撷莼丝，玉饭金羹直半缗。断却黄鱼三四载，老夫迟得一回贫。

世绝闻人寻老衲，蒲团禅榻颇无闲。闲人莫上翁徽号，日日为人画一山。

有客谈兵说剑中，老莲覆碗唱筹雄。乱他丞相图上语，追彼步兵却如风。老迟。

此轴装裱绫边上有保世题："老莲书法，深入北海堂奥，翩若惊鸿，可珍也。"这话有些道理，李邕（678—747）的《云麾将军李思训碑》（720年），其行书遒逸豪放，陈氏颇得其风骨。

前述的这几条自书诗轴，都像是1649年的作品。

他晚年与戴茂齐交谊深厚，因为久不见面，书旧作七绝四首在一手卷上赠之（前三首收入《宝纶堂集》卷九，即《同绮季》之二、《独步》及《道迁去后五日》，末首集中缺）。第一首同前《行书同绮季诗》扇，兹录后三首：

外六桥头杨柳尽，里六桥头树亦稀。真实湖山今始见，老夫行过更依依。

有书有酒看南山，更有芙蓉港一湾。同看红花三日去，不教看得白花还。（集中"看得"作"看尽"）

乐山爱水来吴山，念水思山忆我乡。若得身吴而梦越，生前久矣在四方。久不过茂齐道弟，半阁半月，又不入南山看木樨，岂不有负秋值哉！已与坚约重阳前后，为断桥三日饮，不知当晴否耳。老莲洪绶。

此卷也是兴到的书法表现，笔歌墨舞，其疏密轻重，自成韵律。也似约1649年作。

约在同一时期，他在扇面的前半，写了两首旧作，后半留空，但在他去世前没有填补，一直到康熙三年（1664年）才由一位并不出名的画家叶士梓加上米家山水。第一首是七言律诗（《宝纶堂集》卷八《失题》），第二首是七言绝句，不见集中，兹两首皆录：

与子山堂申会约，静修十日一相过。好书买得当分读，疑义商量贵不多。新夏园林重略领，旧时血气再销磨。酒坛佳处寻青翠，塔影溪声松石坡。（集中"略领"作"领略"）

一春只有三十日，冶游不满十日余。坡塘插柳须一去，今夜子时三月初。洪绶书旧作。

现存一组自书诗扇，都像是1649年所作，兹录内容如下：
其一——行书五律诗，《宝纶堂集》卷五《送朱锦衣》：

夜饮迟公子，秋江送锦衣。旧诗方一岁，新别又双飞。天子将皮弁，亲臣敢曰归。如吾得潦倒，论古钓鱼几。洪绶书似玄鉴辞兄正之。

其二——行书五律诗，《宝纶堂集》卷五《无题》：

学道恨不早，深忧气力微。未知我得失，安辨人是非。手种香豆长，眼看蛾子飞。讲明书一则，茅店弄月归。洪绶书似与沐道盟兄教我。

其三——行书七绝诗，《宝纶堂集》卷九《失题》之二：

随我兰生弄湖水，两峰却好孟冬时。画成浅水轻烟笔，写得微云远岫词。洪绶似宣子社盟兄教之。

其四——行书五律诗，《宝纶堂集》卷五《无题》：

笔墨转像法，余功饱看山。身虽终梵宇，名尚系人间。兵革成投老，园蔬敢放闲。野人谈治乱，无奈意相关。洪绶似玄濬社盟兄正。（集中"敢"作"欲"）

其五——行书七绝诗，《宝纶堂集》卷九《云门寺还》：

昨日云门闻晚钟，今朝秦望坐高峰。尽多挂得芒鞋处，需听机缘守老松。洪绶似玄濬盟兄教。（集中"晚"作"晓"）

行书七绝诗扇大约也是同时写的（《宝纶堂集》卷九《无题》）：

> 旧时游客旧亭台，便是桃花残也来。最爱主人惜光景，归鸦队里唤残杯。洪绶似廷老辞兄。（集中"队"作"阵"）

另一行书七绝诗扇也可列入1649年（《宝纶堂集》卷九《题画》二首之一）：

> 享尽山居尽日闲，入城虽傍碧波湾。寻思终是山居好，月夜柴门不用关。洪绶。（集中"虽"作"难"）

陈氏诗中，传诵最广的一首，是记他二十三岁时艳遇的韵事（《宝纶堂集》卷九《失题》二首之一），他用行草录成一轴：

> 桃花马上董飞仙，自剪生绡乞画莲。好事日多常记得，庚申三月岳坟前。老迟洪绶。

字似1650年所书。年逾五十，痴情不解，顺笔流出，字里行间，流出受宠若惊的回味。

在不同的心境下，书家的作风自有不同的表现。且看这幅行书轴：

> 泉石可以洗愚蒙，云松可以遗身世。俗尘不飞，人意自远。老迟洪绶。

望上去似重返中年颜体书法，但细看则字的结构、粗细笔的运用，都入了晚年阶段。自署"老迟"，多半在己丑（1649年）之后，暂定为约1650年。他一生博采精用的资源，随时可召唤出来，供其驰驱——这是一例。

可以归入1650年的现存书扇，有下述数件：

一、行书五律诗，《宝纶堂集》卷五《无题》：

> 半载兵戈隔，一朝挥手难。山中人尽饿，我乃（点去）忍自加餐！糊口宜

城市，何心修药栏。虽来数晨夕，知有几时安？洪绶似梓朋盟兄正之。

二、行书五律诗，《宝纶堂集》卷五《御河桥》：

　　放马春城晓，银筝布谷鸣。有人催好句，无事写新声。玉雨溪桥梦，珠儿梨栗情。绿帔双髻至，清吹凤皇笙。洪绶似梓朋道盟兄正。

三、行书词，《宝纶堂集》卷十《菩萨蛮·课儿子鹿头、羔羊、虎贲》：

　　雪里三餐虽不足，破书一卷教儿读。不得说饥虚，晴和始读书。梅花三十树，一半飘残去。要看未残花，读书消受他。洪绶书似梓朋道盟兄正。

四、行书七绝诗，《宝纶堂集》卷九《画桃花寄寿范三》：

　　山馆重翻两汉文，客来书画不相闻。谈君高士当初度，特作桃花来寿君。洪绶似□（刮去）父辞兄正之。（集中"特"作"故"）

还有《行草书诗》十二开中另一页陈洪绶的晚期字迹（早期一页见1629年中），约为1651年所书：

　　梧同月午有病，山馆秋夜无书。清福岂能全享，老夫自量如此。迟老。

这是几行偶感——人世沧桑，都已看淡，书法亦苍老。

称为《徐青藤陈老莲诗稿册》的陈氏部分，有四开小字行书，是他的词稿。为了保存旧作，写时毫不草率，很有随录随思的意味，虽然更改并不多。全部十九阕，有十阕收入《宝纶堂集》中——即第六、七、八及十为《卜算子·乞花》四阕，第十二、十三及十四为《菩萨蛮·西陵、归途、将归》三阕，第十六及十九为《昭君怨·寄王紫眉》二阕，第十七为《点绛唇》一阕。此手迹与集中用字有不同处。有九阕不见集中。文长不录。稿末无款，仅有两印："老莲的笔"朱文方印，只见于此；

"洪绶"朱文长方印。

大约此顷他写了一个扇面，行书七绝诗，不见集中：

> 晓霞楼著晚霞明，今日应知尽日晴。没个钱儿荡湖去，也需堤上踏歌行。
> 悔迟似鸣佩居士。

"迟"字的写法似1651年作《隐居十六观图册》第五页《喷墨》所署"老迟"。

他最后两年的字体变得瘦一些，可是左撇右捺、左勾右挑更显著了。这是他特出风格发展的最后一步。他书旧作七绝一首赠给季重辞社兄的扇面，大概是1650年或1651年的。诗及款如下（诗不见《宝纶堂集》）：

> 有限年光无限身，莫教俗语俗人亲。嗔心时起嗔根固，又悟来生第二人。
> 洪绶似季重辞社兄教之。

约壬辰（1652年），陈氏为菁莲盟长兄画《西园雅集图》，只完成了一段，就病得画不下去了，到了八月廿九日（合公元那年的十月一日）写了一封信，连画一齐送去践约。在他现存的作品中，这可能是他最后的遗迹。信有十三行，外加署名及日期。他虽然尽力规规矩矩地写，但因为"目眩手战，不能持笔"，所以对于字的结构及笔的顿挫失去了全部的控制——竖不能直，钩不能稳，但仍保持他的风格，秀逸瘦劲，潇洒跌荡地写出无限凄婉的别情离绪。

三、总　述

综观陈洪绶现存的一生字迹，可以说他自幼即开始用功临摹法帖，然后参以己意，作各种试验。因为他富于创造性，所以不容易推测他在何时最受哪一家哪一种帖的影响。大致说来，黄涌泉认为他"早年从欧阳通的《道因碑》用功，中年参学怀素，兼收褚遂良、米芾之长，并得力于颜真卿的《三表》"。[12]这话是不错的，而且可以进一步说欧与颜对陈氏的影响最大——从欧取骨，从颜取肉；从欧得方折，从颜得圆转；从欧得秀峭之气，从颜得磅礴之势。但他是极富有智慧好奇心的人，虽然他说过"学书者竞言钟（钟繇）、王（王羲之），顾古人何师？"[13]他一定也临摹过钟、王。黄苗子认为陈氏的行草书似源于虞世南的《积时帖》，观察寻味后，可以看出这位初唐大家对陈氏有一定的影响。还有，他没有留下一幅隶书或章草（只有早年《摹古册》第四页用隶书署"洪绶"两字），可是汉隶如《史晨碑》《曹全碑》等的撇、捺外拓，是否给陈氏以相当的启发，倒也是值得探索的一项。他自幼就喜欢用古体字，例如"秋"作"穐"，"风"作"凨"，"气"作"炁"，"松"作"枀"……不胜枚举。这些古写，多自隶、隶草及章草中来，这也是崇尚古意的一种表现。[14]概括说来，陈氏到三十岁左右开始显出他的自我面目，例如丁卯（1627年）夏在一幅红梅小鸟上自题七言绝句的字，及同年仲冬在为杨鼐生作树石扇面上题张子厚五言诗句的一小段，长方的字形，内敛的结体，外拓的撇捺，细劲的笔致，都为晚年成熟的风格露出踪迹。但是他书法的发展不是直线的——过了两年，到己巳（1629年），他作风一变，似乎受了晚明四大书家邢、张、米、董（邢侗、张瑞图、米万钟、董其昌）中张的影响。张氏书法有奇特的风貌，"圆处悉作方势，有折无转"，[15]硬劲雄健，气势纵横，可能正合了三十二岁人志高气昂的口味。张氏生于1570年，比陈洪绶长二十九岁，早有书家之名，在江浙一带，他的作品传播一定相当广。按张氏在1607年参加殿试，名列第三为探花，即任翰林院编修，以后官至内阁次辅，累世仕宦的陈家及来家（来宗道家）想有往来，[16]则陈洪绶接触到张氏书法并不为奇。以陈氏己巳秋暮《自书诗册》与张瑞图1621年书《后赤壁赋》[17]对比，其用笔、结构等等非常相似，当非偶然。很奇怪的是，只有一年写这种字体，到了次年庚午（1630年），他就转向下一期的颜体风格。这令人怀疑，是否与当时的政治变化有关：因为丁卯八月熹宗崩，思宗在即位后除掉了弄权专政的魏珰；戊辰是崇祯元年，三月张瑞图多次请辞终于获准；但到了己巳，崇祯二年二月，思宗因瑞图善书，为魏珰所好，曾为其生祠书碑文，定罪后准其纳银赎罪且降为平民。[18]在这种情况之下，有志求进的青年，当然不愿被人看作崇拜罪臣的分子，改变张体的书法，也是合理的措施。但以美术论美术，则在陈氏书法的发展过程上，这是他至此最成功的一步，而《自书诗册》是他早期（1618年到1630年）的杰出作品，极其自然的豪情奔放。到了中期（1631年到1644年），他逐渐转方为圆，由瘦化丰，有不可否认的颜真卿行草书影响，丙子（1636年）的《行草书自书诗卷》是代表作，豪迈跌荡，以气势取胜。过了三年，他逐渐走向结体瘦长，运笔细劲，敧侧取势的晚年风格，尤其是字内各部以不平衡造成古拙奇肆之感，例如"时"字的"日"旁夸大，"寺"旁侧身作陪。这转变中的代表作是他在癸未（1643年）元旦《致祝渊诗翰》，显出他吸收了颜体的养料，但能入能出，发展了慷慨激昂的风神，自成一家。

晚期（公元1645—1652年）一共八年，是陈氏书法达到炉火纯青的最后阶段，本期前半的高峰作品是《五十自寿诗》卷，书于丁亥暮冬（1648年初）。全卷以情感运笔，字如其诗，历经丧乱，以歌当哭。论书者有"晋尚韵，唐尚法，宋尚意"之说，而继之以"明尚势"，[19]这对于晚明诸家，如张瑞图、黄道周、倪元璐等来说是相当恰合，对陈洪绶亦然——《五十自寿诗》卷即从字的结体，运笔挥墨，到成篇的章法，都极有气势。到了这时，陈氏字体的姿态展出险侧劲拔之势，富于动感。明代初兴时馆阁体霸占书坛，在赵孟頫典丽秀润的作风笼罩下求工避拙；中叶则复古为务，近则宋之苏轼、黄庭坚，远则魏、晋之钟繇、王羲之，造成太平时代的温厚文雅风气；只有到了晚明大厦将倾的半个世纪，艺术反映了政治局面，有识之士在危急存亡之秋大声疾呼，其书法打破了古典法度的樊笼，无拘无束地发挥了个性——陈洪绶就是其中的一员健将。甲申后的"遗民"字，尤其生拙奇纵，悲愤不平之气，自然流露，毫无造作之迹，所以其艺术感染力极强，而后人难于摹仿，亦不可摹仿。

晚期后半即陈氏一生的最后四年，雄心早逝，豪气已消，而忧伤无尽，字的结体较紧，反映其内敛性，向左的撇及向右的捺常常伸出，还保持他的飘逸风姿。一组画上的题字，可以作代表：己丑（1649年）仲冬《南生鲁四乐图》卷，庚寅（1650年）仲夏《陶渊明故事图》卷，及辛卯（1651年）孟夏《三处士图》卷，都有不少相当工整的小型行楷书。这阶段的字同以前相比，真如孙过庭所说："既能险绝，复归平正。"[20]他接着说："初谓未及，中则过之，后乃通会。通会之际，人书俱老。"信然！

总之，陈氏在书法上的成就，为画名所掩。他的遗迹显示中晚期的作品，有个性强烈的自我面目，达到相当高度的艺术造诣。但是三百年来，他的书法并没有得到其应得的重视。陈氏绘画的格调古雅，其书亦然。宋代姜夔曾说："作书全以风神超迈为主。"[21]这可以当对陈洪绶的评语。

注 释

[1] 孟远《陈洪绶传》。

[2] 吴修《昭代尺牍小传》，见《中国书法鉴赏大辞典》，刘正成主编，北京大地出版社，1989年，下册，第1052页，"陈洪绶"集评下所引。

[3] 包世臣《艺舟双楫》。

[4]《中国书法大字典》，台北文友书店翻印本，1969年，第924页。

[5]《中国书法大字典》，第950页。

[6] 许慎《说文解字》，中华书局，1963年，第271页。

[7]《书迹名品丛刊》，第三集，第七十五回配本，东京二玄社，1969年四版。

[8]《书迹名品丛刊》，第一集，第十八回配本，1969年再版。

[9] 蒋文光、章觉鹰编著《初唐四大书法家》，河南美术出版社，1988年，第107页。

[10] 蒋文光、章觉鹰编著《初唐四大书法家》，第111页。

[11]《致祝渊诗翰》第五通，见黄涌泉《陈洪绶年谱》，第71页。

[12] 黄《陈传》，第26页。又《筮仪象解》手稿后杨荣跋（1840年）："老莲书得力褚河南，而参以襄阳笔意。"

[13] 孟远《陈洪绶传》。

[14] 例如祝允明《后赤壁赋》，楷书为钟繇体，带章草，用古体字甚多，如"答"作"畣"，"过"作"迥"之类。见台北故宫博物院《院藏碑帖特展目录》，1982年，第358—359页。

[15] 梁巘《承晋斋积闻录》，《中国书法鉴赏大辞典》下册，第1031页"张瑞图"集评中所引。

[16] 张光远《明末书画奇才张瑞图的研究》，《新亚学术集刊》第四期，香港中文大学，1983年，第311—327页。第318页谈及"崇祯二年元月，思宗以韩爌任内阁首辅，并令主拟定逆案名单……二月下旬，思宗召见廷臣……忽然问起张瑞图与来宗道何以不在逆案之列……"

[17] 张瑞图此卷藏台北故宫博物院，见英文《故宫通讯》，1981年5、6月号，第10—12页。

[18] 见张光远文，注16。

[19] 郑丽芸《明清书风初探》，载《书法》1987年第一期（总五二期）。张潜超主编《中国书法论著辞典》，上海书画出版社，1990年，第485页选录。

[20] 孙过庭《书谱》。见朱建新笺证《孙过庭书谱笺证》，上海中华书局，1964年，第93页。

[21]《孙过庭书谱笺证》，第43页引用姜夔《续书谱》中语。

第四章

陈洪绶的诗文

一、各家品评

陈洪绶的文学修养很深，在童年不但已经会写字、善绘画，而且也能诗文。现存的《寿胡母文》（《宝纶堂集》卷三）作于壬子季冬二十日（即公元1613年2月9日），那时他仅十五岁。陈氏虽然一面耻为画师，却以画师自居；但他并不自矜为书家，更不自鸣为诗人。实际上，他在作诗上下了不少工夫，一生作品想必不下几千首——例如癸亥（1623年）夏秋间，他游天津时，就得诗数百首（见《宝纶堂集》卷一《日课自序》）。他殁后由四子儒桢（即小莲）搜集诗文十卷，成《宝纶堂集》，到光绪十四年（1888年）董金鉴用活字翻印，附加《避乱诗》稿本不见集中者一卷，总共收了文四十五篇，诗、词一千一百四十三首，再加现存的陈氏书画上及著录上所载而不见集中的诗文约一百项有余，使今日可读到他自幼到老，相当数量及有相当代表性的文学作品。可以说，他很有资格被列为晚明诗人之一；然而在这一方面，并没有得到适当的承认。清代笔记、诗话里提到他的并不多，例如下列各项：

> 陆次云（明末清初）《湖壖杂记》："两堤垂柳，余幼时及见其盛。明鼎移时，皆罹翦伐。陈洪绶曾写一图，自题其上：'外六桥头杨柳尽，里六桥头树亦稀。真实湖上今始见，老迟行过更依依。'若幸之而实惜之也。每放步其间，不胜张绪当年之想。"[1]
>
> 朱彝尊（1629—1709）《静志居诗话》："诗颇饶逸致，惜流传者寡。赠伎董飞仙一绝云：'桃花马上董飞仙，自擘生绡乞画莲。好事日多还记得，庚申三月岳坟前。'亡友海盐教谕金煮所诵也。"[2]
>
> 王士禛（1634—1711）《渔洋诗话》："陈洪绶以画得名，亦能诗。有忆旧绝句云：'枫溪梅雨山楼醉，竹坞茶香佛阁眠。清福都成今日忆，神宗皇帝太平年。'"[3]
>
> 王士禛《池北偶谈》："陈洪绶以画名，予尝见其小诗，颇有致，今录于此……"（按，即前诗，仅第二句"阁"字作"火"，第三句"都成"作"不知"。）[4]

陶元藻（乾隆时人）《凫亭诗话》："诸暨陈章侯，能诗而名勿著，为画所掩也；然诗亦流传甚寡。朱竹垞《明诗综》仅录其赠妓董飞仙一绝，王渔洋《感旧集》录其忆旧一绝而已。"[5]

《海屿诗话》（作者不详）："世所传章侯诗绝鲜，仅得其七言绝句，所云神宗皇帝太平年者是也。余幼时过越城镇东阁下，得章侯所镌砚一方，中有句云：'勒鼎铭钟不问天，沤麻艺果事皆便。余闲多在南山下，割取春云耕砚田。'又尝于王太史方川家，见其为姑母祝寿，有题画诗一首，亦工。又张陶庵《西湖梦寻》载章侯呼猿洞五言四首云：'慧理自同乡，白猿供使令；以此后来人，十呼十不应。明月在空山，长啸是何意？呼山山自来，麾猿猿不去。痛恨遇真伽，斧斤残怪石。山亦悔飞来，与猿相对泣。洞里复幽深，恨无巨灵力。余欲锤碎之，白猿当自出。'虽不甚工，别饶真率之趣。又见其为仲青道人画溪山消夏图诗云：'林屋张公不得过，神随笔法上浮螺。别风淮雨时舒卷，弦子三声一巨罗。'亦有姿致。"[6]

以上各家所言，反映出两点，即陈氏的诗流传不广，他的诗名为画名所掩。即使如此，其少数可以读到的诗，使人觉得有逸致，有真率之趣。可惜像朱、王这两位诗词宗师没有看到《宝纶堂集》，不然他们一定会给陈氏的诗以相当高的评价。另一方面，与陈儒桢友好的两位作遗集序者，及表彰诸暨贤达的一位作赞者，其评语又偏于恭维，兹录之如下：

罗坤（序成于1691年）："吾乡章侯陈先生……喜结交，以朋友为性命，每文酒高会辄醉，醉必歌咏自豪，掉头不辍；又常就试南北雍，行李车辙所至，交游云集，而登临投赠之作，思如泉涌；然其落思如烟云、如冰雪，逍遥跌宕，非尘夫俗子所能道只字，诚诗家逸品也……"[7]

胡其毅（序成于1705年）："……仲醇（陈继儒）所云，浩然气全，吾必归之先生。元章（米芾）之后，一人而已。学者于是读其书，诵其诗，不须排纂志林，可以考见其气节……"[8]

顾嗣立（1665—1772）《寒厅诗话》："诸暨陈章侯国初隐者，工诗画。尝有赠走解女子诗曰（即董飞仙一绝，略），竹垞先生极喜诵之。先考功令山阴时，章侯曾以诗赠曰：'道士庄前吃菱芰，白公堤畔系船楼。老人安稳三年醉，多谢山阴顾邑侯。'笔意超绝。"[9]

　　郭麟图《诸暨贤达传》："赞曰：洪绶诗才卓绝，倜傥好义，书画特余事耳。尝读其春晴诗云：'二月朔日晴，农务渐渐兴。老农耕不辍，稚子亦学耕。'又小雪诗有云：'何当三日积，销却万方愁。'其古健直匹少陵。"[10]

罗氏之称"诗家逸品"与朱氏之评"颇饶逸致"相同；胡氏则注重"气节"，不论文艺；顾氏尊重父执，把一首酬应诗说成"超绝"，并不客观；至于郭氏赞之"古健直匹少陵"，似乎太过。若要进一步认识陈洪绶在写作方面的成就（主要是诗），必须审观他诗文的传统、创作思想及作品特征。

二、分　析

（一）诗文传统

　　从陈氏自己的诗文书画中，可以找出他一生行文写诗所受的主要影响，他自幼一直到甲申明亡前自京返乡（1643 年），为求进取，必精读过四书五经及《史记》《汉书》等书生的"主食"，而他留下的少数四言古，例如五首《怀友》，全是《诗经》的气味，举一为证：

　　　　北山有木，枝叶不凋。期子同往，秋风萧萧。

不用说那两堤垂柳之诗（见前文），令人立刻想起《采薇》章"昔我往矣，杨柳依依"之句。[11]《诗经》不但给他以丰富的词汇、句法，而且赋之以含蓄隽永的情感，温柔敦厚的气质。这是他写诗的传统来源。

　　丙辰（1616 年）冬他同来风季"学骚于松石居"，"拟李长吉体为长短歌行"（见《题来风季离骚序》），所以屈原（约前339—约前278）与李贺（790—816）也是他的模式。神奇幻诡的想象，恨怨悲愁的幽思，瑰丽辉耀的辞藻，都感染了青年的心灵。杜牧称李贺（长吉）为"盖骚之苗裔，理虽不及，辞或过之"，[12]所以学《离骚》与拟长吉体在同时，是浸淫在同一个文学体系之中的。日后他历经世故，仕进无成，在病中作七绝一首，题曰《问天》：

> 李贺能诗玉楼去，曼卿善饮主芙蓉。病夫二事非长技，乞与人间作画工。[13]

很有意思的是，陈氏的诗篇，并不倾向于楚辞系统的作风，只在很年轻时尝试过，如他约1630年"寿诸东柱"所言："戊午（1618年）与君为诸生，不觉于今十年矣。文章变态凡几回，或趋虚荒或奇诡……"[14]下面《弄儿谣》一首，虽然没有年月，应是戊午左右之作：

> 骃虞垂幰金银杜，玄豹障泥白鼻骝。雕面郎神斗丽华，弄儿行草与踏花。诸将望尘拜道遮，金弹飞肉富贫家。彼食天禄等押衙，弄儿饱死战士夸。战士饥死浮黄沙，弄儿得宠日未赊，胥涛卷雪鸣悲笳。

李贺有不少讽刺宫廷、权门、贵族及反映士兵艰苦、人民受难的歌诗，这《弄儿谣》就是一篇流亚。

自唐以来影响最大的诗人，可能要首推杜甫（712—770）。陈洪绶当然也跳不出他的圈子。试举一个有年月的例子。辛未夏（1631年），宗甫叔见遗葡萄。札云：野老樱桃，名与诗不朽。仆愿效之，戏答二首：

> 何事依吾身后名，吾非子美负君情。知吾名赖君成否？乞借藏书读半生。
> 偶然一事便成名，野老当年无此情。不过邻居杜老宅，樱桃相馈见平生。[15]

按此源出杜甫《野人送朱樱》七律，其诗云："西蜀樱桃也自红，野人相赠满筠笼。数回细写愁仍破，万颗匀圆讶许同。忆昨肠沽门下省，退朝擎出大明宫。金盘玉箸无消息，此日尝新任转蓬。"[16]

张燕客是陈氏的老友，一次聚饮瑞草溪亭，陈氏为他写了两首七绝，其二云：

> 太史文章逸少字，道玄贤圣少陵诗。古今寡二终何用，用感知音痴不痴。[17]

陈氏同意于历来的公论：司马迁之文章，王羲之的书法，吴道玄的人物与杜甫的诗篇，都是独一无二的。从他的诗句中看来，一直到晚年，总离不开杜甫。例如约1647年春作的《山居二首》之二：

> 老子忧来何所之，肥红梅子怯风吹。摘将数颗吞清酒，醉弄娇儿读杜诗。[18]

尤其是到了晚年，陈氏喜欢作七言律诗，而且常常在句中用重字，例如1646年秋《入云门化山之间觅结茅地不得》四首之四：

> 国破家亡身不死，此身不死不胜哀。偷生始学无生法，畔教终非传教材。柴屋大都随分去，莲宗小乘种因来。定来金界和银界，永去歌台与舞台。[19]

第三句"生"字，第四句"教"字，第七句"界"字，第八句"台"字，都是重用的。又如同一年稍后《闻闽中失守，君臣入海；又闻卫公城守有怀》二首：

> 槭槭庭柯翦暮云，茫茫怀汝梦秋坟。闽传主相争航海，金子江城战嚼龈。素愤偷生与死等，甚明忍死寄生云。定全节义文章节，善报君臣鱼水君。
> 闽地忽惊图籍纳，金公不惜首身分。臣心臣面言强谏，吾戴吾头独入军。殉节鹭涛当取节，阵云鲸浪接停云。得生佳信终难信，传死风闻最喜闻。[20]

这种句内一字重用（不包括重字的形容词）的技法，令人立刻想起杜甫的名作《闻官军收河南河北》：

> 剑外忽传收蓟北，初闻涕泪满衣裳。却看妻子愁何在，漫卷诗书喜欲狂。

白日放歌须纵酒，青春作伴好还乡。即从巴峡穿巫峡，便下襄阳向洛阳。[21]

也就在这一年的重阳，他"九日与朱集庵坐云门，赋二诗，复属和少陵秋兴八首韵一律，随叙癸未离京，至今日行藏"。[22]可见他晚年怎样地陶醉于老杜的吟咏之中。甲申变后，身经兵马之险，目睹亡国之惨，与杜甫在安禄乱中逃贼亡走、艰窘流落的处境极似；杜甫的"三吏""三别"（《新安吏》《潼关吏》《石壕吏》《新婚别》《垂老别》《无家别》）无疑地激起了他的共鸣，现存的几篇五言古《过夏镇》《士饿死行》及七言古《官军行》《搜牢行》《幕下客》，描绘盗贼杀掠，将肥士饥，官长领导士卒作恶，幕客不但狐假虎威而且变本加厉地鱼肉乡民等情况。[23]这在陈氏遗留的作品中，是比较特殊的一小组。

在散文方面，韩愈（768—824）可能对陈氏有较深的影响。《蔷薇》一诗，漏出可靠的信息：

文运真从国运衰，蔷薇空自耀疏篱。虽成香露银瓶贮，安得昌黎文读之。[24]

梦想入仕有为的这位画师，对"文起八代之衰，道济天下之溺"，[25]在德、言、功三方面都大有建树的韩昌黎，其倾慕可想而知（当然他不同意韩愈的排佛立场）。昌黎以文为诗，使诗的形式及语言散文化，在陈氏的诗中数见不鲜，那句"安得昌黎文读之"就是恰当的例证。昌黎以论入诗，影响了宋人，一些诗篇变成了理学家说理的工具，在一定程度上，陈氏也犯了这种冲淡了诗情的弊病（见后）。回到散文方面，昌黎在内容上主张文以载道，体式上扫华归朴、提倡古文，然而"唯古于词必已出"，[26]这都在陈氏的文章里有充分的反映。

陈氏久居杭州，眼前就是白堤、苏堤，当然不会忽略过大诗人白居易（772—846）及苏轼（1037—1101）。白居易用平易明畅的风格，动人通俗的语言，写出传诵海内外的名篇，包括深入中国各类文学美术的《长恨歌》及《琵琶行》，很自然地会影响那秉性真率、辞情朴直的陈氏。约1636年画的《诗解老妪图》轴上，陈氏自题："此白香山诗解老妪图，洪绶每喜写此，自髫年至今，凡数十本。笔墨日积而道德日损，宁能对双荷叶而写欢乎？"[27]老妪解诗的故事，传布甚广，说是"白乐天每作诗，令一老妪解之，问曰：解否？曰解，则录之；不解，则又复易之"。[28]己丑（1649年）仲冬，陈氏为南生鲁画《四乐图》卷，即白香山故事，第一乐即"解妪"，标题下系以五言诗，首二句是："苦吟费神思，且乏天真好。"第二乐是"醉吟"，而其五言诗为："庐山草堂就，不出堂外行。醉中喜浩唱，情理颇清明。"第三乐是"讲音"，第四乐是"逃禅"，其所系两五言诗不谈诗歌，兹不录。最后题云："李龙眠画白香山四图，道君题曰白老四乐。洪绶以香山曾官杭州，风雅恬淡，道气佛心，与人合体。千古神交，为生翁居士仿其意写之……"[29]这些说明了陈氏对白香山所景仰的是其诗句的"天真""清明"，其为人的"风雅恬淡"，以及其"妪解"（不论有无此事）的创作态度，把所谓士大夫的文学扩展到民间。陈氏的文艺活动，同这条路线是一致的。

由白到苏，是非常自然的贯串。两人都是有主张，守气节，不顾一身的安危，为经世济民而努力的政治家，又是要利用文学为社会服务，同时创作出艺术上的杰作，以尽力达到"华实相副"[30]的文学家。陈洪绶对苏轼念念不忘，在现存的诗中常见到，如《竹》一首："鬼工拓得王摩诘，远性摹成苏长公。人品文章争座得，有之所以易为工。"又如《除夕》一首："金马门前第一人，东坡曾说梦中身。明朝逐梦寻身去，待诏依稀月一轮。"他一生画过不少幅苏轼，有的直接写明，有的不标也显；有两幅画见不到了，但诗尚存："寒乌下屋冻云垂，欲饮邻翁赋好诗。酒盏不宽诗趣减，细摹苏老曳筇时。"（《写苏长公》）"爱写圆通苏子瞻，一年几得两三缣。老僧乞请伽蓝去，溪水山花白布帘。"（《画长公与恒如》）[31]1650年写的《游高丽寺记》，更表现出他对苏轼的倾慕：

> 苏长公为高丽寺伽蓝，老莲每入寺，多蓬首作礼，想其风韵，咏其文辞而还。庚寅携胡秋观游，见其法像为龙宫摄去，而长公范像，至不蔽风雨。老莲将以笔墨之赀，号召诸友别构屋一间安之；植梧桐、芭蕉，樵苏所不及。岁时祀以香灯酒果。遇有好诗文，焚一二篇就正之，即不当长公意，此一种羹墙痴想，料长公必失笑，引满以答我辈之卑田乞儿也……[32]

苏轼在书法、画论方面的广泛影响，在此不谈，其主要的诗、词、文、赋之外，还有笔记，随感记游，启发了晚明小品文的开花结实——包括陈氏的好友张岱。[33]苏轼最推崇陶渊明，他说："吾于诗人，无所甚好，独好渊明之诗。渊明作诗不多，然其诗质而实绮，癯而实腴，自曹、刘、鲍、谢、李、杜诸人，皆莫及也。"而且他不至于"独好其诗"，实际上他崇尚渊明的"为人"，愿"以晚节师范其万一"。[34]这就引到对陈洪绶影响最深刻的诗人节士陶渊明（365—427）。同苏轼一样，陈氏也是到了晚年，更从诗文及为人两方面向靖节先生膜拜。

陶渊明的身世、性格及为人的确与陈洪绶有不少平行处，如他世代忠于晋室，所以耻臣刘宋；不慕荣利，不屈权贵，守节安贫，而嗜酒如命。其不同处是陶的天才在诗文，而陈的特长在书画；陶只好躬耕自给，而陈能卖画糊口。所以陶的田园诗有"晨兴理荒秽，带月荷锄归"的农家真实感，[35]而陈的山居诗只有"倚竹看梅花，枕石唱流水"之隐士趣味。[36]更不同的是陶在解绶辞去彭泽令之职以后，决定归田，有"聊乘化以归尽，乐夫天命复奚疑"的广阔胸襟，[37]而陈则始终自愧"国破家亡身不死，此身不死不胜哀"，[38]且自号悔迟，心灵上始终不得宁静。在陈氏早年仍比较太平的时期，陶渊明的名作《桃花源诗并记》《五柳先生传》《归去来兮辞并序》等都已入了他脑中的文库，例如1622年《写送沈相如先生出守武陵》的桃花扇面，自题七绝有"风流太守玉骢骄，结辔桃源路不遥"之句，[39]另一首《放舟》的五绝："桃源信有之，真隐谁能为。聊种五株树，一看慰所思。"[40]到了晚年，陶渊明常常成为画的主题，例如约1649年的《渊明载菊图》轴，画渊明戴着风帽，持杖前行，一仆捧瓶菊及一僮追随其后；[41]1650年用来规劝好友周亮工的《陶渊明故事》卷，以"采菊""寄力""种秫""归去""无酒""解印""贳酒""赞扇""却馈""行乞"及"灌酒"十一段描绘自彭泽令到归隐的故事片段，每段并书简短的题辞；[42]1651年作的《博古叶子》第三十七幅标"空汤瓶"的陶渊明，其半醉半醒的姿态，完全合乎题辞"其卧徐徐，其觉于于，瓶之罄矣，其乐只且"。[43]约同一年画的《摹古双册》二十页中，第五幅是持杖伫立，两袖飘举的陶渊明，而第十一幅是五柳先生持杖归来，门前五株高柳，遍地菊花，稚子候迎。[44]1651年夏天送小友姜绮季到扬州的《三处士图》卷，梅、水仙及菊各象征一位高士——林逋、赵子固、陶渊明。画后自书五言古长诗，其中一段是："……我非赵子固，然爱其风流。画此三处士，与君相绸缪。渊明之好酒，一杯酹芳洲。林公之好鹤，鹤唳闻高秋。王孙之好画，泼墨观龙舟……"[45]显然陈氏越老越感到陶高士的诗、人合一，不可分也不必分；菊香酒趣都只是可觉可触的象征。

（二）创作思想

陈洪绶并没有留下论诗文的专篇，像他的"画论"。[46] 从毛奇龄《陈老莲别传》中引陈氏以文论画的一段，至少可以了解一些他对作文的看法：

> 吾试以为文言之：今大为文者，非持论即摭事耳。以议属文，以文属事，虽备经营，亦安容有作者之意存其中耶！自作家者出，而作法秩然；每一文至，必衔毫吮墨，一若有作者之意先于行间，舍夫论与事，而就我之法曰：如是则当，如是则不当，而文亡矣。故夫画：气韵兼力，汎汎容容，周秦之文也；勾绰捉勒，随境堑错，汉魏文也；驱遣于法度之中，钉前燕后，陵轹矜轶，抟裂顿斫，作气满前，八家也。故画有入神家，有名家，有当家，有作家，有匠者家；吾惟不离乎作家，以负此啄也。

读后可以看出来：一、他主张为文应有作者之意存其中；二、作家有法，但似有意而实以法行文，则无文矣；三、他重周秦之文，认为汉魏有体势，而评八家在法度之中力求超越，但"作气满前"，是作家的文章；四、他自认不离乎作家。毛传中在述这段之前，说陈氏称自己仿周昉（长史）再三而不自足，因为"吾画易见好，则能事未尽也；长史本至能而若无能，此难能也"。反转说来，以画论文，则作家显能，不能达到"而若无能"之境，有法，未达"而若无法"之境，这是因为意不存也。陈氏作此论时，想在其早、中期，推崇周秦文为"气韵兼力"，有韩愈古文运动的回音；尝说"非三代两汉之书不敢观"的韩文公，受到其运动的另一大柱石柳宗元（773—819）的帮助；而柳的传统是从周到前汉："每为文章，本之书、诗、礼、春秋、易，参之穀梁以厉其气，参之孟、荀以畅其支，参之老、庄以肆其端，参之国语以博其趣，参之离骚以致其幽，参之太史以著其洁。"[47] 过了七百年，入明以后，又有李梦阳（1473—1530）倡导的复古运动，"倡言文必秦汉，诗必盛唐"。[48] 但这些运动的主要点不是模拟古人，而是要扫去繁巧峭靡、空虚绮丽的无思想之文及无情感之诗；那思想与情感，或即陈洪绶所谓"作者之意"。至于"法度"，则任何艺术都不可缺。李梦阳说得好："古之工，如倕如班，堂非不殊，户非同也；至其为方也，圆也，弗能舍规矩，何也？规矩者，法也。"[49]又说："文必有法式，然后中谐音度，如方圆之于规矩。古人用之，非自作之，实天生之也。今人法式古人，非法式古人也，实物之自则也。"[50]所以为文作诗，必有"意"有"法"，不可偏一，陈氏不必自谦为"作家"，因为至少有法，而且从这坚实的基础，加上意境，就可以化入当家、名家、神家之界！

陈氏谈诗的文字，只有约1628年写的《吕吉士诗序》，[51]兹录于下：

> 余于戊午（1618年）与吉士游。吉士与余同年生，予长其十余日，常兄事余。余见其诗，有"脚头寻野趣"之语，直言有中郎语气；又用哗字嫩结语有"不妨乌帽斜"甚弱，后宜去。此十年来，来往疏远，闻为诗日长。今年饮酒湖上，读近作有似香山者，有似东坡者，老格淡韵，渐近自然，戊午诸病尽去，吉士可谓信予极矣；然予今日之信吉士亦极矣。余每于试蹶后，辄多怨恨悲愁之语，不能如吉士旷观，与余同饮同诗，无一怨恨悲愁之语，是知命人也。不以朝槿之荣为眷眷，是有志千秋事业人也。曾子固曰："吾儒胸次惟读书能宽大。"吉士之诗工，以读书，故能不为愁恨悲怨语，以读书明理，故刘后村曰："诗以人重。"吉士诗即工矣，而不能为旷观人，毋取也。予诗人皆许可，予所自不许可者，为怨恨悲愁之语；今见吉士，当不复为也。吉士兄事余，益余者多多矣。

写这篇序时，他不过三十一岁左右。其中三点突出：一是他不喜欢袁宏道（1568—1610，字中郎）的"直言"，也就是大白话，而崇向白居易、苏轼的"老格淡韵"，近乎自然。二是要胸怀宽大，如曾巩（1019—1083）所说，读书可以做到。三是要人品高尚，诗即高尚，如刘克庄（1187—1269）所云"诗以人重"。此外，言下对自己的诗颇为自豪，说"人皆许可"，这同自列为"作家"，都是少年的盛气。

从上面两段论文谈诗，可以看出陈氏在早年已经饱读自周秦到唐宋的文学经典著作，兼及当代巨子的作品，如公安派领导者袁中郎的诗。从"作气满前，八家也"这句话，就可以知道他读过离他时代不远的茅坤（1512—1601）所评选的《唐宋八大家文抄》（韩愈、柳宗元、欧阳修、苏洵、苏轼、苏辙、曾巩、王安石）。其实，时代的影响，要大于古人的影响。袁宗道、宏道及中道三兄弟，号称公安派，是晚明文学界一大势力。袁宏道是领袖，他反对盲目拟古，而主张文随时变；他要排弃规范，"出自灵窍"，以"直写性情"而去伪存真；而这个性灵之真，是由于"童子之心"。[52] 因此他的诗，率真而"直言"，但陈洪绶的诗，尤其是晚年，达到了相当的率真程度。袁中道（1575—1630，字小修）与陈同时，他自序《珂雪斋集》说："古人之意至而法即至焉。吾先有成法据于胸中，势必不能尽达意。达吾意而或不能尽合于古之法，合者留，不合者去，则吾之意其可达于言者有几，而吾之言其可传于世者又有几！故吾以为断然不能学也，姑抒吾意所欲言而已。"[53] 再看一遍陈氏以文论画的那一段中说作者之"意"应先于"法"，很难避免陈氏加入公安派阵营的结论了。

再深一层讲，袁宏道曾师事李贽（1527—1603，号卓吾），他倡性灵出于童心之说，应是李贽"童心说"的影响。李氏是明代突出的思想家及文学评论家（在《李卓吾评本西厢》中，有陈洪绶的插图），"童心说"中有云："夫童心者，真心也……若失却童心，便失却真心；失却真心，便失却真人……天下之至文，未有不出于童心焉者也……"[54] 他主张若童心常存，那各种创制体格文字都是好文章，不管怎样变，不管是今古，所以近体、传奇、院本、杂剧、《西厢曲》《水浒传》等，"皆古今至文，不可得而时势先后论也"。这不但为活泼天真的当代诗歌散文开路，而且大力地提高民间文学的地位。这是晚明文学理论的主流，而陈洪绶的诗文极其接近《西厢》《水浒》，以奇妙之笔描绘其中人物及故事，都显出他是时代的子女，也是创造时代文化的成员。

（三）作品特征

陈洪绶散文作品所存不多，《宝纶堂集》中分之为序二十篇，传三篇，论三篇，记十篇，书两篇，寿文一篇，铭一篇，杂文五篇，共四十五篇。其中应酬文颇多，例如《寿胡母文》，[55] 陈氏写时仅十五岁，已经以文名，所以一生一定写了不少受命之作；这种文字，一般说来，并不精彩。他比较好的散文同诗一样，都是有感于中，真情流露之作。例如《题来风季离骚序》（卷一），《录果报小引》（卷三，两篇皆1638年作），《失狗记》（卷二，1645年作），《好义人传》（卷一），《太子湾识》（卷二，两篇皆1649年作），文字朴实，辞句简练，读之可见其人。

陈氏的文学作品主要的是诗：四言、五言、七言古风，五言、六言、七言绝句，五言、七言律诗都有，再加上几首排律及几十首词；其中七绝占四成以上。内容方面，寄答居多，余则怀亲怀友及偶感；比较特殊的是鼎革前后耳闻目击离乱惨痛的几首古风体长诗——《过夏镇》（约1643年自京归家时作）、《士饿死行》《官军行》《搜牢行》及《幕下客》（皆约1645年作，前已简述其内涵）。基本上陈氏不作无病呻吟，除少数纯应酬篇章外，都是富于人情味的写情写景，朴质无华，不用典，不琢辞；其长处是有真率之趣，而短处是以文入诗，稍欠工、妥。因为他是秉承儒教传统的，所以诗文中弥漫着忠君爱民、尊亲善友的思想及情感，不管一生受多少屡试不中、贫困无依及国破家散的挫折及痛苦，他仍是一腔入世的热血，并不归依佛教的脱化或老庄的飘逸；换句话说，他的诗属于杜甫的一派，而无李白的气息；多有愧悔之词，而少豪放之语；但他虽然自称"醉乡老死"（见《太子湾识》），而死前一年，仍以"中兴画学"自命自勉（见《画论》）。可以说，陈氏是一位生活力极强的人，他的诗中流贯着现实的意识。其杰出作品，就是在生活中体验到极受感动的场合不得不写的作品。例如1623年妻来氏卒时写的《内子嘱以旧服殓及殓简衣涕而作》及《自萧山归见女口占》两首（全诗见"生平"章），读之令人落泪；又如1645年即明亡后一年写的《春雪》六首（亦见"生平"章），既痛亡国，又愧不死，如夜深悲号。1646年避乱山中，筑茅屋存身，1647年为卖画谋生，不得不回绍兴，但又怀念山中雪夜、月夕之美，访道掇芷之乐，作《思薄坞》长诗（全录入"生平"章），情思洋溢，动人同感。

总的来看，陈氏的诗，多半是自述，从环境、遭遇、亲朋到内心的激愤、哀怨、怅惘到偶尔的欢娱，都以不事修琢、真情流露的文字表现出来：他有朴质自然之长，也有以文为诗之短，但不失为晚明诗坛上一位发出心声的歌者。

注 释

［1］［2］［3］《宝纶堂集》"轶事"。

［4］ 王士禛《池北偶谈》，中华书局，1982年，上册，第283页，第五四二则"陈洪绶诗"。

［5］［6］《宝纶堂集》"轶事"。

［7］《宝纶堂集》，罗坤序。

［8］《宝纶堂集》，胡其毅序。

［9］台静农编《百种诗话类编》，台北艺文印书馆，1974年，中册，第733页。

［10］《宝纶堂集》"轶事"。

［11］《毛诗》卷九，《采薇》第六章。《四部丛刊》初编缩本，第一册，第68页。

［12］杜牧《李贺歌诗集序》，见《李贺歌诗编》，《四部丛刊》初编缩本，第四〇册。

［13］《曼卿为宋石延年》，见《中国人名大辞典》，第214页：言其为文劲健，诗尤工，喜剧饮。

［14］《宝纶堂集》卷七。

［15］《宝纶堂集》卷九。

［16］《分门集注杜工部诗》卷十，《四部丛刊》初编缩本，第三六册，第185页。

［17］［18］《宝纶堂集》卷九。

［19］［20］《宝纶堂集》"拾遗"。

［21］《分门集注杜工部诗》卷十三，第238页。

［22］《宝纶堂集》卷六。

［23］《宝纶堂集》卷四《过夏镇》，卷七《士饿死行》，余三首在"拾遗"。

［24］《宝纶堂集》卷九。

［25］苏轼《潮州韩文公庙碑》，见《经进东坡文集事略》卷五五，《四部丛刊》初编缩本第五二册，第311页。

［26］韩愈《南阳樊绍述墓志铭》，见《朱文公校昌黎先生集》卷三四，《四部丛刊》第三九册，第222页。

［27］程十发藏。按双荷叶为宋贾收之妾小名：贾收，字耘老，有诗名，喜饮酒，苏轼与之游。参见本书第二章"现存作品分述"之注99。

［28］自宋人彭乘撰《墨客挥犀》；参见本书第二章"现存作品分述"之注98。

［29］此图藏于瑞士利特伯格博物馆。

［30］苏轼《与元老侄孙》，《中国大百科全书·中国文学Ⅱ》，第795页所引，其言曰："务令文字华实相副，期于适用。"

［31］此四首七绝，皆见于《宝纶堂集》卷九。

［32］《宝纶堂集》卷二。

［33］《中国大百科全书·中国文学Ⅱ》，第798页，刘乃昌撰《苏轼》一文中，指出此类文字，实开晚明小品文一派。

［34］苏轼《与苏辙书》，朱靖华《苏轼新论》，齐鲁书社，1983年，第183页所引。

［35］陶渊明《归田园居五首》之三。见唐满先注《陶渊明集浅注》，江西人民出版社，1985年，第56页。

［36］《宝纶堂集》卷四，《薄坞山行》之最后两句。

［37］陶渊明《归去来兮辞》，见《陶渊明集浅注》，第229页。

［38］《宝纶堂集》"拾遗"，《入云门化山之间觅结茅地不得》七言律诗之四。

［39］台北故宫博物院藏。

［40］《宝纶堂集》卷六。

［41］徐悲鸿纪念馆藏。

［42］檀香山美术学院藏。

［43］翁万戈藏。

［44］克利夫兰艺术博物馆藏。

［45］翁万戈藏。

［46］《宝纶堂集》卷二。

［47］柳宗元，见《中国大百科全书·中国文学Ⅰ》，第463—467页，钱仲联一文："他与韩愈同时倡导古文，同样重视文的内容，强调道与文的主次关系，主张文者以明道。"

［48］复古运动及其波澜，见《明史》卷二八五，列传一七三，"文苑一"，中华书局本，第7307—7334页，及其后三卷，止于"文苑四"。参见郭绍虞《中国文学批评史》，中华书局，1964年，第298页。

［49］李梦阳《空同集》，《驳何氏论文书》，郭绍虞《中国文学批评史》，第301页所引。

［50］《空同集》，《答周子书》，郭绍虞《中国文学批评史》，第303页所引。

［51］《宝纶堂集》卷一。

［52］《中国大百科全书·中国文学Ⅱ》，第1208页，鲍昌撰《袁宏道》一文。又见郑振铎《插图本中国文学史》第四册，第945页。

［53］郑振铎《插图本中国文学史》，第947页所引。

［54］李贽《焚书·续焚书》，中华书局，1975年，第98—99页，"童心说"。

［55］《宝纶堂集》卷三。

第五章

陈洪绶书画的鉴定

一、绪　言

鉴定书画，是研究书画的基础。单靠著录及专家的教言，有以讹传讹的危险及隔靴搔痒的弊病；但在极有利的条件下，能到处观研"真迹"，而不能鉴别真伪，甚至有时以伪为真而以真为伪（如乾隆皇帝之于黄公望《富春山居图》卷），那等于自欺欺人，会造成谬误的结论。其实鉴定的原则很简单——就是比较，而其复杂之处，在于比较前的搜集可靠资料、储藏资料及利用资料及比较后的判断资料。在资料不足而无法在比较后下判断时，则只好存疑。所以面对一件作品时，必有三种反应之一：真、伪、疑。鉴定的目标当然是尽量减少"疑"的数目，去伪存真，列出有相当数量，年月较全，画种及书体俱备，质量等次富于变化但无显著差异的一组"真"品，这才可以开始有系统地研究。一位出名的书画家作品，收藏者遍天下，研究者必须尽可能到各处去目睹重要的原品，而且必须得到高级的照片及印制品，作为补助过眼的记忆及可以聚集比较的资料。而且在这参观原品及继续审查比较图片的过程中，必会慢慢思考初步的真伪观念而确定分类，并逐渐减少"疑"的一类。但有些赫赫有名的若干件，一般以为是真迹的，研究者发现其为伪作或存疑，那就必须提出讨论，以寻求真理；同样的，有些重要的原品，被不少专家疑为伪迹的，也要表明出来为什么不假。本章的着重点在于前者，因为后者在绘画及书法两章中，都已经以肯定的方式，把凡本书作者认为真迹的都加以叙述而且列入作品编年了。

比较是基本方法，但是比较的内容是什么？依照重要性，排次如下：一、笔墨（书画的本身），二、题款（自题及署名），三、文与图（书的文字与画的主题），四、印章，五、质地（纸与绢），六、彩色（或有或无），七、著录、收藏、题跋（或有或无）。当然，鉴定者无论有怎样好的方法及多少数量的资料，其比较时的思考过程及最后的判断能力，仍然有决定性——这就是历来所谓的"眼"。这个"眼"已经在多少世纪的传说中被神秘的氛围所笼罩，因而有"鉴定天才，生而得之"之说；这当然是故弄玄虚。现在资料比从前流通多了，摄影及复制远胜拓片摹本，所以每一个真、伪、疑的说法，都可作详尽的解释。本章就是选出一系列的例子，企图做这种鉴定的工作。

毛奇龄《陈老莲别传》云："朝鲜、兀良哈、日本、撒马儿罕、乌思藏购莲画，重其值，海内传模为生者数千家。甬东袁鸥，贫为洋舡典簿记，藏莲画两幅截竹中。将归，贻日本主；主大喜，重予宴，酬以囊珠，亦传模笔也。"这说明陈洪绶生时，已经有很多人作他的假画，再加上他的儿子陈字书画都似乃翁，徒弟严湛、陆薪、沈五集等，都仿老师而且达到相当程度，即使他们不作代笔或副本，画商也会挖去他们的署名及图章，填以假的老莲款印。按照朱彝尊《静志居诗话》："余每睹其真迹（老莲），所画美女，姚冶绝伦。今则赝本纷纭，多系其徒严水子、山子、司马子雨辈所仿，率皆蓬筚戚施矣。"那在当时已经周知门徒造假的事了。在这种情形下，比较的内容更须注重笔墨、题款、文与图这三项。施闰章（1618—1683）记载陆薪的话是很好的参考："师作人物，设色缀染，薪具能从事，惟振笔白描，无粉本，自顶至踵，衣褶盘旋常数丈，一笔勾成，不稍停属，有游鸥独运乘风万里之势，他人莫能措手。其体貌巉古瑰玮，又不待言。"[1]所以此处不妨套一句地产商估房价的名言："地点，地点，地点！"而说鉴定的秘诀："笔墨，笔墨，笔墨！"

现在选若干件有问题的"陈洪绶书画"，加以分析，按人物及花鸟杂画两组列下，在每组内，以其风格或题款的年月先后为序。

二、举例分析

（一）人物组

1.《人物图》轴，绢本、设色，纵130厘米，横46厘米。款题："天启七年四月朔洪绶敬图于尊经阁。"[2]天启七年为1627年。可资比较的真迹有：丁卯清夏《梅花小鸟》册页一幅，上有自题七绝；丁卯仲冬《古木当秋》扇，上有自题两次，这两幅是同一年的。又有一幅癸酉仲冬（1633年）《山水人物图》轴，虽然晚了六年多，但树石烟雾颇似，很有参考价值。现在先审视笔墨：人物衣纹的勾勒软弱而且少变化，既无含蓄，也不灵活；画背后两株大树的粗笔僵滞，夹叶的轮廓很机械化；地面的草，其长点子也是排列整齐，无疏密自如之感；勾石的粗笔应该放纵，反而拘束，落笔与收笔都过于小心。次观款题：其字体与上述两件丁卯作品的题字无近似处，仅"洪绶"之签名格式与《梅花小鸟》册页之签名略同；但这一行字写得并不一气贯通，而陈氏该年已发展的结构特征，如一字间各部位的不匀称、撇捺的展伸等全没有表现；即使因为"敬图"，所以写得工整，则何以签名两字用非正式的草法，而不用较规矩的楷体"陈洪绶"三字？（如万历四十八年作《准提佛母法像》及丙戌作《龙王礼佛图》等）谈到文与图，因为没有长题或诗句，不必谈文，只要谈图——构图、造型等项。此画释（中）、道（左）及儒（右）三人的面容，与陈氏所创富有古气的男子面型不同，尤其儒者眉清目秀，五柳胡须，完全是清代风味；衣纹褶子不当之处甚多，例如儒者驼背处的平行垂直线条及其两条垂带的转折等，都露出造型技法的低下；再看大树的老干，其树皮勾得多重复形象，疤痕是大黑洞一般的勉强安置，相当乏味；树叶间的几条横雾像剪纸，并不增加气氛或空间的层次感。上述的癸酉《山水人物画》，其中的老树横烟在比较之下，优劣立见。

2.《麻姑图》轴，绢本，设色，纵172.5厘米，横95.5厘米。款题："溪山老莲洪绶写于惜华堂，严湛画色。"两方印："陈印洪绶"（白文）、"章侯"（朱文）。[3] 此图亦称《女仙图》轴，[4] 有另一本，大同小异，绢本，设色，纵177厘米，横97厘米。款字相同，仅在"写"下多一"寿"字。钤两印。[5] 兹称之为乙本，而前者为甲本。又有《仙人献寿图》轴，绢本，设色，纵182.1厘米，横98.1厘米。款云："溪山老莲洪绶写仙人寿者于道上园。"钤两印，[6] 因款不同，不称丙本。世间此图想仍有多本，都是一稿相承，略加变化，不能全列。这是理想的寿礼，市上需求颇大，故成为一组。[7] 以这三本看来，乙本似最早，《仙人献寿图》似最晚，但甲、乙两本都似出于更早的一本，而那原本都不一定是陈氏的创作。因为甲本及《仙人献寿图》常展出及印出，所以即以甲本为审视对象，然后再略谈其他两本。先看笔墨：衣纹僵硬，粗而无力；墨则除裙外，浓而无变化；勾勒颇简，全为了供应细笔装饰纹作轮廓；装饰纹是一高髻长袖曳裙的持篮仙人，重复出现，由团形图案相连，成为行列，远看即是横纹，由小方框及斜叉的细纹作背景；其特征是装饰纹与衣褶无关，完全不顾立体折叠的效果，平铺起来，像剪下花纸就贴到画面一样。背景两块直立的石头，右高左低，勾勒折笔，亦是僵硬寡味。勾脸及手的细线条，并无韧性；女仙及女侍的发髻由黑球筑成，灰缘黑心，毫无陈氏细毫画发丝的功夫——实际上，陈氏真迹仕女，从不见这种画法。至于款题：字体系1635年左右风格，开始"溪山老莲"四字，似临乙亥十一月朔日作《冰壶秋色图》轴长题的头四字，其余的字，亦似从该长题中集出（如"华堂""洪绶"等），但笔力远不及原作，有飘浮之感；陈氏晚年，曾令严湛补景、设色，但他四十岁前，未见令弟子参加的真迹；"画色"一词，也只有在这《女仙图》上出现。说到构图、造型等，则最重要的是面容，一点都没有陈氏仕女的意味。女仙及女侍比较浓的眉毛，女仙的上眼皮，两人比较现实的眼形，女仙鼻端两面都画出，两人的人中，嘴的叶形（上下唇对称），女侍嘴下弧形线，女仙颈下皱纹……这些在陈氏美人的画上都看不到的。再看手：手指的宽肥，女侍右手四指的分线通到手背等等都显出画技的低下。至于铜瓶造型的臃肿，悬挂葫芦的杖上疤痕之机械化排列，也增加仿而不似的证象。乙本的问题，与甲本大致相同，只是铜瓶、杖及背景的石头等造型与画法都不一样，而且较佳于甲本。《仙人献寿图》的变化较大，多半是在背景方面加上古松，石头缩小，设色青绿；人物则女仙发上除去冠形饰，而女侍则增加双鬟；道具则杖上增灵芝，瓶中减梅枝；设色比较鲜艳：松针及石用石青石绿，铜瓶上五彩混染，女仙内衫红领及女侍红衣都是平涂的浓朱，红衣的领、袖有石青边，异常醒目；女仙衣上持篮仙人与团形图案相间分布，以细雷纹作背景。整体说来，较甲、乙两本为繁而且多彩，是后来者企图改进以迎合当时市场的迹象。至于款题，其字体亦仿《冰壶秋色图》长题，其技巧较高，加上"仙人寿者"四字，更宜于做寿礼。

　　3.《乔松仙寿图》轴，绢本，设色，纵202.1厘米，横97.8厘米。款题："莲子与翰侄，燕游于（点去）终日。春醉桃花艳，秋看夫容色。夏蹋深松处，暮冬吟雪白。事事每相干，略翻书数则。神心倍觉安，清谭写松石。吾言微合道，三餐岂愧食。乙亥之春，洪绶自识。"方印二："陈印洪绶"（白文）、"章侯"（朱文）。[8] 先看笔墨：板滞粗硬，很少变化；老者的须、眉、头发虽用细笔，但颇草草，无陈氏画毛发时之细劲；衣纹的勾描亦简率，转折及弧线都无含蓄及笔力；松皮上的圆圈更仓促草乱；石头以秃笔作V形为皴，似鸟足在沙上乱踏；而泉水叠流的弧线则一成不变，如军旅排队；松针亦然；其他的树叶及地面杂草也是用"大量生产"的方式重复勾出，实际上全画谈不到笔致、韵味。次看款题，字题全仿乙亥《冰壶秋色图》，[9] 但已浊重变形，并无大小参差、疏密有致的布局，对比之下，可见效颦之陋。然后审查文与图：题中五言十句，非常可疑；"事事每相干"后，缀以"略翻书数则"，并不连属，勉强以"神心倍觉安"继之，仍有拼凑之感。其实《冰壶秋色图》题云："溪山老莲安静神心，白诸君子曰：事事每每相干，不能偕诸公至秋香深院，采菊赋诗，以集秋香乐境，未得言文章而谋野韵。偕诸公往之。乃诸君子曰：

秋雨千山里，篮舆偕子行。绶。吾言微合道，子语必关情……"《宝纶堂集》中有诗两首，大概就是事后作成的，兹录于下（皆在卷五——前首无题）：

> 习静能偕子，神心倍觉安。略翻书数则，便不愧三餐。秋景看将老，年光惜欲残。要知忧乐境，事事每相干。

雨中与公简山行，口占相赠

> 春雨千山里，篮舆偕子行。吾言微合道，子语必关情。岂止能闲好，还欣业不生。桃花香艳事，已过一清明。

显然《乔松仙寿图》上的诗是拼凑及仿制的产品，以致后六句有生硬之感。至于构图：粗蠢的松树及其背后两树占据全幅中央，下有割切齐整的平坡，环以同形单位积叠的石堆，左边流出几行枇梳般的泉水，而人物则在树旁一左一右，这真是起码的结构，目的就在于填满空间，有热闹的效果。至于造型：高士（即作为陈氏自画像）虽只有三十八岁，已经皱纹满面，眼角的纹，似从眼中勾出；两耳甚长，而轮廓之内，无甚细节，似不知如何下笔（可与木刻《水浒叶子》中鲁智深、张顺、柴进等人画耳法相比）；青年（即题中之翰侄）的衣纹很公式化，如左袖上的三横纹及左裤下端的三横纹，都似装饰；最主要的高松，枝干似筒，树皮画满圆圈似打印，松针的一律化，红叶的一律化，及石块的一律化，使全图有家具上装饰的气味。这很可能是一个画工同一个文人的合作，因为设想及书题者必须得到《冰壶秋色图》作参考而且读过《宝纶堂集》，有拼凑加句的能力，一般画工办不到。

4.《梁武帝访陶弘景图》轴，绢本，设色，纵153厘米，横50厘米。款题："溪山老莲洪绶画于深柳读书堂。"两方印："陈印洪绶"（白文）、"云门僧悔"（白文）。[10]第一在笔墨方面，锋尖而硬，画须发时不及陈氏的精确细致，画衣纹时缺乏转折的灵活，画树石则表面刚而实弱，画白云则线条拘滞。第二题款：字体似1636年左右的（也是仿《冰壶秋色图》题字的时期），但书法不佳，用笔不够圆浑，在转折处非滞即滑。与真迹直接比较，就立刻可以看出——约1633年作《莲鹭图》轴（又称《荷塘蛙鹭图》），其款与此完全相同，不难想象此画之款即向《莲鹭图》款照抄。第三看构图与造型：虽然梁武帝以帝王之尊，应居幅的中心，陶弘景（456—536）是博学的隐士，受帝的尊宠，时称"山中宰相"，[11]故独立一侧，似乎占更重要的地位，而武帝的随从三人，却都挤在右边，有经营位置未能安妥之感；背后三株大树平排，不能表现空间的层次；前面的小仙人升自葫芦进丹及石头一块，都是各自独立，似与环境无关。至于造型，则陶弘景的扁鼻、竖眉、聚眼、嘴角下弯，满面不豫之色，毫无高人豁达的风度；武帝及侍从的各种面型，比较近于陈洪绶的格式，但缺古雅的趣味；树干、石头、白云等，都单薄拘谨，整齐有余，洒脱不足。衣纹的组成，缺乏自然的韵律，与衣服里面的身体并无多大关系。最后一个破绽是用"云门僧悔"一印，因为那是陈氏在1646年避难山间，入云门寺为僧后才有这号，而本图款题的字体与深柳读书堂都是十几年前的事，显出作假画的人学识不足。

5.《淮南八公图》卷，绢本，设色，纵26厘米，横274.5厘米。款题："陈洪绶画于南高峰。"[12]全卷只有人物，并无背景；计八公与淮南王刘安外，有随八公来的九个童子及淮南王背后的侍从一人，所以审视笔墨，即大部分看衣纹的勾描，自始至终，都细而无力，有轻浮之感；面容的勾勒亦然，须发则大都草率，多仗墨染。款题系仿陈氏三十余岁时字体，但用笔轻，运笔慢，连属有迟疑迹象，似每个字着意安排，不通气势。至于构图，全卷一直到最后一段，是一个老幼十七人的礼敬行列，如《职贡图》，打躬作揖，捧物奏乐，到最后淮南王屈身接待时，才反转了这行进的方向及稳定了结尾——这是很可能原有这样一幅陈氏作品，但在造型方面，却远离了陈氏的素质：细节比较全的面容，如第四个小儿（从卷首数），第二、四、五、六公，淮南王及侍从，都没有陈氏的古雅大方；衣纹尤其有问题，很多地方画者不了解衣褶的自然规律，不是庞大空旷（如第一、三公的袖子），就是纹线不得其所（如第四公肩上一道斜纹插入近背部的两条直纹）。陈氏造型有夸大的风格，但没有这种不合理的矫揉造作。按，流传世间的《八公图》卷，不止一本，都是出于一稿；如本来有这样一幅陈氏真迹，那这些抄本必已经过好几重传抄，因此大失原样。

6.《莲池应化图》轴，绢本，设色，纵174.1厘米，横72.1厘米。款题："南无阿弥陀佛、大势至菩萨、观世音菩萨，圣贤当道，即为生佛临凡。仁义抚字，是亦菩萨现身。说法度生，若以菩萨应以声闻身得度者，即现声闻身，而为说法像。云门僧悔陈洪绶敬图。"[13]两方印："洪绶"（白文）、"章侯"（朱文）。画中阿弥陀佛及观音、大势至二菩萨：佛红衣，在前；菩萨一着浅紫锦衣，一着墨绿衣，皆有胡须。后有高耸的太湖石，玲珑多孔。第一看笔墨：此画作风，颇似《女仙图》，用笔僵板，衣纹多直线方角；面容及手足的勾勒平平；奇石纯仗墨染，不露笔痕，颇富装饰趣味；平坡杂草则草率勾画及皴擦。第二看款题：字体模仿陈氏丙戌（1646年）风格，但用笔飘滑，字无骨骼。陈氏在该年仲夏作《龙王礼佛图》轴，幅上部自书"无尽意菩萨赞观世音菩萨偈"可能是作伪者模仿的蓝本。陈氏行草书落笔有力，字字结实，比较后不难看出伪作的虚浮及装腔作势。第三看构图及造型：陈氏构图，很多极简洁，常不用背景，但如用背景及桌椅等，则与人物有关，合为有机的组成；此图则一佛二菩萨似为独立的单位，被剪贴在平板似的坡上，而后面置一过于雕琢的高石；所以在构图上有不相连属之感。至于造型，则梵像胡貌之佛及汉化胡貌之菩萨虽仿陈氏佛画中面型，但经过整理，干净修齐，如颏上胡须，分排列阵，如颈上弧线，柔软光滑，如两只佛足，十趾齐头，可以说既无古风，又无画趣。锦衣上的织纹、技法及花样，都类似《女仙图》，很可能这是同时期甚至同一个画室的出品。

7.《群婴拜佛图》轴（又称《婴戏图》或《童子拜佛图》），绢本，设色，纵122.5厘米，横56.8厘米。款题："莲老洪绶画于清远堂。"[14] 两方印："陈印洪绶"（白文）、"章侯"（朱文）。因为此幅的蓝本原迹尚存，所以易于比较。该画款题为"老莲洪绶画于护兰草堂"，兹称原本；另有一抄本显系以此抄本为据，亦题"莲老洪绶画于清远堂"，故称乙抄本，而此则称甲抄本。现比较如下：先谈笔墨——甲抄本有相当程度，但在临摹时仍不免于拘谨，再摹抄本则风格渐失，用笔多加一些顿挫而失秀劲之致。再谈款题——原本字体是陈氏1650年左右结构内敛的行楷，而甲抄本改为较早几年的作风，笔画患于轻忽，细查就看出力量不够。陈氏用"莲"字署名时，有"莲子""老莲"及"莲沙弥"，但在现存书画及著录中，不见有"莲老"，这也许是独出心裁。谈到构图及造型——忠实的临摹，应该不成问题，但这抄本有细节上的改变。一是把跪拜的婴儿向前移动，使他的腰带一端连接那磕头婴儿的臀部，即使这样紧凑起来，画幅的右缘仍要割掉这跪拜婴儿的脚。实际上，这抄本的空间缩小了。有意思的是，再抄一次，空间又缩小一些，乙抄本的四婴、太湖石、佛像等更挤在一起，而且下左角添一小石，唯恐画幅有空白。反观原本，不禁感觉到其有悠闲之感。造型上也有小变化，但颇值得注意：那持瓶向佛供花的小儿，鼻子已将被左臂遮住，原本上他圆圆的头，留的一撮头发，浑然可爱；抄本把头画长了，脖子收进来，头发向上推，鼻子加长，使他的形象已不似婴儿；乙抄本较好一些，但不能恢复原状。衣纹方面，抄本增加了褶纹，跪拜小儿的肩后增加了一些背部，填满了近边缘的空隙，但与原本一比，其改动失去了典雅的意致：在石头下面的小儿，头上红圈改成帽子，表情严肃，不似原本那小儿面带微笑。其他的不同点尚多，这几个例子可以指出自作聪明的效果。

8.《竹溪六逸图》卷，绢本，设色。尺寸不详。款题："辛卯孟冬洪绶画于茂齐之翻经草阁。"[15] 两方印："陈印洪绶"（白文）、"章侯"（朱文）。此画未见原物，但影印照片极为清晰，足资研究（上海狄葆贤——平子——平等阁旧藏，现不知何所）。此卷制作者程度甚高，对陈氏作品相当熟悉，而且本人是有根底的书画家，所以笔墨无外行的缺陷；但脱离本色，模仿别人，究竟是"作客"，不免拘谨，加以要讨好，趋向漂亮齐整的路子，因之全画失去创作的自然之美。陈氏晚年的高古游丝描，不像此画的笔笔粗细一律，如机器生产的质量匀称。款题的字，并不成功：笔力软弱，有架子但撑不住，而且败笔很多，如"齐""草"的横，"冬""齐"之撇，"阁"字的门框等。至于构图，因为石头及人物都是从陈氏其他真迹上借来的，不免有拼凑之感：卷首的横石及鼎是从《华山五老图》卷搬来的；第一位持杖的逸士是《隐居十六观图册》第十四页"孤往"的高士，易扇为杖；第二位席地而坐、举杯抱阮的人物即同册第七页"嗽句"的背形；第三位采自同册第四页"醒石"；第四位也来自同册——就是第三页"浇书"的饮者；第五、六位可能不是整个搬过来的，但第五位的坐姿颇似《陶渊明故事图》卷上"赞扇"的陶隐士，而第六位的面容极像同卷"却馈"送食的官吏，他膝上的琴又像《隐居十六观图册》第十三页"囊幽"的琴。这种借凑法理应解决了造型问题，但这位画家要改头换面，使六逸中四逸不是愁眉，便是瞪视（其他两逸一是背影，一是侧面，避免了这错误），很难表现出心胸旷达的高人雅士饮酒清谈的风度。至于题其时日为"辛卯孟冬"（1651年），朋友是"茂齐"，地点是"翻经草阁"，都是有些研究的。因为该年十月，陈氏以《博古叶子》赠戴茂齐，而且也画过一幅花卉山鸟图卷（现称《春风蛱蝶图》）以酬茂齐一金之赠；陈氏有一幅《陶渊明载菊图》轴，是在"翻经阁"画的，只是并不知其是否在戴家。总之，作赝如此，煞费苦心；能瞒过一些收藏家，也可称"是故君子可欺以其方"了！

与此相同的是《高士雅筵图》卷，上海唐风楼旧藏，后流入日本，归山本悌二郎的澄怀堂，现状不明。[16] 画有人物六，也是从陈氏原迹搬借过来的。款题："老迟洪绶画于吴山道观。"画上有仿周亮工字迹的小楷长题，其文抄自《赖古堂集》卷二十二《题陈章侯画寄林铁崖》，[17] 文长不录，后缀以"丙申孟夏大梁周亮工记"（丙申为1656年）。又加周亮工跋，其文见同卷《题陈章侯画与林铁崖》（此为第二篇，与前不同），文长，其最后数句为："今日章侯第四儿鹿头涉江过慰；一衣带水，便是老迟埋骨处。铁公固因此卷以交章侯者；未免有情，亦复谁能遣此。"[18] 后款为"辛丑闰月廿六日大梁周亮工题于圣湖岸侧之连山草堂"（辛丑为1661年）。以影印观之，此卷非真迹。黄涌泉引徐邦达云："此画系伪本。"[19]

9.《山水人物书画合璧册》，纸本，书八页，设色，画八页，纵33.5厘米，横27.3厘米。[20] 画每页署名，钤"章侯"白扁方印；书每页署名，钤"陈印洪绶"（白文）及"章侯"（朱文）两方印。兹分析画一页——高士持杖临流，背后老树剩叶无几，风吹叶落。笔墨干净，人物的面目及衣纹勾勒细劲流畅，是行家手笔，远胜一般模拟之作；但缺乏活力及气势，过于驯熟，像极守规矩的学生，在老师前不敢显出个性。这幅放在陈氏真迹之旁——例如人物姿态类似的《指蝶图》册页，立刻看出老莲的笔墨，多么放纵自如，如行云流水。这仿制者画山水的本领，不及他作人物：其干笔勾皴树干，平板而不苍老；树下积石的皴笔僵直，无甚变化；流泉的细笔，整洁秀媚，毫无陈氏的微带颤动之老辣。至于造型，则高士的面容比较没有情感，不似悲秋。陈氏《为像和尚画册》第一页，构图与此大致相同，也是持杖临流，背后的老树正在落叶，而高士的脸上流露出感慨来。总之，作伪画人虽是高手，但干净有余，力量、气势、趣味不足。款"洪绶"两字，相当秀弱。至于书法，以第一页为例（此页及另三页，皆直接临摹《隐居十六观图册》的数页自题诗）。此页的七绝是："老莲无一可移情，越水吴山染不轻。来世不知何处去，佛夫（点去）天肯许再来生。老迟。"临摹的方式是字字相同；只有"越"字，原本在漏去后，以小字加在一旁，而仿本则并不脱落，而且在"佛"字下故意加一"夫"字再旁加两点，表示删去，然后再加署名"老迟"。显然这是为了证明陈氏一手写了两遍，有小分别，但并不能解释何以书法毫无变化。传闻上海在20世纪20年代到30年代，有一家制作高级赝品的作坊，分工合作，画归画，字归字，图章归图章，各有专家——此件可能是那时的出品，因为程度很高，临摹书法相当逼真，但与原件对比，立刻看出仿者用笔虚，如横画飘浮（"一""可"等），撇则轻拉过去（"移""来"等），唯恐板滞，漏出破绽。陈氏书法在字体结构上有其特殊风格，所以仿者不难抓着那表面的模样；只是运笔的自然韵律是无法重演的；又有随意写出时似乎不完美的地方，更不能仿，例如原本的"不"字，在仿本上就故意地"修正"了。全册书画共十六页，在此分析书画各一页，其余可以举一反三。又此册有高士奇两跋，但不见于《江村消夏录》或《江村书画目》，也不见于任何著录；制作者苦心筹划，是值得指出的。

（二）花鸟杂画组

1.《杂画册》十二页，绢本，设色，尺寸不详。每页有"章侯"白文方印，最后一页加款云："洪绶画于青藤书屋。"[21] 一、山水（双柳、小亭、飞鸟、荷岸），二、木芙蓉与甲虫，三、山水（悬崖、茅屋、小舟、远山），四、带冠鸟栖古杯缘上，五、折枝茶花及蜗牛，六、剑仙，七、山水（两树、小舟、远山），八、女郎倦读入梦，九、月季与小蜂，十、奇石，十一、老者折枝，十二、竹鸟。以笔墨、构图、造型及风格观之，似陈字（小莲）及其流亚，只有装饰趣味。用笔细弱拘谨，不及陈氏十几岁时作品（如《九歌图》），而居住青藤书屋时已四十七岁，其笔墨之精练，更不用说。末页款题字极柔弱。这一流的赝品，利用其表面的纤巧柔媚，取悦于世俗。

2.《山水花鸟册》十二页，绢本设色，尺寸不详。每页有"洪"（白文）、"绶"（朱文）扁方连珠印，末页雪景加"洪绶"款。[22] 此册计花蝶四页、花鸟两页、花卉两页、山水四页。风格与前册近似，而笔墨、构图及造型皆胜之；但与陈氏真迹相比，则其距离仍相差甚远：主要是本册的用笔，也是软弱及板滞。收藏者曾自注："此画册共十二页，每页都有陈洪绶的印章，最后一页有陈的题款。这本画册所表现的那种刻意的僵硬和高度的形式主义化与现藏台北故宫博物院（即前述《杂画册》）和长沙私人手中的两本画册如出一辙。长沙那本画册上陈洪绶的名款与此册相同，而且风格上也有多处相近。虽然有些人对这三本画册是否为陈洪绶真迹仍持保留态度，但我想都是出自陈洪绶一人之手，可能属于陈洪绶中期的作品。"[23] 那名款虽只有"洪绶"两字，值得注意，因为这种写法见于晚年的作品，如1645年《杂画册》书"萱草鸣络纬"五言绝句的一页，同年端阳的《钟进士图》轴，1649年为戴茂才作《饮酒祝寿图》轴，及1651年《隐居十六观图册》第六页

"味象"等。那么在比较研究的时候，应该用中年末期到晚年的作品，也就是说陈氏最后十五年间的作品。这时陈氏笔墨的功力，构图的变化，造型的古雅，都逐渐炉火纯青，不可能忽然"刻意的僵硬和高度的形式主义化"。此册的萱花、蝴蝶、鸟、菊花、梅花、水仙、双钩竹、山水等，都有可相对比较的真品，诸如前述的1645年作的《杂画册》、约1649年的《百蝶图》卷、约1650年的《杂画册》十二页（南京博物院藏）等，实在难以想象这是出于一人之手。

3.《花鸟册》十页，绢本，设色，尺寸不详。每页有"陈印洪绶"白文方印，末页加名款"洪绶"及"洪绶"朱文长方印。[24]此册风格与前并不全同，并无"高度的形式主义化"，也没有山水。其相同者，为花瓣之整齐划一，如第一页之水仙、第二页之蔷薇、第八页之菊花等；鸟腹羽毛之细笔板滞，如第五页及第七页；蝴蝶之翅如纸片，花纹如风筝上平涂之图案，如第八页及第九页。此外本册有其本身之许多问题，例如第五页之双钩竹，其四叶相交、附着枝梗处似打一结子，并非自然的现象，这可以参考陈氏的"竹石"金笺扇，[25]其四叶相交点，把空隙留出，画明叶生于梗。诸如此类，以此册与前两册放在一起研究是可以的，但无法认为这是陈氏中、晚年的真迹。

4.《仿宋花鸟册》，绢本，设色，纵21.5厘米，横17厘米。每页有"洪绶"朱文长方印（只见彩色版四页，故不知全册共若干页，末页是否有名款）。[26]此册在笔墨、构图、造型方面，同前2、3两册水平相近。前述第1项中有"洪绶画于青藤书屋"款的第十二页，即仿此册的第一页，减去一枝及枝上的鸟。此册的花、叶、蝴蝶、鸟等，都同前数册一样，有板、弱及形式主义化之病；戴冠鸟及双钩竹的一页，其竹叶交叉点也同第3册一样，打了一个结子。

三、结　语

综观上述鉴定的例子，可得一些结论。一、赝品是投合市场的产品，所以不是色彩鲜艳的大幅，宜于作寿礼（或其他喜庆的礼品），就是式样齐全的杂画册，有花鸟草虫、人物山水等丰富及秀丽的内容；而比较难做但可得高价的"文艺珍品"，是从著录或从书取得灵感，以投收藏家之所好及实现他们的梦想。二、制造的策略有三条路线：虚造、借移、照抄。虚造是不用现成的原本，只要以陈氏风格的特征变成形式化，利用容易销售的主题，创造一幅"陈老莲"，《麻姑图》轴、《莲池应化图》轴等应属此类。借移是从陈氏的真迹上东借一石，西搬一树，左仿一人，右抄一面，拼凑成很像同类真迹的作品，《竹溪六逸图》卷是好例子。照抄最简单，有一幅真迹放在旁边，照样再画一本，《群婴拜佛图》轴就是。或云：你焉知陈洪绶不用一个稿子画好几本？这种情形当然有之，但一位富于创造性的画家，无论一题作多少本，都不会"照抄"，而每本都有变化，《华山五老图》卷现存的两个本子（见"续画"章，一本称《高隐图》卷）就是好例子。桂馥（1736—1805）题《饮酒读骚图》轴（并非此书中之一本）云："老莲每一题，辄作数十本，各不相同，此是其本领。"[27]尤其重要的，是各本的笔墨都会是陈氏的笔墨，不能好坏悬殊。在这造假的三条路线外，还有很多综合的办法：因为人生复杂，人的行为并不能分成清楚简单的类型，有在借移时略加虚造的，有在照抄时加少量借移的，如俗语所说"戏法人人会变，各有巧妙不同"。到了最后，鉴定恐怕还要仗着鉴定人的经验及敏感，不能完全归之于科学方法；经验与敏感才能看出笔墨的高下，而方法则出不了比较的途径。

　　最后要略谈图章与鉴定的问题。如果一位画家遗留下来上百幅的真迹，像陈洪绶一样，则图章并没有很大的作用：因为这样多的资料，可供研究笔墨的发展及特征，并不需要那不完全可靠的工具——图章，来作判断。这工具的问题如下：一、相同格式的图章可以有很多枚，例如"陈洪绶印"朱文方印，容易混；二、一枚图章在用不同的印泥及钤在不同的纸或绢上时可以有不同的效果；三、比较软的石章在用了多少年后会磨损改样；四、得到真图章的旁人（子孙、弟子或外人）可以钤在假书画上；五、造假图章比造假笔墨要容易得多，尤其是现代可用照相制版；六、有时画家有特别的印，偶然一用，很容易变成"孤证"，无法用来比较，例如陈洪绶的"陈生"印。本书所附的"款印表"，可以供愿用图章作证实的鉴赏者参考，但现实条件下，无法以原大印出——也是这工具的问题之一。

注 释

[1] 施闰章《愚山先生文集》卷二十六：“书陈章侯
白描罗汉后。”

[2] 无锡市博物馆藏。见《中国古代书画图目》第
六册，中国古代书画鉴定组编，文物出版社，
1988年，第183页，编号苏六——〇七一。又
辛巳（1641年）陈洪绶为亡友钱受益画真佛
轴之长赞有“释老分日月，同画难位置”之句
（《我川寓赏录》），故“三教图”不大可能是他
作画的主题。

[3] 故宫博物院藏。见《中国古代书画目录》第
二册，中国古代书画鉴定组编，文物出版社，
1985年，第70页，京一一一二九九二《麻姑
图》轴。

[4] 见徐邦达编《中国绘画史图录》，上海人民美术
出版社，1984年，下册，第684页。

[5]《陈洪绶作品集》，西泠印社，1990年，第三八
图：《女仙图》（局部），黄胄藏。

[6] 台北故宫博物院藏。见《晚明变形主义画家作
品展》，第449页，第八五图。

[7] 纽约佳士得拍卖行，1985年6月5日目录第四四
项之《麻姑献寿图》轴，即为一例。该轴有印
无款，纵173厘米，横90厘米，亦为大幅。

[8] 台北故宫博物院藏，见《晚明变形主义画家作
品展》第437页，第七九图。

[9] 伦敦英国博物馆藏。

[10] 见李铸晋《千岩万壑》第一册，第26—29页；
图见第二册，第四图。原为英文：Chu-tsing Li：
"A Thousand Peaks and Myriad Ravines"，Artibus
Asiae Publishers，Ascona，Switzerland，1974.

[11] 陶弘景，见《中国大百科全书·中国文学Ⅱ》第
850—851页。

[12] 天津市文化局文物处藏，见《中国古代书画图
目》第八册，第163页，编号为津一——〇八。

[13] 台北故宫博物院藏，见《晚明变形主义画家作
品展》，第482页，第九五图。

[14] 纽约佳士得拍卖行——1988年6月1日目录第
四三图，此与《陈洪绶作品集》第二七图《婴
戏图》或为一幅。

[15] 平等阁旧藏，照片存普林斯顿大学图片档案室。

[16]《高士雅筵图卷》，当即“陈老莲人物长卷”，载
《中国名画》十一集，约1917—1918年，分三
段印出，称唐风楼藏。

[17] 周亮工《赖古堂集》下，卷二二，第4—5页。

[18] 周亮工《赖古堂集》下，卷二二，第8页。

[19] 黄《年谱》第127页。

[20] 罗覃《中国人物画》，第193—197页，第四九
项。 原 为 英 文：Thomas Lawton："Chinese
Figure Painting"，Freer Gallery of Art-Fiftieth
Anniversary Exhibition Ⅱ，1973.

[21] 台北故宫博物院藏。照片在美国密西根大学美
术史系亚洲美术档案室，照片号码为MA102
（a to 1）。该处英文名为Asian Art Archives，
Department of the History of Art，The University
of Michigan，Ann Arbor，Michigan.

[22] 高居翰（即景元斋）藏。见《艺苑掇英》第
四十一期，第28页，载此册十二开中之四开。

[23] 见《艺苑掇英》第四十一期，第28页。

[24]《陈老莲花鸟册》，湖南美术出版社，1985年。

[25] 上海博物馆藏，《中国古代书画目录》编号沪
一一一二〇一九。

[26]《陈洪绶作品集》，第三四图。中央工艺美术学
院藏，不见于《中国古代书画目录》。

[27] 见梁章钜《退庵金石书画跋》记陈老莲《饮酒
读骚图》。黄《年谱》，第74—75页引。

第六章

陈洪绶的影响

陈洪绶在中国画坛上的影响，以上各章中略有提及，但应作比较详细的探讨。黄涌泉氏在他的《陈洪绶年谱》中有"传派"的附录，从陈洪绶同时到清末，收入五十五人。[1]基于这资料，我又补了几位，同时延伸到现代，以观其势。其中大别有两组：一是直接传授的，包括亲友及弟子；一是以陈氏作品为模板，包括间接由陈派画家再传三传而得其法者。这两组中值得注意的若干位，分述于下：

第一组

陈道蕴，陈洪绶长女，第一位夫人来氏所生，适楼家。《宣统诸暨县志》说她能诗能画，但目前未见其作品，也看不到著录的记载。

陈字（1634—1705年尚在），第四子，原名儒桢，字无名，又字名儒，号小莲。他是洪绶的衣钵传人，书画都宗父风；存世的作品相当多，可以看出他的特点：一、画比较拘谨，富装饰趣味，造型过于整齐，笔墨趋于柔媚；二、书法极似乃翁，然用笔不够劲逸，通篇亦缺动势。其作品可资参考者，可举出下列数项：《父子合册》中小莲七页，花蝶、仕女、草虫、山水、罗汉俱全，设色淡雅，构图清简，松禅老人称之为"笔法萧散，无愧门风"。[2]《高士捧石图》轴，癸亥（1683年）作，时年五十，其衣纹喜用成套之平行线条，近于图案设计。[3]《雪景人物》轴，戴笠披篷而持杖回首的高士，其轮廓简单圆浑；崖上两棵老树，其枯枝造型雷同，石缝中雪遮的草丛亦然。[4]《行书诗翰》轴，七绝一首，[5]乍观之几乎可认为老莲真迹，只有细看才能发现弱点。他是品格高尚，不计名利的孝子，想来不会造假卖钱，但是否在洪绶生时作过代笔，则无从考出答案。如果不用老莲的标准来衡量，小莲的作品清丽有致，在中国画坛上也自有其一席之地。

胡净鬘，陈洪绶在崇祯癸未（1643年）秋过扬州时所纳之妾，善画，苏州博物馆藏《梅竹山水册》八页，四页为老莲画墨竹及山水，四页为净鬘（署名华鬘、净德）所作梅花及湖石，全仿老莲，只是笔墨较弱。这可能是其存世唯一的一件，颇显出秀雅的风韵。

严湛，字水子，陈洪绶的主要弟子。老师晚年常令这得意门生补图（如《何天章行乐图》卷[6]）、设色（如《问道图》卷[7]），及合作（如《眷秋图》轴[8]，其上洪绶题语，颇含奖励之意——详见"绘画"章中）。严湛自款作品，仅见浙江省博物馆藏《赏音图》轴，[9]人物宗老师法，但高士及美人的面目造型比较正常，无老师的古韵。松石背景，布满全幅，呈豪华热闹的气象，也许是投合时好使然。上海博物馆藏《杂画册》四页，唐九经每页对开题诗，此外又加四页题诗，皆为张登子作，而画上并无款印，一向被认为老莲之笔，但笔墨柔弱，且第一页园景中的池子石围，造型极似严湛在《何天章行乐图》卷所补的石。唐九经是陈洪绶的老友，而他在这页画对题的诗后只注了几句："壬辰春（1652年），顾松老邀饮于此，尚有章侯，今不可得，为之怆然。"很可能这是张登子请高足严水子画的，记此待考。

陆薪，字山子，陈洪绶的另一位弟子。他的画迹，比严湛还要少。只见到浙江省博物馆的《醉吟图》轴，[10]自题"醉吟图，似伯翁老先生教"，然后钤了"陆薪之印"及"山子父"两印。画中人物四，无背景；造型及风格，全仿老莲。所不同者，两位高士的鼻子较大，四人的衣纹用成套的平行线条过甚（陈小莲有同病），而轮廓线又多弯曲之处，还是不及老师。施闰章在"书陈章侯白描罗汉后"中记陆薪说："师作人物，设色缀染，薪具能从事；惟振笔白描无粉本，自顶至踵，衣褶盘旋，常数丈一笔勾成，不稍停属，有游鹍独运、乘风万里之势，他人莫能措手。"[11]这话有相当道理。

司马霬，字子羽，一作子雨，陈洪绶弟子。其作品自款者可能不存，亦不见著录。朱彝尊《静志居诗话》说老莲赝本"多系其徒严水子、山子、司马子羽辈所仿"。朱氏与陈氏弟子们同时，是同时代词人、学者，所言当有根据。

沈五集，字梵陵，陈洪绶弟子。他是一位程度很高的临摹好手，现藏美国耶鲁大学美术馆的《梅竹双鸟图》轴，是一幅逼近老莲的花鸟画。款云："梵陵五集画于浣秋书屋。"下钤两方印。造型风格，全仿老师；只是笔墨较弱，尤其是梅枝，而苔点也不够潇洒自如。如果遮去他的款题，细看仍然可以查出这不是老莲手笔。

魏湘，字季芳，一作几方，陈洪绶弟子。其作品不曾见过。《乾隆绍兴府志》说："今陈洪绶赝本，多出魏湘及沈五集之手。"

这一组幸而得大师面授的从者，还有来吕禧、姜廷幹、堵廷棻、祝天祺、丁枢等人，不具录。

第二组

金史，字古良，又字射堂，号南陵。有《无双谱》四十小幅，康熙二十九年

（1690年）梓行于世，[12]每帧皆制乐府一首，咏其所画之古人。毛奇龄序云："南陵与余同学诗，与徐仲山同学书，未为画也而画精，即是谱名无双，而实具三绝——有画有书又有诗不止画也。"[13]光绪丙戌（1886年）石印本有旧木刻手书无名氏序云："画法绝似老莲，咏史句阮亭先生（王士祯）推为西涯（李东阳）之后一人，非过论也。"金史与毛奇龄为同时人，想当见过不少老莲真迹。《无双谱》中描绘历史上特殊人物，造型很能表现个性，得陈氏《水浒叶子》的精神及技法，胜于刘源的《凌烟阁功臣图》[14]，及上官周的《晚笑堂画传图》[15]。可以说，在陈洪绶画派中，金史是出人头地的一位。

刘源，字伴阮。他的《凌烟阁功臣图》，附加观音大士三幅、关帝三幅，共三十幅，由清初名手朱圭在康熙七年（1668）刻于苏州。刘源自序说在壬寅秋（1662年）萍泊姑苏时，"客窗灯火中偶览陈章侯所画三十六人，见其古法谨严，姿神奇秀，辄深向往……"因而"不揣效颦，别为凌烟功臣一册"。按刘源已生当盛世，满怀歌功颂德之意，自序又称："然而退水浒而进凌烟，更由凌烟而进之贤圣，进之菩萨：观是图者，置身将相之林，印证菩提之镜，余小子实有深志焉。"这就说明了他与老莲，真是貌合神离了。

王树毂（1649—1731年尚在），字原丰，号无我，又号鹿公，又号方（一作文）外布衣、栗园叟、石屋等。据说其人物笔法出陈氏，得其清稳。[16]上海博物馆藏其人物图册四页，简洁潇洒，但造型、构图及笔墨，都不见陈氏消息，倒是浙江省博物馆藏的杂画册中，其老梅及古木疏竹，还有些老莲风味。[17]故宫博物院藏其人物及杂画数件，作者未见。

华嵒（1682—1756），字秋岳，号新罗山人，又号白沙道人、东园生。人物、山水、花鸟、草虫，无一不能；笔墨流畅，风格清新，题材丰富；一般看不出他也曾宗法过陈洪绶。故宫博物院藏陈洪绶《西园雅集图》卷，画完首段即病得无法继续，是七十余年后藏主请华嵒补全的（详见"绘画"一章中末段）。在紧接原作的部分，华嵒很能师事老莲技法及风格，入后逐渐露出自己面貌，但并不破坏这件艺术品的统一性。那时华嵒四十几岁，已自成一家，而藏主肯将珍品拜托，可见他有画法老莲且堪与之比美的名气。

余集（1738—1823），字蓉裳，号秋室，也是一位山水、花鸟、兰竹、仕女都工的画家，而且善书能诗。画人物宗老莲而参己意。[18]他有不少作品传世。

改琦（1774—1829），字伯蕴，号香白，又号七芗，别号玉壶外史。他的仕女造型秀丽，笔墨明净，设色淡雅，可以说有老莲余意，但已无古拙奇趣。故宫博物院所藏《元机诗意图》轴，可推为他的精品。薛永年称其"人物画颇受华新罗的影响，追慕华氏的秀逸生动，却失去了华嵒取法陈老莲的古质奇崛"。[19] 信然。

张士保（1805—1879），字鞠如。他嗜金石文字，笔法结构从汉造像得来，能画山水、花鸟，尤工人物，宗古法，走陈老莲的路线。作《云台二十八将图》，道光二十六年（1846年）刊行。

王礼（1813—1879，一作1817—1885），字秋言，号秋道人（一作士），又有白蕉研主及蜗寄生的别号。花鸟学沈石芗，人物宗陈洪绶（"开始学华嵒又上溯陈老莲"[20]）。

任淇（1861年卒），字竹君，号建斋，萧山人，任熊族叔。浙江省博物馆藏其《送子得魁图》轴，自题仿临陈章侯，并临原款"老莲洪绶画于师子林"。任的年款为1845年，是早期之作。黄涌泉称："陈洪绶的绘画对后世影响深远，清朝雍正以来，一变于王树榖，再变于华新罗，后经任淇的倡导，艺坛上出现'三任'——任熊（任淇族子）、任薰、任颐，师法老莲，风靡一时。"[21]

任熊（1823—1857），字渭长，号湘浦。在"三任"之中，可以说他的作品，最得老莲的精神面貌。[22] 有四种版画流行于世（蔡照刻）：《列仙酒牌》（1854年）、《剑侠像传》（1856年）、《于越先贤像传赞》（1856年）及《高士传图像》（1857年）。最后一种上中下三卷，只画了上卷二十八传的二十六，就生瘵疾而死，因此是未完成的大作。这四种版画都深受陈洪绶版画的影响，尤其注重《博古叶子》。他的画现存不少，如上海博物馆的《范湖草堂图》卷，广州美术馆的《人物图》册等，都发挥自己的才力，表现时代的风貌；而其用心师承老莲的时候，例如咸丰乙卯（1855年）作《瑶宫秋扇图》轴（南京博物院藏），则宛然老迟复生！

任薰（1835—1893），字舜琴，又字阜长，任熊之弟。他工花鸟，而人物则宗陈洪绶。以常熟博物馆藏的《麻姑献寿图》轴观之，面目、衣纹、草石都已是晚清风味了。

任颐（1840—1895），初名润，字伯年，号小楼。他是山阴人，并不属于萧山任家。幼从其父淞云学"写真术"，擅长画肖像，精工人物。师法任熊兄弟，远承陈洪绶。他在上海卖画多年，名气很大。天才横溢，笔健色朗，是海派健将。曾见他《群仙祝寿图》十二条屏，气势宏伟，人物生动，细节缜密，色彩鲜丽，无疑是老莲的题材与启发，但浓艳有余，而古雅不足。可以说传到任伯年，陈派达到了划时代的变化。任伯年对中国现代画家的影响深远：他指点过书画篆刻大师吴昌硕（1844—1927），从而间接传达到另一位书画篆刻大家齐白石（1863—1957）。大画家兼美术教育家徐悲鸿（1895—1953）也自任伯年的作品中汲取营养。徐氏可能由任伯年上溯到老莲，今日徐悲鸿纪念馆还保存不少幅他生前收藏的陈洪绶真迹。

程十发（1921—2007），当代名画家及陈洪绶作品的收藏家。1949年开始创作连环画、插图、年画，接受传统文人画和民间艺术两大资源，丰富了他独创的风格。其花鸟继承了任伯年的技法同神采，而对老莲的书、画都有很深入的体会。他认为老莲塑造的人物形象有独到之处，力士则奇古魁伟，美人则妖媚艳丽。而且在绘画技法上，"是最善长于运用线条的画家。他的线条遒劲而有生命力。他的线条不是尽情描绘客观的真实，而主要还是写意境，传精神。他画得愈细就愈简练，神情也愈精确而集中。这种民族绘画中形神兼备的最高境界，在陈老莲的艺术成就中充分地体现出来……他的艺术从清代以来，流风余韵，没有间断过。如清代人物画家华喦、金农、罗聘、改琦等人，从各个角度上，吸收了陈老莲的创作方法和艺术风格。有的学他的遒劲的线条，有的学他的古拙朴质的趣味。到了清代末期，浙江萧山有任熊（渭长）、任薰（阜长）弟兄以继承陈老莲画风而驰名当代，任伯年就是从任氏兄弟那里遥接了陈老莲的艺术衣钵……从他用传统方法描写现实生活的经验里，给了现代人物画家极多的方便。例如近代艺术大师徐悲鸿的人物画，既运用了陈老莲朴质有力的特征，也运用了任伯年笔、墨、色三者融合的水晕墨章的技法。再如近代艺术大师齐白石的人物，也吸收了陈老莲善于传神，善于夸张的艺术手法"。[23]

纵观有清一代，人物画家之佼佼者，除上述各位外（到任颐为止），还有禹之鼎、上官周、焦秉贞、冷枚、丁观鹏、高其佩、黄慎、闵贞、费丹旭等，在技法方面，达到相当水平，但以笔墨及风格看来，颇逊明代。在一定程度上，他们都承受了仇英、唐寅、吴伟、张路的传统；较之陈洪绶影响下的这支队伍，尤其是晚清"三任"，则不得不使人感觉到老莲艺术的生命力，的确伟大。至于从清末到今日将近一个世纪以来，可以从上面所引程十发的文字中，看到陈洪绶的创作，在中国艺坛作急剧变化的时期，仍然发出明光，照到唯美艺术及民间艺术的各角落，使致力于创造新中国画的工作者，看到中国艺术传统中，有取之不尽、用之不竭的资源。今日而研究陈洪绶，应有其深远的意义。

注　释

［ 1 ］　黄涌泉《陈洪绶年谱》，第157—171页。所用资料为《宣统诸暨县志》《越画见闻》《乾隆绍兴府志》《越中历代画人传》等书。

［ 2 ］　松禅老人即翁同龢，此册为其旧藏，语见跋中。

［ 3 ］　美国普林斯顿大学美术馆照片，此画系私人收藏。

［ 4 ］［ 5 ］　浙江省博物馆藏，见《艺苑掇英》第十八期。

［ 6 ］　苏州博物馆藏。

［ 7 ］　故宫博物院藏。

［ 8 ］　王己千家藏。

［ 9 ］［10］　《艺苑掇英》第十八期。

［11］　《施愚山先生学余文集》卷二六，"杂著·书后"。

［12］　金古良绘《无双谱》，《中国版画丛刊》，中华书局，1961年。谱前"弁言"为宋俊琴书于康熙二十九年，有"寿以枣梨"之句，想为该年刊行；又有毛奇龄"引言"，署"七十七老人"，则为康熙三十八年，可能为再版时增加者。

［13］　见《无双谱》毛奇龄"引言"。

［14］　刘源绘《凌烟阁功臣图》，《中国版画丛刊》之

另一册，1960年。

［15］　上官周绘《晚笑堂画传图》，上海书画出版社，1987年，据乾隆原刊本影印。

［16］　黄涌泉《陈洪绶年谱》，第166页。

［17］　《中国美术全集·绘画编10·清代绘画》中，上海人民美术出版社，1989年，第六四、六五两项，图版说明第23—24页。

［18］　见钱泳《履园画学》。

［19］［20］　《中国美术全集·绘画编11·清代绘画》下，上海人民美术出版社，1988年。薛永年《扬州八怪与海派的绘画艺术》，第12页。

［21］　《中国美术全集·绘画编11·清代绘画》下，第一七三项：任淇《送子得魁图》轴，浙江省博物馆藏。该图之说明系黄涌泉撰，见说明第63页。

［22］　汪子豆"后记"，在《高士传图像》（《任渭长人物版画四种之四》），人民美术出版社，1987年。

［23］　程十发《陈老莲与任伯年》，《艺林丛录》第二编，第322—325页。

附录一　关于陈洪绶《龟蛇图》

此图现藏浙江省博物馆，编号"画一二八"。旧题："章侯先生仿唐吴道玄辟火图真迹神品上。畸老世藏。"纸本，水墨，龟蛇之目、舌及龟口染淡朱色。画纵112.4厘米，横45.9厘米。纸略残，有横裂纹。

画上有印章七：画右边中有"莲子"（白文）、"洪绶"（朱文）连珠扁方印，画左边中部有"真赏"（朱文、竖椭圆）一枚，画下右角有"畸园秘籍"（左半朱文、右半白文方印）、"陈印通声"（白文方印）及"骏公过眼"（朱文方印）共三枚，画下左角有"远长"（白文长方印）及"畸园珍藏"（朱文方印）两枚。

在《龟蛇图》之诗堂中有陈通声在戊午年（即1918年）五月长题，兹录如下：

此章侯先生所仿唐吴道玄乾坤交泰图也。奇古神化，精神赫奕，真宰上契，笔通造化。余虽不见道子原本，想亦不过尔尔。若世间所称传道子画，则神变远不及此。当时先生为其姻家楼氏画，作代端阳县钟葵以驱邪，不知何以为同邑杨村郭氏所得。道光戊戌先光禄以六十金得之郭氏。余生三岁，于堂壁见之，惊吓啼奔。先常（旁加点）光禄携还，告以是画非走（旁加点）蛇，且细述系汝七世族祖老莲先生名洪绶者所画。余颇领会，即走告楼太夫人，欲求族祖画，以作玩物；不得则又哭，至被呵责而止。儿时光景，宛在目前，而此画藏余家，已九十余年矣。稍长，念及此画，辄忘寝食。时向先光禄求观，先光禄即以畀余。余宝护如筋髓头脑者，又七十一年；画之空处，纸尽散裂，而有笔墨处，精神奕奕不减，无丝毫损裂。天地间神物，必有五丁六甲、山灵水怪守护之！画额旧有陈眉公题，虫蛀鼠龁，几难辨识，为重录于后并题赞：天地交泰，风云相得，望兮威威，观兮赫赫。吴生道子之胡本，陈子章侯之手勒。得者珠之，后世镇宅，邪魔尽息。异哉别出手眼，神乎超凡墨笔。真珍藏之瑰宝，爱者不能易其拱璧。君璇楼大社督命题于七樟庵，云间陈继儒。

（按：得者珠之，应作珍之；超凡墨笔，应作笔墨。）

云门弗迟，胜朝遗老。南献西闽，烽连城堡。三边告警，京辅云扰。明

龟蛇图 纸本水墨
约1609年 浙江省博物馆藏

社将屋，栋梁尽倒。咄咄嗟嗟，寄意翰藻。借吴生之粉稿，写胸中之郁恼。呜呼！安得以此健笔，鞭雷笞电，廓妖氛而净埽！先世所贻，小子珍此如护头脑。时见灵龟神龙，出没于草堂之表。驱风云而变化，穷造（下缺化字）之神妙。以此镇宅而驱妖。天地忽而画昏，阴阳没其晨晓。巢温骇而惊走，探蛟穴而深捣。传之千岁万秋，子子孙孙其永保。

宣统纪元岁在著雍敦牂皋月中旬七世族孙遹声题。

（按：此即戊午五月，为公元1918年，而称宣统纪元者，陈遹声盖以遗老自居也。）

不书款，钤莲子白文、洪绶赤文二印。号称莲子，知为先生少年笔墨，当是过平阳水陆社，见吴道子真迹数十幅归时所作。七樟庵——先生家藏书室名。仞陈跋，则是眉翁曾游枫桥矣；亦足为吾家添一故实。中元日附志。

此长题前后有六印，皆陈遹声之印。画上除陈洪绶之印"莲子""洪绶"外，五印属陈遹声，仅"远长"印则印色甚旧，钤印者待考。题中言其父在道光戊戌（1838年）购得此画，题时为1918年，则藏在陈家共八十年，不应说"而此画藏余家，已九十余年矣"。又此题中误写"常"字（在"先"与"光禄"之间）及"走"字（在"非"与"蛇"之间），脱落"化"字（应在"穷造"与"之神妙"之间），其行文作书时之不慎甚为明显。如所称"九十余年"可靠，则其父购画之年，应为道光丙戌（1826年），而非道光戊戌。此种错误，相当常见。

此画为黄涌泉在1953年冬在枫桥镇调查时所发现。黄氏著《陈洪绶年谱》十二至十三页，曾录陈遹声修《宣统诸暨县志》记此图：

精神变幻，见者栗栗。云间陈仲醇继儒题云：天地交泰，风云相得，望兮威威，观兮赫赫。吴氏道子之胡本，陈子章侯之手勒，得者珍之，后世镇宅，邪魔尽息。异者另出手眼，神乎超凡之笔，真珍藏之至宝，爱者不能易以玑璧。末行写"君淮楼大社督命题于七樟庵"八字。（"八字"应误——泉）庵为章侯家藏书处。君淮者枫桥人也。今存予家。

这节陈遹声所抄陈继儒题，有不少字与其在画上诗堂中所抄不同，我用字下加黑点标出。其最重要的差别是楼大社督的字号：是君璇还是君渧？这又显出这位陈洪绶七世族孙在行文作书时的不慎。

《龟蛇图》的构图简单而戏剧化，线条幼稚而规矩，细节一笔不苟，而背景的云雾则颇大胆，以粗笔渲染，虽不完美，也浓淡有致。此画的一个特别之处是龟蛇部分是在勾出轮廓后，用水或略加矾的水在轮廓内刷了一遍，使其干后可以画工笔而不洇；轮廓外的背景则保留其为生宣，在粗笔渲染云雾时，得到无边无际的湮润效果。可见这位大师，早年已露出匠心独运、能粗能细的才力。龟蛇的鳞甲，富于装饰美，这也是他一生作品的一项特征。蛇的双叉舌先打了一个圈，插入了龟口吐出的四叉火焰，而蛇的双睛，同龟的右眼互瞪，造成了全图的神采。龟甲的"花边"上有巽（风）、乾（天）及坤（地）三卦，甲背有三小卦——坎（水）、兑（泽）及离（火），而腹部有两小卦——震（雷）及艮（山），如此八卦俱全。背上在众星之间，九天魁罡右手举火杖，疾疾前奔，周围雷火环绕，其后有大火焰直冲一星。中国古天文家把星象分为中、东、南、西、北五宫，而四方之宫各有七宿，合廿八宿。北方玄武的七宿是斗、牛、女、虚、危、室、壁。除北斗七星外，我一时尚不能一一认出画中的星宿，而且难以找出陈画原本是根据什么星图。虽然我们不能相信陈递声所说基于"见吴道子真迹数十幅"中的一幅，但此画必有所本是无疑的。

要进一步了解这幅颇有关键性的画，我们必须探讨一下：（一）龟蛇图的源流。（二）吴道玄是否有龟蛇图？（三）陈洪绶《龟蛇图》的原本是何时创造的？（四）陈氏作品的真伪问题。

（一）龟蛇图的源流

以文字而论，玄武之辞最早见于《楚辞远游》："召玄武而奔属。"宋洪兴祖注云："呼太阴神，使承卫也……二十八宿，北方为玄武。说者曰：玄武谓龟蛇；位在北方，故曰玄，身有鳞甲，故曰武。蔡邕曰：北方玄武，介虫之长。《文选》注云：龟与蛇交，曰玄武。"[1]即使《楚辞远游》不是屈原所作，其时代也不会晚于前汉。[2]

以图像而论，现存最早的大概是东汉刻像，如四川渠县出土的玄武砖[3]及四川芦山王晖石棺北端刻的玄武像。[4]墓室壁画中较早的是北齐天保二年（551年）山东临朐县冶源镇崔芬墓墓室北壁的玄武，其构图复杂：除基本的巨蛇缠龟外，龟背

1

2

3

4

1.四川渠县出土的东汉时期的玄武砖
（拓片）
2.东汉王晖石棺上刻的玄武（拓片）
3.北齐崔芬墓墓室北壁的玄武画
4.隋代石棺上刻的玄武（拓片）
5.唐苏思勖墓墓室壁画玄武

5

上乘坐执剑的神，而龟蛇前后各有一红发鬼怪，身缠较小的蛇。[5]大约同时的吉林省集安县五盔坟四号墓墓室北壁的玄武画，虽然有高句丽民族风格，但龟蛇纠缠的内容，与中原无异。[6]一具隋代（581—618）的石棺上，刻画出线条流畅的玄武，那条蛇两绕龟身，首尾成环。[7]山西省太原市金胜村七号墓（7世纪末）墓顶上绘四神，包括玄武。[8]唐天宝四载（745年）的陕西省西安市东郊苏思勖墓墓室北壁，与南壁朱雀对应的玄武，蛇身紧缠龟身三周，首尾成结，同隋石棺的石刻画相似。[9]综观上述的各种玄武构图，有一项特征，即蛇缠龟身，而且龟头与蛇头很接近地相对。至于龟背上的纹，有的比较写实，如汉王晖石棺所刻，其他大多是图案化的；甚至有的并无纹饰，如高句丽墓画，龟背赭色无甲。

（二）吴道玄是否有龟蛇图

吴道玄是盛唐时人，生卒年不详。开元中（713—741）应该是他的活动时期，可能他的晚年已入天宝（741—755）。[10]唐张彦远《历代名画记》、朱景玄《唐朝名画录》及段成式《寺塔记》的记载中，没有龟蛇图，最接近的是画龙。[11]宋郭若虚《图画见闻志》曾记吴道子画龙及钟馗。[12]米芾《画史》称"余白首止见四轴真笔也"，他指的是四轴真吴道子画，一为苏轼家的"画佛及侍者志公十余人"，二为王防家的"二天王"，三为赵大年家的"天蓬"，四为周穜家的"大悲"。[13]这些早期著录中没有提到吴道玄的龟蛇图，并不是说他一生中没有画过这题材，却可以说到了米芾的时候，真的吴画已经非常稀少，到了明末会发现一幅吴道玄的真笔《龟蛇图》，其可能性几乎等于零。

（三）陈洪绶《龟蛇图》的原本应该是何时创造的

从现存的文字记载及图像看来，陈画的原本既不可能为吴道玄笔，也不可能早到唐代。唐代画一般线条松动，而此画很紧——可以说拘谨。也不像五代两宋的画法，因为此画的图案趣味很浓厚，写实的倾向，远不及10世纪到13世纪的作品。举一个例：13世纪中叶的陈容，把那想象创造的生物——龙，画得活灵活现；他的泼墨云雾，也是浑如自然。[14]陈洪绶画中的龟蛇虽然神采奕奕，但不似自然界的生

元　永乐宫三清殿壁画"月孛"及"计都"部分

道藏中"九天魁罡捷疾使者"

灵，他的泼墨云头，也脱离不了图案的结构。元代文人画是主流，但其宗教画及民间画却一面秉承古代的传统，一面也增加了装饰的趣味。最显著的例子是山西省芮城县永乐镇的永乐宫壁画。看那三清殿北壁东侧画中的月孛，他围颈的盘蛇自脑后蜿蜒，其伸出的蛇头与陈画中的蛇头颇有相似的神情。全部壁画中人物的衣饰，用云头花样的地方极多，月孛上部的计都盔甲上就有不少，这同陈画龟背轮廓及胸部所用的云头，都非常近似。[15] 我的猜测是——陈画的原本是一幅元代或元末明初的寺观画，因为它是水墨（只在龟目、口、舌染淡朱色），合乎著录上吴道玄只用墨或傅彩简淡之说，[16] 所以推崇为吴笔。在寺观画中，这原本可能是道观中的画，因为龟背上的魁罡极似《道藏》里的"九天魁罡捷疾使者"——可以说其身体的姿势，及两手持火，头带圆光，脚下及四围的雷火，都与陈画中龟背上的魁罡一样。[17] 现存最早的《道藏》是明正统九年（1444 年）始刻，到正统十年（1445 年）完竣，[18] 但其根据的是宋徽宗所刊《政和万寿道藏》，金章宗所刊《大金玄都宝藏》及元宋德方所刊《玄都宝藏》等残本；所以这魁罡的形象应该早于明代。陈遹声说陈洪绶过平阳水陆社见到这原本，该是有相当根据的。[19]

（四）陈氏作品的真伪问题

这幅陈氏作品，由黄涌泉发现，而且说"此或为遗世陈洪绶作品中最早的一幅真迹"，[20] 其关键性不言而喻。因此，我们必须断定其真伪。第一，一般说来，作伪者不是为了谋利，就是为了欺世。去模仿或假造一幅绝不似典型陈洪绶的画，又不堂堂地加上假款以便出售，是谋利者所不为的事。至于欺世的心理，有的显示自己的才学出众，藐视那些鉴赏家及学者，试试他们的眼力，取笑他们的被欺；有的为了自己立论时缺乏证据，创造些自圆其说的假古董；又有的为了耀祖扬宗，如果缺乏祖宗的真笔，不妨搜求或特制些光大门楣的遗迹。推测这最后一项动机为陈遹声假造这幅《龟蛇图》的，或有其人。但这种说法必须假设陈遹声是心机复杂，非常聪明，对书画深有研究，富于创作性，而且有很强的原因要有这么一件东西作"传家宝"。陈遹声题此画时，已在八十岁左右，要费这么大力气，花这么些心思，想出这么复杂的故事，大过其敬题"子子孙孙其永保"的瘾，实在难以置信。以其行文之不慎，书法之平庸看来，他是否有这种"创造"能力，也颇成问题。第二，此幅画虽然一如黄涌泉氏所说"笔力拘谨、稚弱"，[21]但完全符合其为天才横溢的少年之作。这里透露出来许多与日后发展及成熟有关的消息：古、奇、用笔能粗能细、富装饰性的细节、注重神采、题材基于文学及宗教等。这同他现存的早年作品，如十九岁时画的《九歌图》（木刻）、二十一岁到二十五岁的《杂画册》（现藏纽约大都会艺术博物馆，上有六叶陈继儒题，而陈遹声也录陈继儒题《龟蛇图》），及我家藏的他二十二岁所作《摹古册》，都可以联得起来。很值得注意的是他用笔墨运色及构图，极有巧思。例如《摹古册》中一幅纱团扇，扇上画菊，扇后一半蝴蝶用浅墨表现其为透纱，一半蝴蝶用浓墨表现其不受遮掩。又如前述《杂画册》的末幅铜瓶插荷，瓶上的渲染如云开雾合，以表现其古铜的绿赭杂糅。《龟蛇图》之利用生熟宣特性，达到工笔与泼墨的组合，正是一脉相通的特点。第三，陈洪绶早年的画，常有不署名而只盖印的，上述的《杂画册》及《摹古册》都有例证。这幅《龟蛇图》只有他的连珠印"莲子""洪绶"，也合乎他早年的习惯。

总之，从反面讲，我认为作假画的人不会这般愚蠢或令人难信的聪明去作这幅《龟蛇图》；从正面讲，这正是既特别又合理的一幅天才的少年作品。研究陈洪绶，其重要性是不容否认的。

1991年6月19日莱溪居

注 释

［ 1 ］王逸章句，洪兴祖补注《楚辞四种》，上海世界
书局，1936年，第101页。

［ 2 ］詹安泰、容庚、吴重翰编《中国文学史——先
秦、两汉部分》，北京高等教育出版社，1957年
初版，1960年上海第四次印刷，第194页。

［ 3 ］高文编《四川汉代画像砖》，上海人民美术出版
社，1987年，图195。

［ 4 ］闻宥集撰《四川汉代画像选集》，北京古典艺术
出版社，1956年，图49。

［ 5 ］宿白主编《中国美术全集·绘画编12·墓室壁
画》，文物出版社，1989年，图57：玄武、
北齐。

［ 6 ］《中国美术全集·绘画编12·墓室壁画》，图83：
玄武、高句丽（6世纪）。

［ 7 ］王子云编《中国古代石刻画选集》，北京古典艺
术出版社，1957年，图18。

［ 8 ］《中国美术全集·绘画编12·墓室壁画》，图102，
图版说明第38页。

［ 9 ］《中国美术全集·绘画编12·墓室壁画》，图131：
玄武（唐天宝四载）。

［10］日人铃木敬著、魏美月译《中国绘画史》，台北
故宫博物院，1987年，上集，第51页。

［11］《中国绘画史》，第51—53页（吴画之见于唐代
著录者）。

［12］宋郭若虚著、俞剑华注释《图画见闻志》，香港南
通图书公司，1973年，第21、26、122及154页。

［13］宋米芾撰。在黄宾虹、邓实合编《画史》，《美

术丛书》中。江苏古籍出版社，1986年，第二
册，第1187页。

［14］傅熹年主编《中国美术全集·绘画编4·两宋
绘画下》，文物出版社，1988年，第196—
197页。

［15］山西省文物管理工作委员会编《永乐宫》，人民
美术出版社，1964年，第108页：月孛；第109
页：计都。

［16］唐朱景玄撰《唐朝名画录》，在黄宾虹、邓实合
编《美术丛书》中。江苏古籍出版社，1986年，
第二册，第1002页："景玄每观吴生画……施笔
绝踪，皆磊落逸势；又数处图壁，只以墨踪为
之，近代莫能加其彩绘。"
宋郭若虚撰，俞剑华注释《图画见闻志》，香港
南通图书公司，1973年，第21页："吴道子
画……落笔雄劲而傅彩简淡。"

［17］Lars Berglund : The Secret of Luo Shu. Tryckbiten
AB，Sweden，1990. P.223 Fig.8 : 3A-C，from
Daozang 0896 and 0932.

［18］陈国符著《道藏源流考》，北京中华书局，1963
年，上册，第174页。又第1页：罗常培序。

［19］《中国地名辞典》，上海辞书出版社，1990年，
第236页：平阳县在浙江温州市南沿海。想此平
阳水陆社并非在平阳县，仅以平阳为名，应在
诸暨或萧山。

［20］［21］黄涌泉著《陈洪绶年谱》，人民美术出版
社，1960年，第12—13页。

后记：黄涌泉先生1991年10月27日函："此图原是枫桥陈氏族中公物，1953年冬弟发现后，定为老莲'早岁习作'的真迹。经说明其重要研究价值后，归浙江省文物管理委员会收藏，1962年移交浙江省博物馆保管。"

附录二 关于陈洪绶《水浒叶子》（黄君倩刻）

李一氓所藏陈洪绶《水浒叶子》，1980年由上海人民美术出版社精印线装出版。叶子四十幅之前，有张岱书缘起，及王崇书颂，有引。原有汪念祖书引，此册缺。叶子四十幅之后，有铅印李一氓跋（1978年8月29日）及张岱书缘起、王崇颂及汪念祖引之全文，仅王颂有四缺字。原册收藏印十八枚：缘起首页七，末页三，颂末页五，陈画叶子首页三。其可识者除李一氓之印以外，有顺德严邦英（崇宝阁及炎南）印、王贵忱印，及"无是楼"（李氏？）、"澹明轩"等。

在李一氓跋中，指明此"叶子"并非"叶子戏"的纸牌，而是一种酒筹，后来直称酒牌，例如任渭长的《列仙酒牌》。至于《水浒叶子》，李氏称明末清初，大概有四种刻本，此册为其一，因有刻者黄君倩署名，称"黄君倩刻本"，余三种为：

一、郑振铎编《中国版画史图录》十三册本，简称"郑本"。1959年苏州桃花坞根据郑本仿刻印行（按：已失原本细处风格趣味）。每页注某某饮，非陈洪绶字。

二、潘景郑藏本，郑振铎编《中国版画史图录》重版时换用此本，简称"潘本"。在朱武页书口处有"黄肇初刻"四字。

三、顾炳鑫藏本，简称"顾本"。

李氏比较这四种刻本，有以下观察：

郑本与顾本不刻页码；潘本与此本有"天、地、玄、黄"……至"寒、来、暑、往"二十页码，每页（两面）有两图像，共四十图像。

郑本与顾本无刻工姓名。潘本"黄肇初刻"与此本朱武页上"徽州黄君倩刻"之两刻工（君倩名一彬、肇初名一中，为兄弟辈），为明代崇祯前后徽州名手，君倩在天启间已刻《彩笔情辞》的插图，时代较先。

郑本保存不好，残缺部分补字之处多，画上亦有补处。顾本缺宋江等八帧，雷横为残幅。顾本线条明朗，或为郑本之初印。李氏评黄君倩刻本第一，顾本、潘本次之，郑本又次之。

李氏评语可信。黄君倩生于1581年，住杭州，其子为建中。[1]他刻有《南琵琶记》，万历起凤馆本（与黄一楷、一凤及端甫同刻），《元本出相北西厢记》，万历起凤馆本（与一楷同刻），《闺范》，万历刊清补本（与黄氏多人同刻，包括其子建中，号子立），《青楼韵语》，万历四十六年本（与端甫、桂芳同刻），《李卓吾先生批评浣纱记》，万历本（与黄叔吉、一楷、一凤同刻），《彩笔情辞》，天启四年本，《西厢记五本》，天启凌初成本，王文衡画，及《黄河清》，明末清初本。

黄肇初生于1611年，[2] 刻有《闺范》（见前，与黄氏多人同刻）及潘本《水浒叶子》。黄君倩与黄肇初在《黄氏宗谱》上，均为二十七世，[3] 而君倩长三十岁。李一氓所藏黄君倩刻本为崇祯本，较潘本为早，自较近原迹。以两本对看，陈之书法以前者所刻为有风格及精神。所以研究陈画《水浒叶子》，应以黄君倩刻本为准，潘本等为辅，可补残缺。

甲　黄君倩刻本内容

全册共二十三全页，即四十六半页。画框约纵18厘米，横9.4厘米。页一、二——张岱书“缘起”[4]（载《陶庵梦忆》）：

> 余友章侯陈子，才足掞天，笔能泣鬼。昌谷道上，婢囊呕血之诗，兰渚寺中，僧秘开花之字。兼之力开画苑，遂能目无古人。有索必酬，无求不与。既蠲郭恕先之癖，喜周贾耘老之贫。画水浒四十人，为孔嘉八口计。顿使宋江兄弟，复睹汉官威仪。伯益考著山海遗经，兽毨鸟氄，皆拾为千古奇文；吴道子画地狱变相，青面獠牙，尽化作一团清气。收掌付双荷叶，能月继三石米，致二斗酒，不妨持赠；珍重如柳河东，必日灌蔷薇露，薰玉蕤香，方许解观。非敢阿私，愿公同好。张岱书。

页三——王亹书“陈章侯画水浒叶子，有引”：

> 水浒者，忠义之别名也，文士笔端造化，偶尔幻出；虽然，非幻也。呼保义、黑旋风、浪子青，诸名相幻，而忠义两字，入火烧乎？入水溺乎？陈子

从幻中点此一段不幻，光明毫端生□。以此四十人，不烧不沏者，正告天下。嗟乎！陈子而为此也，□使陈子而为此也？颂曰：水浒匪假，世界空立，政如笔端，忠义□泣。惟百八人，□此四十，进退予敚，厥义不袭。作叶子观，其眼如粒。菌阁主人王亹漫题。

页四前半——宋江：

万万贯　呼保义宋江　刀笔小吏，尔乃好义。

页四后半——林冲：

七万贯　豹子头林冲　美色不可以保身，利器不可以示人。（书口“天”字）

页五前半——呼延灼：

二十万贯　双鞭呼延灼　将门之子，执鞭令史。

页五后半——卢俊义：

九文钱　玉麒麟卢俊义　积粟千斛赀盗粮，积钱万贯无私囊。（书口“地”字）

页六前半——鲁智深：

空没文　花和尚鲁智深　老僧好杀，昼夜一百八。

页六后半——史进：

八十万贯　九纹龙史进　众人皆欲杀，吾意独怜才。（书口“玄”字）

页七前半——孙二娘：

二文钱　母夜叉孙二娘　杀人为市，天下趋之以为利。

页七后半——张顺：

四万贯　浪里白跳张顺　生浔阳，死钱塘。（书口"黄"字）

页八前半——李俊：

七十万贯　混江龙李俊　居海滨，有民人。

页八后半——燕青：

八百子　浪子燕青　子何不去，惜主不虑。（书口"宇"字）

页九前半——杨志：

三万贯　青面兽杨志　玩好不入，安用世及。

页九后半——朱全：

千万贯　美髯公朱全　许身走孝子，黯面不为耻。（书口缺"宙"字）

页十前半——解珍：

五百子　两头蛇解珍　赴义而毙，提携厥弟。

页十后半——施恩：

六百子　金眼彪施恩　武松不死，彼燕太子。（书口"洪"字）

页十一前半——时迁：

四文钱　鼓上蚤时迁　生吝施与，死而厚葬。尔乃取之，速朽之言良不妄。

页十一后半——雷横：

三十万贯　插翅虎雷横　好勇斗狠，以危父母，赖兹良友。（书口缺"荒"字）

页十二前半——扈三娘：

四百子　一丈青扈三娘　桃花马上石榴裙，锦伞英雄娘子军。

页十二后半——张清：

三百子　没羽箭张清　唐卫士，烈炬死。庙貌而祀，一羊一豕。（书口"日"字）

页十三前半——朱武：

二万贯　神机军师朱武　师尚父，友孙武。（书口"徽州黄君蒨"，"徽"及"蒨"半缺）

页十三后半——吴用：

九万贯　智多星吴用　彼小范老，见人不早；曳石悲歌，张元、吴昊。（书口缺"月"字）

页十四前半——董平：

二百子　双枪将董平　一笑倾城，风流万户侯董平。

页十四后半——阮小七：

四十万贯　活阎罗阮小七　还告身。渔于津，养老亲。（书口"盈"字）

页十五前半——石秀：

七百子　拼命三郎石秀　防危于未然，见事于几先。

页十五后半——安道全：

一万贯　神医安道全　先生国手，提囊而走。（书口缺"戾"字）

页十六前半——关胜：

六十万贯　大刀关胜　轶伦超群，髯之后昆，拜前将军。

页十六后半——穆弘：

六万贯　没遮拦穆弘　斩木折竿，白昼入市，终不令仲孺得独死。（书口"辰"字）

页十七前半——樊瑞：

七文钱　混世魔王樊瑞　鬼神为邻，云水全真。

页十七后半——戴宗：

一文钱 神行太保戴宗 南走胡，北走越。（书口"宿"字，半缺）

页十八前半——公孙胜：

半文钱 入云龙公孙胜 出入绿林，一清道人。

页十八后半——索超：

一百子 急先锋索超 仗斧钺，将天罚。（书口"列"字）

页十九前半——柴进：

九百子 小旋风柴进 哀王孙，孟尝之名几灭门。

页十九后半——武松：

八万贯 行者武松 申大义，斩嫂头。啾啾鬼哭鸳鸯楼。（书口"张"字）

页二十前半——花荣：

百万贯 小李广花荣 嗟嗟王人，嗟嗟贼臣。

页二十后半——李应：

五万贯 扑天雕李应 牵牛归里，金生粟死。（书口"寒"字）

页二十一前半——刘唐：

三文钱　赤发鬼刘唐　民脂民膏，我取汝曹，太山一掷等鸿毛。

页二十一后半——秦明：

八文钱　霹雳火秦明　族尔家，乌乎义。忠哉匹夫终不贰。（书口"来"字）

页二十二前半——李逵：

九十万贯　黑旋风李逵　杀四虎，奚足闻；悔不杀，封使君。

页二十二后半——顾大嫂：

五十万贯　母大虫顾大嫂　提葫芦，唱鹧鸪，酒家胡。（书口"暑"字）

页二十三前半——萧让：

六文钱　圣手书生萧让　用兵如神，笔舌杀人。

页二十三后半——徐宁：

五文钱　金枪手徐宁　甲胄以卫身，好之以陷人。（书口"往"字）

此本所缺汪念祖之引，全文如下：

说鬼怪易，说情事难；画神鬼易，画犬马难。罗贯中以方言亵语为水浒一传，冷眼觑世，快手传神，数百年稗官俳场，都为压倒。陈章侯复以画水画火妙手，图写贯中所演四十人叶子上，颊上风生，眉尖火出，一毫一发，凭意撰造，无不令观者为之骇目损心。昔东坡先生谓李龙眠作华严经相，佛菩萨言之，居士画之，若出一人。章侯此叶子，何以异是。　汪念祖题。[5]

又张岱《陶庵梦忆》卷六,"水浒牌"一则,在其"缘起"文之前,有下一段引之:

> 古貌、古服、古兜鍪、古铠胄、古器械;章侯自写其所学所问已耳,而辄呼之曰宋江,曰吴用,而宋江吴用亦无不应者;以英雄忠义之气,郁郁芊芊,积于笔墨间也。周孔嘉匄余促章侯,孔嘉匄之,余促之,凡四阅月而成。余为作缘起曰:(文见前)。

乙 黄君倩刻本设计

此册在设计方面,有下列值得注意各点:

(一)陈洪绶在一百零八水浒人物中,选了四十,其中三十一人为天罡,九人为地煞。三十六天罡之不入选者为以下五人:阮小二、阮小五、张横、杨雄及解宝。七十二地煞之入选九人为:顾大嫂、朱武、安道全、施恩、扈三娘、樊瑞、萧让、孙二娘及时迁。有意思的是,一百零八人中仅有的三位女性都在内。

(二)叶子的顺序,并不按照每张钱数的多少排列。虽然"万万贯"宋江为第一张,第二张却是"七万贯"林冲,而不是"千万贯"朱全。以下的排列也是散乱的。与晚年的博古牌比较:博古共四十八张,增加了"无量数""一十万贯""京万贯""十万贯""金孔雀""十百子""玉麒麟"及"十文钱"。博古的"空汤瓶"相当此册的"空没文",而"半齍钱"相当此册的"半文钱"。博古每页由陈洪绶注明某某饮,此册没有。

(三)此叶子每幅外围框子较博古叶子大(博古约纵16厘米,横8.5厘米),但写的字全在框内,而博古则除横眉钱数外,写的字全在框外。

(四)此册注重描绘人物的个性,每叶一人,有道具而无背景。此是与博古很不同的一点。

(五)水浒叶子,在明中期就已经在民间流行。陆容(1436—1496),字文量,号式斋,江苏太仓人。其所著《菽园杂记》里,记载成化时昆山地区水浒叶子的形制:

> 一钱至九钱各一叶,一百至九百各一叶,自万贯以上皆图人形。万万贯

呼保义宋江，千万贯行者武松，百万贯阮小五，九十万贯活阎罗阮小七，八十万贯混江龙李进，七十万贯病尉迟孙立，六十万贯铁鞭呼延绰，五十万贯花和尚鲁智深，四十万贯赛关索王雄，三十万贯青面兽杨志，二十万贯一丈青张横，九万贯插翅虎雷横，八万贯急先锋索超，七万贯霹雳火秦明，六万贯混江龙李海，五万贯黑旋风李逵，四万贯小旋风柴进，三万贯大刀关胜，二万贯小李广花荣，一万贯浪子燕青……宋江等皆大盗，详见《宣和遗事》及《癸辛杂识》。[6]

陈洪绶所根据的是《水浒传》，其人物姓名、绰号与陆容所记的有不同之处。可以说陈氏的创作，同早期流行的水浒叶子关系可能很少，也许完全无关。这在后面"丁、陈洪绶图水浒是否有所本"一节中，有进一步的探讨。

丙　黄君倩刻本的年月推测及其他陈洪绶水浒图

关于陈洪绶作水浒图，根据现存实物与著录，有以下几种，兹按推测的年月列出。

（一）早年手迹水浒叶子——1991年由台湾收藏家收购，现已转手。曾见于柴萼（小梵）《梵天庐丛录》第十九卷"陈老莲三则"项下：

> 陈老莲水浒牌，白描画四十纸，高四寸，阔寸有奇，人长不及寸，或二寸许，神采如生，上横书若干贯、若干钱、若干子及空一文、半枝花名目，旁注姓名，下注某某者饮，首页署款"友弟陈洪绶为也赤兄写"十字，小楷如粟，另一页署款"苎萝陈章侯为也赤先生图于梧柳园之槎庵"十八字，行书。副页四十，皆史及超先生书赞，末一页跋云："袁圣予《淮阳文献志》载宋江事甚悉，卅六人为一赞，而寓箴体焉。其柴进、扈三娘、樊瑞、朱武四人，《志》所不载，余为之续貂，虽极意摹仿，然终不能及也。史大成书。"六十一字，行书。又一页书宋江题词一阕，不知为谁作。[7]

据王利器《晓传书斋读书笔记》中"陈老莲水浒叶子"一则，[8]此手迹本"原为东鲁北刘所藏，云于民国初元斥天津大宅七十余间换来者，中华人民共和国成立后余亦以善价展转得之于刘翁"。后由王氏出让，1991年徐邦达在香港见之，认为真迹，并系早年作品。与王氏所定"图作于萧山来氏槎庵，当与为来氏所作之楚辞图同时"[9]意见相同。故暂定为1616年，陈洪绶年十九岁时作。

此手迹在1954年3月及5月《文艺报》上刊载，[10]1991年5月16日黄涌泉氏赠以仿画其中的五像：宋江、鲁智深（群明《我怎样学习水浒的》插图，载于《文艺学习》第二期，1954年5月中国青年出版社），吴用（《文艺报》1954年3月号冯雪峰《回答关于水浒的几个问题》插图），燕青及林冲（《文艺报》5月号冯文续载之插图——后三人为黄氏二十八岁时影写）。与陈洪绶《九歌图》刻本、1618年至1622年《明陈章侯画册》（纽约大都会艺术博物馆藏）及1619年《陈章侯摹古册》（翁氏家藏）中人物均有相似之处。1993年得见此手迹的原本，认为此系1616年，《九歌图》前之作。

（二）水浒图卷——今已不见。孔尚任《享金簿》记《陈章侯水浒图卷》云：

> 陈老莲画水浒四十人，奇形怪状，凛凛有生气，非五才子书及酒牌所传旧稿。卷首赵宧光草篆题曰："英武神威。"后跋云："高秋气爽，啜茗长啸，适友人持此卷见示，阅之令人惊讶交集，不能赞一辞。云间陈继儒观于苦荼庵。"又一跋云："凡画之道，不难对景写实，而难于活泼玄妙。予弱冠时见龙眠居士此卷，笔画纤细，各具勇猛之状。今视章侯陈君，画法虽稍逊一筹，而生气流动，种种合度，非庸工俗子所能造也。孟津王铎书。"又一跋云："绘事人物以马、夏为绝笔，近代陈章侯骎骎超而上之。此卷向藏云间莫氏，今为吾友陈明世所购，因出展玩；乃信神物去来，是有呵护而不泯灭者耶？至于笔墨之工，则觉斯、眉公已曾赏识，不俟予赘也。欀李陈万言书。"又一诗云："陈君妙龄有谁同，四十英贤尺素中。堪羡吾翁精鉴赏，千秋什袭桂堂中。瓜畴邵弥题。"[11]

黄涌泉氏考赵宧光卒于天启五年，故此卷最迟为陈二十八岁时作，即不出1625年。[12]

按其他题跋者，陈继儒（1558—1639）、王铎（1592—1625）、邵弥（约1592—1642）三人均可以在1625年之作品上加写，故不影响黄氏的推测。

（三）黄君倩刻本水浒叶子——以此册上陈的书法看来，大概要迟于水浒图卷。

其人物的衣褶纹，有二十余幅明显的用折笔，与后日多用游丝描不同，说明这是早、中期的画风。且其书法与衣纹描法有的很近似癸酉（1633年）的一幅画轴；定为那一年所作，与事实应相差不远（详见"绘画"章）。但前人认为此水浒叶子早于崇祯元年（1628年），如周亮工在其《读画录》中"陈章侯"一则，提到"初画楚辞像，刻于山阴，再刻水浒牌行世。及崇祯间，召入为舍人……"似含水浒叶子刻于崇祯前之意，近人王贵忱氏说刻于万历、天启间。所以这个问题仍待考证。

关于黄肇初刻本，即前所述潘本，是此刻本的"再版"，不再赘述。又有《陈章侯画醉耕堂本出像水浒传》，黄涌泉氏见过仿本，认为"实据陈洪绶水浒叶子加以翻刻而成"，[13] 也不值得研讨（见后"戊　与陈洪绶同时各种水浒插图"）。

此外，黄涌泉氏提及刘源《凌烟阁功臣图》（康熙七年即1668年刻）自序说在壬寅（1662年）秋，到苏州去住了六年，见到陈章侯所画水浒三十六人。[14] 这是否就是那梵天庐所记的早年手迹水浒叶子？

丁　陈洪绶水浒图是否有所本

王铎跋陈画水浒图卷中提到他在弱冠时见到李龙眠的卷子，画法要高过陈洪绶，这就要问陈是否以李的作品为本。李公麟（1049—1106），字伯时，号龙眠居士，[15] 早于北宋（960—1127）末年宋江起义之时，更无机会读到《水浒传》。宋江等起义约在宣和元年（1119年）至宣和三年（1121年），前后三年多。[16] 所以王铎所见定系伪迹，不大可能是陈之所本。一般人认为名气大则画法高，王铎或非例外。加以弱冠时看到的，记忆恐怕也不可靠。

《水浒传》先有话本，南宋罗烨《醉翁谈录》记"青面兽""花和尚""武行者"三个篇目，这是最早的信息。[17] 南宋末龚开书《宋江三十六人赞并序》，说到画院待诏李嵩（1166—1243）曾画过宋江等像。[18] 到了《大宋宣和遗事》（宋或元人作），才有水浒故事的梗概。元杂剧中有许多水浒戏，有的已经把三十六将扩展到一百零八个大小伙。[19]《水浒传》的作者，一般认为是元末明初的施耐庵，基于这些历代相传及各地流行的资材，创写了这部伟大的小说。陈洪绶的早年手迹《水浒叶子》，画三十六人，可能如史大成跋中所云，是得到龚开（1222—1304年尚在）[20]《宋江三十六人赞》的启示。是否他曾见到宋元画家的水浒人物，无考。

1988年李伟实指出从南宋龚开《宋江三十六人赞》到明宣德年间朱有炖的两部水浒戏，梁山英雄只有三十六天罡，没有七十二地煞，而嘉靖间及以后的明代传奇及杂剧，则没有一部不基于小说《水浒传》的故事。[21]因此他认为《水浒传》作者不是相传的元末明初人罗贯中或施耐庵，而是明代成化前期以后的一位无名氏。[22]李氏其后见到陆容《菽园杂记》里记载当时水浒叶子的形制，列出梁山将领二十名（误重出一名，实际十九名），其姓名绰号与《宣和遗事》全同，而该记写在1491年之后1494年之前，因此看出《水浒传》那时尚未产生，也就是说成书年代的上限不出弘治（1488—1506）初年。[23]李氏又因为找到了明代画家杜堇（1466年开始作画，1518年尚在）的《水浒人物全图》，已包括三十六天罡及七十二地煞共一百单八条梁山泊好汉，显然根据《水浒传》小说，所以成书的下限应该是弘治末正德初——也就是1510年左右。[24]

无疑的，陈洪绶为刻本所画的《水浒叶子》，是基于《水浒传》的，而他描绘每位好汉的个性，远胜于传为杜堇所绘《水浒人物全图》，杜画不可能为陈画的本子。所以，以目前的资料来看，陈的《水浒叶子》刻本原画，是簇新的创作，可以推为中国人物画及版画之一件重要作品。

戊　与陈洪绶同时各种水浒插图

《水浒传》流行民间后，有不少种带插图的版本。傅惜华编的《中国古典文学版画选集》里，就有以下几种：[25]

一、《忠义水浒传》一百卷，共一百回。李贽评。万历（1573—1619）虎林容与堂刻本。每卷卷首冠图，单面方式。吴凤台刻。

二、《水浒全传》不分卷，共一百二十回。杨定见重编，李贽评。崇祯（1628—1643）袁无涯原刻本。卷首冠图，单面方式。刘君裕刻。

三、《忠义水浒传》不分卷，共一百回。李贽评。崇祯间原刻，清芥子园重印本，卷首冠图，单面方式。黄诚之、刘启先、白南轩等刻。

四、《水浒传》七十五卷，共七十回。清金人瑞删订批评，又王望如评。清顺治十四年（1657年）醉耕堂刻本。卷首冠图，单面方式。前幅图画，后幅赞语。图画全系描刻陈洪绶《水浒叶子》。

明　杜堇
《水浒人物全图》
复刻本之一页

　　前三种版本的插图以描绘一段精彩的故事为主，并不注重其主要角色的特性。第一种的图中人物略大，还可以略见故事主角的形状，其他两种则场面大，背景细，人物小。总之，它们与陈洪绶的作品并无关系。

注 释

［1］周芜《徽派版画史论集》，安徽人民出版社，1983年，第44页；又第47页列黄君倩"疑为一彬之字"。

［2］［3］周芜编著《徽派版画史论集》，第44页。

［4］张岱著、弥松颐校注《陶庵梦忆》，杭州西湖书社，1942年，第78—79页。张岱（1597—约1684年），字宗子、石公，号陶庵，署蝶庵。见陈澄之编《中国著作家辞典·续编一》The Oriental Society；Hanover，New Hampshire，Amberst，Massachusetts，and New York，New York. 1976年，第59页。

［5］李一氓藏本《明陈洪绶水浒叶子》，上海人民美术出版社，1980年，末页。

［6］李伟实《从水浒戏和水浒叶子看〈水浒传〉的成书年代》，《社会科学战线》1988年第1期，第286页所引。

［7］王利器《晓传书斋读书笔记》，编入《古籍论丛》，《社会科学战线》编辑部编，福建人民出版社，1983年，第357—358页。

［8］［9］王利器《晓传书斋读书笔记》，第357页。

［10］黄涌泉《陈洪绶年谱》，人民美术出版社，1960年，第30页。

［11］黄涌泉《陈洪绶年谱》，所引。第29页。

［12］黄涌泉《陈洪绶年谱》，第29页。

［13］黄涌泉《陈洪绶年谱》，第30页。

［14］黄涌泉《陈洪绶年谱》，第31页。

［15］俞剑华编《中国美术家人名辞典》，上海人民美术出版社，1981年，第347页。

［16］《中国大百科全书·中国文学Ⅱ》，上海中国大百科全书出版社，1986年，第754页（在吕乃岩著关于《水浒传》一节中）。

［17］《中国大百科全书·中国文学Ⅱ》，第754页。

［18］《中国大百科全书·中国文学Ⅱ》，第754页。龚开《宋江三十六人赞》，见周密《癸辛杂识续集》。李嵩生卒年见《中国美术家人名辞典》，第391页。

［19］见注6文中，第284页。

［20］龚开生卒年见《中国美术家人名辞典》第1553页。

［21］见注6文中，第284页。

［22］见注6文中，第286页。

［23］李伟实《从杜堇的〈水浒人物全图〉看〈水浒传〉的成书年代》，《社会科学战线》1991年第3期，第274页。

［24］见注23一文，第276页。

［25］傅惜华编辑《中国古典文学版画选集》，上下两册，上海人民美术出版社，1981年。

容与堂刻《忠义水浒传》：上，第372—373页。

袁无涯刻《水浒全传》：下，第764—767页。

芥子园重印《忠义水浒传》：下，第768页。

醉耕堂刻《水浒传》：下，第881—887页。

附录三　关于陈洪绶《宝纶堂集》

　　研究陈洪绶的一生事迹及了解他自早年到晚年的心理状态，最重要的资料可以说是保存他大量诗文的《宝纶堂集》。多少年来，世间只知道光绪十四年（1888）董金鉴的翻印本，上有牌记"光绪戊子春会稽董氏取斯堂重刊"，在卷一前朱彝尊《陈洪绶传》后有董氏跋：

　　　　宝纶堂集，重刻既竣，因取府志所载小传，及西河、竹垞两检讨所作传，刊列像赞之后，与新辑逸事，都为一帙。原刻有罗氏坤、胡氏其毅序，孟氏远传，向列卷首，悉仍其旧。又新录避乱诗，刊成编入卷末，名曰拾遗。他日得先生逸稿，当再续之。戊子夏日，金鉴又识。

紧接着在"轶事"标题之后，董氏把翻印缘起写出：

　　　　章侯先生以胜国遗老，负旷世逸才，书画盛名，卓绝宇内，即其诗文，亦名隽可传。顾怀才自放，不喜存录。没后数载，其子无名翁，始哀辑刻之。岁久湮泯，板刻不存，传本日希，几如星凤。丁亥（1887年）夏，余获见精本，既得卒读，亟命工以活字印行，庶几先贤遗著，重显于世。同邑徐仲凡太守，藏先生手书避乱诗一帙，上虞王氏天香楼旧藏也；得诗百五十三首，中有四十余首，为集所未见，佚文坠简，尤可宝贵。爰从假录校印，使附行焉。集所已载，则姑阙之，以省重复。先生行谊，备详志乘，及诸名公传志，而逸事流播，散见说部文集者尤伙，见闻所逮，悉事甄录，以为征文考献之助。复从张宗子先生三不朽图赞，摹勒先生像赞，列之卷端，窃志景仰云尔。

　　　　戊子三月，校勘始竟，率尔记之。会稽后学董金鉴。

这是在"又识"之前写的，但印在后面。合读起来，看到几项消息：

一、翻印基于董氏在丁亥获见的"精本"，但他未言明是哪一年的刻本，是何家收藏，该本全、缺或补的情况；

二、加上集外四十余首，来自徐仲凡藏陈洪绶手书避乱诗（这件稿本现在不知存否）；

三、那"精本"中只有罗序、胡序及孟传，其他的像、赞、传、轶事等都是董氏搜集补充的。

据我所知，这董氏翻印本，兹称"光绪本"，就是至今研究陈洪绶的学者们所引用的唯一的《宝纶堂集》。

今年九月底，在我拜访哈佛燕京图书馆的古籍部沈津主任的时候，他知道我在写《陈洪绶》，很自然地找出该馆藏之已久的一套两册的《宝纶堂集》，并示他写的书志中关于该集的手稿，及今年一月《中国典籍与文化》中所刊刘畅著《清康熙刻本宝纶堂集》一文（附小标题《哈佛燕京图书馆访书志》）。这个发现使我异常的兴奋，尤其是刘文末段的按语：

> 按《宝纶堂集》康熙三十年（1691）刻本实为罕见，笔者遍查各种书目，均无此版本。台湾《"中图"善本书目》亦未收。孙殿起《贩书偶记》收有《宝纶堂集》十卷拾遗一卷，暨阳陈洪绶撰，光绪间会稽董氏取斯堂刊印，木活字本。按孙氏所见光绪本多拾遗一卷，显然为后来编辑者添加，流行于世多属此本。据西村元照《日本现存清人文集目录》，日本现存三部光绪本，其云：陈洪绶《宝纶堂集》十卷　拾遗一卷　光绪十四年（1888）刻本。分藏于日本尊经阁文库、静嘉堂文库、大阪府立图书馆。可知孙殿起与西村元照均未见过康熙本《宝纶堂集》。

换句话讲，哈佛燕京图书馆的这部"康熙本"，即使不是海内外的孤本，也应当是自光绪本问世以来，学者们未曾注意到的新发现。

为了探讨这新发现的意义，第一要仔细审查这是否即陈洪绶去世后，其子陈字（无名、小莲）刻印的初版，是否保存无缺的原状，还是经过后人修补的；第二要与光绪本逐页比较，看两本的同异，及是否能取得新资料及改正翻印时引入的错误，使我们对于陈洪绶的诗文，得到更全、更确的认识。

（一）康熙本

二册、十卷，半页十行二十字。第一册有扉页，刊"陈章侯先生遗集　宝纶堂藏板"；上钤朱文圆印"梅花十里读书楼"，下左钤朱文方印"家世枫溪"。全册142全页，即284半页。第一半页上除朱文长方印"哈佛大学汉和图书馆珍藏印"外，有白文扁方印"关"在下右角。内容为：孟远《陈洪绶传》，罗坤《陈章侯先生诗文遗集序》（康熙三十年岁次辛未八月上浣），胡其毅《陈章侯先生遗集序》（康熙岁次乙酉禊月朔日），卷一——序、传，卷二——论、记，卷三——书、寿文、铭、杂文，卷四——四言古、五言古，卷五——排律、五言律。第二册共141全页，即282半页。内容为：卷六——五言绝、六言绝句，卷七——七言古，卷八——七言律，卷九——七言绝，卷十——词、程象复《跋》（癸未）。每卷开始，都题"宝纶堂集暨阳陈洪绶章侯著　男字购辑　孙孡对读"。

此康熙本的宋体字，与同时期的不少刻本相同，例如康熙四年紫阳书院刻本《铁桥志书》，[1]康熙三十九年刻本《虬峰文集》[2]等；只是全书字体并不一律，除了多半用的长方宋体外，还有较方的（如罗坤序）及较扁方的（如胡其毅序）。当然这不一定表明是不同时期刻的版子凑起来的，因为也可能是同时由不同的写手及刻工分头制造的。但无疑的这是经过添补的本子，因为有不少接缝的地方，而接缝以后的内容，都是光绪本所缺的（细节见后）。此本还有一个珍贵的特点，即不知何人在书眉上很多地方以墨笔小字抄录佚诗113首，其中31首见于接缝后的各页，证明书眉上录诗者得到此康熙本时，尚无添补。结论是：这是修补本，其未补时可能是初版，也就是光绪本的祖本。

（二）光绪本与康熙本的比较

光绪本虽然用的是木刻活字，但其字体及格式与康熙本的长方宋体字完全相同，一样是半页十行二十字，每页恍如影印所根据的未补本。陈氏诗文之前，其编排与增加的项目如下：原有的罗坤序及胡其毅序之后，加上了王缘摹陈章侯先生遗像及许传沛书张陶庵集越中三不朽图之陈章侯赞，再排入原有的孟远《陈洪绶传》。此后增加了《绍兴府志》陈洪绶一则、毛奇龄《陈老莲别传》、朱彝尊《陈洪绶传》、董金鉴的识语、轶事若干则，冠以董氏翻印此集的缘起。到了集的本文：卷一——序，页页全同，但缺"吕衡伯何山读书赋序"两全页；传，全同。卷二——论、记，全同。卷三——书、寿文，全同；铭，缺"博古叶子铭"五行；杂文，全同。卷四——四言古，全同；五言古，缺27首共118行。卷五——排律，缺"怀吴姬苏二"一首四行；五言律，缺100首共299行。卷六——五言绝，缺34首共69行；六言绝句，缺五首15行。卷七——七言古，缺九首共101行。卷八——七言律，缺35首共140行。卷九——七言绝句，全同。卷十——词，全同。程象复跋（癸未暮春校后），全同，仅康熙本为仿宋字体，而光绪本则仍用全书一致的宋体。此后增加了"避乱诗自叙"，已见于卷一之序中，在此重出；《宝纶堂集拾遗》13全页，题"暨阳陈洪绶章侯著　会稽后学董金鉴辑"。此部分包括：五言古6首，五言律16首，五言绝6首，七言古3首，七言律13首，七言绝3首，共各体诗47首。至于全同的部分，也有若干处用字不同，及句中缺字，可用康熙本来补足修正。这可以证明董金鉴用的"精本"，是一部未经补足的康熙本，而且有残缺处，比不上哈佛燕京所藏的这两册。

在这初步的比较后，删除了重出的材料——例如光绪本的"避乱诗自叙"，拾遗部分中已见于康熙本补刻者，康熙本书眉上手抄佚诗之见于补刻者，得到了以下的计算：

一、光绪本——文45篇，诗词1 143首。

二、康熙本增加——文（序、铭）2篇，诗172首。

三、康熙本书眉抄录增加——诗82首。

三者合数是：文共47篇，诗词共1 397首。此外我在陈洪绶现存及见于著录的书画上，搜到约80首诗，及约25项文（包括较长的画题，《水浒叶子》人物铭及《算仪象解》各算一项），则目前能够把握到的诗文可以说是总约1 500余项。

（三）新资料启发的新问题

问题大别分两方面：一属于资料来源的范围，一属于资料内容的范围。先看前者：

一、这康熙本（未补的部分）是否为最早的《宝纶堂集》？

二、是谁在何时补刻的？他的原始资料是什么？

三、何人在未补前在书眉上手抄轶诗？他的原始资料是什么？

四、这个本子的流传情况如何？（研究扉页上两枚印章及其后"关"字章属于何人）

至于后者，在我浏览康熙本上新资料时，注意到卷五、三十七页五言律《夜泊横市寄内》三首，兹录于下：

> 病中难暂别，况复到天津。嗟我四方志，随依二竖亲。归期早已定，离恨未曾新。横市今宵怨，塘栖明日鞌。
>
> 一棹出门去，经年便未知。归期虽不改，世事竟难为。宁忆娇嗔处，休怀举案时。割甘公二女，多与没娘儿。
>
> 置却牵衣态，强为拔剑歌。秋风吹药饵，别泪尽山河。离日从今少，归期自此多。题诗看斑管，清晓上双螺。

这诗分明是北上时写的，但不是在癸亥（1623年）陈洪绶二十六岁时第一次北上时，因为那年春间，妻来氏病故，他并没有立刻续弦，所以旅途上无"内"可寄。也不像是在庚辰（1640年）他四十三岁时末次北上时所写，因为第三首用"秋风""别泪"来点出离家之时，而庚辰离家约在四月间。全三首说明离时就定了归期，而且是病中话别，这与末次北上的情况不合。最有意思的是第二首的末二句："割甘分二女，多与没娘儿。"指出那时他只有来氏生的一女（没娘儿）及续娶韩氏生的一女（韩氏的第二女尚未生）。[3] 末次北上时"没娘儿"已经长大成人出嫁了，说不上分甘的事，而韩氏的第二女理应也生了。这就要想到殷登国在他的《陈洪绶研究》中推测辛未（1631年）陈氏三十四岁又北上一次，在壬申居北京一年，次年癸酉初春南返。殷氏指出《宝纶堂集》卷九有《南旺寄内》七绝五首，有"只恐归来暮春月"，合乎这次北上的情况。[4] 我在第一章认为此说可能，但没有充分的证据；有了《夜泊横市寄内》三首，对此说就采取相当肯定的看法了。这样一来，周亮工《读画录》说陈氏"及崇祯间，召入为舍人，使临历代帝王图像，因得纵观大内画，画乃益进"。这一段重要的经历，也如殷登国所测，是在这次北上中壬申年，即崇祯五年里。

　　总之，仔细发掘新资料中宝贵的消息，需要较长的时间；现在全书已经付印，所以赶快以附录的方式，作此概括性的报告。实际上，综合康熙本、光绪本及各处搜到的零散诗文，应该可以制出一部较全的新版《宝纶堂集》，其中以编年方式排列，增强参考价值。这个工作有待于来者及来日。同时，我感谢沈津先生，使我得到可遇而不可求的机会，见到这非常重要的新发现。

1995年岁末

注　释

[1] 北京图书馆编《中国版刻图录》，文物出版社，1961年，第六册，图版481。

[2] 北京图书馆编《中国版刻图录》，文物出版社，1961年，第六册，图版490。

[3] 黄涌泉《陈洪绶年谱》，人民美术出版社，1960年，第53页："考先生继娶杭州韩氏，除生六子外，尚有二女，惜宗谱未载出生年月。"

[4] 殷登国《陈洪绶研究》，台北打字复印本，1975年，第158—159页。

陈洪绶书画编年表、附表

凡　例

一、《陈洪绶书画编年表》中的作品，绝大多数经笔者研究原作鉴定为真迹；其未见原作者，系由清晰之照片审定，信为真迹列入。

二、其原作及照片皆未见者，照片不清晰者及仅见于著录者，皆入《陈洪绶书画附表》。数项已见原作或清晰之照片而认为可疑者，列入《陈洪绶书画附表》之末，标为《存疑》。

三、凡已见原作或清晰照片而知其明显伪作者，一概不录。

四、《陈洪绶书画编年表》中，有年款者及可确定年月者（如《九歌图》有后加之自序言明作于何时），皆依年月排列；其无年款而由笔者估定何年者（或至多不出其前后两年），列于该年有年款作品之后，在"公元"栏下加"约"字；其次序除尽量将轴、卷、册页及扇分开而且画先书后以利查考外，别无意义。

五、《陈洪绶书画附表》资料来源之详略不一，故格式与《陈洪绶书画编年表》稍异：无"公元""年号、年、干支"两栏，加"著录""附注"两栏。一部分有记载年月者在前，依年月先后排列；其后则并无编年意义。

六、《陈洪绶书画编年表》中，如一册中各页皆同时所作，则仅列为一项；如册中各页非一时所作或为后人所集，则各页自成一项，按其年月之先后排列。

七、两表中"印章"栏下，名号印章概用右先左后读字，如 |洪陈\n|绶印 作"陈印洪绶"，以别于 |洪陈\n|绶印 之作为"陈洪绶印"。如此，可略去前者应标为"回文"之烦。

八、两表中"收藏者"信息，系截至本书撰写时。

附录四　陈洪绶书画编年表

公 元	年号	年	干支	品 名	年 款	名 款	印章白(白文),朱(朱文),框(边框)	上 款	作于何地	收 藏 者
约1609	万历	三十七	己酉	龟蛇图轴	——	——	"莲子"白、"洪绶"朱,扁方连珠印	——	——	浙江省博物馆
1615	万历	四十三	乙卯	无极长生图轴	万历乙卯秋	枫溪莲子陈洪绶	"洪"白、"绶"朱,方连珠印;"莲子"朱,长方(题首)	——	广怀阁	上海博物馆
约1615				筮仪象解手稿(四册)	——	——	——	——	——	浙江图书馆
1616	万历	四十四	丙辰	人物图扇	丙辰八月	陈洪绶	"陈印洪绶"白,方	槎庵翁岳父	——	故宫博物院
约1616				白描水浒叶子册(三十六页)	——	陈洪绶,陈章侯	"陈印洪绶"白,扁方(首页);"洪绶""章侯氏"两白,方印(题页)	也赤先生	梧柳园之槎庵	不详
1616				九 歌 图(木刻十二页)	(丙辰,见自书序)	陈章侯,洪绶	——	——	萧山松石居	上海图书馆
1618	万历	四十六	戊午	枯木松石图页	戊午夏	洪绶	"章侯"白,长方	——	——	纽约大都会艺术博物馆
1619	万历	四十七	己未	火中神像页	己未春	洪绶	"章侯氏"白,方	——	——	纽约大都会艺术博物馆
约1619				罗汉与护法神图页	——	——	"陈印洪绶"白,略扁方	——	——	纽约大都会艺术博物馆
1619	万历	四十七	己未	枯木竹石图页	己未春	洪绶	"章侯"白,长方	——	——	纽约大都会艺术博物馆
1619	万历	四十七	己未	松下高士图页	己未秋	洪绶	"洪绶私印"白,略扁方	——	——	纽约大都会艺术博物馆
1619	万历	四十七	己未	摹 古 册(十二页)	己未年	洪绶(八页),陈洪绶(三页)	"莲子"朱,长方;"陈印洪绶"白,方;"章侯氏"白,方;"陈印洪绶"白,扁方;"章侯氏"白,略扁方;"洪""绶"朱,方连珠印;"洪绶"白,长方	——		翁万戈
1620	万历	四十八	庚申	准提佛母法像轴	大明万历四十八年正月二十有九日	陈洪绶	"陈印洪绶"白,略扁方;"章侯父"白,略扁方;"莲子"朱,长方(题首)	陈至谟	——	纽约大都会艺术博物馆
1620	万历	四十八	庚申	奇峰孤城图页	庚申秋	洪绶	"章侯"白,长方	——	——	纽约大都会艺术博物馆
1621	天启	元	辛酉	双木三鸟图页	辛酉春	洪绶	"章侯"白,长方	——	——	纽约大都会艺术博物馆
约1621				秋山丛树图页	——		"章侯"白,长方	——	——	纽约大都会艺术博物馆
1621	天启	元	辛酉	月下捣衣图页	辛酉夏	洪绶	"章侯"白,长方	——	——	纽约大都会艺术博物馆
约1621				待渡图页	——		"章侯"白,长方	——	——	纽约大都会艺术博物馆
1622	天启	二	壬戌	桃花图扇	壬戌春仲	陈洪绶	"陈印洪绶"白,扁方	沈相如先生	——	台北故宫博物院
1622	天启	二	壬戌	双蝶采花图页	壬戌夏	洪绶	"章侯氏"白,方	——	——	纽约大都会艺术博物馆

（续表）

公 元	年号	年	干支	品 名	年 款	名 款	印章白（白文），朱（朱文），框（边框）	上 款	作于何地	收 藏 者
1622	天启	二	壬戌	铜瓶插荷图页	壬戌秋	洪绶	"洪""绶"白，框，方连珠印	——	——	纽约大都会艺术博物馆
约1622				三松图轴	——	洪绶	（白文方印，不辨）	——	——	广州市美术馆
1624	天启	四	甲子	山水人物图扇	甲子冬仲	洪绶	——	璧生长兄	——	故宫博物院
约1624				五泄山图轴	——	洪绶	"章侯"朱，方	——	——	克利夫兰艺术博物馆
1627	天启	七	丁卯	梅花小鸟图页	丁卯清夏	洪绶	"洪绶"朱，长方	——	——	翁万戈
1627	天启	七	丁卯	古木当秋图扇	丁卯仲冬	莲子，洪绶	"章侯"朱，方；"陈印洪绶"白，略扁方	杨阆生	清响斋	纽约大都会艺术博物馆
约1627				山水图页		陈洪绶	"洪绶"朱，长方	客仙先生	——	翁万戈
约1627				梅竹图页		洪绶	"洪绶"朱，方	——	——	翁万戈
约1627				墨竹图小幅		洪绶	"章侯"朱，方；"陈印洪绶"白，方	琴台先生	——	天津市艺术博物馆
约1627				水仙灵石图轴		洪绶	"章侯"朱，方	十八叔	——	苏州市文物商店
约1627				枯木竹石图扇		洪绶	"洪绶"白，扁方；"章侯"朱，扁方	⍰老	白马湖	故宫博物院
1628	崇祯	元	戊辰	水仙湖石图轴	戊辰雪夜	洪绶	"章侯父"白，方	——	读书处	不详
约1628				棹云耶溪图轴		洪绶	"章侯"朱，方	——	——	至乐楼
1629	崇祯	二	己巳	自书诗册（三十四页）	己巳秋暮	——	——	——	——	黄苗子
约1629				早年画册自题（六页）	——	洪绶（五页），章侯（一页）	"陈洪绶印"白，方；"章侯"朱，方；"洪绶"白，"章侯氏"朱，扁方连珠印	——	——	纽约大都会艺术博物馆
约1629				行草书扇		洪绶	（方印不辨）	乔老兄	——	上海博物馆
约1629				行草书七绝诗页		洪绶	"章侯氏"白，方	——	——	故宫博物院
约1629				行书致水师札之一		洪绶	——	水师契丈	——	故宫博物院
1630	崇祯	二十二月	己巳	墨竹图轴	己巳暮冬	洪绶	"陈印洪绶"白，方；"莲子"朱，长方	——	清泉草亭	上海博物馆
1630	崇祯	三	庚午	摹李息斋墨竹图轴	庚午清夏	洪绶	"陈印洪绶"朱，方	——	——	辽宁省博物馆
1630				李廷谟刻北西厢：题辞、跋语及"莺莺像"插图（木刻）	庚午清秋	洪绶	"陈印洪绶"朱，方；"章侯氏"白，方（题辞及插图自题）；"陈印洪绶"白，方（短跋）	——	灵鹫之五松阁（题辞），寄园（跋），灵鹫峰（图）	上海图书馆
约1630				山水图轴	——	洪绶	"洪绶"朱，长方	——	清泉草亭	北京市文物商店
约1630				桃花松鼠图页	——	洪绶	"陈印洪绶"白，方；"章侯"朱，方	——	凤岗书屋	台北故宫博物院
约1630				花卉图扇	——	洪绶	"老莲"朱，椭圆	——	借园	台北故宫博物院
约1630				独往图扇	——	洪绶	"陈印洪绶"白，方	——	——	上海博物馆
约1630				枯木竹石图扇	——	洪绶	"陈洪绶印"白，方	逸生兄	研阁	纽约大都会艺术博物馆

公 元	年号	年	干支	品 名	年 款	名 款	印章白(白文),朱(朱文),框(边框)	上 款	作于何地	收 藏 者
约1630				竹石图扇	——	洪绶	"洪绶私印"白,方	——	——	上海博物馆
约1630				花蝶写生图轴	——	洪绶	"洪绶"朱,长方	——	灵鹫精舍	台北故宫博物院
约1630				梅菊图扇	——	洪绶	"陈印洪绶"朱,方	祇臣社兄		承训堂
约1630				水仙湖石图扇	——	洪绶	"陈印洪绶"白,方	清凉林子		故宫博物院
约1630				致三兄短札	——	绶	——	公振、告辰、李五兄		南京博物院
约1630				行书致水师札之二	——	洪绶	——	水师道兄		故宫博物院
约1630				录吴文英词行书轴	——	洪绶	"陈印洪绶"朱,方;"章侯"白,框,方	子揖社弟		檀香山美术学院
约1630				行书归自萧山诗扇	——	绶	"洪绶"白、"章侯氏"朱,扁方连珠印	商老社兄		上海博物馆
1631	崇祯	四	辛未	岁朝清供图轴	始于丙寅成于辛未	洪绶	"洪绶"朱,长方	豫安居士		故宫博物院
1631				来鲁直小像轴	崇祯辛未	陈洪绶	(白文方印,不辨)			赖少其
1631				来鲁直夫人像轴	(来宗道丁丑题称陈氏作于辛未)	——				赖少其
1633	崇祯	六	癸酉	花鸟草虫册(十页)	癸酉暮春	洪绶(七页),溪山洪绶,溪亭洪绶,溪山老莲洪绶	"章侯父"白,长方;"洪绶"白,方;"字章侯"白,方;"洪绶"白、"章侯氏"朱,扁方连珠印;"洪""绶"白,方连珠印	——	柳浪馆、桐枫馆、若耶书屋、借园	上海博物馆
1633	崇祯	六	癸酉	山水人物图轴	癸酉仲冬	溪山陈洪绶	"洪绶"白、"章侯"朱,扁方		起馥楼	纽约大都会艺术博物馆
约1633				梅石图轴	——	洪绶	"洪绶"白、"章侯"朱,扁方连珠印;"山水友"朱,长方(题首)	——	柳桥书屋	不详
约1633				莲鹭图轴	——	溪山老莲洪绶	"章侯父"白,长方		深柳读书堂	不详
约1633				寿石图轴	——	溪渔洪绶	"柳华馆"朱,方;"陈印洪绶"白,方		深柳读书堂	承训堂
约1633				和平呈瑞图轴	——	溪亭洪绶	"洪绶"白,方;"章侯"白,扁方		无见阁	程十发
约1633				芙蓉人镜图轴	——	洪绶	"章侯"白,扁方		无见阁	翁万戈
约1633				醉愁图页	——	洪绶	"洪绶"朱,长方	平老社兄	——	翁万戈
约1633				墨竹图扇	——	洪绶	"洪绶"白、"章侯氏"朱,扁方连珠印	渭水辞长兄		上海博物馆
约1633				花石蝴蝶图扇	——	洪绶	"章侯"朱,方		玉兰客馆	故宫博物院
约1633				水浒叶子(四十页,木刻)	——	——	——		——	李一氓
约1633				行书七绝诗轴	——	洪绶	"洪绶之印"白,方;"章氏侯"朱,方;"莲子"朱,长方(题首)			故宫博物院
1634	崇祯	七	甲戌	林壑泉声图扇	甲戌秋九月	洪绶	"绶"朱,方		借园	上海博物馆
约1634				行书词轴	——	洪绶	"九品莲台主者"白,方	苏?老		故宫博物院

公 元	年号	年	干支	品 名	年 款	名 款	印章白(白文),朱(朱文),框(边框)	上 款	作于何地	收藏者
约1634				行草书诗扇	——	洪绶	"绶"朱,方	——	——	上海博物馆
1635	崇祯	八	乙亥	冰壶秋色图轴	乙亥十一月朔日	洪绶、溪山老莲（题中自称）	"陈印洪绶"白,方;"章侯"朱,方	开翁老伯	秋香深院	伦敦英国博物馆
约1635				苏李泣别图轴	——	溪山老莲洪绶	"陈印洪绶"白,方;"章侯"朱,方	——	——	景元斋
约1635				荷花鸳鸯图轴	——	溪山老莲洪绶	"陈印洪绶"白,方;"章侯"朱,方	——	清义堂	故宫博物院
约1635				荷花湖石图轴	——	洪绶	"陈印洪绶"白,方;"章侯"白,方	——	昨梦庵	私人收藏
约1635				松寿图轴	——	洪绶	"陈印洪绶"白,方	——	——	翁万戈
约1635				双梅竹石图轴	——	洪绶	"洪绶"朱,方;"章侯"白,方	——	清远阁	翁万戈
约1635				花鸟图轴	——	洪绶	"陈印洪绶"白,方;"章侯氏"朱,方	——	五松阁	西泠印社
约1635				卷石山茶图轴	——	洪绶	"章侯"白,方	——	清香阁	台北故宫博物院
约1635				山水图轴	——	洪绶	"陈印洪绶"白,扁方	——	溪山草堂	台北故宫博物院
约1635				花蝶画册(八页)	——	洪绶	"洪绶之印"白,方;"洪绶"朱,长方;"章侯"白,长方	——	七章庵	四川省博物馆
1636	崇祯	九	丙子	行草书自书诗卷	丙子新夏	洪绶	"陈印洪绶"朱,方;"章侯"白,方	——	借居	故宫博物院
约1636				杨升庵簪花图轴	——	洪绶	"陈洪绶印"白,方;"章侯氏"白,方	——	——	故宫博物院
约1636				对镜仕女图轴	——	洪绶	"洪绶之印"白,方;"章侯"朱,方	天耳社长兄	——	中央工艺美术学院
约1636				老妪解诗图轴	——	洪绶	(方印,不辨)	起翁老先生	——	程十发
约1636				美人图轴	——	洪绶	"洪绶"朱,长方	——	借居	不详
约1636				狂草书五律诗页	——	绶	"洪绶"白,扁方	——	——	檀香山美术学院
1638	崇祯	十一	戊寅	秋山图扇	戊寅孟夏	洪绶	"陈洪绶印"白,方	周臣社弟	——	武汉市文物商店
1638	崇祯	十一	戊寅	宣文君授经图轴	崇祯戊寅八月二日	洪绶	——	姑	——	克利夫兰艺术博物馆
约1638				梅石山禽图轴	——	洪绶	(两方印,不辨)	上款	清溪书屋	宁波市天一阁文物保管所
约1638				仕女图轴	——	洪绶	"陈印洪绶"白,方;"章侯父"白,方	——	梅花书屋	不详
约1638				观画图轴	——	洪绶	"陈印洪绶"白,方;"章侯氏"白,方	——	清远书屋	故宫博物院
约1638				秋江独钓图轴	——	洪绶	"老莲居士"朱,方;"章侯氏"朱,方	秋老盟弟	——	不详
约1638				竹石图扇	——	洪绶	"莲子"朱,长方(篆法奇,鲜见此印)	——	——	上海博物馆

（续表）

公 元	年号	年	干支	品 名	年 款	名 款	印章白（白文），朱（朱文），框（边框）	上 款	作于何地	收藏者
约1638				烹茶图扇	——	洪绶	"章侯氏"朱，方	——	——	纽约大都会艺术博物馆
约1638				山水图扇	——	洪绶	"洪绶私印"白，方；"字章侯"白,方	周臣社弟	——	上海博物馆
约1638				秋山会友图轴	——	洪绶		周臣社弟	——	上海博物馆
约1638				蕉阴读书图扇	——	洪绶	"陈印洪绶"白，方	——	——	上海博物馆
约1638				梅雀图扇	——	洪绶	"洪绶"朱，方；"章侯"白，方	翼宸道盟兄	——	故宫博物院
约1638				记老媪事手稿（二页）	——	——	"洪绶"朱，长方	——	——	上海图书馆
约1638				行书手札	——	洪绶	"陈印洪绶"白，方	陆镜潭兄	随缘去住之馆	不详
约1638				行书五律诗扇	——	洪绶		周臣社弟	——	杭州市文物考古所
1639	崇祯	十一	戊寅十二月	九歌图序及标题（木刻）	戊寅暮冬	陈章侯，陈洪绶		——	善法寺	上海图书馆
1639	崇祯	十二	己卯	摹李公麟乞士图轴	（见边题）己卯秋杪	陈洪绶洪绶（边题）	"陈印洪绶"白，方；"章侯父"白，方；"陈印洪绶"白，方（边题）；"章侯"朱，方（边题）	——	云居（边题）	故宫博物院
约1639				斜倚薰笼图轴	——	洪绶	"陈印洪绶"白，方；"章侯氏"白，方	——	——	上海博物馆
约1639				梅石图轴	——	陈洪绶	"陈印洪绶"白，方	——	溪亭	虚白斋/香港艺术馆
约1639				提篮老人图轴	——	洪绶	"陈印洪绶"白，方；"章侯氏"朱，方	——	柳花馆	天津市文物公司
约1639				阮修沽酒图轴	——	洪绶	"陈印洪绶"白，方；"莲子"朱，方	——	——	上海博物馆
约1639				梅石蛱蝶图卷	——	洪绶	"陈印洪绶"白，方；"章侯"朱，方	——	——	故宫博物院
约1639				诗画精品册（二十四页）	——	陈洪绶，洪绶	"洪绶"朱，方；"章侯"朱，方；"陈印洪绶"白，方	（为某夫子作，自称门人）	——	不详
约1639				松溪图扇	——	陈洪绶，洪绶	"洪绶"朱，方	许夫子	——	故宫博物院
约1639				梅竹图扇	——	洪绶	"陈印洪绶"朱，方	——	——	上海博物馆
约1639				古梅修篁图扇	——	洪绶	"陈印洪绶"白，方	——	溪山草阁	上海博物馆
约1639				古梅图扇	——	洪绶	"陈印洪绶"白，方	——	——	吴讷孙
约1639				行书五言绝句轴	——	洪绶	"陈印洪绶"朱，方	——	——	南京博物院
约1639				行草书词扇	——	洪绶	"陈印洪绶"白，方；"章侯"朱，方	化之辞长兄	——	宁波市天一阁文物保管所
1640	崇祯	十二	己卯十二月	鸳鸯冢娇红记插图（四页，木刻）	己卯腊月	——	"陈印洪绶"白，方（三页）；"洪绶"朱，长方（一页）	——	——	日本京都大学文学部
1640	崇祯	十二	己卯十二月	张深之正北西厢插图（六幅）及代马权奇书序（木刻）	己卯暮冬	溪山老莲洪绶洪绶	"洪绶私印"朱，方	——	定香桥畔定香桥	浙江省博物馆

（续表）

公元	年号	年	干支	品名	年款	名款	印章白（白文），朱（朱文），框（边框）	上款	作于何地	收藏者
约1640	崇祯	十三	庚辰	红莲图轴	——	云溪老渔陈洪绶	"陈印洪绶"白，方	——	永柏书堂	故宫博物院
约1640				秋景图扇	——	洪绶	"章"、"侯"白，方连珠印	子拭社弟	——	景元斋
1641	崇祯	十四	辛巳	萱花芝石图轴	辛巳仲春	洪绶	"洪绶[?]印"朱，方；"字章侯"白，方			广东省博物馆
约1642	崇祯	十五	壬午	玉川子像轴	——	洪绶	（椭圆印不辨）；"章侯"朱，方	——	长安萧寺	程十发
约1642				梅花小鸟图轴	——	洪绶	（方印不辨）；"陈洪绶印"朱，方	——	长安萧寺	上海博物馆
约1643				致祝渊诗翰（五通）	元旦（无年）	洪绶（二页），绶（三页）	——	开翁盟兄（一页）开老盟兄（二页）开老盟弟（二页）	——	浙江省博物馆
1643	崇祯	十六	癸未	饮酒读书图轴	癸未孟秋	老莲洪绶	"洪绶私印"白，方；"莲白衣"白，方；"章侯氏"白，方	——	杨柳青舟中	上海博物馆
约1643				致开美手札	——	绶	——	开美盟长兄	——	程十发
1645	顺治	二	乙酉	杂画册（十五页）	乙酉仲春	洪绶（十二页），老莲洪绶（一页），弟子莲沙弥（一页）	"章侯"朱，方；"陈氏悔公"白，扁方；"陈洪绶印"白，扁方；"洪绶"白，方；"章侯氏"白，方；"洪""绶"白，方连珠印	——	龙山 龙山公署 龙山官斋	台北故宫博物院
1645	顺治	二	乙酉	秋江泛艇图扇	乙酉暮春	老莲洪绶	"陈生"朱，椭圆	素中盟兄	——	故宫博物院
1645	顺治	二	乙酉	钟馗像轴	乙酉端阳	老莲陈洪绶	"臣绶"白，方；"莲白衣"白，方	柳塘王盟兄	青藤书屋	苏州博物馆
约1645				达摩禅师像轴	——	弟子陈洪绶	"章侯"白，方；"洪绶"朱，方			程十发
约1645				张荀翁像轴	——	老莲洪绶	"陈印洪绶"白，方；"章侯"朱，方	荀翁居士		程十发
约1645				莲石图轴	——	绶	"莲白衣"白，框，方；"章侯氏"白，方	[?]功盟大弟	——	上海博物馆
约1645				梅竹湖石图轴	——	老莲洪绶	"陈印洪绶"白，方；"章侯氏"白，方	耶溪草阁		私人收藏
约1645				古木双鸠图轴	——	洪绶	"章侯氏"白，方；"陈印洪绶"白，方			台北故宫博物院
约1645				高士图轴	——	洪绶	"陈印洪绶"朱，方；"章侯"白，方	瑞趾社盟长兄		上海博物馆
约1645				倚杖闲吟图轴	——	洪绶	"陈印洪绶"白，方；"章侯"白，方	乔瞻社世兄		台北故宫博物院
约1645				玩菊图轴	——	洪绶	"章侯"朱，方	抑之盟弟		台北故宫博物院
约1645				品茶图轴	——	老莲洪绶	"陈洪绶印"白，方；"章侯氏"白，方	——	青藤书屋	朵云轩
约1645				山水人物图轴	——	洪绶	"陈洪绶印"白，方；"章侯氏"白，方	——	青藤书屋	故宫博物院
约1645				龙王礼佛图轴	——	洪绶	（两印不辨）	袁道社兄	——	至乐楼
约1645				人物故事扇	——	洪绶	"洪绶"朱，方	——	——	上海博物馆
约1645				竹石图扇	——	洪绶		若翁居士		上海博物馆

(续表)

公 元	年号	年	干支	品 名	年 款	名 款	印章白(白文),朱(朱文),框(边框)	上 款	作于何地	收 藏 者
约1645				梅花图扇	——	洪绶	"章侯"朱,扁方	秉之道盟兄	——	故宫博物院
约1645				行书七绝诗扇	——	洪绶	"陈洪绶印"白,方;"章侯"朱,方;"枫桥"朱,长方	翊宸道盟兄		台北故宫博物院
约1645				行书七绝诗扇	——	洪绶	"悔迟氏"白,方	宪子社兄		纽约大都会艺术博物馆
约1645				行草书七绝诗扇	——	洪绶	"老莲"朱,长方	——		不详
约1645				行书同绮季诗扇	——	洪绶	"陈印洪绶"白,方	元长辞社兄		上海博物馆
约1645				雨中读书诗扇	——	洪绶	"莲子"白,方	素中盟兄		故宫博物院
1646	顺治	三	丙戌	苏李泣别图轴	丙戌暮春十六日夜	洪绶	"章侯"白、"洪绶"朱,扁方连珠印	九弟	青藤书屋	程十发
1646	顺治	三	丙戌	龙王礼佛图轴	丙戌仲夏	弟子发僧陈洪绶	"陈印洪绶"白,方;"章侯氏"白,方			不详
约1646				红叶题诗图轴	——	云门老悔洪绶	"陈洪绶印"白,方			吴南生
约1646				观音像轴		云门僧悔	"洪绶"朱,长方			吉林省博物馆
约1646				枯木竹石图轴		云门老悔陈洪绶	"悔"朱,方;"陈洪绶印"白,方;"悔迟氏"白,方	张德操小友		故宫博物院
约1646				华山五老图卷	——	洪绶,僧悔	"洪""绶"白,方连珠印	李夫子		首都博物馆
约1646				水边兰若图扇		云门僧悔洪绶	"悔"朱,方			上海博物馆
约1646				与王思任、吴山涛合书扇	——	悔迟	"陈印洪绶"白,方;"章侯"朱,方	利宾道盟兄		上海博物馆
约1646				行书五律诗扇	——	悔迟	"陈印洪绶"白,方;"章侯"朱,方	利老道盟兄		上海博物馆
约1646				行书七绝诗扇	——	洪绶	"章侯"白,方;"洪绶私印"白,方(不清晰)	德千辞兄		上海博物馆
约1646				行书七绝诗轴	——	洪绶	"洪绶"朱,方;"章侯"白,方	——		广东省博物馆
1647	顺治	四	丁亥	行书册(五页)	丁亥暮春晦	僧悔	"弗迟"白,方;"云门僧悔"白,方	名子道盟弟		上海博物馆
约1647				观音罗汉图轴	——	悔迟洪绶	"勿迟"白,方;"悔迟氏"白,方	——		台北故宫博物院
约1647				雅集图卷	——	僧悔	"悔迟""弗迟"白,扁方连珠印	去病道人		上海博物馆
约1647				高隐图卷	——	老莲洪绶	"老莲"朱,长方	——		王己千
约1647				史实人物图卷	——	——	"陈印洪绶"白,方;"章侯"朱,方	——		王己千
约1647				杂画册(八页)	——	暨阳陈洪绶,陈洪绶,老莲洪绶,洪绶(二页),老迟洪绶(二页),洪绶法名僧悔	"陈印洪绶"白,方;"章侯"白,框,方;"章侯"白,方;"洪""绶"朱,扁方连珠印;"陈印洪绶"白,方(较大);"陈洪绶"朱,方	——	静香屋(末页)	故宫博物院
约1647				梅竹山水图册(八页中陈洪绶四页)	——	——	"悔迟"白,"弗迟"白,扁方连珠印;"章侯"朱,方;"莲子"白,方;"莲子"朱,长方;"悔迟氏"白,方	——		苏州博物馆

（续表）

公 元	年号	年	干支	品 名	年 款	名 款	印章白（白文），朱（朱文），框（边框）	上 款	作于何地	收藏者
约1647				红叶小鸟图轴	——	弗迟道者悔	"陈印洪绶"白,方	——	——	程十发
约1647				荷花图轴	——	迟老	"僧悔"朱,方;"勿迟"白,方	顺之道盟兄	静香居	台北故宫博物院
约1647				荷花图诗堂五绝诗	——	弗迟	"陈印洪绶"白,方;"章侯"朱,方	顺老道盟兄	——	台北故宫博物院
约1647				竹石图扇	——	洪绶	"洪绶"朱,长方	克老社兄	——	上海博物馆
约1647				倚石听阮图扇	——	洪绶	"章侯"朱,方	——	——	纽约大都会艺术博物馆
1648	顺治	四	丁亥十二月	行书五十自寿诗卷	（丁亥暮冬）	洪绶	"陈印洪绶"白,方	——	张寅子读书堂	故宫博物院
约1648	顺治	五	戊子	行书诗翰卷	——	洪绶	"陈印洪绶"白,方	胤之宗社弟	——	上海图书馆
约1648				行书七绝诗轴	——	迟	"悔迟氏"白,方	——	——	天津市文物公司
约1648				花鸟竹石图轴	——	老迟洪绶	"章侯"朱,方;"陈印洪绶"白,方	——	溪桥	日本京都有邻馆
1649	顺治	六	己丑	抱琴采梅图扇	己丑春日	洪绶	"莲子"朱,长方	石友大辞宗	——	上海博物馆
1649				饮酒祝寿图轴	己丑季夏	老迟洪绶	"洪绶"朱,方;"章侯"白,方	茂才道盟兄	——	哈利孙
1649				吟梅图轴	己丑秋暮	洪绶	"老莲"朱,方;"陈印洪绶"白,方	玄鉴道盟兄	——	南京博物院
1649				南生鲁四乐图卷	己丑仲冬	洪绶		生翁居士	——	苏黎世瑞特伯格博物馆
约1649				高贤读书图轴	——	老迟洪绶	"陈印洪绶"白,方;"僧悔印"白,方	——	柳桥	王己千
约1649				餐芝图轴	——	洪绶	"陈印洪绶"白,方;"章侯"朱,方	——	柳桥	天津市艺术博物馆
约1649				摘梅高士图轴	——	洪绶	"陈印洪绶"白,方;"章侯"朱,方	——	柳桥	天津市艺术博物馆
约1649				授徒图轴	——	老迟洪绶	"洪绶"朱,方;"章侯"白,方	——	柳桥	加利福尼亚大学美术馆
约1649				展卷策杖图轴	——	老迟洪绶	"章侯"朱,方;"诗酒□□"白,方;"山樵海渔"朱,椭圆	——	柳桥定香庵	天津市艺术博物馆
约1649				花蝶图轴	——	老迟洪绶	"陈章侯"白,方(不清晰)	——	——	天津市艺术博物馆
约1649				梅石图轴	——	老迟洪绶	"莲白衣"白,方	——	柳庄	故宫博物院
约1649				仙侣图轴	——	枫溪陈洪绶	——	——	——	重庆市博物馆
约1649				仙侣图轴(肖像)	——	洪绶	"章侯"白,方;"洪绶之印"白,方	——	——	徐悲鸿纪念馆
约1649				松下策杖图轴	——	老莲洪绶	"章侯"白,框,方;"陈洪绶印"白,方	——	——	徐悲鸿纪念馆
约1649				人物图轴	——	云溪老迟洪绶	"陈印洪绶"白,方;"章侯"朱,方	——	梅花书屋	中央工艺美术学院
约1649				梅花书屋图轴	——	洪绶	"陈印洪绶"白,方;"章侯"朱,方	焜老道盟兄	——	安徽省博物馆

公 元	年号 年 干支	品 名	年 款	名 款	印章白(白文),朱(朱文),框(边框)	上 款	作于何地	收藏者
约1649		仕女图轴(六人)	——	洪绶	"陈印洪绶"白,方;"章侯"朱,方	——	青碧书堂	不详
约1649		仕女图轴	——	老迟洪绶	"洪绶"朱,长方	——	绿玉轩	上海博物馆
约1649		笼鹅图轴	——	枫溪老迟洪绶	"陈印洪绶"白,方;"章侯"朱,方	——	深柳囗堂	浙江省博物馆
约1649		蕉林酌酒图轴	——	老迟洪绶	"陈印洪绶"白,方;"章侯"朱,方	——	——	天津市艺术博物馆
约1649		渊明簪菊图轴	——	云溪老迟洪绶	"章侯"朱,方	——	翻经阁	徐悲鸿纪念馆
约1649		晞发图轴	——	老迟洪绶	"陈印洪绶"白,方;"章侯氏"朱,方	——	静者轩	重庆市博物馆
约1649		抚乐仕女图轴	——	陈洪绶	"洪绶"朱,方;"章侯"白,方	——	囗老伯母	西泠印社
约1649		眷秋图轴	——	洪绶	"陈洪绶印"白,方	——	——	王己千
约1649		卧石老梅图轴	——	迟翁洪绶	"梅迟氏"白,方	与沐盟侄	静者居	中国历史博物馆
约1649		醉吟图轴	——	老迟洪绶	"陈印洪绶"白,方;"章侯"朱,方	——	静者居	虚白斋/香港艺术馆
约1649		梅花山鸟图轴	——	老迟洪绶	"陈印洪绶"白,方;"章侯"朱,方	——	静者居	台北故宫博物院
约1649		竹石萱草图轴	——	老迟洪绶	"陈印洪绶"朱,方	——	静林书屋	南京博物院
约1649		弹唱图轴	——	陈洪绶	"老迟"朱,椭圆	——	——	故宫博物院
约1649		弄乐仕女图轴	——	老莲洪绶	"洪绶"白,方;"字囗囗"白,方(不识)	——	定香桥	故宫博物院
约1649		听琴图轴	——	枫溪弗迟老人陈洪绶	"字章侯"白,方	——	定香桥畔	故宫博物院
约1649		授经图轴	——	陈洪绶,徐易	"陈印洪绶"白,方;两印在上,不辨	——	——	温州博物馆
约1649		楼月德像轴	——	洪绶,徐易	"陈印洪绶"白,方;"章侯氏"朱,方	——	——	浙江省博物馆
约1649		唐进士钟公像轴	——	洪绶	"陈洪绶"白,方;"章侯氏"朱,方;"老莲"朱,椭圆	——	——	翁万戈
约1649		何天章行乐图卷	——	陈洪绶,(严水子补图)	"章侯氏"白,方	——	——	苏州博物馆
约1649		百蝶图卷	——	老迟道人陈洪绶	"陈印洪绶"朱,方	——	——	不详
约1649		仿元人花鸟草虫图页	——	洪绶	"陈印洪绶"白,方	——	——	不详
约1649		梅花图扇	——	老迟洪绶	"陈印洪绶"白,方;"章侯"朱,方	——	静者居	上海博物馆
约1649		画梅图扇	——	洪绶	"陈洪绶印"白,方;"章侯"朱,方	——	——	台北故宫博物院
约1649		梅竹图扇	——	老迟洪绶	"陈印洪绶"白,方	——	——	台北故宫博物院
约1649		水仙灵芝图扇	——	洪绶	"洪""绶"白,方连珠印	纬翁老祖台	——	上海博物馆

(续表)

公元	年号	年	干支	品名	年款	名款	印章白(白文),朱(朱文),框(边框)	上款	作于何地	收藏者
约1649				为生翁作山水图扇	——	洪绶	"洪绶"朱,扁方;"章侯"白,扁方	生翁老年祖台	——	上海博物馆
约1649				松荫对话图扇	——	洪绶	"陈印洪绶"白,方	——	——	上海博物馆
约1649				梅竹石图扇	——	老迟洪绶	"章侯"白,框,方	——	——	上海博物馆
约1649				问道图扇	——	老迟洪绶	"洪绶"白,方;"章侯"朱,方	——	护兰书屋	上海博物馆
约1649				芦江垂钓图扇	——	洪绶	"章侯"白,扁方	——	静远楼	上海博物馆
约1649				携杖嗅梅图扇	——	洪绶	"陈洪绶印"白,方	雄翔辞兄	——	纽约大都会艺术博物馆
约1649				桐叶题诗图扇	——	洪绶(白汉补图)	"洪绶"朱,方	公绶道兄	——	故宫博物院
约1649				柳荫观鱼图扇	——	洪绶	"章侯"白,扁方	泅住师兄	——	台北故宫博物院
约1649				萱石图扇	——	洪绶	"章侯"朱,扁方	尹人辞盟	——	纽约大都会艺术博物馆
约1649				老梅图扇	——	溪山老迟洪绶	"章侯"白,方	——	——	纽约大都会艺术博物馆
约1649				蝶菊竹石图扇	——	洪绶	"陈印洪绶"白,方	——	——	纽约大都会艺术博物馆
约1649				策杖观泉图扇	——	洪绶	"洪绶"白,方;"章侯"朱,扁方	玄潘道盟兄	——	纽约大都会艺术博物馆
约1649				梅菊水仙图扇	——	老莲洪绶	"洪""绶"朱,扁方连珠印	——	——	纽约大都会艺术博物馆
约1649				绯桃孤鸟图扇	——	老迟洪绶	"洪绶"白,方;"章侯"朱,方	玄鉴道兄	——	纽约大都会艺术博物馆
约1649				水仙竹石图扇	——	老莲洪绶	"洪绶"白,方;"章侯"朱,方	梓朋盟侄	——	纽约大都会艺术博物馆
约1649				梅仙图扇	——	洪绶	"洪绶"白,方;"章侯"朱,方	玄潘道兄	——	故宫博物院
约1649				仿赵孟坚水仙图扇	——	洪绶	"洪绶"白,方	玄鉴道友	——	故宫博物院
约1649				梅石山禽图扇	——	老莲洪绶	"□□"朱,椭圆(不识)	——	——	武汉市文物商店
约1649				古木归鸦图扇	——	洪绶	"洪绶"朱,扁方	——	——	武汉市文物商店
约1649				行书五言四句轴	——	洪绶	"陈印洪绶"朱,方;"章侯"白,方	尹人盟侄	——	普林斯顿大学美术馆
约1649				行草书七绝诗轴	——	洪绶	"陈印洪绶氏"白,方;"章侯"白,方	尔符辞长兄	——	墨尔本维多利亚国立美术馆
约1649				行书五律诗轴	——	洪绶	"陈印洪绶"朱,方;"章氏侯"白,方	玄潘道盟兄	——	故宫博物院
约1649				行书七绝诗六首轴	——	洪绶	"洪绶"白,方;"章侯"朱,方	——	——	辽宁省博物馆
约1649				行书何山绝句轴	——	老迟	"陈印洪绶"白,方	——	——	不详
约1649				行书七绝诗三首轴	——	老迟	"洪绶"白,扁方	——	——	首都博物馆

（续表）

公元	年号	年	干支	品名	年款	名款	印章白(白文),朱(朱文),框(边框)	上款	作于何地	收藏者
约1649				行书七绝诗四首卷	——	老莲洪绶	"洪绶"朱,方;"章侯"白,方	茂齐道弟	——	王己千
约1649				陈书叶画合扇	——	洪绶	——			浙江省博物馆
约1649				行书五律诗扇	——	洪绶	"陈印洪绶"白,方	玄鉴辞兄		故宫博物院
约1649				行书五律诗扇	——	洪绶	"洪绶"白,方;"章侯"朱,扁方	与沐道盟兄		故宫博物院
约1649				行书七绝诗扇	——	洪绶	"陈洪绶"朱,方;"章侯"白,方	宣子社盟兄		故宫博物院
约1649				行书五律诗扇	——	洪绶	"老莲"朱,方;"陈印洪绶"白,方	玄溆社盟兄		故宫博物院
约1649				行书七绝诗扇	——	洪绶	"洪绶"白,方;"章侯"朱,扁方	玄溆盟兄		故宫博物院
约1649				行书七绝诗扇	——	洪绶	"洪绶"朱,方;"章侯"白,方	廷老辞兄		安徽省博物馆
约1649				行书七绝诗扇	——	洪绶	"章侯"白,框,方;"绶"朱,方	——		武汉市文物商店
1650	顺治	七	庚寅	秋林晚泊图扇	庚寅仲夏	——	"洪绶"朱,方	纪南盟长		纽约大都会艺术博物馆
1650	顺治	七	庚寅	陶渊明故事图卷	庚寅夏季	老迟洪绶	"洪""绶"白,方连珠印;"陈印洪绶"朱,方	周栎老	定香桥下	檀香山美术学院
1650	顺治	七	庚寅	秋游图扇	庚寅秋	老莲洪绶	"洪绶"朱,方;"章侯"白,方	眠云法堂		上海博物馆
1650	顺治	七	庚寅	斗草图轴	庚寅秋	老莲洪绶	"洪绶"朱,长方	护兰书堂		辽宁省博物馆
1650	顺治	七	庚寅	折梅仕女图轴	庚寅秋	老莲洪绶	"陈印洪绶"白,方;"章侯"朱,方	眉舞轩		辽宁省博物馆
1650	顺治	七	庚寅	李白宴桃李园图轴	庚寅秋	溪山洪绶	"陈印洪绶"白,方;"章侯"朱,方	眉舞书屋		翁万戈
1650	顺治	七	庚寅	水仙图扇	庚寅孟冬	洪绶	"章侯"朱,扁方	天香邸		故宫博物院
约1650				调梅图轴	——	洪绶	"陈洪绶"白,方;"章侯氏"白,方			广东省博物馆
约1650				扑蝶仕女图轴	——	老莲洪绶	"章侯"朱,方	——	护兰居	上海博物馆
约1650				拈花仕女图轴	——	老迟洪绶	"洪绶"朱,方;"章侯"白,方	——		上海博物馆
约1650				松溪放眼图轴	——	老迟洪绶	"洪绶"白,扁方	芝翁老先生		上海博物馆
约1650				溪山放棹图轴	——	迟和尚绶	"陈洪绶"朱,方	唐豫老	师子林	上海博物馆
约1650				山水人物图轴	——	陈洪绶	"章侯"白,方;"洪绶"朱,方	唐豫老师兄	——	不详
约1650				工笔山水图轴	——	老莲洪绶	(上印不辨);"陈印洪绶"朱,方	——	远阁	檀香山美术学院
约1650				婴戏图轴	——	老莲洪绶	"陈印洪绶"白,方;"章侯"朱,方	——	护兰草堂	故宫博物院
约1650				纨扇仕女图轴	——	老莲洪绶	(上印不辨);"章氏侯"白,方	漾秋老盟侄		侯士泰

（续表）

公　元	年号	年	干支	品　名	年　款	名　款	印章白(白文),朱(朱文),框(边框)	上　款	作于何地	收　藏　者
约1650				为豫和尚画册（八页）	——	洪绶(五页),迟和尚,老迟,老悔(各一页)	"洪绶"白,扁方;"亭尔"朱,方"陈印洪绶"白,方;"陈印洪绶"白,方,略大;"章侯"朱,方	豫老道兄,豫和尚,老豫师兄,老豫,豫老道盟兄,豫老人	吴山道观,唐豫老读史之阁	檀香山美术学院
约1650				山水图页	——	洪绶	"洪""绶"白,方连珠印	元老法盟弟	——	伦敦英国博物馆
约1650				闽雪图页	——	——	"章侯"朱,方			安徽省博物馆
约1650				指蝶图页	——	洪绶	"洪绶"朱,方;"章侯"白,方			辽宁省博物馆
约1650				渊明对菊图页	——	洪绶	"洪绶"朱,方	期老道兄		私人收藏
约1650				婴戏、湖石合轴	——	——	"洪绶"朱,方(两幅皆钤此印)			翁万戈
约1650				芝石图页	——	老迟	"章侯"朱,方;"陈印洪绶"白,方			巴黎吉美博物馆
约1650				古木竹石图扇	——	洪绶	——	子久道盟兄		上海博物馆
约1650				竹石图扇	——	洪绶	"洪""绶"白,方连珠印	——		上海博物馆
约1650				云山策杖图扇	——	洪绶	"洪绶"朱,方	——		上海博物馆
约1650				扑蝶图扇	——	洪绶	"章侯"白,扁方	——		苏州博物馆
约1650				秋溪泛艇图扇	——	老迟洪绶	"洪绶"白,方	梓朋盟世兄		故宫博物院
约1650				行书七绝诗轴	——	老迟洪绶	"洪绶"朱,方;"章侯氏"白,方	——	——	台北故宫博物院
约1650				行书轴	——	老迟洪绶	"洪绶之印"白,方;"章侯氏"朱,方	——	——	南京博物院
约1650				行书五律诗扇	——	洪绶	"洪绶"白,方;"章侯"朱,扁方	梓朋盟兄		故宫博物院
约1650				行书五律诗扇	——	洪绶	"洪绶"白,方;"章侯"朱,扁方	梓朋道盟兄		故宫博物院
约1650				行书词扇	——	洪绶	"洪绶"白,方;"章侯"朱,扁方	梓朋道盟兄		故宫博物院
约1650				行书七绝诗扇	——	洪绶	"陈印洪绶"白,方;"章侯"朱,方	🔲父辞兄		故宫博物院
1651	顺治	八	辛卯	三处士图卷	辛卯孟夏	迟	"僧悔"朱,方;"悔迟氏"白,方;"枫桥"朱,长方	绮季弟	——	翁万戈
1651	顺治	八	辛卯	隐居十六观图册（二十页：书四页,画十六页）	辛卯八月十五夜（书）,辛卯中秋（画）	枫溪洪绶,洪绶,老莲洪绶,悔老,老莲,老迟,悔迟,迟老老迟,迟老,莲子,老悔	"章侯"白,框,方;"陈洪绶印"白,方;"陈洪绶印"朱,方;"章侯氏"白,方;"章侯"白,扁方	朗翁,石天先生	西子湖	台北故宫博物院
1651	顺治	八	辛卯	博古叶子（五十页,木刻）	辛卯暮秋	陈章侯,陈洪绶	——		佛阁	翁万戈

公 元	年号	年	干支	品 名	年 款	名 款	印章白（白文），朱（朱文），框（边框）	上 款	作于何地	收藏者
1651	顺治	八	辛卯	春风蛱蝶图卷	辛卯暮秋	老莲	——	茂齐	——	上海博物馆
约1651				索句图轴	——	洪绶	"弗迟"白，方；"陈印洪绶"白，方		——	程十发
约1651				参禅图轴	——	老迟洪绶	"陈印洪绶"白，方；"章侯"朱，方		——	翁万戈
约1651				贳酒图轴	——	老悔	"陈印洪绶"白，方；"章侯"朱，方		水香居	不详
约1651				问道图卷	——	洪绶（陈虞胤传写，严湛设色）	"陈印洪绶"白，方；"章侯"朱，方			故宫博物院
约1651				竹林七贤图卷	——	洪绶	"洪""绶"朱，方连珠印	且潜道人		侯士泰
约1651				折枝花卉图卷	——	陈洪绶	"洪""绶"白，方连珠印			中国美术馆
约1651				花鸟草虫图卷	——	——	"章侯氏"朱，方（"章"及"侯氏"间有栏线）			上海博物馆
约1651				唐人索句图页	——	洪绶	"章侯"朱，椭圆	枥老		黑龙江省博物馆
约1651				杂画册（十二页）	——	洪绶	"陈印洪绶"白，方；"章侯"朱，方（每页用相同之两印）			南京博物院
约1651				摹古双册（二十页）	——	洪绶（十二页），老莲（四页），老迟，弗迟老人，弟子陈洪绶，悔和尚（各一页）	"章侯"朱，椭圆；"陈印洪绶"白，方；"章侯"朱，方；"洪""绶"方连珠印；"隼提弟子"朱，椭圆	仲老，仲青道人，林仲青法弟，仲青道士，仲青，苍夫居士，老苍，苍夫道侣	——	克利夫兰艺术博物馆
约1651				行草书页	——	迟老	"悔迟氏"白，方	——		故宫博物院
约1651				自书词稿（四页）	——	——	"老莲的笔"朱，方；"洪绶"朱，长方			上海图书馆
约1651				行书七绝诗扇	——	悔迟	"陈印洪绶"白，方；"章侯"朱，方	鸣佩居士		故宫博物院
约1651				行书七绝诗扇	——	洪绶	"陈印洪绶"白，方；"章侯"朱，方	季重辞社兄		北京市文物商店
1652	顺治	八十二月	辛卯	人物通景屏（十条）	辛卯暮冬	老迟洪绶	"洪绶之印"白，略扁方；"字章侯"白，略扁方	——	静者居	上海博物馆
约1652	顺治	九	壬辰	西园雅集图卷（首段）（1725年华嵒补全）	——	——	——			故宫博物院
约1652				致青莲手札	八月廿九日	陈洪绶	"洪绶"朱，方	青莲盟长兄		故宫博物院

附录五　陈洪绶书画附表

《陈洪绶书画附表》著录书名简称/正名对照单

（以出现先后为序）

注：著录简称后有两个数字以"·"相隔者，第一个数字为卷或册，第二个数字为页或项（例如《中目》9.29即《中国古代书画目录》第9册第29页;《万福》1.5—6即《万福楼书画目》卷一，第5至6页）。简称后只有一个数字者，若非卷数，则注明集、页、第（即第几项）。

《中目》——《中国古代书画目录》，文物出版社

《喜龙》——Osvald Sirén : *Chinese Painting-Leading Masters and Principles*

《古集》——《中国古代绘画选集》，人民美术出版社，1963年

《天隐》——《天隐堂名画选》二册，东京印行，1963年及1965年

《中艺》——Arte Cinese，威尼斯中国艺术展览目录，1954年

《澄怀》——《澄怀堂书画目录》，日本山本悌二郎收藏

《宝集》——《宝纶堂集》，会稽董金鉴取斯堂重刊，1888年

《朱传》——朱彝尊《曝书亭集》中《陈洪绶传》（亦见《宝集》）

《爱日续》——葛金烺《爱日吟庐书画录续录》

《陶风》——《陶风楼藏书画目》（现代）

《古芬》——杜瑞联《古芬阁书画记》

《越风》——商盘《越风》

《万福》——《万福楼书画目》（抄本；黄苗子手录卡片）

《听帆续》——潘正炜《听帆楼书画记续刻》

《十百》——金应瑗《十百斋书画录》

《年谱》——黄涌泉《陈洪绶年谱》，人民美术出版社，1960年

《大风》——张大千《大风堂书画录》

《放鹇》——李延昰《放鹇亭集》（黄苗子手录卡片）

《石三》——《石渠宝笈三编》

《陶梦》——张岱《陶庵梦忆》

《名画》——《中国名画集》二册，上海有正书局（1909年序）

《穰梨》——陆心源《穰梨馆过眼录》

《我川》——《我川寓赏编》

《读画》——周亮工《读画录》

《湖船》——丁午《湖船续录》

《瓯钵》——李玉棻《瓯钵罗室书画过目考》

《古缘》——邵松年《古缘萃录》

《年表》——《宋元明清书画作品年表》

《石宝》——《石渠宝笈》

《黄卡》——黄苗子手录陈洪绶资料卡片

《湖壖》——陆次云《湖壖杂记》

《秘续》——《秘殿珠林·石渠宝笈续编/秘殿

　　珠林》

《鉴影》——李佐贤《书画鉴影》

《梦园》——方濬颐《梦园书画录》

《笔啸》——胡积堂《笔啸轩书画录》

《湘管》——陈焯《湘管斋寓赏篇》

《赖古》——周亮工《赖古堂集》

《愚山》——施闰章《施愚山文集》

《画话》——翁楚《画话》(黄苗子手录卡片)

《鲒埼》——全祖望《鲒埼亭诗集》

《尺牍》——周亮工《尺牍新钞》

《享金》——孔尚任《享金簿》

《听帆》——潘正炜《听帆楼书画记》

《退庵》——梁章钜《退庵金石书画跋》

《虚斋》——庞元济《虚斋名画录》

《云自在》——缪荃孙《云自在庵随笔》

《湖中》——连朗《湖中画船录》

《复初》——翁方纲《复初斋诗集》

《吴越》——陆时化《吴越所见书画录》

《草心》——黄崇惺《草心楼读画集》

《玉几》——陈撰《玉几山房画外录》

《瓯香》——恽格《瓯香馆集》

《清画》——李濬之《清画家诗史》

《三邑》——李葆恂《三邑翠墨簃题跋》

《画林》——陈文述《画林新咏》

《画声》——商盘《画声》

《铁如意》——祁容光《铁如意馆书画录》

《陈集》——《陈洪绶作品集》，西泠印社，

　　1990年

《萱晖》——程琦《萱晖堂书画集》

陈洪绶书画附表

品 名	年 款	名 款	印 章	上 款	作于何地	收藏者	著 录	附 注
关侯像壁画				妇翁(来氏)家			《朱传》	年四岁,辛丑(1601)[《传》见《宝集》]
芙渠鹡鸰图轴	己酉三月(1609年)	老莲洪绶					《爱日绩》3.12	疑伪:年十二岁自称"老莲",似不合
寿图				(为胡锦石、机石兄弟生母)			《宝集》3	"寿胡母文",壬子十二月二十日(1613年2月9日)
爱菊图轴	壬子夏日(1612年)	老莲洪绶					《陶风》	疑伪:年十五岁自称"老莲",似不合
十八罗汉册	丁巳三月望日(1617年)	佛弟子陈洪绶			大悲堂		《古芬》16.84	
写竹数种					绍兴法华山		《越风》2	沈允范"陈章侯画飞白竹歌"并序,记章侯自题万历己未(1619年)翻经法华山中,作竹数种
寿胜南山图轴	癸亥清秋之九日(1623年)	莲子洪绶	"洪绶""章侯"两白,方	贺三叔得第三弟	卧龙山房		《万福》1.5—6	后又题诗,见下
自书五律诗	甲子春日(1624年)	绶	"洪绶"白,方;又有"莲子"白,方	寿三叔			《万福》1.5—6	此诗书于《寿胜南山图》上
墨梅图扇	甲子秋仲(1624年)	洪绶	"洪绶"	锦城社长兄			《听帆续》	
人物山水册(十二页)	戊辰季夏(1628)年	洪绶		豫庵先生	溪山		《十百》9.50	有自书长题
花鸟十开册	戊辰(1628年)					广州市美术馆	《中目》9.29	
墨竹轴	己巳(1629年)					安徽省博物馆	《中目》6.63	
山水轴	庚午暮秋(1630年)	洪绶		继之	醉华亭		《年谱》42页	为单继之作;谢稚柳在上海所见
人物轴	庚午冬日(1630年)	洪绶		平子社兄			《年谱》42页	贺卜居;黄涌泉在上海亲见
岁寒三友图轴	庚午暮冬(1631年)	洪绶	"陈印洪绶""莲子"两朱,方	季方社弟	玉树轩		《大风》34页	
山水轴(高房山笔意)	崇祯壬申(1632年)						《跋选》	
湖石蜀葵凤仙图轴	癸酉中秋(1633年)	洪绶			溪山	故宫博物院	《石三》2112延春阁	
高士图轴	癸酉孟秋(1633年)	洪绶	"陈印洪绶"白,方;"莲子"朱,长方	赵介臣老社兄		张大千	《大风》	图见《大风堂名迹第四集》32,称《长松高逸》

（续表）

品 名	年 款	名 款	印 章	上 款	作于何地	收藏者	著 录	附 注
古佛图轴	甲戌十月（1634年）			（为赵纯卿画）			《陶梦》4	在"不系园"一则中
三星图轴							《十百》11.17	作于1636年
寿者仙人大轴	戊寅孟春（1638年）	溪山洪绶			道藏楼		《名画》4集	
人物轴	戊寅八月（1638年）					王己千	《喜龙》Ⅶ.163	"园中雅集"无照片
松竹芝石图轴	戊寅（1638年）					上海文物商店	《中目》4.49	
桃子轴	己卯之春（1639年）	老迟洪绶					《穰梨》32.2	疑伪：四十二岁时尚未自称"老迟"
白描祖师待诏图卷	庚辰春仲（1640年）	老莲洪绶			客燕（北京）		《穰梨》32.4	疑伪：庚辰春时可能不在北京"临丁南羽"
真佛立轴	崇祯十四年五月（1641年）	诸暨白衣陈洪绶		佛弟子少詹学士钱受益			《我川》	时钱已故，朱兆柏属画
人物轴	辛巳暮春（1641年）	陈洪绶		（为刘永侯作）	长安萧寺		《穰梨》11.13	自称"盟弟"，"书并画"
山水轴	辛巳暮秋（1641年）	老莲洪绶	"胥岸""小净名"两印		京师选佛场		《年谱》67页	谢稚柳见于上海
书画扇				（为黄仲霖作）			《读画》	时为甲申（1644年）
雷峰夕照小景	乙酉秋日（1645年）	洪绶			宛在,时泊长桥		《湖船》	"宛在"，船名
葛洪移家图轴	丙戌春尽（1646年）			有道者			《瓯钵》1.3	
淡设色山水轴	丙戌四月（1646年）	洪绶		全叔盟长兄	钱塘舟中		《古缘》7.1	
菊蝶图轴	丙戌暮春（1646年）	洪绶	"洪绶"朱,方；"章侯"白,方	东曦弟			《万福》3.121	加题长函，见下
菊蝶图轴上自题长函		绶	"无词""章侯"二印				《万福》3.121	自称"兄"
龙王送子图							《年表》240页	列在1646年
桃源图轴		洪绶					《石宝》下.1133	自题"避兵薄坞"时作，当为1646
花鸟屏（六条）	丙戌上元（1646年），丁亥清和（1647年）	洪绶			定香桥畔（丙戌）山阴讲堂（丁亥）		《古缘》	两条有年款，一为丙戌，一为丁亥
唐进士钟公像轴						徐燕荪	《黄卡》	黄苗子卡片载戊子五月写（1648年）
枯木竹石轴	戊子谷日（1648年）	洪绶	"莲白衣"白,方；"陈洪绶印"白,方		张墨妙之高寄轩	张大千	《大风》35页	自书七绝诗于右上方："身如喜舍寺檀香……"
红叶小禽轴	戊子夏日（1648年）	老莲洪绶	"陈氏悔公"白,方；又一白,方印不辨		青藤书屋	张大千	《大风》35页	

（续表）

品　名	年　款	名　款	印　章	上　款	作于何地	收藏者	著　录	附　注
松石图轴	戊子（1648年）					郑德坤	《喜龙》Ⅶ.163	
西湖垂柳图轴							《湖壖》	自题七绝诗："外六桥头杨柳尽……"
大士像	庚寅四月三日（1650年）			（为林仲青作）	眉舞轩		《宝集》9.54	送春雅举时作
跋赵孟頫东土第一祖像图卷	庚寅十月二日（1650年）	老迟白衣洪绶	"陈洪绶印"		仗友书堂		《秘续》1.109	祁豸佳又跋于静者轩
把杯赏梅圆轴	庚寅（1650年）						《中目》4.49	
松荫幽憩图卷	庚寅（1650年）						《中目》9.8	
题诗扇							《鉴影》15.27	庚寅（1650年）
人物轴	辛卯春日（1651年）	枫溪洪绶			定香桥畔		《梦园》17.12	
辛夷花轴	辛卯仲秋（1651年）				眉舞轩		《笔啸》上.51	
烟霞策杖图轴	辛卯（1651年）						《中目》1.19	
溪山清夏图卷				仲青道人	眉仙书亭		《宝集》1	在"画论"一文中；亦见《湘管》6.212.3（1651年）
梅竹图卷				（为戴茂齐作）			《湘管》	（1651年）
大小横直幅四十二件				（为周亮工作）			《赖古》22.4—5	在"题陈章侯画寄林铁崖"中（1651年）
琴人图				（为周亮工作）			《读画》	"题老莲画与王竹庵"；"琴人酷肖老莲"
白描罗汉卷							《愚山》26	陆薪认此为陈氏绝笔（1652年）年
儿戏傀儡图页						不详		照片来自西安，曾一睹，画佳；似真迹
三老品砚图轴						故宫博物院	《中目》2.70	
芝石图轴						故宫博物院	《中目》2.70	
龙王礼佛图轴						故宫博物院	《中目》2.70	
观音图轴						故宫博物院	《中目》2.70	
古木双禽图扇						故宫博物院	《中目》2.71	
行书七律诗扇						故宫博物院	《中目》2.71	
花蝶竹石图轴						上海文物商店	《中目》4.49	
梅花图轴						上海文物商店	《中目》4.49	
炼芝图轴						上海文物商店	《中目》4.49	
花鸟屏（四条）						上海文物商店	《中目》4.49	
停琴图轴						扬州市文物商店	《中目》5.59	
三教图轴						镇江市博物馆	《中目》5.64	

（续表）

品　名	年　款	名　款	印　章	上　款	作于何地	收藏者	著　录	附　注
右军笼鹅图轴						广东省博物馆	《中目》9.8	
渊明饮酒图轴						广东省博物馆	《中目》9.8	
麻姑献寿图轴						广东省博物馆	《中目》9.8	与严湛合作
寒香幽鸟图轴						广东省博物馆	《中目》9.8	
松荫高士图轴						广州市美术馆	《中目》9.29	
琴会图轴						广州美术学院	《中目》9.40	
红叶秋虫图轴						福建省博物馆	《中目》9.43	
行书七律诗扇						广西壮族自治区博物馆	《中目》9.49	
山水扇		老莲	"陈印洪绶"白，方	老白		天津市艺术博物馆	《中目》7.45	
行书诗扇						浙江省博物馆	《中目》6.4	
婴戏图轴						浙江美术学院	《中目》6.23	
释迦牟尼像轴						浙江美术学院	《中目》6.23	
竹石轴		洪绶	（两扁方朱文印）	登子社兄		杭州市文物考古所	《中目》6.32	曾见小照片，似真迹，ca.1645
秋林啸傲图轴						安徽省博物馆	《中目》6.63	
行书五言二句轴						山东省博物馆	《中目》8.46	
梅花轴						济南市博物馆	《中目》8.55	
人物轴						济南市文物商店	《中目》8.59	
听琴图轴			（两方印一白一朱，似"陈洪绶印"及"章侯"）	白鹿山居		四川大学	《中目》10.14	曾见小照片，似真迹，ca.1645—50，名款被挖
停舟对话图轴						重庆市博物馆	《中目》10.22	
曳杖看山图扇		洪绶	（两扁方印）	玉兰堂		武汉市文物商店	《中目》10.39	曾见小照片，似真迹，ca.1638
仙寿图轴						萧寿民	《古集》Ⅰ.89	
桃花、石、诗题轴						萧寿民	《古集》Ⅱ.216	
孔老谈道图轴							《天隐》Ⅰ.68	
持杖老者扇		老迟道人洪绶			静口书屋	杜伯秋	《中艺》235	照片小，不够清晰
梅花图轴						吉林省博物馆	《中目》8.38	
陈良庵像轴						欧洲		黄涌泉所述，但不知所在
东坡像轴		陈洪绶	"洪绶"朱，长方			日本	《丙辰寿苏录》	1916年印
茗苑清谈图轴		老莲洪绶	"陈印洪绶""章侯"			山本悌二郎	《澄怀》5.1	

（续表）

品　名	年　款	名　款	印　章	上　款	作于何地	收藏者	著　录	附　注
画佛轴		洪绶	"陈印洪绶"			山本悌二郎	《澄怀》5.5	自题"供养十方，尽虚空界，一切佛子，悉诸香云，云何不艺，真相如是，是名艺香，万法俱尽"
松荫读书图轴		洪绶	"陈印洪绶""章侯"			山本悌二郎	《澄怀》5.6	
梅竹双禽图轴						山本悌二郎	《澄怀》5.8	
五言绝句轴(行草二行)		洪绶	"章侯""陈印洪绶"			山本悌二郎	《澄怀》5.9	"道人一壶酒，溪亭享秋光；半年多负却，红桥双垂杨"
梅花诗轴(行草三行)		洪绶	"陈印洪绶""章侯"二大印，"莲子"右上			山本悌二郎	《澄怀》5.10	"双管年来懒去精"七绝，见《宝集》9
咏杨铁史诗(草书三行)		洪绶	"陈印洪绶""章侯"	杨铁史		山本悌二郎	《澄怀》5.11	"数年不见张公子，忽忆玄都观里春；今日云间同作客，杏花吹笛唤真真"
枯木竹禽图轴		洪绶	（一印不辨）			无锡市博物馆	《中目》5.30	
阿丽晓起图轴				赠萧山来季			《画话》4	此书引《槜李诗系》
花鸟大轴		老莲洪绶	（两印）	清远堂			《梦园》17.13	
人物页		洪绶	"洪私"一印	借居			《听帆续》下	《集名人山水花卉人物册》十八幅之六
枯木水仙图				（为丁梅孙画）			《鲒埼》3.26—27	其资用以改葬徐渭
文姬图							《尺牍》1.17	
唐仕女图							《享金》9	
行草轴之一		洪绶	（两印）	宗子社兄	耶溪		《万福》2.52	其三轴，此其一，七绝一首
行草轴之二		洪绶	（两印）				《万福》2.52	七绝一首
行草轴之三		洪绶	（两印）				《万福》2.52	五绝一首
墨梅轴		洪绶	"僧悔"白，方	薪孙道兄	青藤书屋		《大风》32页	以短札作题
翎毛竹石扇		老迟洪绶	"陈洪绶印""章侯"				《听帆》4	
洗砚图扇		老迟洪绶	"章侯"				《听帆》4	
仕女轴		悔迟洪绶	"陈印洪绶"朱，方	松翁顾老居士			《穰梨》32.4	自称法盟弟，"为门人严湛上……寿"
福寿图轴		云溪老迟洪绶	（两印）	柳桥			《十百》	
人物花卉挂屏一、松阴试茗		悔迟洪绶		静香书屋			《听帆续》下48—49	
人物花卉挂屏二、瑞竹灵芝		老莲洪绶		定香楼			《听帆续》下48—49	

（续表）

品　名	年　款	名　款	印　章	上　款	作于何地	收藏者	著　录	附　注
人物花卉挂屏三、闺秀笙簧		洪绶			采隐书屋		《听帆续》下48—49	
人物花卉挂屏四、停琴柏荫		老迟洪绶			静香堂		《听帆续》下48—49	
古贤事迹图册（二十页）		老迟洪绶	"陈洪绶印""章侯"		借园		《古缘》7.1	每页分钤二印，末页题款
水墨花卉卷（七段）		梅迟					《退庵》19.8	记载甚详
行书七绝扇		弗迟	"陈洪绶""章侯"	顺之道兄			《听帆》3	"真是深山古木平……"
蝴蝶桃花扇		洪绶	"章""侯"连珠印		玉兰室		《听帆》3	
行书七绝扇		洪绶	"陈洪绶""章侯"	愚公社盟兄			《听帆》3	"双管年来懒去精……"
行书七绝扇		迟翁	"洪绶""章侯"	非之道盟兄			《听帆》3	"山馆重翻两汉文……"
草书札扇		洪绶	"洪""绶"连珠印	良乡			《听帆》3	"癸未秋仲（1643年）过公浦……不见先生已三年矣"
诗翰七绝一首		洪绶	"陈印洪绶"白；"章侯"朱				《大风》31页	"山馆重翻两汉文……"
山水轴		陈洪绶	"章侯"白；"洪绶"朱	唐豫老师兄			《大风》34页	
花卉草虫轴		弗迟老人洪绶	"陈印洪绶"白；"章侯"朱				《大风》34页	
芝石图轴		老莲洪绶			护兰书屋		《虚斋》10.1	
维舟晚眺扇		老莲洪绶	"洪绶"	桦朋盟兄			《听帆续》下	便面画册十四幅之一
行书七绝扇		洪绶	"陈印洪绶"	纪南盟四兄			《听帆续》下	"承相诸孙入泮宫……"便面书画册十六幅之一
梅石水仙图		老莲洪绶	"陈印洪绶"白；"章侯"朱		静者书堂		《大风》32页	
出处图							《云自在》2.62	
蕉堂夜话图				（周亮工）			《赖古》	
磨兜坚（尊者像）				（周亮工）			《赖古》8.8	周七律诗《陈章侯绘磨兜坚见寄感其意赋此答之》
山水轴		洪绶	"洪绶"白；一不可辨		澄鲜阁		《湖中》	
人物轴（三老看书赏花）		洪绶	（两印）		清溪茅屋		《古缘》7.1	
写生卷		洪绶			溪山亭子		《复初》46.1	
补衮图		洪绶	"陈印洪绶"白；"章侯"朱				《万福》1.6	陈题四言八句铭，《复初》57.15有《调羹补衮园》

（续表）

品　名	年　款	名　款	印　章	上　款	作于何地	收藏者	著　录	附　注
水仙图轴		洪绶	"章侯"朱	季盟兄	(季盟兄)馆中		《大风》36页	
墨笔大士图轴		洪绶	"陈印洪绶"白；"莲子"朱				《大风》34页	
调羹图轴		洪绶	"陈印洪绶"白；"章侯氏"白				《大风》32—33页	
诗翰(七绝、行书三行)		洪绶	"陈印洪绶"白；"章侯"朱				《大风》31页	"小亭?岸绿阴齐……"(不见《宝集》)
扪虱图页		洪绶	"洪绶""章侯"	退巢			《万福》2.78	
小行书轴(五律一首)		洪绶	(无印)				《万福》3.122	
山水轴	?申冬日	洪绶					《万福》2.51	
水墨芭蕉轴		洪绶	"陈印洪绶"白	□老社长			《万福》2.51	
行草元、亨、利、贞四幅		洪绶(后三幅)	(每幅两印)				《万福》2.51—2	每幅七绝一首
五绝一首轴		洪绶	"陈氏章侯"白，方；"陈洪绶"白，方				《万福》4.192	《明人集锦》四幅之一
五言对二行轴		洪绶	"洪绶之印"白				《万福》4.193	《明人集锦》之二
唐进士钟公像轴	(不署年月)	洪绶		□□道盟兄			《黄卡》	黄苗子录梁章钜于嘉庆甲子(1804年)得于福州
美人轴		老莲洪绶					《万福》3.156—7	李鱓长题
行隶书七绝轴		老莲洪绶	"臣洪绶印"朱，方；"章侯"白，方		雪斋		《万福》3.122	
写生妙迹册							《穰梨》11.16	
张仙像(蜀王孟昶像)轴							《吴越》2.86	有陈"褚体细书"款
渊明簪菊图							《草心》	
仕女卷							《玉几》	龚芝麓题
临宋人九芝图							《瓯香》12	
吴季札挂剑图							《清画》	杨翰以七言古风题长歌
竹溪六逸图卷							《三邕》	
书画合卷							《黄卡》	南皮张君立藏
醉书唐诗卷							《画林》1.31	蒋敬得此卷
欧冶铸剑图							《画声》上.19	
尺牍八行页							《铁如意》	
虢国夫人朝天图							《画声》上.13	题此图七言古风二十四句
后羿射乌图							《画声》上.20	

（续表）

品　名	年　款	名　款	印　章	上　款	作于何地	收藏者	著　录	附　注
秋林晚步图							《复初》22.15	
芙蕖菡萏图轴		洪绶	"陈洪绶""章侯"二印		尚义园	程琦	《萱晖》画119	顺治甲午举人沈兆连"鹤沙"印
水浒图像册（四十页）						程琦	《萱晖》画119—125	逐页小楷标题与木刻水浒叶子同，绢、色、两册

以下为《存疑》：

品　名	年　款	名　款	印　章	上　款	作于何地	收藏者	著　录	附　注
铸剑图轴	壬戌暮秋（1622年）	洪绶	"洪绶""章侯氏"似连珠印，不易辨		松醪山馆	上海博物馆	《中目》3.51	款题字体与其他壬戌年款作品不合，署名字体亦不合，《万福》载一图与此款不全同，"写遗霄邕道士"而非"写于松醪山馆"。
高士图轴（长松高逸图）	癸酉孟冬（1633年）	溪山洪绶	（两方印）	赵介臣老社兄			《大风》4集32	未见原作；照片观之，觉书、画均有可疑
菇芝图轴					涉园广胜轩	上海博物馆		绢已暗、残，须进一步研究其真否
山水轴（高松下有茅堂）		洪绶	（一长方印）		玉兰山馆	中央工艺美术学院	《陈集》第12	约1635年作风，树、石皆可疑
山水轴（山、云、松、高士）		洪绶	（两方印）		清凉书屋	钱君匋	《陈集》第20	约1635年左右，山峰、云、泉、树、石皆有问题
仿宋花鸟册			"洪绶"朱，长方（各页钤此）			中央工艺美术学院	《陈集》第34	印出四页，造型及笔墨颇为板滞
杂画册八幅	丙戌冬日（1646年）	绶（一），云门僧悔（八）			萧寺	海日楼旧藏	《年谱》98—99页	以影印观之，一及八两幅俱弱，不似真迹（余六幅已定为模本）
东坡图轴		洪绶	（两长方印）	十三弟		徐子鹤	《陈集》第37	长题字体似1646年作《苏李泣别图》，当作于同时，但人物造型、衣纹均有可疑，尤其持瓶小僮，其面及耳，轮廓俱失形。
簪花曳杖图轴			"陈印洪绶"白，方；"章侯"朱，方			程十发	《陈集》第33	原款似被挖去；衣纹不畅，结带板滞可疑
红梅祥石图轴		老莲洪绶	（两长方印）	子来盟世兄		荣宝斋	《陈集》第51	
梅花瓶轴						荣宝斋	《陈集》第68	照片题款不辨，难以断定真伪
秋禽红叶轴						徐悲鸿纪念馆	《徐集》上54	从照片上难以鉴定，仍须研究原作
杂画四页（唐九经题）						上海博物馆	《中目》3.51	画皆无款印；园景，梅及桃，花下棋盘，立石及人物；陈洪绶风格而笔墨柔弱，颇似《何天章行乐图》中严湛之补景，想系门人之作。唐九经对第一页画诗，注："壬辰春（1652年）顾松老邀饮于此，尚有章侯，今不可得，为之怆然。"并未言及何人作画。唐各题中，年月最早为甲午（1654年）。

附录六 陈洪绶款印

（一）引子

一位书画家的款印，对于鉴别他的作品及估计无年款作品的大约年月，有莫大的帮助；而款与印两者，款的重要性远胜于印。印易于仿制，加以近代的摄影及制版技术，假印可以乱真，此其一；早年的印可以在中、晚年用，遗下来的印可以由后人用，所以在估计无年款作品的年月时，效用不大，此其二；印用久了会缺残，不同的印泥会产生不同的效果，钤在纸、绢、扇面等不同的表面上亦然，此其三。款印并用，以款为主，是最好的策略；把相当数量的款印按年月的先后排出，以观察其演变，其效用就更大了，这就是附录八《陈洪绶名款编年表》、附录九《陈洪绶印鉴编年表》的宗旨。虽然有实际条件上的限制，不能达到数量及质量的理想境界，但作者相信这一项繁重的工作应有其无法代替的价值，后面对于陈氏款印的分析，没有此表就做不出来了。

因为资料的来源很多，照片的质量不一，所以不能将款印都用原大或按比例印出——在一幅作品或一部册页中的印，尽量按原比例而且消除重复。表中包括款之有年月者，及款之无年月者（按估计的大约年月插入排列），以求与附录四《陈洪绶书画编年表》一致。印也如此。又加附表以列仅见著录而未见原作或其清晰照片之印，其编号为1、2、3……系列，可备参考。

（二）分析

陈洪绶自幼年开始作画，至死方休，大约一生中有四十年勤于笔墨。以轴、卷、册页、扇面各算一件计，平均每年应不下百件，则毕生至少有四千件，其流传到今日的可谓十得其一。因此目前应用约三百件作品形成的款印表，其分析的可靠程度自然有问题。但是现存遗迹最可贵的是从他十八岁（1615年）到五十五岁（1652年）的三十七年中，有二十六年有其自书年款的作品（颇可确知其年月而未书年款者尚不在内）；所以依靠这批资料而达到的结论，有其相当的真实性。如果了解这"观其大略"的性质，就能得到对陈洪绶更深一层的认识。

一、从款来看，他早年拘谨，用"陈洪绶"或"洪绶"署名，很少用"陈章侯"或"章侯"（仅见于约1616年《白描水浒叶子册》自跋一页、约1629年自题《早年画册》的一页及《九歌图》的标题）；"莲子"也少（仅见于1615年《无极长生图》与"陈洪绶"连用及1627年《古木当秋图》扇再题）。可以说，在画上，他主要用名而不用字号。到了中期，才开始用"老莲"这个号（在有年月的作品中，最早见于1633年《花鸟册》，仍与"洪绶"连用）；一直到晚年才见到单用"老莲"署名的画（1650年《秋游图》扇，1651年《隐居十六观图》册及同年的《春风蛱蝶图》卷）。在世间盛称"陈老莲"的大画家，竟不见到一幅署名"陈老莲"的书或画！又旧日古玩商有"画不其昌"之说，即董其昌在书法上签"董其昌"，而在画上只用"玄宰"；现在可以说"画不章侯"，因为在陈洪绶的画上，从见不到"陈章侯"或"章侯"的署名。到了晚期的书画，他才大用别号：先是甲申之变，号中出了"悔"字（其前仅在文中一见），继之以皈依佛法，加上了"沙弥""僧"等字样，然后深感事事皆"迟"，在他最后的五六年中，"老迟"与"老莲"一样通用。

二、从印来看，陈氏的印很多，但大多数内容相当简单，属于"陈洪绶印"及"章侯"两系。"陈洪绶印"有"陈印洪绶"（即回文）、"陈洪绶""洪绶私印""洪绶之印"及"绶"等变化；而"章侯"有"章侯氏""章侯父""字章侯"等变化。"莲子""莲白衣""老莲""老莲居士"及"老莲的笔"诸印可称"莲"系，为数颇少。明亡后他的号增加了，印的内容也相等地热闹起来，实际上多属"悔迟"系，其变化有"陈氏悔公""弗迟""勿迟""老迟""悔迟氏""悔""僧悔"及"云门僧悔"等。此外有罕见及特殊的印："陈生"及"臣绶"可以归入"陈洪绶印"一系；"九品莲台主者"及"准提弟子"反映佛教信仰；但有几个难于辨识，如约1649年作《弄乐仕女图》轴上的第二印"字□□"，约同年所作《梅石山禽图》扇的椭圆印"□□"（似"惠到"，但不可解），以及约1650年作《为豫和尚画册》第二、三页上的"亭尔"（暂读）。陈氏也有闲章，如"枫桥""柳华馆""山水友""山樵海渔"等，看来不常用。印的格式及作风，可以从表上看到，兹不赘述——值得一提的是，有时篆法奇古，如1619年《摹古册》第一及六页上"莲子"印的"子"及约1638年作"竹石"扇上"莲子"印两字，可为例证。

（三）名号演变表

有了款印表作基本工具，辅以诗文上有关的叙述，就可以列出一张简单的表，显示陈氏一生中名号的演变。他虽然有"胥岸"的名及"小净名"之号，现存的书画及诗文中都不见他用过。本书附录七《陈洪绶名号演变表》基本上包括了他"见到的名号"；仅录其初见的资料，不计其是款是印；如已录其在无年月的作品上出现，则其下紧接着记录有年月作品的最早资料。

（四）署名的字体与年月

前面谈到款的变化时，并未分析其字体，其实那个对于推测无年月作品的时期，非常重要。自始至终，他绝大多数的时间署"洪绶"两字，大致分楷、行、草三体，而且很早就三体齐用。一、以楷而论，早期"洪"作"洪"（见1619年作《火中神》页到1622年《铜瓶插荷》页），其后就正常化了，只有到约1629年时《行草书七绝诗页》及《行书致水师札》里，又昙花一现，可以说是例外。早期的"绶"字常作"绶"（见1615年《无极长生图》轴到1622年《双蝶采花》页），中期直到晚期，楷写的"绶"字"糸"旁全正常了。至于那"受"旁，早期有时正常（如《无极长生图》及1616年《人物图扇》），有时作"受"（如1619年《摹古册》中数页），后来几乎全用后者。二、以行而论，"洪"字形体近似楷书，"绶"字在早期作"纟"及"受"的组合（如1618年《枯木松石》页），但这种写法不长，因为他多半时间用草书；可是到了中期，出现了常用的行书署名，其"洪"字近似草书，而"绶"字作"绶"，其最后的一捺，有时出笔锋，有时变成圆浑的一顿。例如1638年作《秋山图》扇，捺出笔尖；《宣文君授经图》轴，捺是圆顿。而木刻的同年所作《九歌图》序及标题，则两者并用。后来用枯笔，就不分尖圆了，如1650年作《折梅仕女图》轴。三、以草而论，"洪绶"之写为"洪绶"，早就开始（见1619年《摹古册》第二页），历年的变化，最显著的是"绶"的"糸"旁，草写作"纟"，早期下笔夸张，那起头的钩子很大，例如1630年"李廷谟刻北西厢"中题词、短跋及莺莺像的三个名款，尤其是最后的一个，加以肯定的转折。在中期的头几年还有余风，到了1636年《行草书自书诗卷》，那长钩子就简化了，有时只剩了短短一竖，例如1641年《萱花芝石图》

轴。还有"绶"字的捺，开始作短短的一顿，如前述《摹古册》第二页；或毫不停顿，直接圈下去，如1633年《花鸟册》第四页；到了后来，他很注重那一捺，一笔三段，如1639年《摹李公麟乞士图》轴的再题，及1645年《杂画册》画第五页。这种倾向在行书的"绶"字也显著，例如约1652年《致菁莲手札》。草书的"洪"字，开始时"共"旁较方，甚至扁方，如前述《摹古册》第二页，及1630年《墨竹图》轴；以后渐趋长方，"**尖**"旁上部变高，下部相当短矮，例如1638年木刻《九歌图》标题上的名款。实际上，楷书的"洪"字也如此，晚年尤甚，如1651年木刻《博古叶子》自书铭的名款。当然，细看时还有其他变化的迹象，这里只举出比较特出的几项而已。

（五）悔迟的含义

陈洪绶的名号中，含义最深的是"悔迟"这一系。1638年他四十一岁时，为了与人纠缠，以佛家果报之说自解，在戊寅孟春惊蛰（约阴历正月底）作《录果报小引》（《宝纶堂集》卷三），自称"悔斋"，这是最早见到"悔"字入号，显然是悔于被牵入难分难解的事件，为个人的错误而悔。1642年在北京时，见国事日非而无力挽救，遂有退志，在《上总宪刘先生书》（《宝纶堂集》卷三），谈到边警频闻而权相摧残善类，黄道周先生蒙冤，只有涂从吉一人上书白之，"然所见有纷纷上书者，身谋而不及国，洪绶之名亦与焉。沮之又不能得，深悔当时何不弃去，半年怀负国之惭；今则弃去矣，前失难追矣……"这时的悔包括忧国的成分。明亡后一年，已在家乡，为携爱犬到朋友家借种，竟失去，作《失狗记》（《宝纶堂集》卷二）云："悔公日则望其归，夜必梦其至……悔公为之忘食事而归诸因缘有决定焉。"这时已有"悔公"之号但尚不见"迟"字。据孟远撰《陈洪绶》传云："大兵渡江东，即披剃为僧，更名悔迟，既悔碌碌尘寰致身之不早，而又悔才艺誉名之滋累，即忠孝之思，匡济之怀，交友语言，昔日之皆非也……自披剃后，即不甚书画，不得已应人求乞，辄画观音大士诸佛像，有称其必传不朽者，则曰：是固余之所悔也。"这一段记"悔迟"之号，始于1646年，想与事实相差不远，但国家已亡，即使早就功名得意，是否就能挽救大局？不然有何可悔？至于悔为画师，这是儒家的一种传统观念。《宣和画谱》卷一载阎立本："初，唐太宗与侍臣泛舟春苑池，见异鸟容与波上，喜见颜色，诏坐者赋诗，召立本写焉。阁外传呼画师阎立本，时立本已为主爵郎中，俯伏池左，研吮丹粉，顾视坐者，愧与汗下。归戒其子曰：'吾少读书，文辞不减侪辈，今独以画见名，逐与厕役等，若曹慎毋习。'然性所好，欲罢不能也。"唐诗人柳宗元写诗鼓励刘禹锡攻习书法，其第一句却是"事业无成耻艺成"。[1]陈氏的老师黄道周著《墨池偶谈》说："作书是学问中第七八乘事，幸勿以此留心。王逸少品格在茂弘安石之间，为雅好临池，声实俱掩。余素不喜此业，只谓钓弋余能，少贱所贱，投壶骑射，反非所宜。若使心手余闲，不妨旁及。"[2]所以陈洪绶一方面有经世之志，一方面有艺术天才，儒家的道义观念始终告谕他以忠君爱国，视书画为"雕虫小技"，但他与阎立本一样，性之所好，欲罢不能，"悔才艺誉名之滋累"，是可解的。可是他晚年更悔的，不止于此。丙戌（1646年）作《云门寺九日》一诗（《宝纶堂集》卷八）有"客来禁道兴亡事，自悔曾为世俗儒"之句，是否可解为他悔于追求功名，与一般的儒者同流合污，"身谋而不及国"？再看"迟"字，丙戌除夕，自序《避乱诗》于秦望之竹楼（《宝纶堂集》"拾遗"），自称"弗迟"；如"悔迟"是说悔之晚矣，那"弗迟"是否说尚未为晚？进一步说，是否即掷掉了"世俗儒"的包袱，专攻艺事，"中兴画学"（《宝纶堂集》卷二"画论"中陈氏五十四岁自负之语），尚未为晚？总之，陈氏老年之称"悔迟""弗迟""勿迟""老悔""老迟"，是相当复杂的情感，是儒家道义的自我及艺术家寄情笔墨的自我无法解决矛盾时的表现，有其消极的一面，也有其积极的一面，不是孟远的解释可以概括的。

注　释

[1]柳宗元《叠后》诗，引自卞孝萱《刘禹锡年谱》，上海中华书局，1963年，第236页。

[2]黄石斋《墨池偶谈》卷，引自《启功丛稿》，北京中华书局，1981年，第307页。

附录七　陈洪绶名号演变表

名　号	年	款	印	最早资料
洪绶	约1609	——	"莲子""洪绶"连珠印	龟蛇图轴
莲子	约1609			
	1615	莲子陈洪绶	"洪""绶"连珠印，"莲子"印	无极长生图轴
章侯	约1616	陈章侯	"章侯氏"	白描水浒叶子册
	1618		"章侯"	枯木松石页（早年画册）
老莲	约1630	洪绶	"老莲"	花卉扇
	1633	老莲洪绶		花鸟册（十页之九）
九品莲台主者	约1634	——	"九品莲台主者"	行书词轴
*悔斋	1638	——		录果报小引（卷三）
老莲居士	约1638	——	"老莲居士"	秋江独钓图轴
云溪老渔	约1640	云溪老渔陈洪绶		红莲图轴
胥岸，小净名	1641	老莲洪绶	"胥岸""小净名"	山水轴[1]
莲白衣	1643		"莲白衣"	饮酒读书图轴
莲沙弥	1645	弟子莲沙弥		杂画册（书页一）
悔公	1645	——	"陈氏悔公"	杂画册（书页一）
陈生	1645	——	"陈生"	秋江泛艇图扇
悔迟	约1646	悔迟		与王思任、吴山涛合书扇
	1651	迟	"僧悔""悔迟氏"	三处士图卷
云门老悔	约1646	云门老悔洪绶		红叶题诗图轴
云门僧悔	约1646	云门僧悔		观音像轴
*秃翁	约1646	——	——	云门寺九日（卷八）
*弗迟	1647	——		避乱诗序（卷末拾遗）
僧悔	1647	僧悔	"云门僧悔"	行书册
弗迟	1647	——	"弗迟"	行书册
勿迟	约1647	——	"勿迟"	观音罗汉图轴
弗迟道者悔	约1647	弗迟道者悔	——	红叶小鸟图轴
迟老	约1647	迟老		荷花图轴
老迟	约1648	老迟洪绶		花鸟竹石图轴
	1649	老迟洪绶	——	饮酒祝寿图轴
迟翁	约1649	迟翁洪绶		卧石老梅图轴
弗迟老人	约1649	弗迟老人陈洪绶		听琴图轴
老迟道人	约1649	老迟道人陈洪绶		百蝶图卷
迟和尚	约1650	迟和尚绶	——	溪山放棹图轴

（续表）

名　号	年	款	印	最早资料
老悔	约1650	老悔	——	为豫和尚画册
	1651	老悔	——	隐居十六观图册（画页十五）
	1651	迟老	——	隐居十六观图册（画页八）
悔老	1651	悔老	——	隐居十六观图册（画页三）
准提弟子	约1651	——	"准提弟子"	摹古双册（页十二）

注　释

[1]　黄涌泉《陈洪绶年谱》第67页称此轴系谢稚柳昔日在上海所见，款云："辛巳暮秋写于京师选佛场中。老莲洪绶。"下有"胥岸""小净名"两印。今此画不知存否。"胥岸"想系其父所命名，与长子胥岧（洪绪）及女胥宛排行，故应在生时即得。"小净名"之号则不知何时得之。

附录八　陈洪绶名款编年表

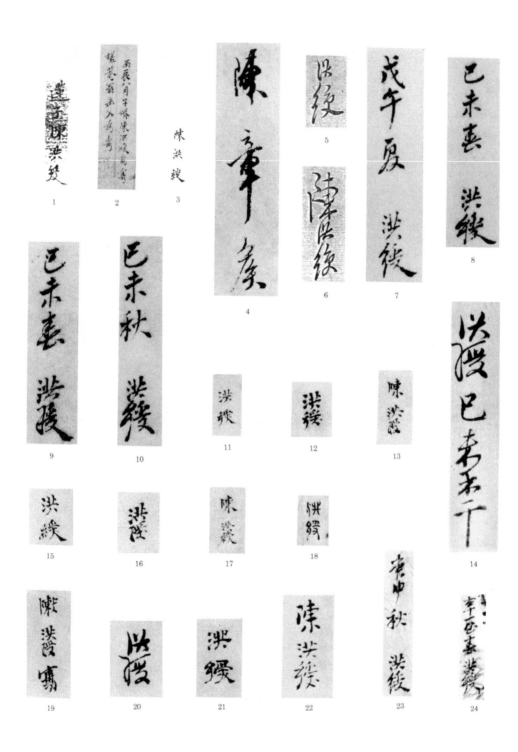

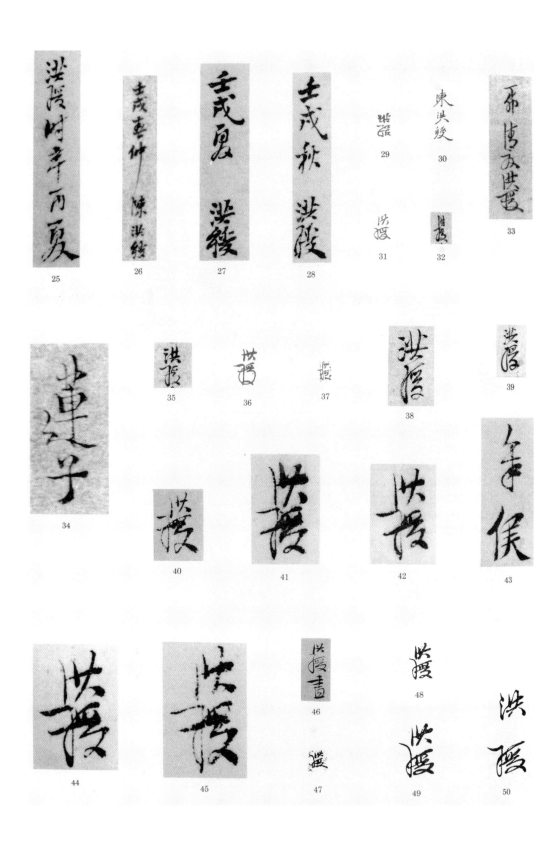

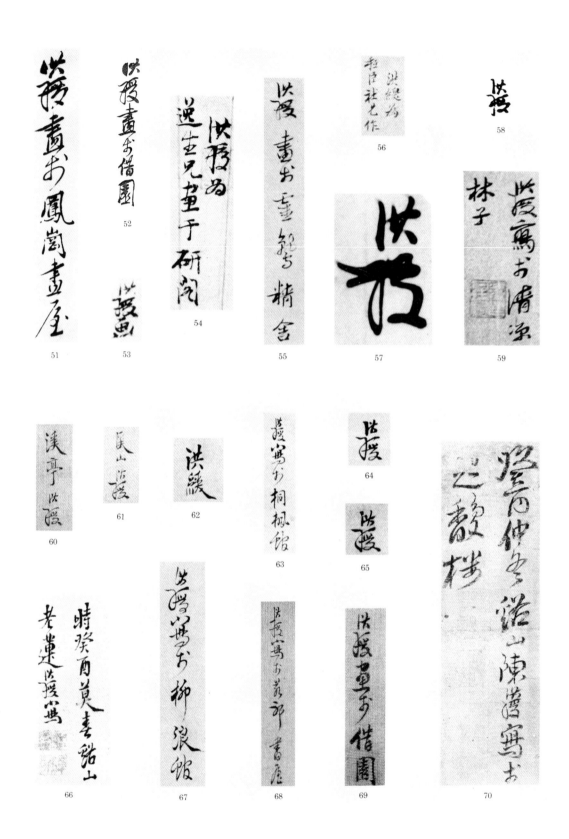

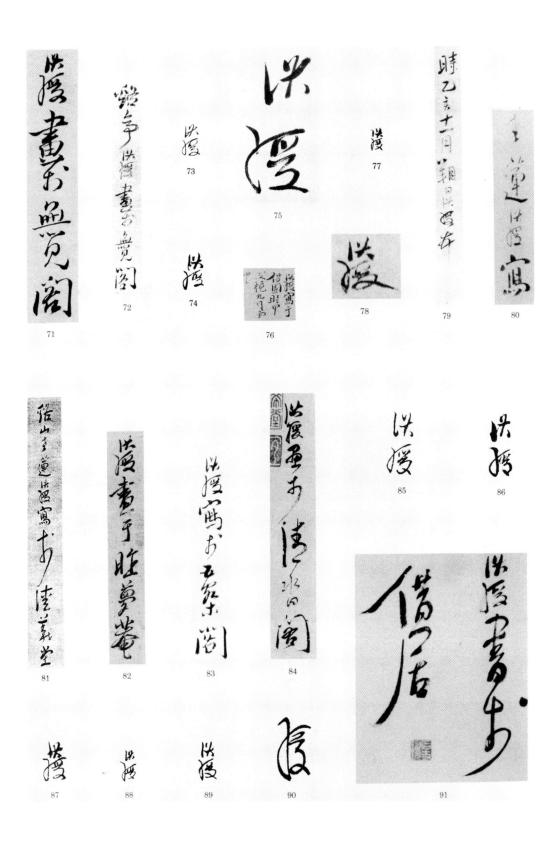

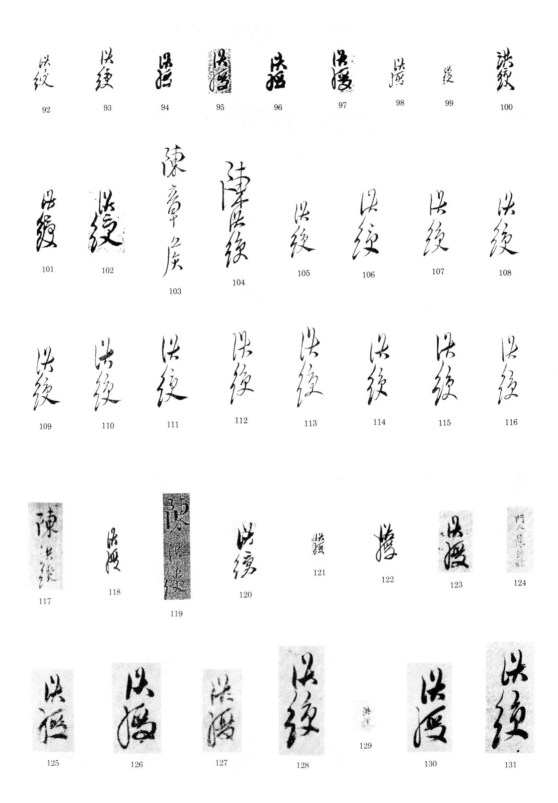

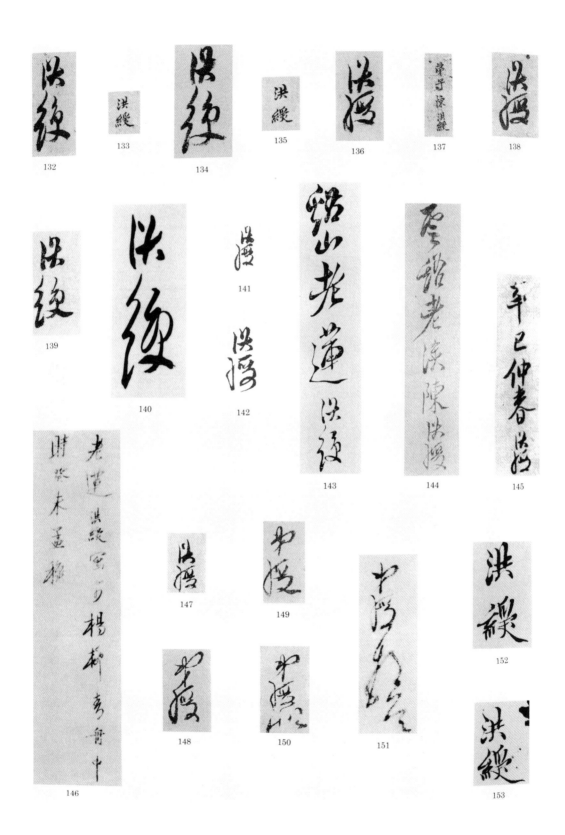

154

155

156

157

158

159

160

161

162

163

164

165

166

167

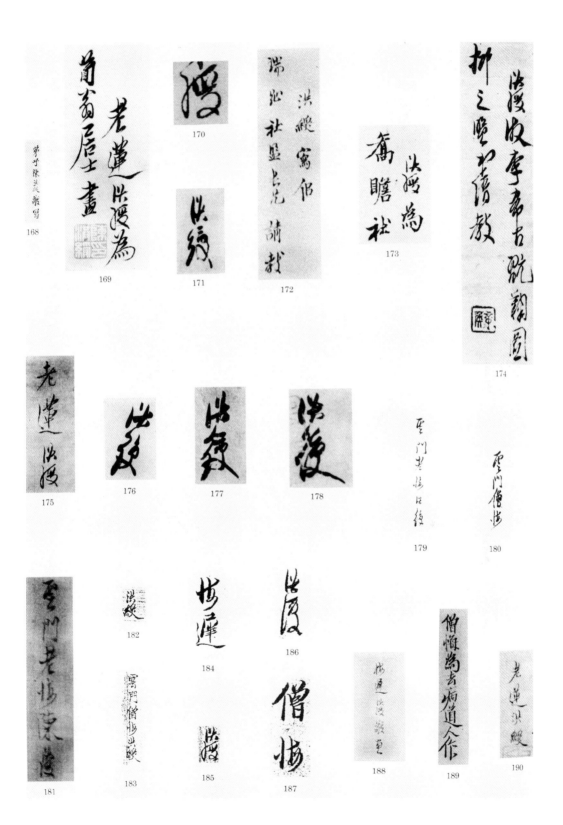

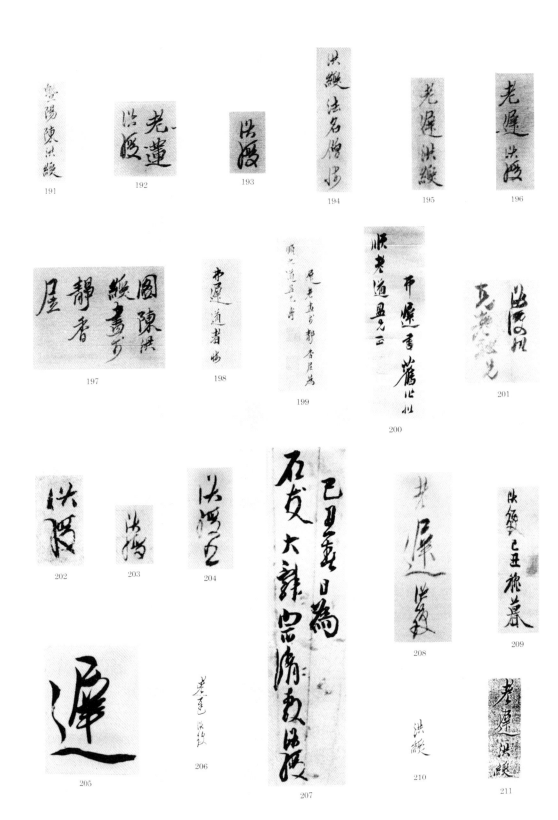

212

213

214

215

216

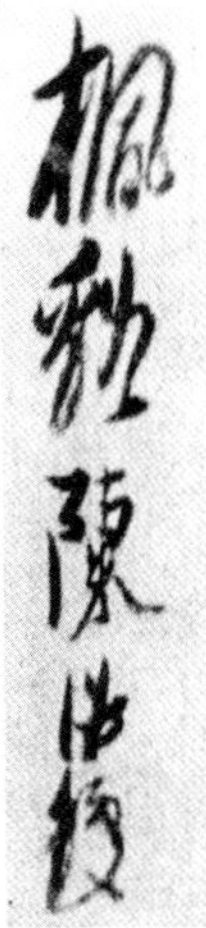

217

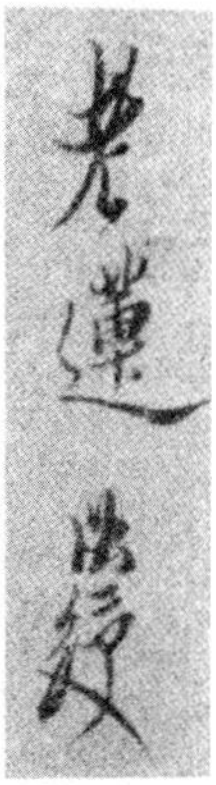

218

219

220

221

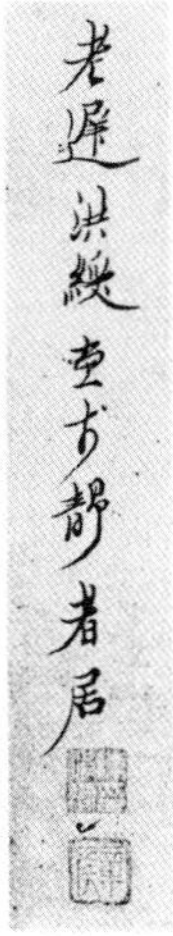

222

223

224

225

226

227

228

229

230

洪绶

231

232

233

234

235

236

237

238

239

240

241

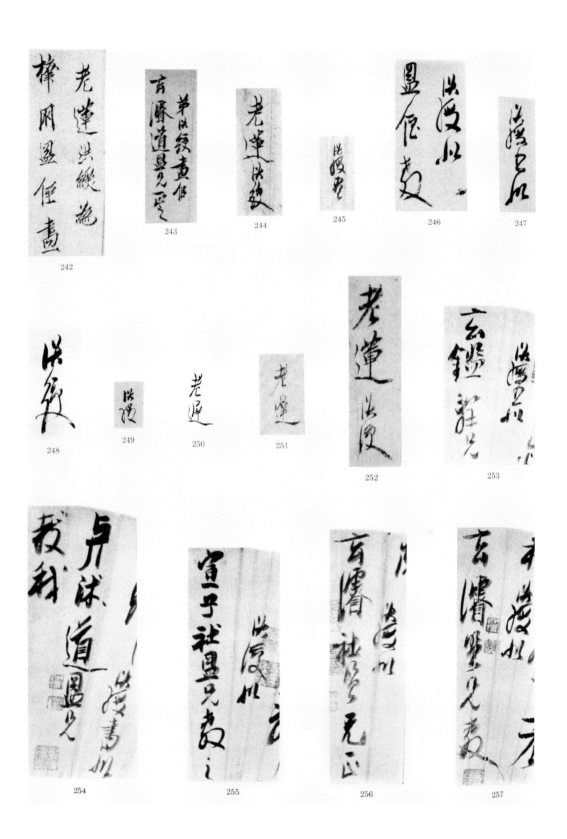

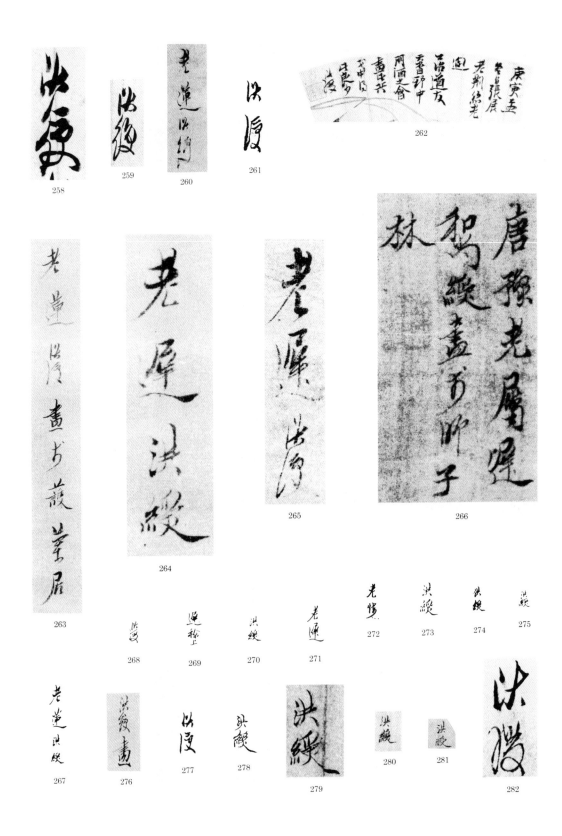

258

259

260

261

262

263

264

265

266

268

269

270

271

272

273

274

275

267

276

277

278

279

280

281

282

283

284

285

286

287

288

289

290

291

292

293

294

295

296

297

298

299

300

315　316　317　318　319　320

321　322　323　324　325　326

327　328　329　330　331　332

333

334　335　336　337　338

说明：每个名款下方的编号对应的名款出处

1	莲子陈洪绶　无极长生图轴　1615年	46	洪绶　墨竹图轴　1630年
2	陈洪绶　人物图扇　1616年	47	洪绶　摹李息斋墨竹图轴　1630年
3	陈洪绶　白描水浒叶子册　约1616年	48	洪绶　李廷谟刻北西厢题词、跋语及"莺莺像"插图　1630年
4	陈章侯　白描水浒叶子册　约1616年	49	洪绶　李廷谟刻北西厢题词、跋语及"莺莺像"插图　1630年
5	洪绶　九歌图自书序　1616年	50	洪绶　李廷谟刻北西厢题词、跋语及"莺莺像"插图　1630年
6	陈洪绶　九歌图自书序　1616年	51	洪绶　桃花松鼠图页　约1630年
7	洪绶　枯木松石图页　1618年	52	洪绶　花卉图扇　约1630年
8	洪绶　火中神像页　1619年	53	洪绶　独往图扇　约1630年
9	洪绶　枯木竹石图页　1619年	54	洪绶　枯木竹石图扇　约1630年
10	洪绶　松下高士图页　1619年	55	洪绶　花蝶写生图轴　约1630年
11	洪绶　摹古册　1619年	56	洪绶　梅菊图扇　约1630年
12	洪绶　摹古册　1619年	57	洪绶　竹石图扇　约1630年
13	陈洪绶　摹古册　1619年	58	洪绶　行书致水师札之二　约1630年
14	洪绶　摹古册　1619年	59	洪绶　水仙湖石图扇　约1630年
15	洪绶　摹古册　1619年	60	溪亭洪绶　花鸟草虫图册　1633年
16	洪绶　摹古册　1619年	61	溪山洪绶　花鸟草虫图册　1633年
17	陈洪绶　摹古册　1619年	62	洪绶　花鸟草虫图册　1633年
18	陈洪绶　摹古册　1619年	63	洪绶　花鸟草虫图册　1633年
19	陈洪绶　摹古册　1619年	64	洪绶　花鸟草虫图册　1633年
20	洪绶　摹古册　1619年	65	洪绶　花鸟草虫图册　1633年
21	洪绶　摹古册　1619年	66	溪山老莲洪绶　花鸟草虫图册　1633年
22	陈洪绶　准提佛母法像轴　1620年	67	洪绶　花鸟草虫图册　1633年
23	洪绶　奇峰孤城图页　1620年	68	洪绶　花鸟草虫图册　1633年
24	洪绶　双木三鸟图页　1621年	69	洪绶　花鸟草虫图册　1633年
25	洪绶　月下捣衣图页　1621年	70	溪山陈洪绶　山水人物图轴　1633年
26	陈洪绶　桃花图扇　1622年	71	洪绶　芙蓉人镜图轴　约1633年
27	洪绶　双蝶采花图页　1622年	72	溪亭洪绶　和平呈瑞图轴　约1633年
28	洪绶　铜瓶插荷图页　1622年	73	洪绶　醉愁图页　约1633年
29	洪绶　三松图轴　约1622年	74	洪绶　墨竹图扇　约1633年
30	陈洪绶　山水图页　约1627年	75	洪绶　行书七绝诗轴　约1633年
31	洪绶　梅竹图页　约1627年	76	洪绶　林壑泉声图扇　1634年
32	洪绶　墨竹图小幅　约1627年	77	洪绶　行草书诗扇　约1634年
33	洪绶　梅花小鸟图页　1627年	78	洪绶　行书词轴　约1634年
34	莲子　古木当秋图扇　1627年	79	洪绶　冰壶秋色图轴　1635年
35	洪绶　古木当秋图扇　1627年	80	老莲洪绶　苏李泣别图轴　约1635年
36	洪绶　棹云耶溪图轴　约1628年	81	溪山老莲洪绶　荷花鸳鸯图轴　约1635年
37	洪绶　行草书扇　约1629年	82	洪绶　荷花湖石图轴　约1635年
38	洪绶　行草书七绝诗页　约1629年	83	洪绶　花鸟图轴　约1635年
39	洪绶　行书致水师札之一　约1629年	84	洪绶　卷石山茶图轴　约1635年
40	洪绶　罗汉与护法神图页对题　约1629年	85	洪绶　松寿图轴　约1635年
41	洪绶　枯木松石图页对题　约1629年	86	洪绶　双梅竹石图轴　约1635年
42	洪绶　待渡图页对题　约1629年	87	洪绶　花蝶图册　约1635年
43	章侯　松下高士图页对题　约1629年		
44	洪绶　枯木竹石图页对题　约1629年		
45	洪绶　双蝶采花图页对题　约1629年		

88	洪绶 山水图轴 约1635年	
89	洪绶 杨升庵簪花图轴 约1636年	
90	绶 狂草书五律诗页 约1636年	
91	洪绶 行草书自书诗卷 1636年	
92	洪绶 秋山图扇 1638年	
93	洪绶 宣文君授经图轴 1638年	
94	洪绶 梅石山禽图轴 约1638年	
95	洪绶 观画图轴 约1638年	
96	洪绶 秋江独钓图轴 约1638年	
97	洪绶 竹石图扇 约1638年	
98	洪绶 山水图扇 约1638年	
99	洪绶 秋山会友图扇 约1638年	
100	洪绶 蕉阴读书图扇 约1638年	
101	洪绶 梅雀图扇 约1638年	
102	洪绶 行书手札 约1638年	
103	陈章侯 九歌图序及标题（木刻） 1639年	
104	陈洪绶 九歌图序及标题（木刻） 1639年	
105	洪绶 九歌图序及标题（木刻） 1639年	
106	洪绶 九歌图序及标题（木刻） 1639年	
107	洪绶 九歌图序及标题（木刻） 1639年	
108	洪绶 九歌图序及标题（木刻） 1639年	
109	洪绶 九歌图序及标题（木刻） 1639年	
110	洪绶 九歌图序及标题（木刻） 1639年	
111	洪绶 九歌图序及标题（木刻） 1639年	
112	洪绶 九歌图序及标题（木刻） 1639年	
113	洪绶 九歌图序及标题（木刻） 1639年	
114	洪绶 九歌图序及标题（木刻） 1639年	
115	洪绶 九歌图序及标题（木刻） 1639年	
116	洪绶 九歌图序及标题（木刻） 1639年	
117	陈洪绶 摹李公麟乞士图轴 1639年	
118	洪绶 斜倚薰笼图轴 约1639年	
119	陈洪绶 梅石图轴 约1639年	
120	洪绶 提篮老人图轴 约1639年	
121	洪绶 阮修沽酒图轴 约1639年	
122	洪绶 梅石蛱蝶图卷 约1639年	
123	洪绶 诗画精品册（二十四页） 约1639年	
124	陈洪绶 诗画精品册（二十四页） 约1639年	
125	洪绶 诗画精品册（二十四页） 约1639年	
126	洪绶 诗画精品册（二十四页） 约1639年	
127	洪绶 诗画精品册（二十四页） 约1639年	
128	洪绶 诗画精品册（二十四页） 约1639年	
129	洪绶 诗画精品册（二十四页） 约1639年	
130	洪绶 诗画精品册（二十四页） 约1639年	
131	洪绶 诗画精品册（二十四页） 约1639年	
132	洪绶 诗画精品册（二十四页） 约1639年	
133	洪绶 诗画精品册（二十四页） 约1639年	
134	洪绶 诗画精品册（二十四页） 约1639年	
135	洪绶 诗画精品册（二十四页） 约1639年	
136	洪绶 诗画精品册（二十四页） 约1639年	
137	弟子陈洪绶 诗画精品册（二十四页） 约1639年	
138	洪绶 诗画精品册（二十四页） 约1639年	
139	洪绶 诗画精品册（二十四页） 约1639年	
140	洪绶 行书五言绝句轴 约1639年	
141	洪绶 行草书词扇 约1639年	
142	洪绶 张深之正北西厢插图六幅及代马权奇书序 1640年	
143	溪山老莲洪绶 张深之正北西厢插图六幅及代马权奇书序 1640年	
144	云溪老渔陈洪绶 红莲图轴 约1640年	
145	洪绶 萱花芝石图轴 1641年	
146	老莲洪绶 饮酒读书图轴 1643年	
147	洪绶 致祝渊诗翰（五通） 约1643年	
148	绶 致祝渊诗翰（五通） 约1643年	
149	绶 致祝渊诗翰（五通） 约1643年	
150	绶 致祝渊诗翰（五通） 约1643年	
151	绶 致开美手札 约1643年	
152	洪绶 杂画册（十五页） 1645年	
153	洪绶 杂画册（十五页） 1645年	
154	弟子莲沙弥 杂画册（十五页） 1645年	
155	洪绶 杂画册（十五页） 1645年	
156	洪绶 杂画册（十五页） 1645年	
157	洪绶 杂画册（十五页） 1645年	
158	老莲洪绶 杂画册（十五页） 1645年	
159	洪绶 杂画册（十五页） 1645年	
160	洪绶 杂画册（十五页） 1645年	
161	洪绶 杂画册（十五页） 1645年	
162	龙山洪绶 杂画册（十五页） 1645年	
163	洪绶 杂画册（十五页） 1645年	
164	洪绶 杂画册（十五页） 1645年	

259	洪绶 行书七绝诗扇 约1649年
260	老莲洪绶 折枝仕女图轴 1650年
261	洪绶 李白宴桃李园图轴 1650年
262	洪绶 水仙图扇 1650年
263	老迟洪绶 扑蝶仕女图轴 约1650年
264	老迟洪绶 拈花仕女图轴 约1650年
265	老迟洪绶 松溪放眼图轴 约1650年
266	迟和尚绶 溪山放棹图轴 约1650年
267	老莲洪绶 婴戏图轴 约1650年
268	洪绶 为豫和尚画册（八页） 约1650年
269	迟和上 为豫和尚画册（八页） 约1650年
270	洪绶 为豫和尚画册（八页） 约1650年
271	老迟 为豫和尚画册（八页） 约1650年
272	老悔 为豫和尚画册（八页） 约1650年
273	洪绶 为豫和尚画册（八页） 约1650年
274	洪绶 为豫和尚画册（八页） 约1650年
275	洪绶 为豫和尚画册（八页） 约1650年
276	洪绶 山水页 约1650年
277	洪绶 指蝶图页 约1650年
278	洪绶 渊明对菊图页 约1650年
279	洪绶 古木竹石图扇 约1650年
280	洪绶 竹石图扇 约1650年
281	洪绶 云山策杖图扇 约1650年
282	洪绶 扑蝶图扇 约1650年
283	老迟洪绶 秋溪泛艇图扇 约1650年
284	老迟洪绶 行书七绝诗轴 约1650年
285	老迟洪绶 行书轴 约1650年
286	洪绶 行书五律诗扇 约1650年
287	洪绶 行书五律诗扇 约1650年
288	洪绶 行书词扇 约1650年
289	洪绶 行书七绝诗扇 约1650年
290	迟 三处士图卷 1651年
291	枫溪洪绶 隐居十六观图册（二十页）1651年
292	洪绶 隐居十六观图册（二十页） 1651年
293	老莲洪绶 隐居十六观图册（二十页）1651年
294	洪绶 隐居十六观图册（二十页） 1651年
295	悔老 隐居十六观图册（二十页） 1651年
296	老莲 隐居十六观图册（二十页） 1651年
297	老迟 隐居十六观图册（二十页） 1651年

298	洪绶 隐居十六观图册（二十页） 1651年
299	悔迟 隐居十六观图册（二十页） 1651年
300	迟老绶 隐居十六观图册（二十页）1651年
301	洪绶 隐居十六观图册（二十页） 1651年
302	迟老 隐居十六观图册（二十页） 1651年
303	莲子 隐居十六观图册（二十页） 1651年
304	莲子 隐居十六观图册（二十页） 1651年
305	老莲 隐居十六观图册（二十页） 1651年
306	迟老 隐居十六观图册（二十页） 1651年
307	老悔 隐居十六观图册（二十页） 1651年
308	洪绶 隐居十六观图册（二十页） 1651年
309	陈章侯 博古叶子（木刻五十页） 1651年
310	陈洪绶 博古叶子（木刻五十页） 1651年
311	老迟洪绶 参禅图轴 约1651年
312	洪绶 参禅图轴 约1651年
313	老悔 贳酒图轴 约1651年
314	洪绶 唐人索句图页 约1651年
315	洪绶 摹古双册（二十页） 约1651年
316	洪绶 摹古双册（二十页） 约1651年
317	老莲 摹古双册（二十页） 约1651年
318	老莲 摹古双册（二十页） 约1651年
319	老迟 摹古双册（二十页） 约1651年
320	洪绶 摹古双册（二十页） 约1651年
321	弗迟老人 摹古双册（二十页） 约1651年
322	老莲 摹古双册（二十页） 约1651年
323	洪绶 摹古双册（二十页） 约1651年
324	老莲 摹古双册（二十页） 约1651年
325	洪绶 摹古双册（二十页） 约1651年
326	陈洪绶 摹古双册（二十页） 约1651年
327	悔和尚 摹古双册（二十页） 约1651年
328	洪绶 摹古双册（二十页） 约1651年
329	洪绶 摹古双册（二十页） 约1651年
330	洪绶 摹古双册（二十页） 约1651年
331	洪绶 摹古双册（二十页） 约1651年
332	洪绶 摹古双册（二十页） 约1651年
333	洪绶 摹古双册（二十页） 约1651年
334	洪绶 摹古双册（二十页） 约1651年
335	迟老 行草书页 约1651年
336	悔迟 行书七绝诗扇 约1651年
337	洪绶 行书七绝诗扇 约1651年
338	陈洪绶 致青莲手札 约1652年

附录九 陈洪绶印鉴编年表

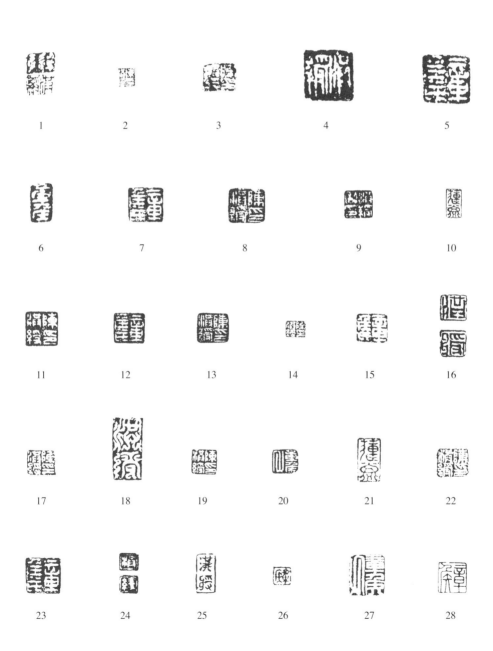

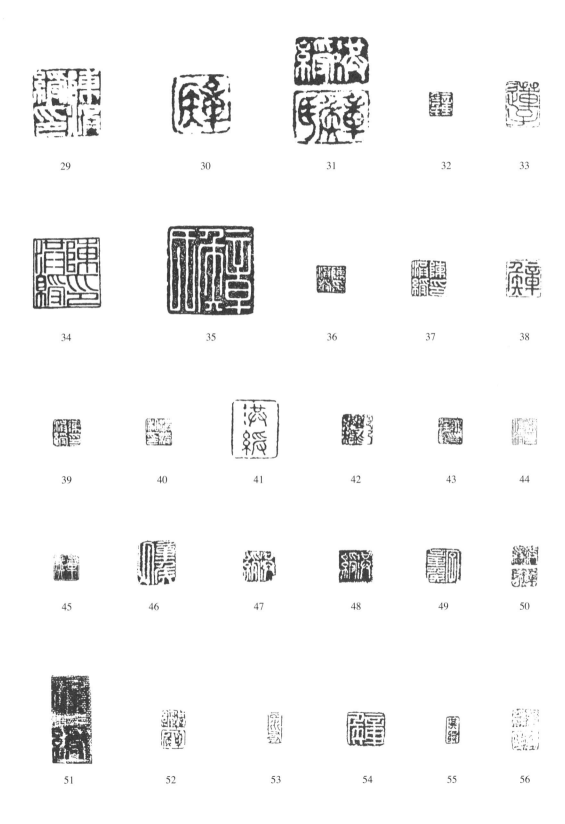

29　　　　　　30　　　　　　31　　　　　　32　　　　　　33

34　　　　　　　　35　　　　　　36　　　　　　37　　　　　　38

39　　　　　40　　　　　41　　　　　42　　　　　43　　　　　44

45　　　　　46　　　　　47　　　　　48　　　　　49　　　　　50

51　　　　　52　　　　　53　　　　　54　　　　　55　　　　　56

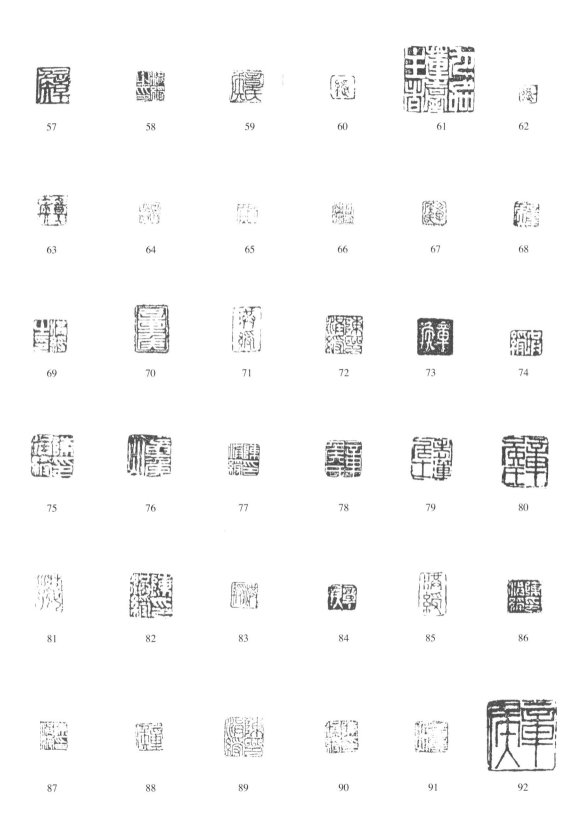

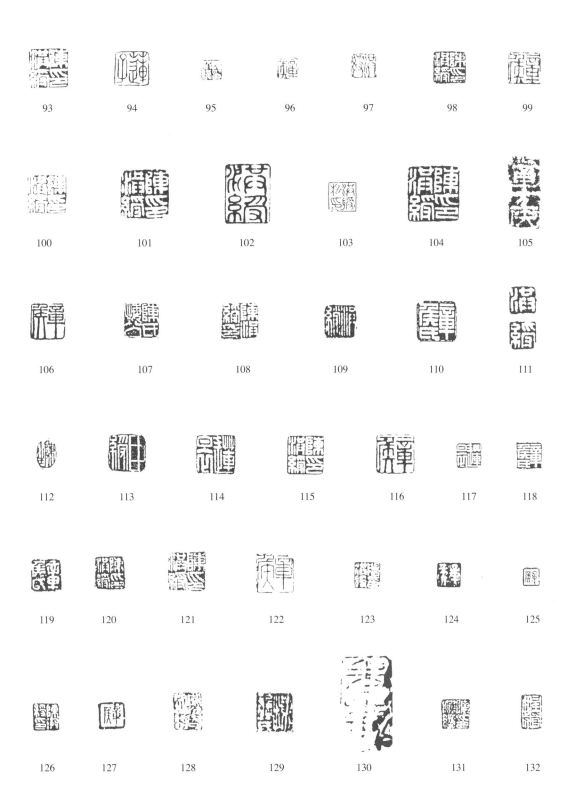

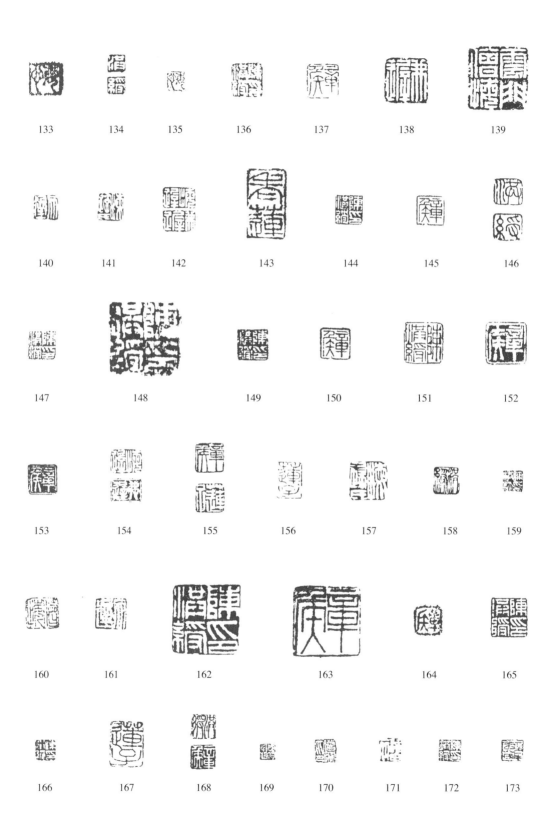

133 134 135 136 137 138 139

140 141 142 143 144 145 146

147 148 149 150 151 152

153 154 155 156 157 158 159

160 161 162 163 164 165

166 167 168 169 170 171 172 173

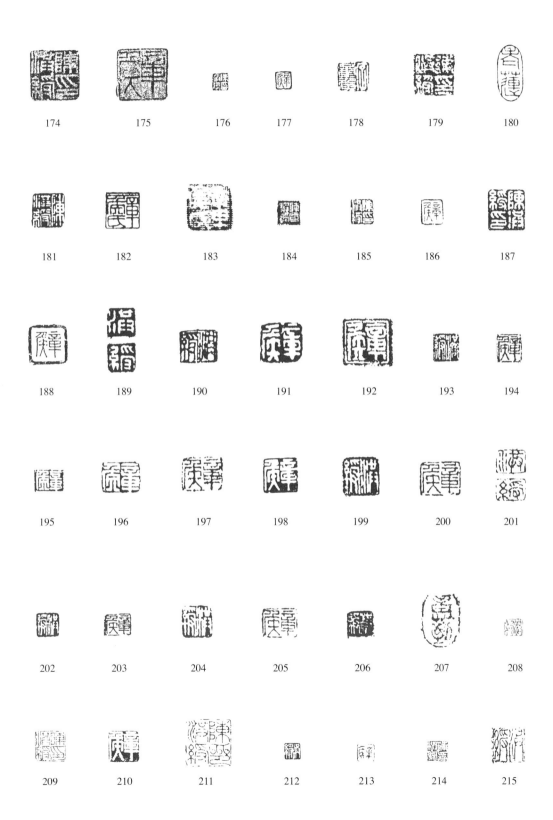

174　　　　175　　　　176　　177　　178　　　179　　　180

181　　　182　　　　183　　　184　　185　　186　　　187

188　　　189　　　190　　　191　　　192　　　193　　194

195　　　196　　　197　　　198　　　199　　　200　　201

202　　　203　　　204　　　205　　　206　　　207　　208

209　　　210　　　211　　　212　　213　　214　　215

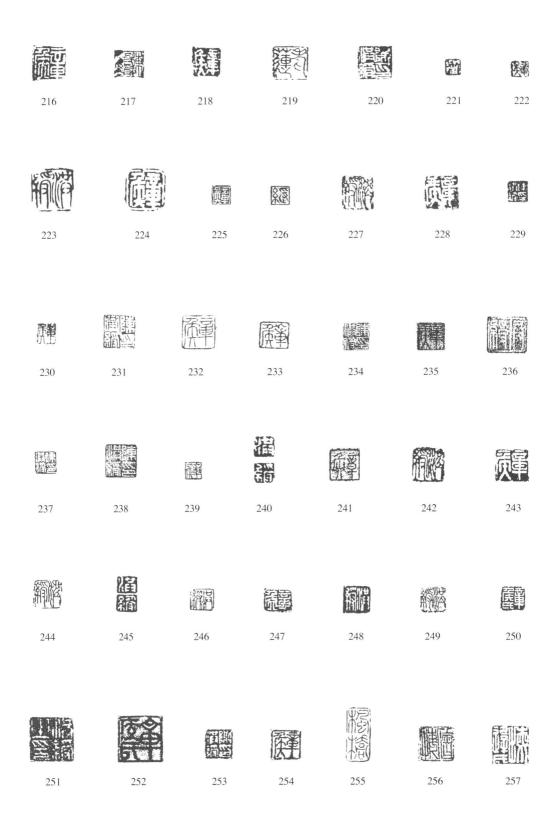

216 217 218 219 220 221 222

223 224 225 226 227 228 229

230 231 232 233 234 235 236

237 238 239 240 241 242 243

244 245 246 247 248 249 250

251 252 253 254 255 256 257

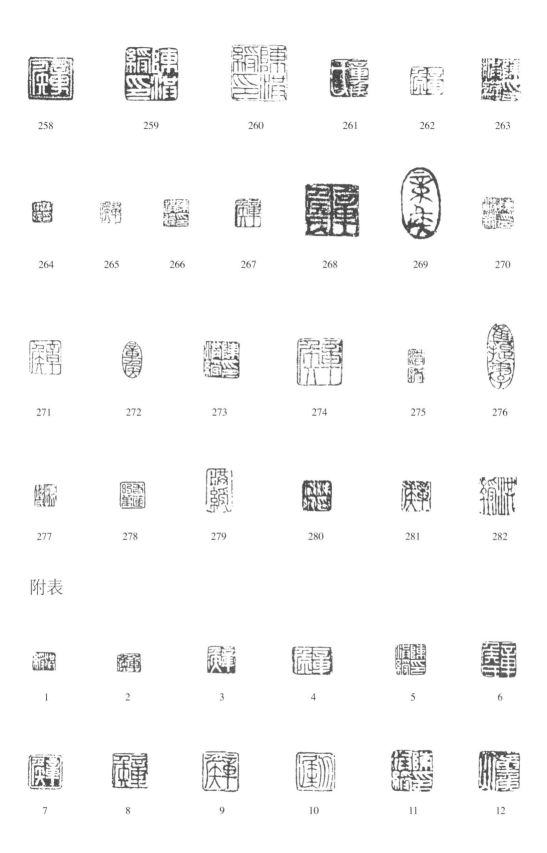

附表

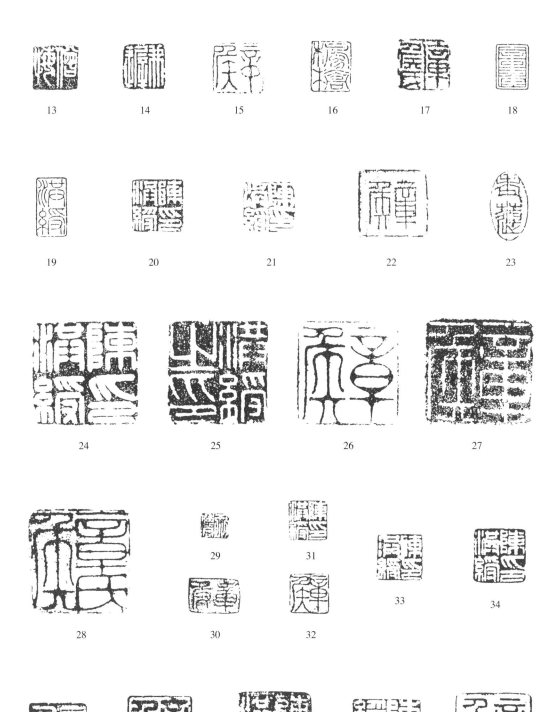

13   14   15   16   17   18

19   20   21   22   23

24   25   26   27

28   29   30   31   32   33   34

35   36   37   38   39

说明：每个印鉴下方的编号对应的印鉴释文及出处

1	莲子、洪绶　龟蛇图轴　约1609年	35	章侯氏　李廷谟刻北西厢题词、跋语及插图　莺莺像（木刻）　1630年
2	陈印洪绶　人物图扇　1616年	36	陈印洪绶　李廷谟刻北西厢题词、跋语及插图　莺莺像（木刻）　1630年
3	陈印洪绶　白描水浒叶子册（三十六页）约1616年	37	陈印洪绶　桃花松鼠图页　约1630年
4	洪绶　白描水浒叶子册（三十六页）约1616年	38	章侯　桃花松鼠图页　1630年
5	章侯氏　白描水浒叶子册（三十六页）约1616年	39	陈印洪绶　独往图扇　1630年
6	章侯　早年画册之一·枯木松石图　1618年	40	洪绶私印　竹石图扇　1630年
7	章侯氏　早年画册之二·火中神像图1619年	41	洪绶　花蝶写生图轴　1630年
8	陈印洪绶　早年画册之三·罗汉与护法神图　约1619年	42	陈印洪绶　梅菊图扇　约1630年
9	洪绶私印　早年画册之五·松下独立图1619年	43	陈印洪绶　水仙湖石图扇　约1630年
10	莲子　摹古册（十二页）　1619年	44	陈印洪绶　录吴文英词行书轴　约1630年
11	陈印洪绶　摹古册（十二页）　1619年	45	章侯　录吴文英词行书轴　约1630年
12	章侯氏　摹古册（十二页）　1619年	46	章侯父　花鸟图册（十页）　1633年
13	陈印洪绶　摹古册（十二页）　1619年	47	洪绶　花鸟图册（十页）　1633年
14	陈印洪绶　摹古册（十二页）　1619年	48	洪绶　花鸟图册（十页）　1633年
15	章侯氏　摹古册（十二页）　1619年	49	字章侯　花鸟图册（十页）　1633年
16	洪绶　摹古册（十二页）　1619年	50	洪绶章侯氏　花鸟图册（十页）　1633年
17	陈印洪绶　摹古册（十二页）　1619年	51	洪绶　花鸟图册（十页）　1633年
18	洪绶　摹古册（十二页）　1619年	52	洪绶、章侯　梅石图轴　约1633年
19	陈印洪绶　准提佛母法像轴　1620年	53	山水友　梅石图轴　约1633年
20	章侯父　准提佛母法像轴　1620年	54	章侯　芙蓉人镜图轴　约1633年
21	莲子　准提佛母法像轴　1620年	55	洪绶　醉愁图页　约1633年
22	陈印洪绶　桃花图扇　1622年	56	洪绶章侯氏　墨竹图扇　1633年
23	章侯氏　早年画册之十一·双蝶采花图1622年	57	章侯　花石蝴蝶图扇　1633年
24	洪、绶　早年画册之十二·铜瓶插荷图1622年	58	洪绶之印　行书七绝诗轴　约1633年
25	洪绶　梅花小鸟图页　1627年	59	章氏侯　行书七绝诗轴　约1633年
26	章侯　古木当秋图扇　1627年	60	绶　林壑泉声图扇　1634年
27	章侯氏　水仙湖石图轴　1628年	61	九品莲台主者　行书词轴　约1634年
28	章侯　棹云耶溪图轴　约1628年	62	绶　行草书诗扇　约1634年
29	陈洪绶印　早年画册自题（六页）约1629年	63	章侯　苏李泣别图轴　约1635年
30	章侯　早年画册自题（六页）　约1629年	64	洪绶　双梅竹石图轴　约1635年
31	洪绶章侯氏　早年画册自题（六页）约1629年	65	洪绶　双梅竹石图轴　约1635年
32	章侯氏　行草书七绝诗页　约1629年	66	陈印洪绶　花鸟图轴　约1635年
33	莲子　墨竹图轴　1630年	67	章侯氏　花鸟图轴　约1635年
34	陈印洪绶　李廷谟刻北西厢题词、跋语及插图　莺莺像（木刻）　1630年	68	章侯　卷石山茶图轴　约1635年
		69	洪绶之印　花蝶图册（八页）　约1635年
		70	章侯　花蝶图册（八页）　约1635年
		71	洪绶　花蝶图册（八页）　约1635年
		72	陈印洪绶　行草书自书诗卷　1636年
		73	章侯　行草书自书诗卷　1636年
		74	洪绶　狂草书五律诗页　约1636年
		75	陈印洪绶　仕女图轴　约1638年
		76	章侯父　仕女图轴　约1638年
		77	陈印洪绶　观画图轴　约1638年

164	章侯	倚石听阮图扇	约1647年	
165	陈印洪绶	五十自寿诗卷	1648年	
166	陈印洪绶	诗翰卷	约1648年	
167	莲子	抱琴采梅图扇	1649年	
168	洪绶章侯	饮酒祝寿图轴	1649年	
169	陈印洪绶	高贤读书图轴	约1649年	
170	僧悔印	高贤读书图轴	约1649年	
171	莲白衣	梅石图轴	约1649年	
172	陈印洪绶	晞发图轴	约1649年	
173	章侯氏	晞发图轴	约1649年	
174	陈印洪绶	醉吟图轴	约1649年	
175	章侯	醉吟图轴	约1649年	
176	陈印洪绶	梅花山鸟图轴	约1649年	
177	章侯	梅花山鸟图轴	约1649年	
178	字章侯	听琴图轴	约1649年	
179	陈印洪绶	授经图轴	约1649年	
180	老莲	唐进士钟公像轴	约1649年	
181	陈洪绶	唐进士钟公像轴	约1649年	
182	章侯氏	唐进士钟公像轴	约1649年	
183	章侯氏	何天章行乐图卷	约1649年	
184	陈印洪绶	仿元人花鸟草虫图页 约1649年		
185	陈印洪绶	梅花图扇	约1649年	
186	章侯	梅花图扇	约1649年	
187	陈洪绶印	画梅图扇	约1649年	
188	章侯	画梅图扇	约1649年	
189	洪绶	水仙灵芝图扇	约1649年	
190	洪绶	为生翁作山水图扇	约1649年	
191	章侯	为生翁作山水图扇	约1649年	
192	章侯	梅竹石图扇	约1649年	
193	洪绶	问道图扇	约1649年	
194	章侯	问道图扇	约1649年	
195	章侯	芦江垂钓图扇	约1649年	
196	章侯	柳荫观鱼图扇	约1649年	
197	章侯	萱石图扇	约1649年	
198	章侯	老梅图扇	约1649年	
199	洪绶	策杖观泉图扇	约1649年	
200	章侯	策杖观泉图扇	约1649年	
201	洪绶	梅菊水仙图扇	约1649年	
202	洪绶	绯桃孤鸟图扇	约1649年	
203	章侯	绯桃孤鸟图扇	约1649年	
204	洪绶	水仙竹石图扇	约1649年	
205	章侯	水仙竹石图扇	约1649年	
206	洪绶	梅仙图扇	约1649年	
207	□□	梅石山禽图扇	约1649年	
208	洪绶	古木归鸦图扇	约1649年	
209	陈印洪绶	行书五言四句轴	约1649年	
210	章侯	行书五言四句轴	约1649年	

211	陈印洪绶	行书五律诗轴	约1649年	
212	洪绶	行书七绝诗六首轴	约1649年	
213	章侯	行书七绝诗六首轴	约1649年	
214	陈印洪绶	行书何山绝句轴	约1649年	
215	洪绶	行书七绝诗四首卷	约1649年	
216	章侯	行书七绝诗四首卷	约1649年	
217	陈洪绶	行书七绝诗扇	约1649年	
218	章侯	行书七绝诗扇	约1649年	
219	老莲	行书五律诗扇	约1649年	
220	陈印洪绶	行书五律诗扇	约1649年	
221	洪绶	行书七绝诗扇	约1649年	
222	章侯	行书七绝诗扇	约1649年	
223	洪绶	行书七律诗扇	约1649年	
224	章侯	行书七律诗扇	约1649年	
225	章侯	行书七绝诗扇	约1649年	
226	绶	行书七绝诗扇	约1649年	
227	洪绶	秋游图扇	1650年	
228	章侯	秋游图扇	1650年	
229	陈印洪绶	折梅仕女图轴	1650年	
230	章侯	折梅仕女图轴	1650年	
231	陈印洪绶	李白宴桃李园图轴	1650年	
232	章侯	李白宴桃李园图轴	1650年	
233	章侯	水仙图扇	1650年	
234	陈印洪绶	婴戏图轴	约1650年	
235	章侯	婴戏图轴	约1650年	
236	洪绶	为豫和尚画册（八页）	约1650年	
237	陈印洪绶	为豫和尚画册（八页） 约1650年		
238	陈印洪绶	为豫和尚画册（八页） 约1650年		
239	章侯	为豫和尚画册（八页） 约1650年		
240	洪绶	山水图页	约1650年	
241	章侯	闽雪图页	约1650年	
242	洪绶	指蝶图页	约1650年	
243	章侯	指蝶图页	约1650年	
244	洪绶	婴戏湖石图合轴		
245	洪绶	竹石图扇	约1650年	
246	洪绶	云山策杖图扇	约1650年	
247	章侯	扑蝶图扇	约1650年	
248	洪绶	秋溪泛艇图扇	约1650年	
249	洪绶	行书七绝诗轴	约1650年	
250	章侯氏	行书七绝诗轴	约1650年	
251	洪绶之印	行书轴	约1650年	
252	章侯氏	行书轴	约1650年	
253	陈印洪绶	行书七绝诗扇	约1650年	
254	章侯	行书七绝诗扇	约1650年	
255	枫桥	三处士图卷	1651年	
256	僧悔	三处士图卷	1651年	

附　表

注：印鉴附表1—28，采自上海博物馆编《中国书画家印鉴款识》，文物出版社，1987年，第1050页至1052页；29—39，采自王季迁、孔达合编《明清画家印鉴》，香港大学出版社，1966年，第323页至324页。

参 考 书 目

一、此书目所选分三部分：(甲)专著，(乙)图录，(丙)外文（其中包括图录及杂志论文）。

二、排列次序以作者及编者姓氏之拼音字母为准。凡缺名或未录作者姓名者，以书名之首字拼音字母为准。[《张深之正北西厢·陈老莲书叙并绘图》在(乙)图录中列入"陈"内，与陈洪绶其他作品一起，为一例外。]

三、一般工具书不列，包括字典、辞典、百科全书、历史年表等。一部分只关于中国书画者，酌量列入。

四、每章注中所引参考书及杂志文等，并未完全再列入。

五、外文部分，凡作者原为中国人者，录其原来姓名。其著作之内容以中文标出，但非准确之翻译。日人汉字姓名、篇名、地名等，概按原文录出。

(甲) 专著

蔡美彪、李燕光、杨余练、刘德鸿著：《中国通史》，第九册，人民出版社，1986年

柴萼：《梵天庐丛录》

陈洪绶：《宝纶堂集》，会稽董金鉴取斯堂重刊，光绪戊子春（1888年）

陈夔麟：《宝迂阁书画录》，四卷

陈枚：《写心集》——晚明百家尺牍

陈乃乾辑：《元人小令集》，中华书局，1962年

陈田：《明诗纪事》

陈文述：《画林新咏》

陈于朝：《苎萝山稿》，六卷，附录一卷，越郡陈氏家刻本，万历四十三年（1615年）

陈撰：《玉几山房画外录》，《美术丛书》第一册，江苏古籍出版社，1986年

陈焯：《湘管斋寓赏编》（《美术丛书》）

程琦：《萱晖堂书画录》，二册，1970年

程庭鹭：《箬庵画麈》

褚人获：《坚瓠十集》

邓实：《谈艺录》（《美术丛书》）

邓之诚：《骨董琐记》

丁丙：《武林掌故丛编》，嘉惠堂丁氏刊本，光绪九年（1883年）

东方朔（后人伪托其名）：《神异经》，《山海经·外二十六种》内，上海古籍出版社，1991年

董钦德纂、王之宾修：《绍兴府志》，康熙二十二年（1685年）

杜瑞联：《古芬阁书画记》，1881年

范志民：《贯休》，上海人民美术出版社，1981年

方濬颐：《梦园书画录》

方薰：《山静居论画》

福开森编：《历代著录画目》，上、下册，台湾中华书局，1968年翻印本

傅抱石：《中国美术年表》，上海商务印书馆，1937年

傅抱石：《石涛上人年谱》，上海京沪周刊社，1948年

干宝（黄涤明译注）：《搜神记全译》，贵州人民出版社，1991年

高士奇：《江村书画目》，二册石印手抄本，香港龙门书店，1968年

葛金烺：《爱日吟庐书画录·补录·续录》

谷口生编（李落、苗壮校点）：《生绡剪》，春风文艺出版社，1987年

顾文彬：《过云楼书画记》

顾炎武：《日知录》

关冕钧：《三秋阁书画录》

郭朋：《明清佛教》，福建人民出版社，1982年

郭味蕖：《中国版画史略》，朝花美术出版社，1962年

国家文物鉴定委员会编：《文物鉴赏丛录》，书画（一），文物出版社，1994年

韩泰华：《玉雨堂书画记》，四卷，《松邻丛书》本

洪焕椿：《浙江文献丛考》，浙江人民出版社，1983年

侯外庐：《中国思想通史》，人民出版社，1960年

胡积堂：《笔啸轩书画录》

胡祥翰：《西湖新志》，上海商务印书馆，1926年

黄崇惺：《草心楼读画集》（《美术丛书》）

黄涌泉：《陈洪绶年谱》，人民美术出版社，1960年

黄涌泉：《陈洪绶》（中国画家丛书），上海人民美术出版社，1988年

蒋光煦：《别下斋书画录》

蒋鸿藻、陈遹声纂修：《诸暨县志》，宣统三年（1911年）刊本

蒋骥：《山带阁注楚辞》，香港中华书局，1973年

金凤清：《桐园卧游录》

金农：《冬心先生题画杂记》（《美术丛书》）

金应瑗：《十百斋书画录》

孔广陶：《岳雪楼书画录》，南海三十有三万卷堂刊本，光绪十五年（1889年）

孔另境：《中国小说史料》

孔尚任：《享金簿》（《美术丛书》）

劳天庇编：《至乐楼书画录·明遗民之部》，香港何氏至乐楼，1973年

黎遂球：《桐阶副墨》，《翠琅玕馆丛书》本

李葆恂：《三邕翠墨簃题跋》

李斗（周光培点校）：《扬州画舫录》，江苏广陵古籍刻印社出版，1984年

李贺（王琦等注）：《李贺诗歌集注》，上海人民出版社，1977年

李濬之：《清画家诗史》

李霖灿：《山水画皴法·苔点之研究》，台北故宫博物院，1978年再版

李修易：《小蓬莱阁画鉴》

李延昰：《放鹇亭集》

李玉棻：《瓯钵罗室书画过目考》

李贽：《藏书·续藏书》，中华书局，1959年

李贽：《焚书·续焚书》，中华书局，1975年

李宗颢：《李宗颢书画记》，抄本

李佐贤：《书画鉴影》

梁章钜：《退庵金石书画跋》

刘延涛：《草书通论》，台北中国文化大学出版部，1983年修订版

刘汋：《刘忠介公年谱》，乾隆丙午（1786年）刻本

陆次云：《湖壖杂记》

陆时化编：《吴越所见书画录》，太仓怀烟阁，乾隆丁酉（1777年）叙

陆心源：《穰梨馆过眼录·续录》

陆心源：《仪顾堂题跋》

陆以湉：《冷庐杂识》，上海扫叶山房，1915年

毛奇龄：《西河文集》，上海商务印书馆，1937年

苗增、韩昂编：《图绘宝鉴续纂》（《画史丛书》），上海人民美术出版社，1982年

倪元璐：《倪文贞公文集》，蒋士铨捐资刊本，乾隆壬辰（1772年）

潘承厚辑：《明清两朝画苑尺牍》，上海，1943年

潘正炜：《听帆楼书画记》及《听帆楼续刻书画记》（《美术丛书》

庞元济：《虚斋名画录》，上海，宣统己酉（1909年）

平恕等纂、李亨特修：《绍兴府志》，乾隆五十七年（1792年）刊本

祁彪佳：《祁忠敏公日记》，绍兴修志委员会，1937年

祁彪佳：《祁彪佳集》，中华书局，1960年

祁容光：《铁如意馆书画录》，抄本

启功：《启功丛稿》，中华书局，1981年

钱杜：《松壶画忆》（《美术丛书》）

钱杜：《松壶画赞》（《美术丛书》）

钱谦益：《列朝诗集小传·附天启崇祯遗诗传·启祯两朝遗诗考》，台北世界书局，1961年

钱泳：《履园画学》（《美术丛书》）

秦潛：《曝画记余》，秦氏聚珍版本

清内府：《秘殿珠林——初编、二编、三编》，台北故宫博物院影印本

清内府：《石渠宝笈——初编、二编、三编》，台北故宫博物院影印本。以上两种共二十册，1969年至1971年

裘沙：《陈洪绶年表正误》，《朵云季刊》，1994年第二期，第70—74页

全祖望：《鲒埼亭集·附外编》（四部丛刊初编缩本——下称四部本），台湾商务印书馆，1965年

全祖望：《鲒埼亭诗集》（四部本）

饶宗颐：《至乐楼藏明遗民书画》，香港中文大学中国文化研究所文物馆，1975年

阮葵生：《茶余客话》，中华书局，1960年

商盘评选：《越风》

商盘：《画声》

邵晋涵纂、郑沄修：《杭州府志》，乾隆四十九年（1784年）刊本

邵松年辑录：《古缘萃录》，上海鸿文书局，光绪甲辰（1904年）

沈德符：《万历野获编》，中华书局，1959年

沈德潜、周准选：《明诗别裁》，香港商务印书馆，1961年

施闰章：《施愚山先生文集》（即《学余文集》），康熙戊子九月棟亭梓行（1708年）

宋荦：《筠廊偶笔》

孙星衍：《平津馆书画记》

汤恩寿：《眼福篇》

汤漱玉：《玉台画史·别录》（《美术丛书》）

陶樑：《红豆树馆书画记》

陶元藻：《越画见闻》（《画史丛书》本）

田汝成：《西湖游览志》，中华书局，1965年

王伯敏：《中国版画史》，上海人民美术出版社，1961年

王春瑜、杜婉言：《明朝宦官》，紫禁城出版社，1989年

王实甫（吴晓铃校注）：《西厢记》，作家出版社，1956年

王士祯选、卢见曾补传：《渔洋感旧集》，台北广文书局，1968年

王士祯：《居易录》

王晫：《今世说》

王晫、张潮同辑：《檀几丛书》

翁楚：《画话》，抄本

翁方纲：《复初斋诗集》

《我川寓赏编》（《美术丛书》）

吴庆坻纂、齐耀珊修：《杭州府志》，1926年铅印本

吴修编：《昭代名人尺牍》

谢国桢：《晚明史籍考》，北京图书馆，1932年

谢国桢：《增订晚明史笺考》

谢国桢：《明清笔记谈丛》，中华书局，1962年

谢国桢：《明清之际党社运动考》，中华书局，1982年

谢堃：《书画所见录》（《美术丛书》）

谢稚柳：《鉴余杂稿》，上海人民美术出版社，1989年

谢稚柳、张珩、罗福颐：《中国书画鉴定研究》，九龙南通图书公司，1974年

徐邦达：《古书画鉴定概论》，文物出版社，1982年

徐邦达：《历代流传书画作品编年表》，香港中华书局，1974年

徐沁：《明画录》（《画史丛书》本）

杨士龙纂、张宗海修：《萧山县志稿》，1935年排印本

殷登国：《陈洪绶研究》，台北打字复印本，1975年

游国恩、王起、萧涤非、李镇淮、费振纲主编：《中国文学史》，人民文学出版社，1979年

虞复编：《历代中国画学著述录目》，朝花美术出版社，1962年

俞剑华：《中国绘画史》，商务印书馆，1958年

余绍宋：《书画书录解题》，台北中华书局影印本，1969年

恽格：《瓯香馆集》

迮朗：《湖中画船录》（《美术丛书》）

张大千：《大风堂书画录》第一集，成都：铅印本，1944年自序

张大镛：《自怡悦斋书画录》

张岱（孙家遂校注）：《西湖梦寻》，浙江文艺出版社，1984年

张岱（弥松颐校注）：《陶庵梦忆》，西湖书社，1982年

张岱：《琅嬛文集》

张岱：《快园道古》，浙江古籍出版社，1986年

张岱：《石匮书后集》，上海中华书局，1959年

张庚：《国朝画征录》（《画史丛书》本）

张光宾：《中华书法史》，台湾商务印书馆，1989年

张晋藩、邱远猷编写：《中国科举制度史话》，香港神州图书公司，1975年

张廷玉等撰：《明史》，中华书局，1974年

赵翼：《陔余丛考》，上海商务印书馆，1957年

郑德坤、饶宗颐、屈志仁编：《明遗民书画研讨会记录》，香港中文大学中国文化研究所学报，1976年

郑天挺、孙钺等编：《明末农民起义史料》，上海中华书局，1954年

钟毓龙：《说杭州》，浙江人民出版社，1983年

中国古代书画鉴定组编：《中国古代书画目录》十册，文物出版社，1984年至1993年

周亮工：《赖古堂集》，上海古籍出版社影印本，1979年

周亮工：《赖古堂书画跋》（《美术丛书》）

周亮工：《读画录》，上海商务印书馆，1936年

周亮工：《尺牍新钞》，上海商务印书馆，1936年

周亮工：《闽小纪》，福建人民出版社，1985年

周亮工：《书影择录》（《美术丛书》）

周南平编：《长河镇志》，光明日报出版社，1989年

周芜编著：《徽州版画史论集》，安徽人民出版社，1984年

朱彝尊：《静志居诗话》

朱彝尊：《曝书亭集》（四部本）

朱彝尊：《论画绝句》（《美术丛书》）

朱之赤：《朱卧庵藏书画目》

庄申：《中国画史研究》，台北正中书局，1959年

庄申：《中国画史研究续集》，台北正中书局，1972年

（乙）图录

北京图书馆编：《中国版刻图录》，第八册（版画），文物出版社，1961年

邓秋枚集印：《陈章侯人物册》（十页），上海神州国光社，1908年（集外增刊之五十八）

《陈老莲归去来图卷》，上海中华书局

《陈老莲诗画精品册》（书、画各十二页），飞达印刷公司，1944年

《陈洪绶画册》（十二页），南京博物院藏，徐邦达序，文物出版社，1959年

《陈洪绶画册》（八页），故宫博物院藏，文物出版社，1964年

《明陈洪绶画集》，余毅编，台北县永和镇中华书画出版社，1974年

《陈老莲山水画册》（八页），沈氏海日楼藏，台湾商务印书馆，1974年

《陈洪绶工笔画册页》（八页），四川省博物馆藏；陈希仲编。四川美术出版社，1985年

《陈老莲花鸟册》（十页），赖少其藏；周济祥编。湖南美术出版社，1985年

《陈洪绶作品集》，黄涌泉序，西泠印社，1990年

《陈章侯画博古牌刻本》，翁万戈藏并作长序，台北：艺文印书馆，1976年

《陈洪绶博古叶子》，顾炳鑫藏，四川美术出版社，1986年

《明陈洪绶水浒叶子》，李一氓藏并作长序。上海人民美术出版社，1980年

《张深之正北西厢·陈老莲书叙并绘图》，浙江省博物馆藏；黄涌泉序。西泠印社，1993年

陈仁涛：《金匮藏画集》，香港统营公司，1956年

程曦：《木扉藏画考评》，郑德坤藏，香港，1965年

狄葆贤：《中国名画》，上海有正书局（第三、一一、二〇及三三集有陈洪绶作品）

傅惜华编：《中国古典文学版画选集》，上海人民美术出版社，1981年

高美庆编：《故宫博物院藏明代绘画》，香港中文大学中国文化研究所文物馆，1988年

高美庆编：《广州美术馆藏明清绘画》，香港中文大学中国文化研究所文物馆，1986年

龚森浩：《晋城玉皇庙的道教雕塑》，《中国艺术》创刊号，人民美术出版社，1985年

故宫博物院：《故宫周刊》合订本五集。国立北平故宫博物院出版物发行所，1929—1939年

故宫博物院：《故宫博物院藏明清扇面书画集》，共五集，人民美术出版社，1985年

广东省博物馆：《广东省博物馆藏画集》，文物出版社，1986年

胡赛兰编：《晚明变形主义画家作品展》，台北故宫博物院，1977年

黄君璧：《白云堂藏画》，台北国泰美术馆，1981年

黄涌泉编：《李公麟圣贤图石刻》，人民美术出版社，1963年

黄胄、宗文龙编：《炎黄艺术馆藏品集·古代书画卷》，浙江人民美术出版社

《湖南省博物馆》，《中国博物馆丛书》之二，文物出版社，1983年

金史：《无双谱》，上海同文书局石印，光绪丙戌（1886年）

李仲元编：《沈阳故宫博物院藏明清绘画选辑》，辽宁美术出版社，1989年

辽宁省博物馆：《辽宁省博物馆藏画集·续集》，文物出版社，1962年，1980年

《辽宁省博物馆》，《中国博物馆丛书》之三，文物出版社，1983年

杨仁恺、董彦明编：《辽宁省博物馆藏画》，上海人民美术出版社，1986年

林伯寿藏《兰千山馆书画》，书迹、绘画各一册，日本东京二玄社，1978年

刘九庵：《帖学鼎盛期的明代书法》——《中国美术全集·书法篆刻编5·明代书法》，上海书画出版社，1989年

刘源：《凌烟阁功臣图》，《中国古代版画丛刊》第四集，中华书局，1960年

陆鹤龄编撰：《四味书屋珍藏书画集》，安徽美术出版社，1989年

《明清扇面画选集》，上海人民美术出版社，1959年

《南京博物院》，《中国博物馆丛书》之四，文物出版社，1984年

南京博物院：《南京博物院藏画》，上海人民美术出版社，1981年

南京博物院：《明清人物肖像画选》，上海人民美术出版社，1982年

秦绸孙审辑：《艺苑真赏集》月刊，第一、二期，上海艺苑真赏社，1915年

青岛市博物馆：《青岛市博物馆藏画集》，文物出版社，1991年

任熊：《任渭长人物版画四种——列仙酒牌、剑侠像传、於越先贤像赞、高士传图像》，汪子豆作后记，人民美术出版社，1987年

荣宝斋：《荣宝斋三十五周年纪念册》

《陕西省博物馆》，《中国博物馆丛书》之一，文物出版社，1983年

单国强：《历代仕女画选集》（故宫博物院藏），天津人民美术出版社，1981年

上海博物馆：《上海博物馆藏明清折扇书画集》，上海人民美术出版社，1983年

上海博物馆：《上海博物馆藏画》，上海人民美术出版社，1959年

上海博物馆、郑为主编：《中国书画家印鉴款识》，文物出版社，1987年

四川省博物馆：《明清扇面选》，四川人民出版社，1983年

苏州工艺美术研究室、苏州桃花坞刻印：《陈老莲水浒叶子》，苏州人民美术出版社，1959年

台北故宫博物院：《元四大家》，台北故宫博物院，1975年

江兆申、林柏亭：《吴派画九十年展》，台北故宫博物院，1975年

庄严、谭旦冏、那志良、吴玉璋、张万里主编：《晋唐以来书画家鉴赏家款印谱》，六册，香港开发股份有限公司，1964年

天津市艺术博物馆：《天津市艺术博物馆藏画集·续集》，文物出版社，1959年、1963年

《天津市艺术博物馆》，《中国博物馆丛书》之六，文物出版社，1984年

天隐堂（张伯谨）：《天隐堂名画选》，日本东京天隐堂，1963年

铁玉钦编：《沈阳故宫博物院·文物精品荟萃》，辽宁美术出版社，1991年

王伯敏：《中国古代版画概观》——《中国美术全集·绘画编20·版画》，上海人民美术出版社，1988年

王伯敏、黄涌泉：《浙江古代画家作品选集》，浙江人民出版社，1958年

王季迁、孔达合编：《明清画家印鉴》，香港大学出版社，1966年

王世杰主编：《故宫名画三百种》，台北故宫博物院，1959年

王世杰、那志良、张万里：《艺苑遗珍·名画第三辑》，香港开发股份有限公司，1967年

徐邦达编：《中国绘画史图录》，上海人民美术出版社，1984年

杨新：《论晚明绘画》——《中国美术全集·绘画编8·明代绘画下》，上海人民美术出版社，1988年

《艺苑掇英》第十八期，上海人民美术出版社，1982年

袁烈洲：《中国历代人物画选》，江苏美术出版社，1985年

张大千：《大风堂名迹》第一集、第四集，日本京都便利堂，1955年、1956年

赵春堂、张万夫编：《徐悲鸿藏画选集》上，天津人民美术出版社，1991年

郑振铎编：《楚辞图》（包括陈洪绶《九歌图》），中华书局，1963年

郑振铎编：《域外所藏中国古画集·明遗民画续集三》

郑振铎编：《中国版画史图录》，上海，1940年

中国古代书画鉴定组编：《中国古代书画图目》一、二、六、七，文物出版社，1986年、1987年、1988年、1989年

《中国历史博物馆》，《中国博物馆丛书》之五，文物出版社，1984年

周积寅：《曾鲸的肖像画》，人民美术出版社，1981年。

（丙）外文

1. Barnhart, Richard M. et al. *Li Kung-lin's Classic of Filial Piety*. New York: The Metropolitan Museum of Art, 1993.

李公麟孝经图

2. Berglund, Lars. *The Secret of Luo Shu, Numerology in Chinese Art and Architecture*. Södra Sandby, Sweden: Tryckbiten AB, 1990.

洛书

3. Bickford, Maggie, with contributions by others. *Bones of Jade, Soul of Ice: The Flowering Plum in Chinese Art.* New Haven: Yale University Press, 1985.

玉骨冰魂：梅花画

4. Burkus, Anne Gail. *The Artefacts of Biography in Ch'en Hung-shou's "Pao-lun-t'ang chi."* (1987 PhD dissertation. University of Califronia, Berkeley). Ann Arbor: University Microfilms International Dissertation Information Service, 1990.

陈洪绶《宝纶堂集》中传记研究

5. Burkus-Chasson, Anne, *Elegant or Common? Ch'en Hung-shou's Birthday Presentation Pictures and His Professional Status. The Art Bulletin*, Vol. LXXVI. No.2, pp. 279−300.

陈洪绶祝寿画研究

6. Cahill, James, incorporating the work of Osvald Sirén and Ellen Johnston Laing. *An Index of Early Chinese Painters and Paintings, T'ang, Sung and Yüan*. Berkeley, Los Angeles and London: University of California Press, 1980.

中国古画索引

7. Cahill, James. *The Distant Mountains: Chinese Painting of the Late Ming Dynasty, 1570–1644.* New York: Weatherhill, 1982.

晚清绘画

8. Cahill, James. *The Compelling Image: Nature & Style in Seventeenth Century Chinese Painting.* Cambridge, Mass: Harvard University Press, 1982.

17世纪中国绘画

9. Cahill, James. *Chinese Painting.* Skira, 1960.

中国绘画

10. Cahill, James. *Fantastics and Eccentrics in Chinese Painting.* New York: Asia House Gallery, 1967.

中国绘画之诡奇派

11. Cahill, James, ed. *The Restless Landscape: Chinese Painting of the Late Ming Period.* Berkeley: University Art Museum, University of California, 1971.

晚明绘画

12. Cahill, James, ed. *Shadows of Mt. Huang: Chinese Painting and Printing of the Anhui School.* Berkeley: University Art Museum, University of California, 1981.

徽派绘画与版刻

13. Capon, Edmond and Mae Anna Pang. *Chinese Paintings of the Ming & Qing Dynasties (14th–20th century).* Victoria: International Cultural Corporation of Australia, Limited, 1981. Second Edition.

明清绘画

14. Caswell, James O. *The Single Brushstroke-600 Years of Chinese Painting from the Ching Yüan Chai Collection.* Vancouver: Vancouver Art Gallery, 1985.

景元斋藏画

15. Chuang, Shen and J.C.Y. Watt. *Exhibition of Paintings of the Ming and Ching Periods.* Hong Kong: City Museum and Art Gallery, Urban Council, 1970.

明清绘画

16. Contag, Victoria. *Chinese Masters of the 17th Century.* Rutland, Vermont: Charles E. Tuttle Co., Inc., 1969. Translated by Michael Bullock.

十七世纪中国大画家

17. Dubosc, Jean-Pierre. *Arte Cinese / Chinese Art Catalogue.* Venice: Alfiere Editore Venezia, 1954.

中国美术

18. Elisseeff, Vadime. *Quelques Peintures de Lettres XIVe-XXe Siècles de la Collection Ling Su-hua.* Paris: Éditions Euros, 1962/63.

凌叔华藏画

19. Fong, Wen. *Archaism as a "Primitive" Style.* In *Artists and Traditions*, edited by Christian F. Murck. Princeton: Princeton University Press, 1976.

以古拙为"原始"风格

20. Fong, Wen, et al. *Images of the Mind: Selections from the Edward L. Elliott Family and John B. Elliott Collections of Chinese Calligraphy and Painting at the Art Museum, Princeton University.* Princeton: The Art Museum, Princeton University, 1984.

普林斯顿大学美术馆中艾利略家藏中国书画

21. Fu, Shen C.Y., et al. *Traces of the Brush: Studies in Chinese Calligraphy.* New Haven: Yale University Art Gallery, 1977.

中国书法研究

22. Fu, Marilyn and Shen. *Studies in Connoisseurship: Chinese Paintings from the Arthur M. Sackler Collection.* Princeton: Princeton University, 1976. Revised Edition.

沙可乐藏画研究

23. Goepper, Roger H. *1000 Jahre Chinesische Malerei* . München: Haus der Kunst, 1959.

千载中国绘画

24. Harada, Kinjirō 原田谨次郎. *The Pageant of Chinese Painting.* Tokyo: Otsuka-Kogeisha.

中国名画宝鉴

25. Hay, John. *Kernels of Energy, Bones of Earth: The Rock in Chinese Art.* New York: China House Gallery, 1985.

中国美术中之石

26. Ho, Wai-kam, Sherman E.Lee, Laurence Sickman, and Marc F. Wilson. *Eight Dynasties of Chinese Painting: The Collections of the Nelson Gallery-Atkins Museum, Kansas City, and The Cleveland Museum of Art.* Cleveland: The Cleveland Museum of Art in cooperation with Indiana University Press, 1980.

八代遗珍：纳尔逊—阿特金斯博物馆及克利夫兰艺术博物馆藏珍

27. Ho, Wai-kam. *Nan-Ch'en Pei-Ts'ui.* In *The Bulletin of The Cleveland Museum of Art,* Vol. 49, No. 1, pp. 2–11, January, 1962.

南陈北崔

28. Hyland, Alice R.M. *Deities, Emperors, Ladies and Literati: Figure Painting of the Ming and Qing Dynasties.* Birmingham, Alabama: Birmingham Museum of Art, 1987.

明清人物画

29. Kobayashi, Hiromitsu 小林宏光.陈洪绶的版画活动，上、下篇。In 国华 1061, pp. 25–39 and 国华 1062, pp.35–51.东京：国华社，1983.

明清人物画

30. Kobayashi, Hiromitsu 小林宏光.陈洪绶高士老僧图。In 国华1071.东京：朝日新闻社，1984.

31. Kohara, Hironobu 古原宏伸.陈洪绶试论，上、下篇. In *Bijutsu-shi* 美术史 Nos.62 and 64, 1966 and 1967.

32. Kobunsha 兴文社，中国南画大成. 东京：兴文社，1936, 36 volumes.

33. Laing, Ellen Johnston. *Neo-Taoism and the "Seven Sages of the Bamboo Grove" in Chinese Painting.* In *Artibus Asiae,* Vol. XXXVI 1/2, pp. 5–54. Ascona, Switzerland: Artibus Asiae, 1974.

竹林七贤画研究

34. Laing, Ellen Johnston. *Real or Ideal: The Problem of the "Elegant Gathering in the Western Garden" in Chinese Historical and Art Historical Records.* In *Journal of the American Oriental Society,* Vol. 88, No.3, July-Sept., 1968.

西园雅集图问题

35.Laing, Ellen Johnston. *Chinese Paintings in Chinese Publications, 1956–1968: An Annotated Bibliography and An Index to the Paintings. Michigan Papers in Chinese Studies No.6.* Ann Arbor: Center for Chinese Studies, The University of Michigan, 1969.

中国出版物所载中国画及索引1956–1968

36. Lawton, Thomas. *Chinese Figure Painting.* Washington, D.C.: Smithsonian Institution, 1973.

中国人物画

37. Li, Chu-tsing. *A Thousand Peaks and Myriad Ravines: Chinese Paintings in the Charles A. Drenowatz Collection.* Ascona, Switzerland: Artibus Asiae, 1974. Two volumes.

千岩万壑：准诺瓦兹藏中国画

38. Little, Stephen. *Realm of the Immortals: Daoism in the Arts of China.* Cleveland: The Cleveland Museum of Art, 1988.

中国美术中的道教题材

39. Lovell, Hin-cheung. *An Annotated Bibliography of Chinese Painting Catalogues and Related Texts. Michigan Papers in Chinese Studies No. 16.* Ann Arbor: Center for Chinese Studies, The University of Michigan, 1973.

中国绘画著录书目

40. Rogers, Howard. *Masterworks of Ming and Qing Painting from the Forbidden City.* Lansdale, Penna.: Charles H. Moyer, International Arts Council, 1988.

故宫博物院藏明清名画

41. Sirén, Osvald. *Chinese Painting: Leading Masters and Principles.* New York: The Ronald Press Company, 1956–1958. Seven volumes.

中国绘画史

42. Suzuki, Kei 铃木敬. 海外所在中国绘画目录（东洋学文献センター丛刊）别辑2（アメリカ・カナダ编），别辑3（东南アジア・ヨーロツバ编）.东京：东京大学东洋文化研究所附属东洋文献センター，1977 and 1981.

43. Suzuki, Kei 铃木敬. *Comprehensive Illustrated Catalogue of Chinese Paintings.*

东京：东京大学出版会，1982. Five volumes.

中国绘画总合图录

44. Tanaka, Kenrō 田中乾郎. *Chūgoku meiga-shū* 中国名画集. 东京：Ryobundo 龙文书局，

1945. Four volumes.

45. Tseng, Yu-ho (Ecke). *Chinese Calligraphy.* Philadelphia: Philadelphia Museum of Art, 1971.

中国书道

46. Tseng, Yu-ho (Ecke). *A Report on Ch'en Hung-shou. Archives* of the Chinese Art Society of

America, XIII, pp. 75–88, 1959.

谈陈洪绶

47. Tseng, Yu-ho (Ecke). *Poetry on the Wind: The Art of Chinese Folding Fans from the Ming and

Qing Dynasties.* Honolulu: Honolulu Academy of Arts, 1982.

中国明清折扇美术

48. Watt, J.C.Y. *A Decade of Collecting, 1984–1993 / Friends of Asian Art Gifts.* New York: The

Metropolitan Museum of Art, 1993.

十年收集，1984—1993，大都会艺术博物馆亚洲美术之友捐赠品

49. Weng, Wan-go and Yang Boda. *Palace Museum: Peking.* New York: Harry N. Abrams,

Incorporated, 1982.

故宫博物院

50. Whitfield, Roderick. *In Pusuit of Antiquity: Chinese Paintings of the Ming and Ching Dynasties

from the Collection of Mr. and Mrs. Earl Morse.* Princeton: The Art Museum, Princeton University, 1969.

摩斯夫妇藏明清绘画

51. Whitfield, Roderick. *Fascination of Nature: Plants and Insects in Chinese Painting and

Ceramics of the Yüan Dynasty (1279–1368).* Seoul: Yekyong Publications, Co. Ltd., 1993.

元代绘画及陶瓷之草虫

52. Yamamoto, Teijirō 山本悌二郎. 澄怀堂书画目录（一函十二册）. 东京：文求堂书店发售，

田中庆太郎发行，1932.

53. Yurinkan 有邻馆学艺部. 有邻馆精华. 京都：财团法人藤井齐成会1992.

后　记

　　翁万戈先生的《陈洪绶》一书在1997年出版面世后受到读者好评，1998年荣获第十一届中国图书奖，以至于洛阳纸贵，一书难求。

　　这样，便有诸多出版社不断提出再版此书。由于国内对知识产权的认识水平与国际上存在差距，侵犯此书图版权益的事情公然发生，翁万戈先生对此十分不满，但又鞭长莫及，无可奈何。而正规守法的出版机构渴望此书能再版的合理要求只好被一拖再拖。因此上海书画出版社等待了多年，翁万戈到了2014年后才同意用简装形式出版此书。

　　原来的精装三册确实是经典之作，然而开本过大，分量过重，不便于随身携带。此次书画社将开本缩小、纸张减轻，浓缩为一册。当然，作为研究我国明末清初时期著名书画艺术家陈洪绶的专著，这部《陈洪绶的艺术》在内容上仍然完整呈现了翁万戈的研究成果，是上海书画出版社王立翔社长、王剑编辑及全体工作人员精心编排的结晶。

　　万戈先生自1965年开始专题研究陈洪绶的书画艺术，集全世界有关专家、学者的研究心得，囊括了陈洪绶一生的艺术路程，三十年磨一剑，为国内外美术界提供了这部重要的陈洪绶研究成果。现在他已102岁，我们衷心感谢他为中华文化在世界传播做出的贡献，并祝福他健康长寿！

翁以钧

2019年11月

图书在版编目(CIP)数据

陈洪绶的艺术/翁万戈著. --上海：上海书画出版社，
2020.7
（艺术史界）
ISBN 978-7-5479-2434-1

Ⅰ.①陈… Ⅱ.①翁… Ⅲ.①陈洪绶（1598-1652）—人
物研究 Ⅳ.①K825.72

中国版本图书馆CIP数据核字(2020)第126876号

陈洪绶的艺术

翁万戈 著

责任编辑	王　剑
封面设计	刘　蕾
责任校对	郭晓霞
技术编辑	顾　杰

出版发行	上海世纪出版集团 上海书画出版社
地址	上海市延安西路593号 200050
网址	www.ewen.co www.shshuhua.com
E-mail	shcpph@163.com
制版	上海文高文化发展有限公司
印刷	上海盛隆印务有限公司
经销	各地新华书店
开本	787×1092　1/16
印张	30.5
版次	2021年1月第1版　2021年7月第3次印刷
书号	**ISBN 978-7-5479-2434-1**
定价	**158.00元**

若有印刷、装订质量问题，请与承印厂联系